Capoeiras e valentões
na história de
SÃO PAULO
(1830-1930)

PEDRO FIGUEIREDO ALVES DA CUNHA

Capoeiras e valentões
na história de
SÃO PAULO
(1830-1930)

Copyright © 2013 Pedro Figueiredo Alves da Cunha

Grafia atualizada segundo o Acordo Ortográfico da Língua Portuguesa de 1990, que entrou em vigor no Brasil em 2009.

Edição: Joana Monteleone/Haroldo Ceravolo Sereza
Editor assistente: João Paulo Putini
Projeto gráfico e diagramação: Gabriel Patez Silva
Capa: João Paulo Putini
Assistente acadêmica: Danuza Vallim
Revisão: Zelia Heringer de Moraes
Imagem da capa: Augustus Earle. *Negros lutando, Brazil*. Aquarela, 1822.

Este livro foi publicado com o apoio da Fapesp

CIP-BRASIL. CATALOGAÇÃO-NA-FONTE
SINDICATO NACIONAL DOS EDITORES DE LIVROS, RJ

C98c

Cunha, Pedro Figueiredo Alves da
CAPOEIRAS E VALENTÕES NA HISTÓRIA DE SÃO PAULO (1830-1930)
Pedro Figueiredo Alves da Cunha. - 1. ed.
São Paulo : Alameda, 2013.
384p. : il. ; 23 cm.

Inclui bibliografia
ISBN 978-85-7939-236-8

1. Escravidão - São Paulo (Estado). 2. São Paulo (Estado) - Questão racial - História. 3. Capoeira - Apectos sociais. I. Título.

14-15116.   CDD: 981.04
             CDU: 94(81)

ALAMEDA CASA EDITORIAL
Rua Conselheiro Ramalho, 694 – Bela Vista
CEP 01325-000 – São Paulo, SP
Tel. (11) 3012-2400
www.alamedaeditorial.com.br

Sumário

Prefácio 7

Introdução 13

CAPÍTULO 1. Problemas, posturas, ordens: primeiros indícios da capoeira em São Paulo 45

Desafio entre capoeiras cariocas e paulistas 46

Uma campanha contra os capoeiras? 63

Sorocaba, Itu e Cabreúva aderem à campanha? 71

A visão das autoridades sobre o "jogo dos escravos" 76

Conclusões parciais 82

CAPÍTULO 2. Capoeira, conflito e sociedade em São Paulo 85

Entre agressões e solidariedades 86

Os "pequenos do chafariz" 92

A capoeira na Academia de Direito 114

Dos recrutamentos à Guerra do Paraguai 134

Conclusões parciais 152

CAPÍTULO 3. Capoeiras em Santos: da disputa entre bairros à luta pela abolição 155

As raras prisões por capoeira na província 156

Valongueiros *versus* Quarteleiros e o espírito santista 169

Capoeiras e valentões entre radicais do abolicionismo 181

Conclusões parciais 227

CAPÍTULO 4. Capoeira no pós-abolição: de desordeiros e vadios a bambas do samba   229

    Guarda Negra: medo e contestação   230

    O combate às "práticas bárbaras"   247

    Batuque e tiririca, samba e futebol   282

    Conclusões parciais   344

Considerações finais   347

Referências   353

    Fontes   354

    Bibliografia   361

    Filmografia   379

Agradecimentos   381

Prefácio

"A quem interessa o registro dos fatos relacionados
às classes subalternas?"

Essa indagação de Iêda Marques Britto, uma das primeiras estudiosas do samba na São Paulo do século XX, aparece com uma das muitas das questões colocadas por Pedro Cunha em seu trabalho sobre a história da capoeira na mesma cidade e numa época aproximada. O autor reconhece que sob muitos aspectos a história do samba e a da capoeira em São Paulo apresentam elementos em comum. Foram manifestações silenciadas, pois não combinavam muito com a imagem que se queria da metrópole originada do pequeno burgo dos séculos anteriores e que dele se contrastava. A princípio, pacato e quase entediante como expressava Álvares de Azevedo quando descrevia o mundo citadino de sua vida acadêmica que transcorria basicamente em torno do largo de São Francisco. Cidade branca por excelência, no limite, indígena, mameluca e caipira, que se transformaria radicalmente no século XX no centro urbano cosmopolita, mas ainda essencialmente branco, ou quase branco, realimentado pelos fluxos de imigrantes italianos, espanhóis, portugueses. Nessa linha de pensamento, tudo o que se passara antes e que lembrasse o passado escravocrata e escravista da cidade estaria condenado a ser apagado da memória histórica. Principalmente os elementos de uma sociedade tensionada por conflitos raciais e sociais, marcada por expressões culturais e religiosas de matriz africana.

Recuperar assim a história da capoeira em São Paulo – tema largamente reconhecido por estudiosos do Rio de Janeiro e da Bahia e eludido para o universo paulistano –, foi tarefa a qual se colocou Pedro Cunha, ele também capoeira apaixonado pelas artes que estuda e das quais pode ser considerado um mestre no duplo sentido. A raridade de fontes históricas sobre essas práticas, de uma parte, e de outra, o envolvimento do pesquisador com seu tema, foram questões colocadas desde o início da concepção da pesquisa histórica que tive a honra de acompanhar e orientar. As duas questões colocaram ao jovem historiador dificuldades de natureza diversas, mas que convergiram no esforço concentrado que fez para escrever uma história fundamentada em fontes históricas, livre de preconceitos, mas também de superlativos.

O trabalho aqui apresentado, defendido como dissertação de mestrado em 2011, refaz as expressões da capoeira em seu significado múltiplo. Na polissemia da manifestação, revela-se inicialmente como arte marcial de proteção e de defesa numa sociedade intrinsecamente violenta, ou melhor, que tem aí seu fundamento. Se expressa no contexto de um universo no qual, como afirma Franz Fanon, a violência dos colonizados surge como contraponto imediato da violência do colonizador e muitas vezes direcionada a seus iguais. Tendo como fio condutor uma vasta documentação, no geral processos e autos produzidos pela repressão, em *Capoeiras e valentões* encontramos parceiros de luta e de jogos de demonstração de coragem em lances que não podem ser avaliados com surpresa ou com lentes anacrônicas. Situados em torno dos largos da cidade e de seus chafarizes, relacionavam-se a associações masculinas que valorizavam atributos de valentia, numa sociedade marcada pela violência. Mas que, nas dimensões do dia-a-dia, não se restringiam a eles; as rodas de capoeira aparecem congregando outros grupos atraídos pela sociabilidade e pelas práticas que assistem e das quais participam. Não somente transeuntes homens e mulheres trabalhadores urbanos, no geral escravos, forros, africanos livres, mas também, desde a década de 1820, época da fundação da Academia de Direito, estudantes e seus mestres denotando o fascínio que o jogo exercia, pela maestria dos movimentos e pela flexibilidade e agilidade dos corpos, capazes de vencer chicotes e armas. Pedro Cunha encontra na participação que ele chama de letrada, os primeiros sinais da conversão da luta de matriz africana em esporte nacional, processo do qual a proposta de criação de uma escola de capoeiragem nos meados do século XIX, por um eminente futuro general, é prova contundente. Um pouco na linha do que ocorreu com o samba e com a culinária africana, convertidos em símbolos nacionais depois é claro de um movimento ideológico profundo que eludiu deles suas conotações históricas. No caso da capoeira, a par do movimento de depuração, as novas visões novecentistas não conseguiram se livrar dos atributos que testemunhavam os meios nem sempre convencionais de luta contra a dominação.

"O capoeira", tipo social ideal ilustrado em muitas das crônicas da imprensa dos inícios do século XX, guardou grande parte das caraterísticas de um modo de enfrentamento forjado nas intempéries da sociedade escravista: uma atenção nas vestes elegantes em contraposição aos pés descalços, a forma gingada do andar, o caminhar sempre no meio da rua para poder se desvencilhar dos rivais, a atenção constante para não cair em armadilhas. Os capoeiras, acostumados à mobilidade, ardilosos, atentos, astutos, ágeis e flexíveis, reproduziam atributos de homens e de mulheres que podemos encontrar frequentando os movimentos coletivos e individuais que fizeram face à dominação e à exploração na história da sociedade brasileira escravista e do período pós-emancipação. Características tanto decorrentes da organização improvisada e fluida de uma sobrevivência precária, no dizer da historiadora Maria Odila Leite da Silva Dias, quanto presentes nas formas que acompanharam a edificação de Canudos, tal como Euclides da Cunha descreveu o arraial – cidade.

De outra parte, como podemos apreender ao longo da leitura do livro, a capoeira não é tão somente uma luta; é um jogo complexo composto por múltiplos elementos que dão a ele, nas épocas passadas como hoje em dia, um sentido cultural e social todo especial. Insígnias e emblemas, instrumentos e ritmos musicais, letras de canções e por fim, palmas, assobios e gritos compõem uma arte, como se prefere dizer. O conjunto das expressões gestuais e sonoras que fazem parte da capoeira, como mostra o autor, resulta numa manifestação coletiva que envolve não só os lutadores, mas os participantes posicionados ao redor das rodas que não se comportam como uma simples e passiva audiência. Esse teor participativo pôde ser testemunhado de formas diferentes, tanto no registro iconográfico dos viajantes estrangeiros que aqui estiveram, quanto no rol de testemunhos arrolado nos processos criminais. Nesses últimos, para as autoridades interessadas em julgar os crimes, bastava chamar quem estivera presente: Adão dos Santos Jorge, africano de nação congo, João Grande, Melchiades, João Pequeno, Ignácio, entre outros, na investigação de 1864 sobre os comportamentos dos "pequenos do chafariz", grupo heterogêneo que se reunia quotidianamente no Miguel Carlos.

A compreensão da complexidade da capoeira pressupõe também enfrentar a problemática de suas origens. Consenso entre historiadores de que seja de inspiração africana, a maioria deles concorda também que não se trata de manifestação puramente africana. Levado à investigação sobre a questão, Pedro Cunha não cai na armadilha da busca incontinente das raízes ou das origens, ou mesmo da identificação das artes da capoeiragem com essa ou aquela nação africana, considerando sobretudo o fato de que sua dinâmica foi sendo alterada no decurso dos tempos pela criatividade e habilidade de seus mestres. Nesse tópico, a solução adotada foi a do meio termo, aprendida a partir do diálogo com os mais experientes estudiosos. Uma expressão nem conga, nem angola e nem sequer mina, mas também não puramente brasileira, a capoeira traduz em si a complexidade das experiências históricas dos deslocamentos, dos exílios e das diásporas, bem como dos processos de violência e de resistência que cercaram a vida dos africanos e de seus descendentes no Brasil. Seu sentido remete-se quase sempre ao da resiliência, qualidade expressa tanto na capacidade de flexionar e estirar o corpo, criar múltiplas posições, mas também na qualidade de voltar ao estado natural – sempre atento, no entanto. Apesar disso, o horizonte das manifestações de danças e jogos de lutas similares encontradas nas sociedades históricas da África, bem como no mundo da escravidão no Caribe, permanece como horizonte instigante de possibilidades investigativas e incursões futuras – os paralelos entre a capoeira e o sanguar, da África centro-ocidental, e o gayelle de Trindade, por exemplo.

Num espaço que é mais amplo do que o da sociedade paulistana, nos momentos do livro em que a análise histórica se desloca da cidade em direção a seu principal porto, Santos, ou às localidades do interior, o tempo de *Capoeiras e valentões* é relativamente largo. Conduzido pelas fontes variadas às quais lança mão, o estudo engloba desde as primeiras notícias sobre a prática da capoeira, já trazendo essa denominação nos registros de representações de moradores sobre os desafios entre grupos de escravos ou nas posturas municipais da primeira metade do século XIX, até as aparições de capoeiras direta ou indiretamente envolvidos com os movimentos políticos da segunda metade do século XIX. Nas agitações urbanas de Santos dos anos de 1850, destacam-se as disputas entre as maltas de valongueiros e quarteleiros grupos associados às igrejas católicas do centro: Santo Antônio do Valongo e a Igreja Matriz; um pouco mais tarde, a presença de combatentes instruídos pelas artes da capoeiragem nas linhas de frente das campanhas da Guerra do Paraguai e, por fim, no movimento abolicionista que agitou as cidades brasileiras nos finais da década de 1880. Nesse último caso, embora de difícil comprovação uma vez que o abolicionismo atuante se manteve às escuras distante dos noticiários e de preferência longe das ações policiais, a participação das capoeiras se deu de forma distinta em cada uma das cidades. As inflexões locais imprimiram sentidos diversos tanto aos movimentos políticos quanto à atuação de lideranças e combatentes e justificam a opção inicial do autor quanto à relevância do estudo do jogo-arte na província e na cidade de São Paulo.

Por fim, tentando responder à questão que dá titulo ao prefácio e pensado nas qualidades do trabalho que apresento, responderia que interessa a nós historiadores sociais, mas também aos habitantes da cidade, homens e mulheres que nela trabalham e lutam e que tem os seus momentos de lazer e diversão muitas vezes cadenciados por sons, linguajares e expressões culturais de inspiração africana, ainda que remota. Em nome da memória da cidade e a de seus agentes históricos, coloca-se a história dos subalternos da qual não devemos nos esquivar. Boa leitura.

Cristina Wissenbach
Departamento de História, FFLCH-USP

Introdução

> *Aqui é a capoeira, espécie de dança física, de evoluções atrevidas e guerreiras, cadenciada pelo tambor do Congo; ali o batuque, posições frias ou lascivas, que os sons da viola Urucungo aceleram ou demoram...*[1]
> (Charles Ribeyrolles)

Em 1º de fevereiro de 1833, o Conselho Geral de São Paulo promulgou uma postura municipal aprovada pela Câmara da capital em 14 de janeiro, com os seguintes termos:

> Toda a pessoa, que nas Praças, ruas, casas publicas, ou em qualquer outro logar tambem publico, praticar ou exercer o *jogo denominado = de capoeiras =* ou *qualquer outro genero de lucta*, sendo livre será preza por tres dias, e pagará a multa de um a tres mil reis, e sendo captiva será preza, e entregue ao seo Senhor, para a fazer castigar na grade com 25 a 50 açoites, e quando o não faça soffrerá a mesma multa de um a tres mil reis.[2]

---

1 RIBEYROLLES, Charles. *Brazil Pittoresco*: história, descrições, viagens, instituições, colonisação. Rio de Janeiro: Typographia Nacional, 1859, tomo III, p. 47. Para evitar repetições do termo "capoeira" ao longo deste trabalho, utilizaremos como sinônimos, de maneira geral, as palavras "prática" e "manifestação", e, de maneira mais específica, combinações como "jogo-luta" ou "luta-dança", quando assim se configurar a capoeira.

2 ARQUIVO DO ESTADO DE SÃO PAULO (doravante, Aesp). *Ofícios Diversos da Capital*, 1833, Caixa 74, Ordem 869, Pasta 1, Documento 44 (este documento, até 2009, aparecia com o número 78,

Disseminada entre autoridades policiais da cidade de São Paulo logo após sua publicação, no mês seguinte, tal legislação se repetiu em outras cidades da província, como Cabreúva, Itu e Sorocaba. Nesta última, inclusive, a proibição à capoeira se manteve, com pequenas alterações, em códigos de posturas criados pela Câmara nos anos de 1850, 1865 e 1871.[3]

Um dos primeiros pesquisadores a identificar essas repetidas medidas proibindo a capoeira na província de São Paulo, o estudioso Paulo Coêlho de Araújo também buscou legislações similares nas outras quatro principais regiões escravistas do Brasil – Rio de Janeiro, Minas Gerais, Pernambuco e Bahia. Porém, nada encontrou, ressaltando que para Bahia e Pernambuco, tidas como berço de capoeiristas famosos, a principal referência sobre a capoeira do século XIX seria a tradição oral configurada a partir do século XX. Já o Rio de Janeiro manteve uma campanha constante contra os capoeiras sempre através de "medidas coercivas" determinadas pelo chefe de polícia.[4]

Embora a criação de medidas coibindo a prática da capoeira na capital e em cidades do interior de São Paulo indiquem uma presença incômoda de praticantes da mesma, sua prática em terras paulistas no período da escravidão não recebeu, até o momento, uma atenção devida dos historiadores. Prova disso é o *Inventário para*

---

sendo a referência alterada a partir da reorganização e digitalização dos Ofícios Diversos da Capital, que podem ser acessados agora, inclusive, pelo site http://www.arquivoestado.sp.gov.br). Para preservar a natureza dos documentos, mantivemos em todas as citações destacadas nesta pesquisa o texto com grafia original (grifo nosso).

3   As legislações coibindo a prática da capoeira em Sorocaba foram bem analisadas por Carlos Carvalho Cavalheiro em seguidos artigos, entre eles "A história da capoeira em Sorocaba". *A nova democracia*, ano III, n. 18, maio 2004. Disponível em: <http://www.anovademocracia.com.br/no-18/837-a-historia-da-capoeira-em-sorocaba>. Acesso em: maio 2011. A questão das legislações referentes à capoeira e práticas similares, nesta e em outras cidades da província de São Paulo, será discutida no primeiro capítulo deste trabalho.

4   ARAÚJO, Paulo Coêlho de. *Abordagens sócio-antropológicas da luta/jogo da capoeira*. Portugal, Maia: Instituto Superior da Maia, 1997 (Série "Estudos e Monografias"), em especial o Capítulo 3 como um todo. Um dos pioneiros no estudo da criminalidade escrava no Rio de Janeiro, Thomas Hollooway já havia enfatizado, em seu trabalho de 1993, que a capoeira nunca foi alvo de legislação no Rio de Janeiro, durante o Império. Esta questão foi aprofundada em ALGRANTI, Leila Mezan. *O feitor ausente*: estudos sobre escravidão urbana no Rio de Janeiro (1808-1822). Petrópolis: Vozes, 1988, e em SOARES, Carlos Eugênio Líbano. *A capoeira escrava e outras tradições rebeldes no Rio de Janeiro* (1808-1850). Campinas: Editora da Unicamp, 2002. Estes dois pesquisadores mostraram o papel predominante dos intendentes de polícia da corte imperial, estipulando medidas para a punição de capoeiras.

registro e salvaguarda da capoeira como patrimônio cultural do Brasil, um dossiê desenvolvido entre 2006 e 2007, que reuniu os estudos mais relevantes produzidos sobre a capoeira até então. No material, há referências à capoeira em Pernambuco, Bahia e Rio de Janeiro. Mas nada fala de sua existência em São Paulo.[5]

Talvez essa falta de estudos sobre o tema em São Paulo no período da escravidão se dê pelo fato de praticamente não aparecerem, em processos criminais ou em registros de presos nas cadeias paulistas, pessoas identificadas como capoeiras. Esta situação poderia, inclusive, suscitar a interpretação de que as posturas criadas pelos municípios paulistas apenas copiavam as medidas coercivas adotadas pela força policial na corte, onde há documentação sobre a prisão de praticantes desde pelo menos 1789.[6] Na cidade do Rio de Janeiro, a capoeira era, sem dúvida, motivo de grande preocupação entre autoridades. Só no período de 1810 a 1821, entre as 4.853 prisões efetuadas pela polícia carioca, 438 (ou seja, 9%) foram por acusação de prática de capoeira, sendo este o segundo principal motivo, atrás apenas das fugas de escravos, com um total de 751 presos (15,5%).[7]

Contudo, existem dados de São Paulo que apontam para outra possibilidade sobre a decisão de políticos em criar medidas legais para se coibir a capoeira. Algumas já foram analisadas por pesquisas anteriores, porém nunca receberam um tratamento conjunto, através de um estudo que tivesse como cerne a função da capoeira em São Paulo.

Nesse sentido, cabe aqui resgatar um ensinamento do antropólogo haitiano Michel-Rolph Trouillot na recuperação de fatos históricos negligenciados por pesquisadores durante muito tempo, como seu estudo sobre a Revolução de São Domingos,

---

5   BARBOSA, Wallace de Deus (coord.). *Inventário para registro e salvaguarda da capoeira como patrimônio cultural do Brasil*. Brasília, 2007. Agradeço a Maurício Barros de Castro por me fornecer um exemplar deste trabalho e apontá-lo como referência para a necessidade de um estudo sobre São Paulo.

6   CASTRO, Nireu Oliveira. *Crônicas históricas do Rio Colonial*. Rio de Janeiro: Civilização Brasileira, 2004, p. 201-202. No artigo "O capoeira: a escravidão e suas contradições", Cavalcanti narra o caso de Adão, escravo de ganho preso por capoeira em 1789 e punido com 500 açoites e dois anos de trabalho nas obras públicas, conforme processo existente no Arquivo Nacional do Rio de Janeiro.

7   Cf. Tabela "Total de prisões feitas pela polícia do Rio de Janeiro, 1810-1821", elaborada por Algranti, em seu *O feitor ausente*, p. 209.

atual Haiti. Ao mostrar como a história é feita de "silêncios e menções", Trouillot explica: "silêncios são inerentes à história porque qualquer evento individual registra história com algumas de suas partes constituintes faltando" e, por isso, "o contínuo alargamento das fronteiras físicas da produção histórica é útil e necessário".[8]

Nosso objetivo inicial, assim, é romper o silêncio sobre a capoeira em São Paulo, ampliando o conhecimento sobre essa manifestação como um todo. A intenção é mostrar as várias faces da mesma em território paulista e as possibilidades de troca de gestos, sons e estratégias entre seus praticantes nesta província e em outras regiões.

Ao assumirmos tal proposta, tornou-se inevitável a adoção de balizas cronológicas bastante amplas. Nosso trabalho partiu das primeiras referências documentais identificadas até então da capoeira em São Paulo, por volta de 1830, tomando como ponto final a década de 1930, considerada, pelos estudos anteriores sobre a capoeira no Brasil, como o momento no qual esta manifestação passa por uma "transformação social", sendo elevada ao posto de símbolo nacional. Contudo, tais balizas são complacentes, ampliando-se conforme a necessidade de se chegar a uma questão relevante à pesquisa.[9]

Em contrapartida, trabalhamos com um espaço geográfico mais restrito, centrado nas regiões em processo de urbanização, com destaque para a capital e seu porto principal, a cidade de Santos, tendo em vista também pesquisas anteriores sobre a capoeira escrava, em outras regiões do país, que revelaram ser esta

---

8   TROUILLOT, Michel-Rolph. *Silencing the past*: power and the production of history. Boston: Beacon Press, 1995, p. 49 (tradução nossa).

9   A expressão "transformação social" está em PIRES, Antônio Liberac Cardoso Simões. *Movimentos da cultura afro-brasileira: a formação histórica da capoeira contemporânea* (1890-1950). Tese (doutorado em História) – Unicamp, Campinas, 2001. Na realidade, o processo de mudança da capoeira abarcou mais de uma década da primeira metade do século XX, devido a fatores como a publicação de artigos defendendo a capoeira como a "ginástica nacional" e a ascensão do modelo baiano dividido entre a Luta Regional Baiana, criada por mestre Bimba em 1928, e a Capoeira Angola, cujo principal expoente, mestre Vicente Ferreira Pastinha, tomou como bandeira a partir de 1941. Este processo foi bastante analisado por outros trabalhos como REIS, Letícia Vidor de Souza. *Negros e brancos no jogo da capoeira*: a reinvenção da tradição. Dissertação (mestrado em Antropologia) – FFLCH-USP, São Paulo, 1993 e em VIEIRA, Luiz Renato. *O jogo da capoeira*: cultura popular no Brasil. Rio de Janeiro: Editora Sprint, 1995.

uma prática, em princípio, concentrada no meio urbano.[10] Esta visão, provavelmente, está relacionada à maior documentação relativa aos núcleos citadinos, o que não anula a possibilidade de a capoeira ter se desenvolvido ou espalhado pelo meio rural. Um dos registros que mostra a possibilidade de se fazer um estudo com este foco é o relato do viajante Charles Ribeyrolles que, em 1859, publicou o livro *Brazil Pittoresco*, no qual cita o "jogo da capoeira" visto em uma fazenda do Vale do Paraíba, entre o Rio de Janeiro e São Paulo, descrevendo-o dentro do seguinte contexto:

> No sábado à noite, depois do último trabalho da semana, e nos dias santificados, que trazem folga e repouso, concede-se aos negros uma ou duas horas para a dança. Reúnem-se então no terreiro, chamam-se, grupam-se, incitam, e a festa começa. Aqui é a *capoeira, espécie de dança física, de evoluções atrevidas e guerreiras, cadenciada pelo tambor do Congo*; ali o *batuque*, posições frias ou lascivas, que os sons da viola *Urucungo* aceleram ou demoram; mais além tripodia-se dança louca, na qual olhos, seios, quadris, tudo, uma fala, tudo provoca, – espécie de frenesi convulsivo inebriante à que chamam *lundú*.[11]

Apesar de não buscarmos referências à prática da capoeira no meio rural, apostando em uma maior densidade de fontes nas áreas urbanas ou em processo de urbanização, este trecho de Ribeyrolles será referência importante para um tema que trataremos ao final do nosso trabalho: as trocas entre diferentes manifestações.

Retomando a questão da metodologia, esclarecemos que este estudo só foi possível através de uma sistemática distinta daquela aplicada no Rio de Janeiro, onde uma documentação policial mais contínua, a maior preocupação da imprensa e o interesse de cronistas sobre o tema levaram à produção de material relativamente farto, permitindo aos historiadores focados naquela área a elaboração

---

10 Ver, por exemplo, SOARES, Carlos Eugênio Líbano. *A capoeira escrava...* e ASSUNÇÃO, Matthias Röhrig; VIEIRA, Luiz Renato. "Mitos, controvérsias e fatos: construindo a história da capoeira". *Estudos Afro-Asiáticos*, n. 34, dez. 1998, p. 81-121. Vale destacar que estudos como o de Soares e o artigo citado contestam a versão disseminada entre praticantes da capoeira – e até referendada por alguns estudiosos – de que esta manifestação teria se desenvolvido no meio rural, dentro das senzalas e nos quilombos.

11 RIBEYROLLES, Charles. *Brazil Pittoresco...*, tomo III, p. 47 (grifo nosso).

de dados quantitativos e até qualitativos, desde as primeiras décadas do século XIX até um período mais recente.

Mesmo sabendo da carência de documentos policiais específicos sobre a capoeira em terras paulistas, tendo como base estudos sobre a criminalidade na província de São Paulo, empreendemos um estudo por amostragem dos registros de presos em diferentes cidades, de maneira a cobrir todo o século XIX e primeira década do XX. Curiosamente, apenas em uma cidade – Santos – e durante poucos anos, localizamos algumas pessoas detidas por capoeiras. Pela mesma metodologia, vasculhamos outras fontes policiais, como ofícios, processos policiais e judiciais.

O caminho seguinte foi seguir pistas deixadas por trabalhos anteriores focados na sociabilidade escrava em São Paulo, entre os séculos XIX e XX, buscando referências ao jogo-luta ou a manifestações próximas. Em diversos acervos, cada nota localizada foi cercada por uma checagem das mais variadas fontes primárias existentes, como notícias de jornais, ofícios de autoridades, telegramas e depoimentos de memorialistas, visando obter mais informações diretamente ligadas à prática ou, ao menos, importantes dados para se compreender melhor o contexto do respectivo caso.

As fontes consultadas nesses acervos, analisadas à luz de trabalhos anteriores, permitem-nos afirmar que a capoeira em São Paulo, assim como em outras regiões do Brasil, seria parte de um substrato cultural sobre o qual africanos e seus descendentes se congregavam, impondo-se hierarquias, criando insígnias e estabelecendo estratégias de sobrevivência no violento mundo escravista em que viviam.

No primeiro capítulo, buscamos uma interpretação conjunta das legislações municipais contrárias à prática da capoeira em terras paulistas, investigando suas eventuais motivações e consequências. Ao reconstruirmos situações nas quais a capoeira ocorreu em São Paulo, delineamos melhor o que era essa manifestação para autoridades e seus praticantes, aparentemente algo muito além de um eventual ato violento passível de punição por posturas municipais.

Em contrapartida, como será demonstrado no segundo capítulo desta dissertação, a capoeira em São Paulo seria, de certa forma, permitida por senhores de escravos e até mesmo socialmente permeável, aceitando-se inclusive professores e estudantes da Academia de Direito, desde que demonstrassem habilidade para participar. Ao abrir caminho para elementos de outros grupos sociais da cidade conhecerem de perto a capoeira, esta permeabilidade levou a um aproveitamento das habilidades marciais dos praticantes em conflitos externos, como a Guerra do

Paraguai, ou internos, como a disputa entre monarquistas e republicanos, conservadores e liberais, e, em especial, no movimento abolicionista.

O envolvimento de capoeiras em disputas políticas e na luta pela abolição da escravatura será analisado no terceiro capítulo, que terá como espaço prioritário a cidade de Santos, que se tornou, junto com São Paulo, base do abolicionismo paulista. Reminiscências indicam a existência de uma estrutura de maltas no entorno do cais santista desde a década de 1850.[12] Tidos como valentões, seus integrantes acabaram se envolvendo em demandas religiosas, políticas e, já na década de 1880, nas lutas abolicionistas. Ao abordarmos esse último ponto, ampliaremos o campo de visão, com o intuito de perceber a movimentação dos chamados "caifases", homens que se arriscavam no resgate de escravizados, movimentando-se entre o porto, a capital e o interior.

Com o advento da Abolição e subsequente proclamação da República, manifestações de origem escrava passaram a ser reprimidas, inclusive a capoeira, que chegou a ser criminalizada pelo Código Criminal de 1890. Enquanto no Rio de Janeiro houve uma verdadeira perseguição aos praticantes da então denominada capoeiragem, São Paulo parece ter adotado uma estratégia indireta de combate a atividades como essa, tidas como contrárias ao processo de modernização, conforme será mostrado no quarto e último capítulo desta pesquisa. Ao seguirmos por este viés, embasamo-nos em estudos sobre irmandades negras, o samba paulistano e práticas mágico-religiosas, que demonstraram a tentativa da elite em "silenciar" a presença de formas associativas negras e "apagar" práticas consideradas bárbaras, o que não foi suficiente para calar os grupos envolvidos.[13]

---

12   O emprego do termo "malta" para designar grupos de capoeiras, no Rio de Janeiro, desde o início do século XIX, foi constatado pela historiografia sobre criminalidade escrava e capoeira na corte imperial. Um dos primeiros trabalhos a apontar essa forma de organização escrava foi o de Leila Algranti, *O feitor ausente*, supracitado, sendo a questão ampliada por trabalhos subsequentes.

13   Sobre o primeiro assunto, ver por exemplo QUINTÃO, Antonia Aparecida. *Irmandades negras*: outro espaço de luta e resistência (1870-1890). Dissertação (mestrado em História) – FFLCH-USP, São Paulo, 1991. Com relação ao samba paulistano, uma referência significativa para nossos propósitos é BRITTO, Iêda Marques. *Samba na cidade de São Paulo* (1900-1930): um exercício de resistência cultural. São Paulo, FFLCH-USP, 1986. É relevante ainda estudos como o de WISSENBACH, Maria Cristina Cortez. *Ritos de magia e sobrevivência*: sociabilidades e práticas mágico-religiosas no Brasil (1890-1940). Tese (doutorado em História) – FFLCH-USP, São Paulo, 1997.

Diante da dificuldade de localizar fontes oficiais sobre o samba na cidade de São Paulo, Iêda Britto questionou: "a quem interessa o registro de fatos relacionados com as classes subalternas?". Para ela, "deixar de registrá-los equivale negar-lhes a existência, ou pelo menos minimizá-los, o que faz sentido na perspectiva de uma sociedade de classes".[14] É notório, por exemplo, que embora autoridades e imprensa neguem que a capoeira exista ou que seja um problema em São Paulo, há uma grande pressão sobre lideranças negras e abolicionistas para que não sejam formadas Guardas Negras em cidades paulistas, em especial Santos. Ao longo do trabalho, a partir das interpretações históricas possíveis no cotejamento das fontes, procuramos ainda traçar análises comparativas em diálogo com práticas similares à capoeira estudadas nas sociedades africanas, nas Américas e em outras partes do Brasil, como Rio de Janeiro, Salvador e Pernambuco, num sentido de verificar proximidades e diferenças.

Para compreendermos o que era a capoeira em São Paulo, no período da escravidão e no pós-abolição, antes é necessário esmiuçar quais os elementos que marcavam tal manifestação na época. Percebidos não só na historiografia sobre o tema, como também nos relatos de viajantes e cronistas coevos, estes se tornarão pressupostos para enxergarmos e analisarmos o jogo-luta no território paulista.

O que era a capoeira?

As citações que fizemos antes de trechos do relato de viagem de Charles Ribeyrolles, de 1859, ajudam a entrarmos na ampla discussão sobre o que era a capoeira da época. Pela descrição de Ribeyrolles, seria mais uma atividade cultural, e não uma prática violenta como muitas vezes aparece registrada no meio urbano. Esta diferença fica evidente na descrição da capoeira em uma rua da corte imperial, feita pelo artista alemão Johann Moritz Rugendas, que visitou o Brasil na década de 1820. Acompanhada pela famosa gravura "Jogar capoeira ou danse de la guerre",[15] a anotação do artista denota um caráter bem mais marcial:

> Os negros têm ainda um outro folguedo guerreiro, muito mais violento, a 'capoeira': dois campeões se precipitam um

---

14 BRITTO, Iêda Marques. *Samba na cidade...*, p. 102.
15 RUGENDAS, Johann Moritz. *Viagem pitoresca através do Brasil*. Tradução Sérgio Milliet. 8ª ed. Belo Horizonte: Itatiaia; São Paulo: Edusp, 1979 [1ª ed. em alemão e francês, 1835], prancha 98.

contra o outro, procurando dar com a cabeça no peito do adversário que desejam derrubar. Evita-se o ataque com saltos de lado e paradas igualmente hábeis; mas, lançando-se um contra o outro mais ou menos como bodes, acontece-lhes chocarem-se fortemente cabeça contra cabeça, o que faz com que *a brincadeira não raro degenere em briga e que as facas entram em jogo ensanguentando-as*.[16]

FIGURA 1. A famosa gravura de Rugendas, "Jogar capoeira ou danse de la guerre", permite observar a capoeira no meio urbano do Rio de Janeiro. A seguir, os detalhes retratados pelo artista: a presença de palmas e braços erguidos denota expectadores ativos; a faca na cintura de um dos que assiste ao jogo indica o risco de violência; os pés descalços apontam ser a atividade dominada por escravos; chapéus e cordões coloridos podem ser símbolos de identidade de uma ou mais maltas.

Por outro lado, como se vê na gravura, a cena remete-se a um ambiente mais lúdico, com dois jogadores em um balançar de corpo que parece acompanhar o ritmo de um pequeno tambor, tocado por um terceiro indivíduo no canto esquerdo, e de palmas e gritos que parecem sair da plateia. Cestos largados ao chão indicam a interrupção das atividades diárias, talvez para uma refeição junto à quitandeira, ao fundo, que acaba abrindo espaço para um momento de diversão. É uma atividade amistosa, que envolve homens e mulheres, permitindo a construção de

---

16   *Ibidem*, p. 280.

identidades e sentimento de coletividade. O caráter violento, porém, está implícito na faca amarrada à cintura de um dos participantes.

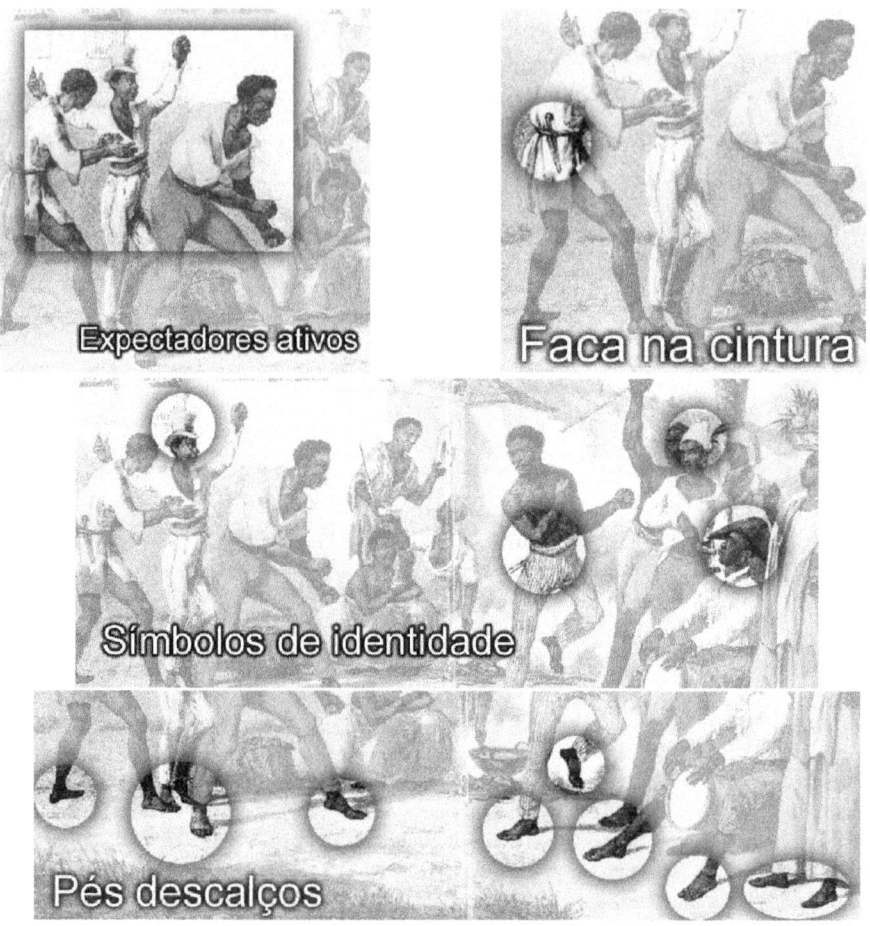

O artista alemão deixou ainda um segundo registro iconográfico de uma dança-luta de escravos nos arredores de Salvador que, embora não seja associada pelo título à capoeira, parece bastante com aquela feita nas ruas do Rio de Janeiro, delineando uma atividade amistosa que atraía não só homens, mas também mulheres, ainda que apenas como plateia. A capoeira nessas duas imagens, então, seria uma brincadeira para os participantes e um espetáculo para quem a observava, configurando-se como um espaço de lazer e sociabilização.[17]

---
17   *Ibidem*, prancha 27.

FIGURA 2. Outra gravura de Rugendas, "São Salvador", mostra contexto diferente no qual uma dança-luta, possivelmente a capoeira, também ocorria, em uma clareira nos arredores da capital baiana. Abaixo, detalhes: expectador ativo parece cantar, com faca à cintura; um jogador executa gesto similar a um movimento da capoeira atual, a negativa, no qual uma perna fica flexionada e a outra, estendida; pés descalços reforçam a ideia de que seria uma atividade escrava.

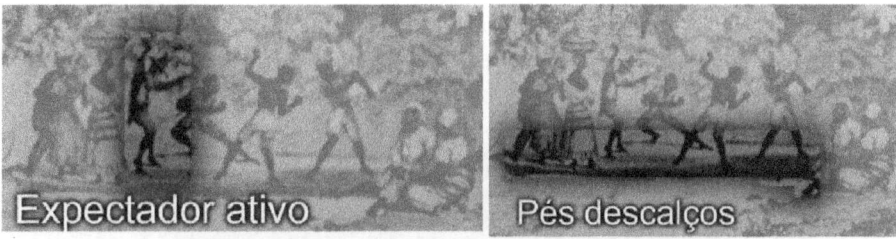

Esses dois trabalhos iconográficos de Rugendas expõem outro ponto importante: a ausência do berimbau – principal símbolo da capoeira no século XX – na capoeira praticada no início dos oitocentos. Naquela imagem do Rio de Janeiro, temos em destaque um tambor, como se vê no detalhe abaixo.

Detalhe da gravura de Rugendas intitulada "danse de la guerre" mostra o destaque dado pelo artista ao tambor, que deveria ter preponderância no jogo da capoeira da corte, no início do século XIX.

Sem entrarmos na ampla discussão sobre o valor das produções de estrangeiros sobre as sociedades nas Américas ou em outras regiões, é necessário ressaltar que as imagens de Rugendas, publicadas pela primeira vez em forma de fascículos, entre 1827 e 1835, parecem ter um lastro mais profundo do que o usual na época, pois se baseou em um trabalho que incluiu até entrevistas com escravos, conforme explicita o historiador Robert Slenes, no clássico artigo 'Malungo, Ngoma vem!'.[18]

Somado a isso, os detalhes observados e retratados por Rugendas se repetem no trabalho iconográfico de outro viajante contemporâneo, o inglês Augustus Earle, feita entre 1820 e 1824 e chamada de "Negros lutando – Brasil".[19] Na imagem, um homem sentado parece bater com a mão em um objeto de madeira, talvez para fazer a marcação. Também se percebe o gestual da capoeira, com ginga e per-

---

18   SLENES, Robert W. "'Malungo, Ngoma vem!': África coberta e descoberta no Brasil". *Revista USP*, n. 12, dez./fev. 1991-1992, p. 48-67.

19   Imagem analisada em ASSUNÇÃO, Matthias Röhrig. *Capoeira:* the history of an afro-brazilian martial art. Londres: Routledge, 2005, p. 77, fig. 3.2.

nada, bem como a plateia e a figura do policial, que invade o espaço dos jogadores provavelmente para repreendê-los, como se tornou prática comum já na primeira década do século XIX.

FIGURA 3. A capoeira também foi retratada por outro viajante do século XIX, Augustus Earle, na pintura "Negros lutando – Brasil". No detalhe abaixo, o homem sentado parece batucar em um objeto, talvez apenas um recipiente do cotidiano, que foi usado para marcar o ritmo do jogo.

Levando-se em conta que esses viajantes poderiam carregar na tinta ao descrever manifestações escravas consideradas pitorescas, para aumentar o interesse por seus trabalhos, o testemunho de Ribeyrolles, ainda assim, é importante por apontar a ocorrência da capoeira e de outras atividades culturais dos escravos, como batuque e lundu, em um mesmo espaço, o que facilitaria trocas, indicando por outro lado ser o urucungo (como o berimbau era conhecido) um instrumento do batuque, e não, da capoeira. Para esta, o acompanhamento musical se faz com o "tambor do Congo", o que se alinha à pintura de Rugendas.

A esta questão, associa-se outra polêmica, sobre a existência ou não de um arco musical na pintura que Rugendas fez da capoeira no Rio de Janeiro. Ao que parece, o homem atrás do tocador de tambor percute com a mão um urucungo – um dos nomes pelo qual o berimbau era conhecido na época –, que estaria apoiado no chão, como se vê no destaque ao lado.[20]

Embora esta pesquisa não seja focada no berimbau, nem mesmo na composição musical da capoeira moderna, pensamos que um breve resumo da discussão sobre a utilização ou não desse instrumento entre praticantes da capoeira no período de desenvolvimento da manifestação nas cidades brasileiras, ainda no início do século XIX, seja interessante por ilustrar como esta manifestação se transformou ao longo dos anos, aceitando ou descartando determinados gestuais e símbolos identitários.

Nas narrativas dos mais antigos mestres de capoeira, que explicam as tradições repassadas entre praticantes da arte, ainda hoje se divulga que o instrumento seria usado em fazendas e cidades pelos escravos, para alertarem a chegada dos feitores ou da policia, respectivamente. Um dos primeiros estudos a contrapor essa versão foi a monografia "O berimbau-de-barriga e seus toques", na qual Kay Shaffer analisa exatamente as gravuras de viajantes do século XIX para reconhecer que "todas mostram a capoeira sendo jogada sem o berimbau", avaliando que "a associação do jogo com o instrumento só ocorreu bem tarde, talvez somente no fim do século XIX". E que tal essa ligação teria ocorrido na Bahia, contribuindo para a sobrevivência de ambos, uma vez que tanto a dança-luta como o instrumento desapareceram de

---

20 Agradeço a Rafael Galante por me alertar sobre a relevância desse detalhe na imagem.

outras regiões.²¹ Poucos anos depois, o etnólogo Gerhard Kubik lançou a tese de que a capoeira foi uma criação dos angolanos no Brasil, nas fazendas da Bahia durante os séculos XVIII e XIX, enfatizando uma origem rural para a manifestação a partir de relatos orais coletados em Salvador, no ano de 1975.²²

Em 1998, o sociólogo Luiz Renato Vieira e o historiador Matthias Assunção descartaram a possibilidade de que exista um berimbau na gravura de Rugendas "Danse de la guerre", ressaltando que o instrumento chegou a ser retratado com destaque por outro artista da época, Debret, sem qualquer vínculo com a capoeira.²³ Esta observação merece atenção. Em sua obra *Viagem pitoresca e histórica ao Brasil*, Debret descreve o urucungo como um dos instrumentos dos "negros benguelas de Angola", chamados pelo viajante de "trovadores africanos", sendo retratado pelo pintor nas mãos de um "velho escravo negro indigente".²⁴

---

21 SHAFFER, Kay. "O berimbau-de-barriga e seus toques". In: *Monografias folclóricas*, n. 2. Rio de Janeiro: Instituto Nacional do Folclore, 1977.

22 GERHARD, Kubik. *Angolan traits in black music, games and dances of Brazil*: a study of african cultural extensions overseas. Lisboa: Junta de Investigações Científicas do Ultramar/Centro de Estudos de Antropologia Cultural, 1979, p. 27-28 (Estudo de Antropologia Cultural, n. 10). A mesma teoria foi defendida por ele em artigo recente, "Traços históricos da província da Huíla no Brasil". In: BRITO, Joaquim Pais de; CARVALHO, Mário Vieira de; PAIS, José Machado (coord.). *Sonoridades luso-afro-brasileiras*. Lisboa: Imprensa de Ciências Sociais, 2004, p. 138.

23 ASSUNÇÃO, Matthias Röhrig; VIEIRA, Luiz Renato. "Mitos, controvérsias...", p. 84-85.

24 DEBRET, Jean Baptiste. *Viagem pitoresca e histórica ao Brasil*. 3ª ed. São Paulo: Livraria Martins Editora, s/d, tomo I, p. 253. A pintura aparece no Tomo I, p. 160, Prancha 14 (a primeira edição em francês foi publicada entre 1834 e 1839 em três volumes).

FIGURA 4. Gravura de Debret, da década de 1820, retrata um "trovador africano". Um velho escravo indigente com "urucungo" nas mãos, percutido com uma varinha bem ao modo dos capoeiristas de hoje, porém usando o dedo em vez da pedra ou dobrão para fazer variações. Ao lado, um menino que carrega uma cana-de-açúcar.

Se Debret não associou esses "trovadores africanos" ao termo "capoeira", enquanto jogo-luta praticado por escravos no período em que esteve na corte, deixou uma descrição do uso do urucungo pelos mesmos bastante instigante para se pensar a relação do instrumento com a prática da capoeira:

> Esses *trovadores africanos*, cuja facúndia é fértil em histórias de amor, terminam sempre suas ingênuas estrofes com algumas palavras lascivas acompanhadas de gestos análogos, meio infalíveis para fazer gritar de alegria todo o auditório negro a cujos aplausos se ajuntam assobios, gritos agudos, *contorções e pulos*, mas cuja explosão é felizmente momentânea, pois logo fogem para todos os lados a fim de evitar a *repressão dos soldados da polícia* que os perseguem a pauladas.[25]

O que seriam tais "contorções e pulos", dignos de repressão a pauladas por parte da polícia? Quem sabe o artista não tenha assistido exatamente a uma

---

25   DEBRET, Jean Baptiste. *Viagem pitoresca...*, p. 253 (grifos nossos).

exibição de capoeira ao ritmo do berimbau dos trovadores africanos, sem contudo perceber tal associação de nomes? Outros viajantes presenciaram danças-lutas e o uso de instrumentos pitorescos por escravos no Brasil, sem construir qualquer ligação entre ambos. Um deles foi o vice-cônsul britânico James Wetherell, que viveu na Bahia entre as décadas de 1840 e 1850. Em seu diário, datado de 1856, há a seguinte narrativa:

> *Negros lutando* com suas mãos livres é uma cena frequente na cidade baixa. Eles raramente chegam a se acertar, ou pelo menos o suficiente para causar qualquer dano sério. Um chute nas canelas parece ser a mais dolorosa pancada que eles dão uns nos outros. Eles são *cheios de ação, saltando e jogando seus braços e pernas como macacos* durante suas disputas. É *um espetáculo lúdico*.[26]

Embora Wetherell não tenha citado o termo "capoeira", faz uma descrição muito próxima da manifestação. Por outro lado, só fala sobre o berimbau em outro momento, destacando que, apesar de simples, o instrumento é muito apreciado pelos negros, sem fazer qualquer ligação entre o mesmo e a capoeira ou qualquer outro tipo de dança-luta praticada pelos escravos.[27] Há pelo menos mais um viajante estrangeiro da primeira metade dos oitocentos que registra o uso do berimbau desvinculado de algum tipo de jogo-luta, novamente nas ruas da corte imperial, é o artista amador inglês Henry Chamberlain. Em sua obra intitulada "As mulheres do mercado do Rio de Janeiro", percebe-se em um canto um negro com um grande cesto na cabeça, carregando um berimbau.[28]

---

26 WETHERELL, James. *Brazil*: stray notes from Bahia. Liverpool: Webb & Hunt, 1860, p. 119-120 (tradução nossa).
27 *Ibidem*, p. 106-107.
28 Imagem reproduzida e analisada em KARASCH, Mary C. *A vida dos escravos no Rio de Janeiro (1808-1850)*. São Paulo: Companhia das Letras, 2000, fig. 16.

FIGURA 5. A pintura "As mulheres do mercado do Rio de Janeiro", de Henry Chamberlain, retrata o uso do berimbau por um vendedor, no fundo, à esquerda.

A ligação da capoeira com o berimbau parece, assim, ter se firmado no início do século XX, sendo já destacada no livro de memórias *A Bahia de outr'ora*, de Manuel Querino, publicado em 1922 com o subtítulo "Vultos e factos populares". O autor descreve a capoeira como "uma espécie de jogo athletico, que consistia em rápidos movimentos de mãos, pés e cabeça, em certas desarticulações de tronco, e, particularmente, na agilidade de saltos para a frente, para traz, para os lados, tudo em defesa ou ataque, corpo a corpo", comentando que essa manifestação ocorria principalmente aos domingos, integrando a "mania de ser valente".[29] Sobre o uso do berimbau, diz o autor:

> Nesses exercícios, que a gyria do capadocio [chama de] brinquedo, dansavam a capoeira sob o rythmo do berimbau,

---

29 QUERINO, Manuel. *Costumes africanos no Brasil*. Rio de Janeiro: Civilização Brasileira, 1938, p. 270-278. Esta obra, organizada por Arthur Ramos, reúne diversos trabalhos de Querino, incluindo a memória "A raça africana e os seus costumes na Bahia", apresentada no *5º Congresso Brasileiro de Geografia*, em 1916.

instrumento composto de um arco de madeira flexível, preso ás extremidades por uma corda de arame fino, estando ligada á corda numa cabacinha ou moeda de cobre. O tocador de berimbau segurava o instrumento com a mão esquerda, e na direita trazia pequena cesta contendo calhaus, chamada gongo, além de um cipó fino, com o qual feria a corda, produzindo o som.[30]

Em seguida, Querino descreve algumas cantigas entoadas pelo tocador de berimbau, na capoeira. A partir desse relato, uma série de outros textos, produzidos primeiro por folcloristas[31] e, em seguida, por literatos e acadêmicos que resgataram testemunhos de mestres antigos da Bahia,[32] reforçaram essa ligação entre a capoeira e o berimbau no período.

Mais do que uma adoção do berimbau como instrumento "visceralmente" ligado à capoeira, ocorreu nesse período uma sobreposição do arco musical ao tambor, esse sim retratado nas gravuras dos oitocentos relacionadas à capoeira. Além do tambor não aparecer em relatos do início do século XX, como no texto de Querino, o uso do atabaque, instrumento similar, chega a ser condenado por mestres antigos, que aprenderam a arte nesse período. Ao entrevistar esses receptáculos do conhecimento sobre a Capoeira Angola, para produzir seu "ensaio sócio-etnográfico", publicado em 1968, Waldeloir Rego listou os instrumentos musicais usados na manifestação, informando que o atabaque "entre nós, atualmente, não é mais usado na capoeira".[33]

Nos depoimentos de mestres antigos, fica subentendido ao menos um importante motivo pelo qual o berimbau ganhou tamanha força entre os capoeiras, na repressão da República Velha, quando as rodas ainda eram dominadas por valentões: o instrumento, composto por uma vara de madeira rígida de aproximadamente sete palmos servia também como uma arma. Reconhecido hoje como o principal expoente da chamada Capoeira Angola, Vicente Ferreira Pastinha, o

---

30 QUERINO, Manuel. *Costumes africanos...*, p. 273-274.
31 Ver, por exemplo, CARNEIRO, Edison. *Negros Bantus*: notas de ethnographia religiosa e de folklore. Rio de Janeiro: Civilização Brasileira, 1937 e CASCUDO, Luís da Câmara. *Dicionário do Folclore Brasileiro*. Rio de Janeiro: Tecnoprint Gráfica, s/d. [1ª ed. 1954].
32 Um dos trabalhos pioneiros foi REGO, Waldeloir. *Capoeira Angola*: ensaio sócio-etnográfico. Rio de janeiro: Editora Itapoá, 1968 (Coleção Baiana).
33 *Ibidem*, p. 85.

mestre Pastinha, revelou em entrevista que andava com uma "foicezinha de mão" para encaixar na verga "na hora da dor".³⁴ Interessante neste sentido é o documentário *Versos e cacetes: o jogo do pau na cultura afro-fluminense*, dirigido por Matthias Assunção e Hebe Mattos, no qual é registrada uma espécie de dança com uso de varas com medidas próximas à de um berimbau, usadas para duelos entre descendentes de escravos do interior do Rio de Janeiro.³⁵

Em um trabalho baseado em entrevistas com os mestres de capoeira mais velhos, Luiz Renato Vieira concluiu que "na roda, destacam-se os instrumentos musicais: berimbaus, pandeiros e, ocasionalmente, agogô e reco-reco". Mais do que isso, ele enfatizou: "os mestres mais antigos são unânimes em condenar a utilização do atabaque (também chamado por alguns de timbau)".³⁶

No livro *Capoeira: The History of an Afro-Brazilian Martial Art*, lançado em 2005, Matthias Assunção avalia que essa substituição de variações do antigo tambor pelo berimbau não poderia ser justificada apenas pela repressão, ou seja, pela dificuldade de se fugir da polícia carregando um atabaque ou mesmo de se defender usando o mesmo. Isso porque, conforme ele, o atabaque estava presente em outras manifestações mais permissíveis. Para Assunção, essa discussão torna-se ainda mais complexa pelo fato do próprio mestre Pastinha ter relatado que quando aprendeu capoeira (seu aprendizado iniciou em 1899, quando ele tinha 10 anos) apenas um tambor era usado.³⁷ Uma resposta pode ser sugerida a partir de um relato obtido por Vieira de um capoeirista antigo de Santo Amaro da Purificação, cidade próxima a Salvador, na Bahia: "a capoeira antigamente era dois pandeiros, dois berimbaus e um agogô. Hoje em dia é que tem timbau em capoeira. Um timbau, para quem não conhece, já parece com candomblé. Dois timbaus, o que é que não parece?"³⁸

Estas idas e vindas da musicalidade da capoeira pode ser interpretada sob a ótica pela qual Kazadi wa Mukuna identificou as contribuições bantus para a

---

34 *Pastinha! Uma Vida pela Capoeira*. Direção: Antônio Carlos Muricy. Brasil: 1998. 1 videocassete.

35 *Versos e cacetes: o jogo do pau na cultura afro-fluminense*. Direção: Hebe Mattos e Matthias Röhrig Assunção. Rio de Janeiro: LABHOI (UFF)/ESSEX (Capoeira Viva/Petrobrás), 2009. 1 DVD (37 min.).

36 VIEIRA, Luís Renato. *Da vadiação à capoeira regional*: uma interpretação da modernização cultural no Brasil. Dissertação (mestrado em Sociologia) – UnB, Brasília, 1990, p. 105.

37 ASSUNÇÃO, Matthias Rohrig. *Capoeira*: the history..., p. 110-111.

38 VIEIRA, Luiz Renato. *Da vadiação...*, p. 106.

música popular brasileira. Segundo ele, independentemente do instrumento ou da manifestação, existem padrões rítmicos básicos associados a determinados grupos étnicos africanos. Práticas culturais de origem bantu, por exemplo, teriam uma "espinha dorsal" rítmica a ser mantida nas músicas, fossem executadas no tambor, fossem no berimbau.[39]

Deste modo, pensamos ser legítimo supor que, em uma época na qual a capoeira precisava se afirmar como manifestação distinta de outras de origem africana como o candomblé, o berimbau foi adotado como um marcador de diferenças, reproduzindo-se nele padrões rítmicos antes executados no tambor ou nas palmas. Ou seja, símbolo de uma identidade étnica. Nesse sentido, vale resgatar as palavras de Manuela Carneiro da Cunha na conclusão de *Negros, estrangeiros*:

> O que se ganhou com os estudos de etnicidade foi a noção clara de que a identidade é constituída de forma situacional e contrastiva, ou seja, que ela constitui resposta política a uma conjuntura, resposta articulada com as outras identidades em jogo, com as quais forma um sistema. É uma estratégia de diferença.[40]

Em sua análise final sobre identidade étnica, a autora mostra como a "ancestralidade", a "história", servem de caução para a "tradição" ou a "cultura", modo imediato de manifestação da origem de um grupo. E vai além, apontando que mesmo a busca por uma fidelidade total a um modelo antepassado é apenas um espectro, uma vez que símbolos antes autênticos, de uso cotidiano, passam a ter uma dimensão nova: "a de ser uma afirmação sobre a identidade étnica de homens e mulheres". Assim:

> a semelhança ao passado é, de saída, um projeto e um projeto irrealizável, a menos que, ao inverso de se adequar o presente

---

39 MUKUNA, Kazadi Wa. *Contribuição bantu na música popular brasileira: perspectivas etnomusicológicas*. São Paulo: Terceira Margem, 2006, p. 78-79. Este paralelo entre os padrões rítmicos africanos e a transição entre o tambor e o berimbau foi apresentado em ASSUNÇÃO, Matthias Röhrig. "History and memory in capoeira lyrics from Bahia, Brazil". In: NARO, Nancy Priscilla; SANSI-ROCA, Roger; TREECE, David H. (ed.). *Cultures of the Lusophone Black Atlantic*. Nova York: Palgrave Macmillan, 2007, p. 206, com base em trabalho anterior de Kazadi Mukuna e no artigo de Kubik de 1979 já citado.

40 CUNHA, Manuela Carneiro da. *Negros, estrangeiros*: os escravos libertos e sua volta à África. São Paulo: Brasiliense, 1985, p. 206.

ao passado, se proceda na ordem inversa, ou seja, se adeque o passado ao presente. É o que se faz. As tradições, como se sabe hoje, são sempre reinventadas.[41]

É claro que isso não significa ser todo processo de construção de identidades pragmático, podendo-se abrir possibilidades e ocorrer acasos em diversos momentos. Ainda assim, seguindo os pressupostos de Manuela Carneiro da Cunha, arriscamos dizer que a "tradição inventada" do berimbau como símbolo da capoeira só se concretizou por ser esse instrumento um elemento comum ao ambiente no qual a capoeira se desenvolveu. Assim como gestuais que compuseram a manifestação, o chamado urucungo veio com os africanos escravizados, estava nas ruas das cidades oitocentistas, servindo para vendedores e mendigos chamarem a atenção, ou mesmo para o divertimento popular. Havia uma semântica ordinária a ambos e é muito provável que capoeiras do século XIX tenham jogado sob o seu ritmo.

Para encerrarmos essa imersão, lembramos ainda que o debate sobre a existência ou não do berimbau no meio do jogo-luta capoeira, no século XIX, prosseguiu, mesmo depois de colocações firmes contrárias, como as de Assunção e Vieira, inclusive em novas produções acadêmicas. Uma que merece destaque é a tese de doutorado sobre a formação histórica da capoeira contemporânea, de Antônio Liberac Pires. O pesquisador, cuja dissertação de mestrado também abordou o assunto, usou gravuras de Rugendas sobre capoeira no Rio de Janeiro para "comprovar" a existência de "diversos instrumentos musicais, como tambor, berimbau, palmas de mãos...".[42] Como que respondendo às críticas anteriores, o autor enfatiza ainda, em nota de rodapé, que "a presença do berimbau fica mais clara nos esboços da obra". Essa opinião ganhou peso ainda maior através da pesquisa de Salomão Jovino da Silva, que teve como foco exatamente a musicalidade africana no Brasil oitocentista. Após diferenciar o urucungo do chamado oricongo – instrumento também formado por um arco com cabaça servindo de caixa de ressonância, mas diferindo-se pela forma de tocar, que, em vez das batidas, faz-se pela fricção –, o pesquisador defendeu a existência de um arco musical na pintura "Danse de la guerre".[43]

---

41 CUNHA, Manuela Carneiro da. *Negros, estrangeiros...*, p. 207.
42 PIRES, Antônio Liberac Cardoso Simões. *Movimentos da cultura...*, p. 24.
43 SILVA, Salomão Jovino. *Memórias sonoras da noite*: musicalidades africanas no Brasil oitocentista. Tese (doutorado em História) – PUC-SP, São Paulo, 2005. Sobre a existência do berimbau na pintura de Rugendas, ver p. 356.

Para além da discussão sobre a presença ou não do berimbau, podemos afirmar que a capoeira do século XIX tinha seu ritmo marcado por palmas, assobios e gritos. Em muitas ocasiões, também surge a batida do tambor como responsável pala cadência dos jogadores. Desde o início dos oitocentos, parece ter se estabelecido uma linguagem de múltiplas formas e significados, talvez até como estratégia para confundir o olhar inquisidor de senhores e autoridades. Por isso, seus praticantes usavam símbolos identitários alheios à cultura ocidental, tais como chapéus, barretes e fitas de cor. Através desses códigos secretos, grupos começaram a se formar, sendo chamados no Rio de Janeiro de malta.

A existência dessas maltas denota uma organização, com líderes e seguidores, que poderiam se proteger quando necessário, ou mesmo se prejudicar, em meio às demonstrações internas de valentia. Assim, ser capoeira exigia destreza corporal para desenvolver habilidades marciais tais como desferir o tradicional golpe, a cabeçada, ou manejar facas de ponta e navalhas.

As origens da capoeira

Para entendermos melhor o processo pelo qual esta manifestação se desenvolveu, é preciso também entrar na discussão sobre as origens da capoeira. Conforme já foi visto, a capoeira vem sendo observada desde pelo menos o início do século XIX, primeiro por autoridades e viajantes, depois por "letrados" e, mais tarde, por acadêmicos. Desde os primeiros testemunhos, percebe-se uma preocupação que persiste até hoje, sobre as possíveis raízes do jogo-luta, com defensores de uma pureza africana e outros partidários de ter ela um berço no Brasil.[44]

Em artigo de 2008, o historiador Matthias Rohrig Assunção e o mestre de capoeira Cobra Mansa relativizaram uma das teses mais disseminadas entre capoeiristas e repetida até mesmo no meio acadêmico, de que a capoeira viria do n'golo ou

---

44 Como o foco desta pesquisa é descrever a capoeira em São Paulo, não nos deteremos em uma análise detalhada dos trabalhos anteriores sobre a manifestação, sendo a bibliografia sobre o tema apresentada ao longo do trabalho, conforme a mesma seja necessária para uma comparação com o contexto paulista. Revisões bibliográficas interessantes sobre capoeira encontram-se em SOARES, Carlos Eugênio Líbano. *A negregada instituição*: os capoeiras no Rio de Janeiro. Rio de Janeiro: Access Editora, 1999, e PIRES, Antônio Liberac Cardoso Simões. *A capoeira no jogo das cores*: criminalidade, cultura e racismo na cidade do Rio de Janeiro (1890-1937). Dissertação (mestrado em História) – Unicamp, Campinas, 1996.

"dança da zebra", uma dança guerreira do sul de Angola. Conforme o artigo, considerar o n'golo, retratado pelo português Albano Neves e Souza apenas na década de 1960, como a origem da capoeira, cujo primeiro registro documental data de fins do século XVIII, seria um anacronismo.[45]

No livro *A capoeira escrava*, que reúne a tese de doutorado defendida em 1998, Carlos Eugênio Soares utilizou dados policiais e judiciários do início do século XIX para insinuar a possível aproximação da capoeira a um campo mais amplo. Segundo ele, os elevados índices de presos por capoeira de origem centro-africana "poderiam indicar uma linha que ligasse furtivamente a capoeira com algumas tradições da região da foz do Rio Zaire e do norte de Angola".[46] Conforme o próprio autor já havia apontado em um trabalho anterior, esta visão aproxima a possível gênese da capoeira do grupo cultural formado no Brasil, chamado por Robert Slenes como a "protonação bantu".[47]

A contribuição dos centro-africanos para o desenvolvimento da capoeira e de outras artes marciais afro-americanas surgidas entre escravos e seus descendentes nas Américas é fortemente defendida por Desch Obi, em artigo de 2002. Para ele, "foi a cosmologia centro-africana que moldou o formato unitário" das artes marciais que se espalharam pelas Américas entre os escravos transformados em guerreiros.[48]

Este campo de referências também ganha consistência com uma análise de Matthias Assunção, que insinua outros possíveis substratos da capoeira, localizando-os em diferentes pontos do território africano. O autor cita jogos de luta, como uma disputa de agarramento existente no Reino Edo, do sul da Nigéria, e um duelo com adaga relatado no século XVI, chamado "guibapida", entre os Wolof da Senegâmbia. Também lista algumas danças guerreiras como as giratórias, com uso de máscaras, dos yorubás Egungun. Ressalta ainda a tradição em Angola, no século XVII, do "sanguar", que consistia em apenas balançar-se de um lado para o outro com milhares de passos, para esquivar-se de flechas e lanças. E cita a cufuinha, registrada no século

---

45 ASSUNÇÃO, Matthias Röhrig; PEÇANHA, Cinésio Feliciano (mestre Cobra Mansa). "A Dança da Zebra". *Revista de História da Biblioteca Nacional*, ano 3, n. 30, mar. 2008, p. 14-21.

46 SOARES, Carlos Eugênio Líbano. *A capoeira escrava...*, p. 134.

47 SLENES, Robert. "'Malungo, Ngoma vem!'...", p. 55-56.

48 DESCH OBI, T. J. "Combat and the Crossing of the Kalunga". In: HEYWOOD, Linda M. *Central Africans and cultural transformations in the Diaspora*. Cambridge: Cambridge University Press, 2002, p. 353-370.

XIX pelo expedicionário português Henrique de Carvalho na África Central, que se assemelhava a um falso combate com uso de facas, passos rápidos e contorções.⁴⁹

Conforme Assunção, tais manifestações também podem ter originado as muitas danças-lutas desenvolvidas por africanos e descendentes nas Américas como a gayelle, uma espécie de luta de pau registrada em Trinidad no século XVIII, que depois passou a ser chamada de calinda. Acompanhada de tambor e cânticos com coro, tal manifestação tomou um formato próximo das maltas de capoeira presentes no Rio de Janeiro do século XIX, com grupos caracterizados por toda uma simbologia própria como o uso de lenço de seda no pescoço. Para Assunção, a existência de manifestações similares à capoeira, em diferentes locais da África e das Américas, com significados distintos conforme cada contexto, indica a necessidade de se abandonar uma abordagem monogênica da capoeira, que se limita a uma essência bantu, assumindo-se uma abordagem de múltiplas "inferências" para explicar o surgimento dessa e de outras danças-lutas afro-americanas, enfatizando-se o processo de crioulização ocorrido em cada lugar. O pressuposto deste trabalho aproxima-se das interpretações dadas por Assunção ao insistir que "a relação entre *batuque*, *samba*, capoeira e *candomblé* exemplifica o processo de circulação horizontal e empréstimos recíprocos que ocorreram entre diferentes, porém relacionadas manifestações da cultura escrava no Brasil".⁵⁰

Contudo, enfatizamos mais uma vez que essas trocas ocorreram sobre uma base comum, que Sidney Mintz e Richard Price chamaram de "gramática mais profunda". Torna-se necessário então abrir um pequeno parêntese para imergirmos na longa discussão sobre a formação das práticas culturais afro-americanas. Uma das teses principais, lançada pelo antropólogo norte-americano Meville J. Herskovits, divide as formas culturais africanas em "áreas culturais", configuradas a partir de "um complexo que, *para o povo que vive na área*, fornece a razão de seus modos de vida, e constitui uma força integrante, dominadora em sua existência".⁵¹ A partir desta teoria, foi desenvolvida a ideia de que, no Novo Mundo, os africanos escravizados

---

49 ASSUNÇÃO, Matthias Röhrig. *Capoeira*: the history..., p. 47-58.
50 *Ibidem*, p. 61, 66 e 69, respectivamente (tradução nossa).
51 HERSKOVITS, Meville Jr. *Antropologia cultural*. São Paulo: Editora Mestre Jou, 1973, p. 223. Dentre outros trabalhos do mesmo, ver HERSKOVITS, Meville Jr. *The myth of the negro past*. Nova York/Londres: Harper & Brothers, 1941, no qual são descritas formas sociais e culturais comuns na África ocidental.

conseguiram manter relativamente intactas as expressões culturais trazidas de suas áreas de origem na África. Tal pressuposto fez frente, entre as décadas de 1930 e 1960, a outra vertente, que postulava a chamada "tese da catástrofe" cultural, segundo a qual o negro teria sido despojado de suas raízes africanas e forçado a se aculturar ao modo de vida e pensamento dos brancos.[52]

A questão ganhou novos contornos na década de 1970, com a publicação do ensaio de Sidney Mintz e Richard Price, que apresentou um novo instrumento analítico. A crítica não era no sentido de questionar a existência de "áreas culturais" na África, conforme proposto por Herskovits, mas sim, os níveis em que estas unidades seriam identificadas, enfatizando "princípios gramaticais inconscientes" que teriam orientado os cativos na criação de uma nova cultura.[53] A essa proposta, surgiram fortes críticas, em especial de autores cuja "narrativa-mestra da continuidade é militarmente afrocêntrica", nas palavra de Price, referindo-se principalmente ao africanista John Thornton.[54]

A proposta levantada por Assunção, para se analisar a formação da capoeira, estaria dentro de um modelo de interpretação intermediário, defendido pioneiramente por historiadores como Ira Berlin, que em artigo de 1980 já apontava para os desenvolvimentos desiguais das mesmas, determinados pelos contextos históricos e demográficos particulares, e o processo de crioulização-reafricanização.[55]

Visando contribuir com este debate sobre a formação da cultura afro-americana e, em especial, sobre as origens da capoeira, partiremos de proposições já feitas por pesquisadores da capoeira nesse contexto mais amplo, como Matthias Assunção e Desch Obi, para indicar, ao longo da dissertação, similaridades e diferenças entre o que se chamou de capoeira na província de São Paulo e em outras regiões do Brasil, durante os oitocentos e nas primeiras décadas do século XX.

---

52 Cf. MARQUESE, Rafael de Bivar. "História, antropologia e a cultura afro-americana: o legado da escravidão". *Estudos Avançados* – Dossiê "O negro no Brasil", n. 50, jan./abr. 2004, p. 303-304.

53 MINTZ, Sidney; PRICE, Richard. *O nascimento da cultura afro-americana*: uma perspectiva antropológica. Rio de Janeiro: Pallas, Ucam, 2003, p. 27-28.

54 PRICE, Richard. "O milagre da crioulização: retrospectiva". *Estudos Afro-Asiáticos*, ano 25, n. 3, 2003, p. 391.

55 Sobre estes diferentes modelos de interpretação da formação das culturas afro-americanas, ver MARCUSSI, Alexandre Almeida. *Diagonais do afeto*: teorias do intercâmbio cultural nos estudos da diáspora africana. Dissertação (mestrado em História) – FFLCH-USP, São Paulo, 2010.

Quando possível, tentaremos também apontar aproximações desta manifestação com danças guerreiras e jogos de combate da África pré-colonial e outros jogos-lutas desenvolvidos por africanos e seus descendentes nas Américas. Afinal, nossa intenção é seguir a linha proposta por Assunção, combinada com os paradigmas levantados por Joseph Miller, que redimensiona a importância das formas associativas que congregaram escravos e livres no contexto do processo de escravização. Segundo ele, para o africano (e possivelmente para o afrodescendente), o mais importante era o sentido do pertencimento: "Podemos entender as ações dos africanos como uma busca recorrente, predominantemente para obter um lugar reconhecido nas comunidades do Novo Mundo",[56] e um pouco mais adiante: "Para o escravizado, a sobrevivência significava, para além do sentido meramente físico, uma reconstrução constante de novas conexões na sucessão de circunstâncias transitórias às quais a maioria foi compelida".[57]

Na visão de Miller, a capoeira pode ser associada ainda a *métodos e rituais africanos de associação masculina*, que "*por sua vez, respondiam aos massivos deslocamentos de populações à medida que a escravização desenvolvia-se lá*", existindo "elaborações paralelas de novas formas de unir refugiados da escravidão em comunidades vizinhas mantidas pelos mais velhos na África, mas de *gangs* de adolescentes sob a escravidão no Brasil".[58]

Nosso estudo nos leva a crer que o substrato sobre o qual a capoeira foi forjada envolvia mais do que formas associativas ou de treinamento guerreiro. Algo que parece presente tanto nas danças guerreiras africanas, como em atividades similares desenvolvidas por africanos e seus descendentes nas Américas: a necessidade de demonstrar a valentia.

Entendemos que, embora ser valente fosse até mesmo uma necessidade da época, o "jogo da valentia" praticado pelos chamados capoeiras significava a existência de um conhecimento específico. Se a navalhada era usual nas cidades brasileiras do século XIX, na "brincadeira" denominada capoeira ela ocorria em meio a um ritual de desafio. As rasteiras e cabeçadas aconteciam em meio a palmas e assobios. Por vezes, havia música impondo ritmo. Quase sempre, os chefes do grupo eram identificados por insígnias, como uma peça de roupa colorida ou outro ornamento.

---

56 MILLER, Joseph C. "Restauração, reinvenção e recordação: recuperando identidadades sob a escravização na África e face à escravidão no Brasil". *Revista de História*, n. 164, jan.-jun. 2011, p. 21.

57 *Ibidem*, p. 22.

58 *Ibidem*, p. 48-49.

O desafio aos pesquisadores desta manifestação, então, é separar a valentia ordinária daquela carregada de ludicidade, específica dos capoeiras. Thomas Holloway, ao analisar a instituição policial no Rio de Janeiro dos oitocentos, mostrou pioneiramente, ainda na década de 1970, que um dos principais motivos de prisão no período, a "capoeira", era na verdade um termo que "se aplicava a uma gama de atividades envolvendo primeiramente escravos".[59] Expressão daquilo que a sociedade oitocentista entendia por capoeira é o artigo 402 do Livro III Das Contravenções em Espécie, capítulo XIII *Dos Vadios e Capoeira*, do Código Penal do Brasil de 1890, que associava a prática a "correrias", "exercícios de agilidade e destreza", porte de armas e "ameaças",[60] aproximando a legislação aos diferentes momentos em que tal manifestação surgia, e a algumas das suas características marcantes.[61]

De volta à questão da origem da capoeira, cabe recordar ainda que, desde os primeiros estudos sobre tal prática, discutiu-se o porquê da adoção do termo "capoeira" para identificar esses indivíduos. Uma das versões de grande impacto foi publicada ainda em 1926, no jornal *Rio Esportivo*, dentro de uma coletânea de artigos com o título *Capoeiras e capoeiragem*, de autoria do arquiteto argentino, cronista da cidade, Adolfo Morales de Los Rios Filho. Tal narrativa, inserida no livro *O Rio de Janeiro Imperial*, publicado vinte anos depois, defendia que, "primitivamente, *capoeiro* era o nome dos grandes cestos, fechados na parte superior por uma espécie de cúpula feita de cipó entrelaçado". Por extensão, Rios Filho dizia que os escravos que transportavam à cabeça esses cestos seriam os verdadeiros responsáveis pelo desenvolvimento da manifestação no Brasil.

> Nos momentos de folga, os negros estivadores – agilíssimos, gesticuladores e barulhentos – procuravam demonstrar, uns aos outros, habilidades superiores às já exibidas nas horas de

---

59 HOLLOWAY, Thomas. *Policing Rio de Janeiro*: repression and resistence in a 19th century city. California: Stanford University Press, 1993, p. 39.
60 *Código Penal Brasileiro*. 2ª ed. São Paulo: Tip. da Cia. Industrial de São Paulo, 1893, p. 670-678.
61 Sobre a ambiguidade das legislações criadas na virada do século XIX para o XX, que embora cerceassem práticas de origem africana, demonstrassem medo e respeito pelas mesmas, ver MAGGIE, Yvonne. *Medo do feitiço*: relações entre magia e poder no Brasil. Rio de Janeiro: Arquivo Nacional, 1992, em especial o capítulo 4, e WISSENBACH, Maria Cristina Cortez. *Ritos de magia e sobrevivência...*, p. 109-110.

serviço, e, assim, eram instintivamente criados outros passos, trejeitos, brincadeiras e rudes comprimentos.⁶²

A imagem desses carregadores aparece em ilustrações feitas por viajantes estrangeiros que estiveram no Brasil, como Debret em sua obra.⁶³

FIGURA 6. Negros de ganho, carregadores de cestos com capões, eram chamados de capoeiras, conforme retratou J. B. Debret em *Viagem pitoresca e histórica ao Brasil*.

Outra versão para a associação do jogo/luta desenvolvido no Brasil por africanos escravizados e seus descendentes à palavra "capoeira" é a de que esta seria uma derivação de um termo tupi que significaria algo como "ilha de mato já cortado uma vez".⁶⁴ Ao defender essa versão para o contexto de Salvador, Federico

---

62 RIOS FILHO, Adolfo Morales de los. *O Rio de Janeiro imperial*. Rio de Janeiro: Topbooks, 2000, p. 72 [1ª ed. 1946].
63 DEBRET, Jean Baptiste. *Viagem pitoresca...*, tomo I, p. 160, prancha 14.
64 A associação da palavra capoeira com uma vegetação secundária aparece em diversas fontes do século XIX, inclusive no livro de Ribeyrolles, *Brazil Pittoresco...*, tomo II, p. 81. Waldeloir Rego, no já citado clássico ensaio sócio-etnográfico, aponta o livro Iracema, de José de Alencar (publicado em 1865) como a primeira "proposição que se tem notícia" do vocábulo "capoeira" nesse sentido. Para uma discussão completa sobre as distintas versões para a origem do termo

José de Abreu ressalta que, durante o século XIX, a cidade, embora configurasse um núcleo urbano, possuía densas áreas de mata.[65] A mesma visão tem Paulo Coêlho de Araújo para outras cidades nas quais a capoeira foi identificada, inclusive São Paulo. O pesquisador usa como exemplo a descrição de um memorialista da capital paulista segundo o qual negros cativos e desordeiros usavam a capoeira (mato) como esconderijo, no Bexiga.[66]

Esta situação também é sustentada por documentos do século XIX, como o ofício do chefe de polícia aos juízes de paz de São Paulo, de 30 de março de 1840, que aborda a necessidade de se dispensar cativos que, nos domingos e dias santos, reúnem-se no "ponto chamado = O Bixiga".[67] Outra referência documental interessante, que aponta para a associação do determinado espaço denominado "capoeira" a atividades marginais,[68] é o ofício de 1887, do delegado de Santa Efigênia, narrando um assalto ocorrido na linha Sorocabana:

> quando [as vítimas] atravessarão a linha Sorocabana, sahindo de uma *capoeira de matto* trez individuos de nacionalidade Russa, forão-lhes ao encontro, perguntando-lhes se traziam dinheiro e como o seu companheiro respondesse pela negativa forão elles aggredidos, e pelos gritos de soccorro e apitos de pessoas particulares, que ouvirão os gritos, fugirão os mesmos individuos, tendo eu feito depois acompanhar por duas praças aquelles offendidos até a sua residencia...

Embora este documento faça referência a estrangeiros, pontos de encontro importantes de capoeiras na província parecem ter sido exatamente esses locais

---

e sua associação com a dança/luta, ver SOARES, Carlos Eugênio Líbano. *A negregada...*, p. 19-23. Vale citar que este pesquisador credita maior valor à versão defendida por Rios Filho, ligada aos carregadores de cestos do Rio de Janeiro.

65 ABREU, Frederico José de. *Capoeiras – Bahia, século XIX*: imaginário e documentação. Salvador: Instituto Jair Moura, vol. I, 2005.

66 ARAÚJO, Paulo Coêlho de. *Abordagens sócio-antropológicas...*, p. 61-62.

67 Aesp. *Ofícios Diversos da Capital* (1840). Caixa 84, Ordem 879, Pasta 1, Documento 47.

68 O termo marginal é vinculado aqui à prática da capoeira pela forma com que autoridades policiais enxergavam a mesma; uma atividade a ser coibida, passível inclusive de penalidade.

de mata aberta, entre os ambientes rural e urbano, como uma ocorrência no Brás, em 1831, que será discutida no primeiro capítulo deste trabalho.

Com base nessas informações, enfatizamos que nossa pesquisa tende a aproximar-se mais da segunda versão para a adoção do nome "capoeira" como referência para um tipo de manifestação desenvolvida por escravizados que viviam em cidades caracterizadas por uma "urbanização incipiente", como era o caso de São Paulo ao longo dos oitocentos, conforme salientado em *Quotidiano e poder em São Paulo no século XIX*, de Maria Odila Leite da Silva Dias.[69]

Abordadas ao longo desta dissertação, estas questões sobre as origens da capoeira e o porquê deste nome, assim como quais elementos compunham tal prática, ganharão novos contornos, que talvez tragam mais perguntas do que respostas. Ainda assim, acreditamos que este estudo venha a contribuir para um melhor entendimento da História Social de africanos e seus descendentes, escravos, libertos e homens livres pobres, bem como suas relações com setores da elite, em São Paulo. Também esperamos dar mais embasamento a uma compreensão mais ampla de como se formou a capoeira, hoje patrimônio cultural imaterial do Brasil e praticada em centenas de países de todo o mundo.

Encerramos esta introdução com um pensamento do filósofo africano Kwame Anthony Appiah, que ajudará a entender melhor as transformações pelas quais a capoeira passou, entre o início do século XIX e as primeiras décadas do XX, com as identidades de seus praticantes singrando por percursos inusitados. Ao discutir a formação de uma identidade "africana", Appiah nos lembra que:

> As identidades são complexas e múltiplas, e brotam de uma história de respostas mutáveis às forças econômicas, políticas e culturais, quase sempre em oposição a outras identidades. [...] elas florescem a despeito [...] de terem suas raízes em mitos e mentiras. [...] não há, por conseguinte, muito espaço para a razão na construção – em contraste com o estudo e a administração – das identidades.[70]

---

69 DIAS, Maria Odila Leite da Silva. *Quotidiano e poder em São Paulo no século XIX*. 2ª ed. rev. São Paulo: Brasiliense, 2001.

70 APPIAH, Kwame Anthony. *Na casa de meu pai*: a África na filosofia da cultura. Rio de Janeiro: Contraponto, 1997, p. 248

Capítulo 1

PROBLEMAS, POSTURAS, ORDENS:
PRIMEIROS INDÍCIOS DA CAPOEIRA EM SÃO PAULO

> *He-me desconhecido o motivo d'esta rivalidade, mas os meos ladinos me informarão que não é outro mas que o de uns serem do Rio e outros de São Paulo ao mesmo tempo que todos elles são Africanos.*[1]
>
> (Padre Antonio Joaquim de Macedo)

A publicação de uma postura da Câmara Municipal de São Paulo, em 1833, proibindo a prática da capoeira por qualquer homem, livre ou escravo, deu vazão a uma série de ofícios de autoridades solicitando maior controle sobre seus praticantes. Contudo, nos livros de registros de presos e partes policiais – espécie de boletim de ocorrência do Império – não aparecem, na época, detenções por este motivo.

Neste primeiro capítulo, analisaremos inicialmente alguns fatos anteriores à referida postura, que podem ajudar a entender o que teria motivado os vereadores a legislar sobre tal assunto. Em seguida, observaremos detalhes das legislações contrárias à capoeira criadas na província e as repercussões que tiveram entre as autoridades, buscando entender melhor o que seria essa manifestação, por que a mesma se tornou passível de punição, não só na capital, como também em cidades do interior, alguns anos depois, e, inversamente, qual o motivo de não se prenderem indivíduos identificados como capoeiras.

---

1 Aesp. *Ofícios Diversos da Capital* (1831), Caixa 72, Ordem 867, Pasta 1, Documento 98A.

Desafio entre capoeiras cariocas e paulistas

Em 1833, a Câmara Municipal de São Paulo criou um novo artigo nas posturas com o intuito de coibir a prática da capoeira na cidade. A ideia, porém, não partiu dos legisladores. O assunto entrou em pauta na sessão de 3 de outubro de 1832, a partir de um ofício encaminhado pelo Conselho do Governo "recommendando providencias por meio de posturas contra o jogo dos escravos, vulgarmente chamado – capoeira". Foi imediatamente formada uma Comissão Permanente para analisar a questão.[2]

Em 17 de novembro de 1832, a Câmara respondeu à presidência da província que a capoeira já seria objeto "das Posturas em vigor",[3] uma afirmação que parece ter sido falsa. Pelo que consta nos documentos da época, desde a sistematização das posturas, em 1820, não foram criados artigos específicos sobre o assunto, existindo apenas orientações genéricas, como proibição aos ajuntamentos de escravos.

Diante dessa constatação, a Comissão Permanente, em sessão de 10 de janeiro de 1833, apresentou seu parecer sobre o assunto, "recommendando a prohibição da lucta denominada de capoeiras", com a sugestão de um artigo de posturas que acabou sendo aprovado quatro dias depois, com apenas uma emenda e dois votos contrários, dos vereadores Lopes e Santos, que questionavam a pena de açoites aos escravos flagrados na infração.[4] O texto aprovado pelos legisladores sofreu ainda um acréscimo, ao ser sancionado pelo Conselho Geral da Província e publicado, recebendo a parte final que impunha penalidade ao proprietário de algum escravo capoeira que não o punisse. Este sofreria a mesma multa imposta a pessoas livres flagradas na capoeira, ou seja, multa de um a três mil réis.

O que teria levado o Conselho do Governo a solicitar tal postura e, em seguida, a mesma ter sido criada pelos vereadores de São Paulo e complementada pelo Conselho Geral? A inspiração poderia vir do Rio de Janeiro, onde os capoeiras eram um problema grave para as autoridades. Carlos Eugênio Soares assinala que a década de 1830 foi caracterizada por um agravamento das ações desses indivíduos, pois, "ao invés de pequenos grupos furtivos, típicos da era

---

2   *Actas da Camara Municipal de S. Paulo*, vol. XXVII (1832-1834), p. 7.
3   Aesp. *Ofícios Diversos da Capital*, 1832, Caixa 73, Ordem 868, Pasta 2, documento 58.
4   *Actas da Camara Municipal de S. Paulo*, vol. XXVII (1832-1833), p. 79 e 82.

joanina[...], agora grandes maltas se embatem diretamente com o repressor".[5] Para ele, essa mudança teve relação com as desordens políticas que se desencadeiam na cidade do Rio de Janeiro, entre a Abdicação do imperador Pedro I e a Maioridade, em 1840, de seu filho e sucessor.

A historiografia sobre São Paulo, por sua vez, tem pontuado que a sistematização de posturas na cidade, a partir de 1820, "cumpria controlar e policiar uma capital que, além de sediar uma capitania que rapidamente se enriquecia, tinha seus chefes políticos cada vez mais atuantes nos corredores dos paços cariocas", conforme resume Paulo Garcez Marins.[6] Ou seja, a possibilidade de uma inspiração do Rio de Janeiro seria bastante plausível. Contudo, esta não aparenta ter sido a única inspiração.

Há pelo menos uma situação relevante, envolvendo capoeiras em São Paulo antes da criação do artigo proibindo-a, que exemplifica ser este um problema específico da província, o que teria levado o Conselho do Governo a sugerir a criação de tal lei.

No dia 27 de fevereiro de 1831, o padre Antonio Joaquim de Macedo estava em sua chácara Bom Sucesso, na Freguesia do Brás, quando sua propriedade foi cercada por aproximadamente 60 escravos da cidade, identificados como africanos, paulistas, capoeiras. Preocupado com a situação, o clérigo escreveu ao juiz de paz local dizendo:

> Illustrissimo Senhor Juiz de Paz = Como cidadão Brazileiro obediente a Lei, e amante da ordem tenho a honra de levar ao conhecimento de V. S.ª o sucesso seguinte. No domingo 27 do mez proximo passado affluio a as immediaçoens d'esta Chacra *um grande numero de escravos da Cidade como 50 ou 60, armados de pao e faca se postarão em grupos em torno* d'ella, e 10, ou 12 virão bater ao meu portão *desafiando os meus escravos ladinos* que são 22 estes promptam.te tão bem prepararão-se e mais a uns trinta e tantos novos mas possantes e [costeados] a 2 annos.
> No interior da minha caza fui informado por um homem branco da proxima tragedia que estava a apparecer em scena

---

5 SOARES, Carlos Eugênio Líbano. *A capoeira escrava...*, p. 190.
6 MARINS, Paulo César Garcez. *Através da rótula*: sociedade e arquitetura urbana no Brasil, séculos XVII-XX. Tese (doutorado em História) – FFLCH-USP, São Paulo, 1999, p. 170.

forão immediatamente aferrolhados os meos, *mandei por 2 brancos saber que pretendião os sitiantes*, mandarão ousadamente resposta que *querião mostrar aos negros Cariocas a pimponeza dos negros Paulistas*. Redobrarão então os *assobios, e assoadas*. Destes *capoeiras* dizem serem *os chefes uns 2, ou 3 de barretes vermelhos*. He-me desconhecido o motivo d'esta rivalidade, mas os meos ladinos me informarão que não é outro mas que o de *uns serem do Rio e outros de São Paulo ao mesmo tempo que todos elles são Africanos*. Seja elle qual for *temo no Domingo seguinte a renovação do mesmo acto*, que se pode tornar consequente e funesto. A V. S². Senhor compete providenciar. Digne-se V. S². pois aceitar as cinceras espreções da distincta concideração com que me honro ser de V. S². o mais attento venerador e criado = Antonio Joaquim de Macedo = Chacra do Bom Sucesso 5 março de 1831[7]

Ao estudar o documento, em uma pesquisa sobre identidades africanas em São Paulo, Regiane Mattos ressalta que "além de ser um espaço para o lúdico ou para a resistência contra o sistema escravista", a capoeira seria "um espaço para disputa de poder entre os próprios africanos".[8] Nessa mesma linha de entendimento e analisando o documento, Enidelce Bertin argumenta ser esta uma nova referência para se entender as divisões e hierarquias existentes entre os escravos, diferente daquelas direcionadas por questões étnicas ou pelo nível de ladinização, permitindo sugerir um elemento a mais de identificação entre os cativos: a distinção entre paulistas e cariocas. Para esta historiadora, o caso remete ainda à questão da primazia, que teria importância relevante no sistema de valores africanos, supondo que "talvez os desafiantes considerassem que tinham primazia sobre a cidade, ou sobre as práticas culturais nela exercidas, e que, por isso, tenham decidido ameaçar e mostrar aos cariocas a 'pimponeza' dos paulistas".[9]

---

7   Aesp. *Ofícios Diversos da Capital* (1831), Caixa 72, Ordem 867, Pasta 1, Doc. 98A (grifo nosso).
8   MATTOS, Regiane Augusto de. *De cassange, mina, benguela a gentio da Guiné*: grupos étnicos e formação de identidades africanas na cidade de São Paulo (1800-1850). Dissertação (mestrado em História) – FFLCH-USP, São Paulo, 2006, p 182. Agradeço a Maria Cristina Wissenbach por me indicar o referido documento e este estudo que trata do mesmo.
9   BERTIN, Enidelce. *Os meia-cara*: africanos livres em São Paulo no século XIX. Tese (doutorado em História) – FFLCH-USP, São Paulo, 2006, p. 116.

Esta forma de associação de africanos em terras paulistas, ou seja, grupos de capoeira separados entre homens oriundos do Rio de Janeiro e outros de São Paulo, poderia ser lida como um reflexo dos embates políticos entre as duas regiões no período. Estudos recentes têm mostrado que as identidades políticas coletivas existentes em diferentes regiões do Brasil, durante a construção de um Estado independente, defendiam projetos nacionais distintos, e aquele levado a cabo, oriundo da corte, passou após muitas negociações.[10] Se é preciso levar em conta essa possibilidade, de que africanos escravizados, ao perceberem uma disputa macropolítica em curso que tinha como grandes protagonistas exatamente as elites carioca e paulista, projetaram-na em sua micropolítica cotidiana, preferimos pensar em outras suposições. Até porque elementos percebidos no caso da chácara no Brás insinuam uma demanda mais própria da realidade de africanos escravizados, tornando-se mais interessante compreender tal divisão pelo prisma de Joseph Miller, segundo o qual era "através das novas conexões que eles (africanos) construíram para sobreviver, para serem reconhecidos, para tornarem-se visíveis uns aos outros em meio ao anonimato despedaçador da escravidão na qual eles viveram".[11]

Não conseguimos localizar o inventário da chácara Bom Sucesso, do padre Antonio Joaquim de Macedo, que poderia ajudar a esclarecer a divisão apontada no documento citado, sobre a origem dos escravos pertencentes ao clérigo. Não obstante, há outras fontes que podem contribuir para o melhor entendimento do ocorrido. Ao citar o ofício, Mattos lembrou que o fato teria ocorrido em um espaço intermediário entre as fazendas e a capital, em uma chácara, mostrando que a prática pode ter se espalhado para fora do meio urbano. Nesse sentido, vale ressaltar que a Freguesia do Brás, na época, era cercada por várzeas e campos, que também poderiam ser denominados capoeiras, como pode ser observado em uma imagem da cidade de São Paulo vista a partir do Brás, feita por Thomas Ender.[12]

---

10 JANCSÓ, István; PIMENTA, João Paulo Garrido. "Peças de um mosaico (ou apontamentos para o estudo da emergência da identidade nacional brasileira)". In: MOTA, Carlos Guilherme (org.). *Viagem incompleta: a experiência brasileira* (1500-2000). Formação: histórias. 2ª ed. São Paulo: Editora Senac, 2000, p. 127-175.

11 MILLER, Joseph C. "Restauração, reinvenção...", p. 62.

12 SPIX, J. B. von e MARTIUS, C. F. P. von. *Viagem pelo Brasil* (1817-1820). 2ª ed. São Paulo: Melhoramentos, s/d, tomo I. Na imagem, aparece ao centro o Mosteiro de São Bento (Figura 7).

FIGURA 7. Desenho de Thomas Ender mostra área de vegetação rasteira que separa o centro do Brás.

A imagem de uma ampla planície pouco habitada fixada pelo artista também aparece nos relatos de outros viajantes. Saint-Hilaire, em sua passagem pela região em 1822, salientou a existência de brejos na margem do Rio Tamanduateí, chamado pelos paulistas de várzea.[13] Já Kidder, que por lá esteve em 1837, durante uma excursão à Penha, descreveu um caminho com flores nas beiradas e de campos onde proliferavam espécimes botânicos raros.[14]

Conforme explica Caio Prado Júnior, o desenvolvimento de São Paulo e a estrutura do seu plano fundamental deriva de sua "topografia irregular". Diz ele que "a cidade nasceu justamente do promontório que forma a várzea do Tamanduateí de um lado, e o Vale do Anhangabaú do outro, dominando aí a planície extensa formada por aquela várzea e a do Tietê, no ponto em que confluem".[15] E completa:

> São Paulo compõe-se hoje de um núcleo central que ocupa o maciço cercado pelas várzeas do Tietê, do Tamanduateí e do Pinheiros; e de uma auréola de bairros que se instalaram numa parte destas várzeas, e, transpondo-as, vão alargar-se

---

13 SAINT-HILAIRE, Auguste de. *Viagem à província de São Paulo e resumos das viagens ao Brasil, província Cisplatina e Missões do Paraguay*. São Paulo: Edusp, 1972, p. 147-160.

14 KIDDER, Daniel P. *Reminiscências de viagens e permanências nas províncias do Sul do Brasil*. Belo Horizonte: Itatiaia; São Paulo: Edusp, 1980, p. 228.

15 PRADO JÚNIOR, Caio. *Evolução política do Brasil e outros estudos*. São Paulo: Brasiliense, 1971. p. 125.

pelas elevações da outra margem. Bairros que nasceram, em sua grande maioria, ao acaso, sem plano de conjunto.[16]

À descrição acima, enquadra-se perfeitamente o Brás, local do desafio de 1831.[17] Sobre as preocupações e benefícios dos primeiros habitantes dessa região, Maria Celestina Torres comenta, com base nos termos das cartas de datas, que "com as chácaras, hortas e pomares, onde, obrigatoriamente, seus proprietários deveriam não apenas aplainar, cultivar e construir, mas também destruir os formigueiros, a antiga paragem do Brás torna-se parada obrigatória para os que se dirigem à freguesia de Nossa Senhora da Penha, a ponto de haver aí, também, 'as milícias da freguesia do Senhor Bom Jesus' e de se preocupar a Câmara com a ponte preta do aterrado do Bom Jesus".[18]

Ainda segundo Torres, as terras da Freguesia do Brás logo se tornaram motivo de disputas, pois além de servirem de rota de chegada e partida para a corte imperial, pela Estrada Geral (atual Avenida Rangel Pestana), eram também ponto de uma das mais importantes procissões, entre a Igreja da Sé e a Nossa Senhora da Penha de França. Estas informações justificam o grande número de clérigos que, assim como o proprietário da Chácara Bom Sucesso, ocuparam as terras devolutas da região nos primeiros anos do século XIX: reverendos João José Vieira Ramalho (1822) e Joaquim de Araújo (em 1829), o reverendo padre mestre de cerimônias da Sé, José de Freitas Saldanha (1823), e os padres José Joaquim de Toledo e Antonio José Correia.

Apesar dessa demanda, a freguesia permaneceu por muito tempo com uma característica rural, tendo sua principal via, acesso à Penha e, de lá, para o Rio de

---

16 *Ibidem*, p. 125

17 Ao que parece, a mais antiga referência ao Brás está nas Atas da Câmara Municipal de São Paulo, no termo de vereança de 4 de março de 1769, quando "se despacharam várias petições que concorreram das partes, e na mesma se passou um mandado dos moradores do Pari fazerem as pontes que ficam entre o caminho de José Brás até a chácara do Nicolau". José Brás teria construído a Capela de Bom Jesus dos Matozinhos, reedificada por volta de 1803 pelo tenente-coronel José Corrêa de Moraes, e, em 8 de junho de 1818, foi criada a Freguesia e declarada matriz a capela. Cf. TORRES, Maria Celestina Teixeira Mendes. *O bairro do Brás*. São Paulo: Departamento de Cultura da Prefeitura, 1985, p. 43 e 44.

18 TORRES, Maria Celestina Teixeira Mendes. *O bairro do Brás...*, p. 51.

Janeiro, com um chão desnivelado e coberto de vegetação rasteira, servindo de pouso para tropeiros, como aparece na fotografia de Militão, de 1862.[19]

FIGURA 8. Fotografia de Militão, feita em 1862, mostra o Brás com um ambiente que ainda mistura traços de rural e urbano.

Se não temos informações específicas sobre a função da chácara na qual se deu o desafio dos capoeiras, uma análise do habitantes da freguesia do Brás serve de base para algumas suposições. O recenseamento realizado por Daniel Pedro Müller, em 1836, registrou, para toda a cidade de São Paulo, 4.068 fogos, compreendendo 21.933 habitantes. Na freguesia do Brás, viviam 659 pessoas, sendo 328 brancos, 156 pretos, 175 pardos.[20] Ao analisar esse último dado, Torres assinala:

> A porcentagem de negros e mulatos ultrapassa os 50%, o que é perfeitamente explicável – o bairro do Brás é ainda uma espécie de bairro rural, por suas atividades, com suas chácaras, seus quintais enormes, onde muitos dos terrenos concedidos sem terem, todavia, dimensões típicas de zona rural, nem mesmo a área das primeiras chácaras, são utilizados como

---

19   AZEVEDO, Militão Augusto. *Acervo do Arquivo do Estado de São Paulo*, coleção *Militão Augusto de Azevedo* (CD), FOTO_034.jpg.
20   TORRES, Maria Celestina Teixeira Mendes. *O bairro do Brás...*, p. 71.

"hortas e pomares, com agricultura miúda", possuindo, pois, seus proprietários, alguns trabalhadores escravos para o serviço da pequena lavoura. Os mais abastados proprietários têm, ainda, seus 'caseiros'.[21]

Se levarmos em conta esse recenseamento, podemos inferir que o padre Antônio Joaquim de Macedo tinha como escravos, em sua chácara – somando-se seus 22 ladinos com os mais de 30 novos –, cerca de um terço dos negros residentes na freguesia. Com essa concentração de homens, seus africanos "cariocas" provavelmente produziam bens a serem comercializados na cidade. E, para se impor sobre a escravaria de chácaras vizinhas nos mercados formais e informais de excedentes, poderiam fazer uso de habilidades marciais que eventualmente dominassem, produzindo um efeito negativo nos cativos "paulistas" que viviam em locais próximos ou mesmo no centro.

Ao reconstituir a vida de mulheres pobres, forras e escravas na cidade de São Paulo, ao longo do século XIX, Maria Odila Leite da Silva Dias mostrou a importância das quitandeiras no fornecimento de comida pelas ruas da cidade, principalmente pelas "contínuas crises de abastecimento, que provocavam carestia e falta de gêneros alimentícios na cidade", como as de 1818, 1823, 1826 e 1828.[22] Desta forma, afirma a historiadora que, dentro do que ela chama de "urbanização incipiente" de São Paulo, "os papéis femininos foram definidos por força dos desajustes do próprio sistema colonial; enredados na organização precária do abastecimento de gêneros alimentícios, frequentemente se exacerbavam e entravam em atrito com as autoridades, pois sobreviviam do contrabando".[23]

Aos escravos das chácaras do Brás, fazer alianças com essas quitandeiras, ou mesmo com taverneiros, talvez fosse uma forma mais segura de repassar alimentos furtados de seus donos, construindo assim uma renda própria. Até porque as autoridades locais visavam coibir a ação de "atravessadores", como mostra um ofício de 1826, do almotacel João Nepomuceno de Almeida, ao presidente da província, sobre a crise de alimentos:

---

21 *Ibidem*, p. 72.
22 DIAS, Maria Odila Leite da Silva. *Quotidiano e poder...*, p. 28.
23 *Ibidem*, p. 68.

> tenho pesquizado o estado em que se achão as Cozinhas desta Cidade onde unicam.te há toucinho, e nenhum mantim.to para bastecim.to geral e de que se aproveitão os taverneiros e atravessadores p.a exhorbitarem o preço do que possuem vendendo a varejo, e que o comprão ainda antes de entrar na Cid.e como na Freg.a da Penha, e athe mais longe, na da Conceição, Estrada do Jaraguá, de S.ta Anna, e Pinheiros, e outros nas Pontes das m.mas entradas, e m.tos destes nem o vendem aqui...[24]

Além do suprimento das necessidades alimentares da população citadina, Maria Cristina Cortez Wissenbach cita a importância de regiões mais afastadas do centro urbano, exatamente o espaço das chácaras, no provimento de pedras para construção, artesanato, couro e outros produtos como madeira. "Para os escravos urbanos, a atividade residual de coleta tinha o sentido complementar... Nas horas vagas, sobretudo à noite, iam em direção aos campos do Bexiga ou de Santana, colher capim ou cortar lenha que, em feixes, traziam à cidade para vender aos moradores", esclarece a historiadora, reforçando que, entre escravos de chácaras e sítios, essas atividades, realizadas muitas vezes nos intervalos de suas tarefas, representavam muitas vezes a única possibilidade de obter alguns poucos vinténs, que, ao final de anos, poderiam render-lhes uma alforria.[25]

Dentro desse contexto, a disputa entre cativos africanos cariocas e paulistas também pode ser reflexo do tráfico interprovincial que cresceu na época, em razão da proibição de se trazer escravos da África. Homens ladinizados em outras regiões, ao chegar em São Paulo, buscavam ganhar espaço, incomodando os paulistas.

Se a coleta de produtos já era uma tarefa difícil para os escravos, levá-los ao centro urbano poderia ser algo ainda mais perigoso, em razão do percurso. Torres destaca a predominância de "*capoeiras e matagais* ao longo da estrada geral que ligava o centro propriamente urbano de São Paulo à longínqua Penha, caminho

---

24 Aesp. *Ofícios Diversos da Capital* (1826-1827). Caixa 70, Ordem 865, Pasta 1, Documento 1. Conforme Documento 66, datado de 16 de setembro do mesmo ano, a solução seria reforçar o policiamento nas entradas da cidade.

25 WISSENBACH, Maria Cristina Cortez. *Sonhos africanos, vivências ladinas*: escravos e forros em São Paulo (1850-1880). São Paulo: Hucitec, 2009, p. 134.

do Rio de Janeiro".²⁶ Essa imagem de um trajeto inabitado pode ser apreendida em uma fotografia, feita anos depois do confronto entre paulistas e cariocas no Brás, já em 1862, por Militão Augusto de Azevedo, que mostra o caminho para a freguesia, pela várzea do Carmo,²⁷ uma ladeira de pedras desniveladas que seguia por um caminho de chão batido, sem casas próximas e por um terreno alagadiço que, conforme Torres, mais separava do que unia o Brás e a cidade.²⁸

FIGURA 9. Em outra fotografia de Militão, também de 1862, pode-se ver a ladeira do Carmo que levava ao Brás.

A visão de um percurso longo e descampado é reforçada ainda por uma planta da cidade de São Paulo traçada por C. A. Bresser, engenheiro alemão estabelecido em São Paulo e proprietário de uma chácara no Brás. O mapa revela o bairro ainda bastante despovoado, com grandes vazios, mas diretamente articulado com o centro urbano: no caminho da Penha, atravessando as três pontes sobre o Tamanduateí – do Cano, do Meio e do Irmão – apenas algumas casas do lado esquerdo da estrada, principalmente em torno da Igreja do Senhor Bom Jesus do Matozinho; mais para

---

26   TORRES, Maria Celestina Teixeira Mendes. *O bairro do Brás...*, p. 64 (grifo nosso).
27   AZEVEDO, Militão Augusto. *Acervo do Arquivo do Estado de São Paulo*, coleção *Militão Augusto de Azevedo* (CD), FOTO_044.jpg.
28   TORRES, Maria Celestina Teixeira Mendes. *O bairro do Brás...*, p. 76.

o interior, a chácara do Bispo, ocupando área bastante ampla; nas proximidades do caminho da Moóca, à direita, a chácara do vigário do Brás.[29]

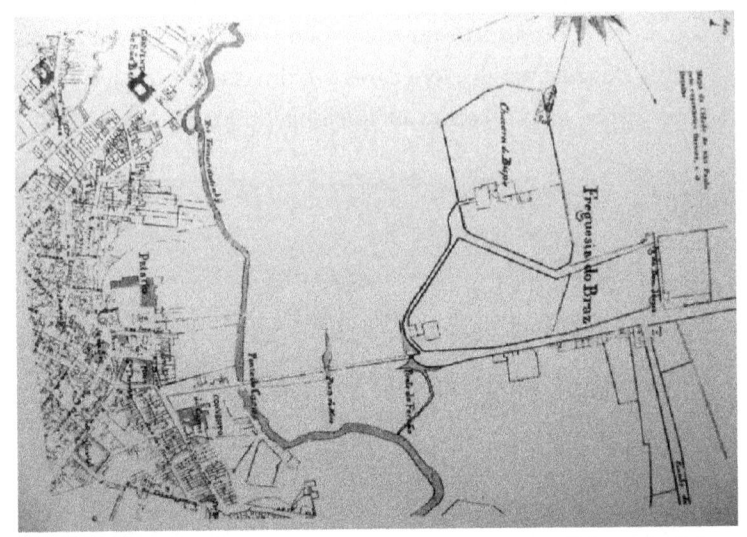

FIGURA 10. O mapa feito por Bresser em meados do século XIX mostra o caminho entre o Brás e o centro.

Assim, é possível que, após encerrarem as tarefas diárias, os cativos da chácara do padre Antonio Joaquim de Macedo precisassem superar as vicissitudes do trajeto até o centro comercial, incluindo possíveis disputas com rivais em condições iguais, o que tornaria a formação de grupos com habilidades marciais quase que uma necessidade. Vale levantar ainda outra possibilidade pela análise espacial. Localizada no caminho entre São Paulo e a corte, a chácara poderia ser uma base para escravos tropeiros, que vinham do Rio de Janeiro para trocar produtos e depois retornavam. Nessas vindas, eles poderiam aproveitar as horas de descanso para realizarem incursões na cidade e, lá, inevitavelmente se encontrariam com cativos locais, abrindo brecha para conflitos.

Independentemente da função da chácara de Antonio Joaquim de Macedo e de seus cativos "cariocas", devemos atentar para o fato de que os africanos escravizados de São Paulo procuraram se impor de uma maneira bastante peculiar. Como sugeriu Miller:

---

29 BRESSER, C. A. "Mapa da cidade de São Paulo", s. d. Detalhe. *Apud* TORRES, Maria Celestina Teixeira Mendes. *O bairro do Brás...*, p. 45.

o aspecto mais africano das lutas dos africanos por identidade sob a escravidão era, portanto, a adaptabilidade com a qual eles re-sintonizaram ecos específicos de seus passados pessoais para repercutir coletivamente nas circunstâncias inovadoras que encontraram nas Américas.[30]

Da mesma forma que os "africanos cariocas" deveriam usar reminiscências de suas terras de origem para criar estratégias de domínio espacial, "africanos paulistas" de chácaras vizinhas ou mesmo do centro da cidade responderiam sobre o mesmo substrato, o que justificaria a intenção dos cativos que cercaram a chácara Bom Sucesso em "mostrar aos negros cariocas a pimponeza dos negros paulistas". A opção por esta palavra "pimponeza" indica que essa disputa não visava apenas vantagens comerciais, nem se limitava a atos violentos. Subentendia também o predomínio sobre atividades culturais, momentos de diversão em grupo.[31] O desafio, assim, fazia parte de um jogo de demonstração de valentia, que, assim como no Rio de Janeiro, trazia rituais e símbolos próprios, em São Paulo, "ecos específicos", nas palavras de Miller.

Dentre outros "ecos específicos" de um passado africano, identificáveis no caso narrado pelo padre, podem estar os "barretes vermelhos", usados pelos líderes do grupo de escravos paulistas que cercou a chácara de Antônio Joaquim de Macedo. O uso de barretes, chapéus e fitas de cor, em especial nos tons vermelho, amarelo e branco, entre capoeiras, no Rio de Janeiro, tem registro desde a primeira década do século XIX. Conforme Soares, estes ornamentos eram "geralmente exibidos como sinal de distinção de determinados grupos",[32] servindo ainda para marcar domínio de uma determinada área. Citando um trabalho antropológico sobre rituais do baixo Zaire, o pesquisador da capoeira carioca enfatizou o papel do vermelho como sinal de poder patriarcal, de chefia, nessa região.[33] Para ele, no Rio de Janeiro da primeira metade dos oitocentos, "tudo indica que o barrete vermelho

---

30 MILLER, Joseph C. "Restauração, reinvenção...", p. 61.
31 Sobre o termo "pimponeza", o *Dicionário Priberam de Língua Portuguesa* se refere a "pimpão" como adjetivo de valentão, fanfarrão, ou engalanado, festivo. Disponível em: <http://www.priberam.pt/DLPO/default.aspx?pal=pimp%C3%A3o>. Acesso em: 9 ago. 2010. Agradeço a Elaine Ribeiro por enfatizar a importância desse dado.
32 SOARES, Carlos Eugênio Líbano. *A capoeira escrava...*, p. 80.
33 *Ibidem*, p. 144

e as fitas eram símbolos exclusivos de algumas etnias, enquanto outros africanos, como os da África Ocidental, partilhavam diferentes formas de identificação".[34] Ainda sobre o uso da cor vermelha entre cativos, em rituais no Sudeste do Brasil, Robert Slenes traz outra referência próxima, de que "as cores vermelhas e branco [...] são os tons primários do simbolismo religioso dos kongos, mbundu e muitos outros povos centro-africanos".[35]

Da mesma forma, o uso de "assobios e assoadas" pelos sitiantes,[36] como forma de desafiar os cativos "cariocas" aferroados na chácara, poderia ser uma estratégia que ressoasse de forma especial entre grupos africanos. Em *Capoeira escrava*, Soares afirma que "como a cabeçada, o assobio se tornou uma faceta exclusiva da capoeira escrava carioca".[37] Porém, percebemos no caso narrado que pelo menos o uso do assobio não se limitava à corte imperial.

Não queremos aqui discutir se algum símbolo identitário seria do Rio de Janeiro ou de São Paulo. A intenção é exatamente descortinar um cenário no qual talvez africanos escravizados em diferentes regiões do Brasil tenham percebido a possibilidade de adotar símbolos com certa importância em suas terras natais, difíceis de serem traduzidos por senhores e autoridades.

Como nos lembra Jill Dias, ao discutir a emergência de estruturas sociais e culturais basicamente similares numa vasta área da África central, mas que desenvolveram paralelamente diferenciações culturais e políticas:

---

34 SOARES, Carlos Eugênio Líbano. *A capoeira escrava...*, p. 81. Sobre a adoção do vermelho e do branco pelas maltas cariocas, Soares já havia apontado, em trabalho anterior, que "os bakongos do sul do Congo e norte de Angola utilizam essas cores em alguns rituais, acreditando em sua força simbólica" (SOARES, Carlos Eugênio Líbano. *A negregada...*, p. 52).

35 SLENES, Robert. "A árvore de nsanda transplantada: cultos kongo de aflição e identidade escrava no Sudeste Brasileiro (século XIX)". In: LIBBY, Douglas C.; FURTADO, Júnia F. *Trabalho livre, trabalho escravo*: Brasil e Europa, séculos XVIII e XIX. São Paulo: Annablume, 2006, p. 305.

36 De acordo com o *Diccionario da lingua portugueza*, elaborado por Antonio de Moraes Silva e publicado pela Typographia Lacerdina em Lisboa, no ano de 1813, e disponível em http://www.ieb.usp.br/online/index.asp, o termo "assoada" ou "assuáda" significaria: "Companhia de gente armada, com que se vai fazer alguma guerra, força. Ou desordem semelhante á casa de outrem, ou em algum lugar, Villa. Entrar, vir, ir d'assuada; entrar com assuada. Ord. Gente em assuada; em motim, desordem para fazer mal. Fazer a assuada. Desfazer a assuada: licenciar a gente, com que se vem fazer violência, correria, assalto. Qualquer briga, motim de pessoas".

37 SOARES, Carlos Eugênio Líbano. *A capoeira escrava...*, p. 121.

> ... as semelhanças de base, ligando comunidades amplamente separadas e dispersas, ficaram subjacentes a uma multiplicidade de identidades distintas, cujo sentido subjetivo da diferença – às vezes quase imperceptível ao observador estrangeiro – se exprimiu, metaforicamente, através de sua cultura material, adornos corporais ou mitos de fundação.[38]

Seguindo nesta linha, arriscamos dizer que a capoeira foi desenvolvida no Brasil por africanos, inicialmente, que reproduziram ou adaptaram estratégias de vivência e sobrevivência de suas terras de origem, dentro de um processo de troca de saberes com iguais e desconhecidos através do "fluxo e refluxo" interno, proporcionado por atividades comerciais ou mesmo do tráfico dentro do Brasil.

Assim como africanos "cariocas" surgiram na documentação de São Paulo, alguns paulistas se destacaram no Rio de Janeiro, em meados do século XIX. Em 23 de janeiro de 1849, por exemplo, Izaias, um "pardo claro, cabelos pretos e crespos, alto, reforçado, bem parecido, oficial de alfaiate, impõe por forro e algumas vezes calçasse de botas para melhor passar por livre: vindo da ilha de Iguape, termo de São Paulo", fugiu das mãos da polícia da corte imperial. O motivo da perseguição a ele chama atenção: "dado a capoeira, muito conhecido nesta Corte e pela polícia pois já tem sido agarrado por esta repartição..."[39] A presença de paulistas no meio da capoeiragem carioca também pode ser sentida em um levantamento feito por Carlos Eugênio Soares, segundo o qual, em um universo de 1.146 capoeiras detidos na Casa de Correção do Rio, entre 1861 e 1890, 63 (3,1% do total) provinham de São Paulo, perdendo apenas para o número de pernambucanos (3,5%), baianos (5,6%) e cariocas (17%).[40]

É claro que, nestes casos de capoeiras paulistas localizados no Rio de Janeiro, ser da província de São Paulo, aparentemente, era apenas uma questão de procedência, e não de identidade, como no caso de africanos "cariocas" e

---

38 DIAS, Jill. "Novas identidades africanas em Angola no contexto do comércio atlântico". In: BASTOS, Cristina; ALMEIDA, Miguel Vale de; FELDMAN-BIANCO, Bela (orgs.). *Trânsitos coloniais: diálogos críticos luso-brasileiros*. Campinas: Editora da Unicamp, 2007, p. 317

39 *Diário do Rio de Janeiro*, 29/01/1849. Apud SOARES, Carlos Eugênio Líbano. *A capoeira escrava...*, p. 120-121.

40 SOARES, Carlos Eugênio Líbano. "A capoeiragem baiana na Corte Imperial (1863-1890)". *Revista Afro-Ásia*, 21-22, 1998-1999, p. 149.

"paulistas" que se desafiaram no Brás, em 1831.[41] Porém, todos esses casos ajudam a compor nossa proposta de análise focada nas trocas. O que homens provindos de São Paulo levariam como bagagem cultural para a corte? E o que capoeiras da capital do Império carregariam para outras províncias? Muitos anos depois do fato aqui analisado, encontramos na cidade do oeste do Maranhão denominada Turiaçu um exemplo. Lá foi criada uma postura, em 1884, com um artigo proibindo "o Jogo Capoeira ou Carioca".[42]

Seguindo esta linha de percepção das trocas possíveis entre indivíduos ou grupos com habilidades marciais, no Brasil, destacamos outro momento da representação de Antonio Joaquim de Macedo, no qual o padre informa que os "sitiantes", armados de paus e facas, postaram-se "em grupos" no entorno da propriedade. A estratégia adotada assimila-se bastante a de maltas do Rio de Janeiro que começaram a se formar também na década de 1830. Para Soares, "o caráter gregário da capoeira era reforçado pelo paulatino aumento da pressão policial, pois a atuação em pequenos grupos dificultava a prisão".[43]

Ao que parece, essa estratégia de domínio dos espaços em grupos, chamados no Rio de Janeiro de maltas, também se tornou uma marca da capoeira não só em São Paulo, no início do século, como também em outras regiões e épocas. Manuel Querino recorda, já no início do século XX, que anos antes havia em Salvador turmas de capoeiras divididas por bairros e identificadas por bandeiras e:

> O domingo de Ramos fôra sempre o dia escolhido para as escaramuças dos capoeiras. O bairro mais forte fôra o da Sé; o campo da lucta era o Terreiro de Jesus. Esse bairro nunca fôra atacado de surpresa, porque os seus dirigentes, sempre prevenidos, fechavam as embocaduras, por meio de combatentes, e um tulheiro de pedras e garrafas quebradas, em forma de trincheiras, guarneciam os principaes pontos de

---

41 Agradeço a Enidelce Bertin por essa observação.
42 VAZ, Leopoldo Gil Dulcio. "A carioca". *Revista do Instituto Histórico e Geográfico do Maranhão*, n. 31, nov. 2009, p. 54. Disponível em: <http://issuu.com/leovaz/docs/ihgm_31_novembro_2009>. Acesso em: 5 jan. 2011. Fazendo uso de bibliografia sobre a capoeira na região, o autor discute no artigo o porquê desta associação da capoeira à forma de identificação de pessoas naturais da cidade do Rio de Janeiro, algo que não cabe fazermos aqui.
43 SOARES, Carlos Eugênio Líbano. *A capoeira escrava...*, p. 113

ataque... Levava cada bairro uma bandeira nacional, e ao avistarem-se davam vivas à sua parcialidade.[44]

Já em Pernambuco, a historiadora Clarissa Nunes Maia identificou ações de grupos em torno dos "batuques e sambas, que serviam de ponto de encontro para escravos fugidos, capoeiras ('moleques armados de cacete') e criminosos procurados pela polícia, onde recebiam ajuda, às vezes até através do confronto direto com a polícia". Os capoeiras em Recife organizavam-se em freguesias, divididas por maltas que iam de vinte a cem homens e lideradas por um chefe político, como os famosos Nicolau do Poço, João de Totó e Jovino dos Coelhos. Marcavam seus territórios com cerimônias nas torres das igrejas e através de apresentações em torno de bandas militares.[45]

Em seu estudo sobre a capoeiragem no Pará, Luiz Augusto Pinheiro Leal também registrou estar a capoeira associada, dentre outras coisas, às rivalidades de bairros, em especial os do Umarizal e do Jurunas. A imprensa denunciava com frequência os problemas causados por maltas de vagabundos e capoeiras, grupos que, assim como no Rio de Janeiro, passaram a ser usados nas disputas eleitorais.[46]

Para além das possíveis comparações com gestuais e acompanhamento musical, o que será feito em outro momento deste trabalho, focamos agora a forma de organização desses capoeiras de São Paulo, Rio de Janeiro, Bahia e Pernambuco. Talvez, formar maltas, dominando os espaços urbanos através de bandos sob o comando de líderes respeitados pela valentia acompanhe um substrato africano. Talvez seja parte daquela "gramática profunda" já analisada na introdução deste trabalho.

Como já antecipamos, não é objetivo deste trabalho traçar raízes africanas da capoeira, mas é legítimo apontarmos algumas possibilidades de interpretação sob a ótica da presença de elementos comuns, como neste caso da formação de maltas. Ao analisar a participação de veteranos de guerras africanas na revolução de São Domingos de 1791, que culminou na independência do Haiti, anos depois,

---

44 QUERINO, Manuel. *Costumes africanos...*, p. 271-272.
45 MAIA, Clarissa Nunes. *Sambas, batuques, vozerias e farsas públicas*: o controle social sobre os escravos em Pernambuco no século XIX (1850-1888). São Paulo: Annablume, 2008, p. 110, 117 e 118.
46 LEAL, Luiz Augusto Pinheiro. *A política da capoeiragem*: a história social da capoeira e do boi--bumbá no Pará republicano (1888-1906). Salvador: Edufba, 2008, p. 70 e capítulo 2 sobre a existência de maltas de capoeiras.

o africanista John Thornton recordou que aqueles homens poderiam ter as habilidades militares que asseguraram a vitória dos ex-escravos. Para isso, Thornton se refere a conflitos ocorridos na África central, no período em que os escravos rebelados de São Domingos teriam sido importados. Conforme ele, o "exército kongolês" tinha por estratégia se organizar em pequenas unidades, que operavam de forma independente e eram identificadas por bandeiras coloridas. De outra parte, mostrou que conhecer a arte da guerra no Reino do Kongo permite uma melhor compreensão da estratégia militar dos rebeldes de São Domingos, baseada em ataques dispersos, porém disciplinados, executados por pequenos grupos.[47]

Se pensarmos nos tempos em que esse processo ocorreu e nos períodos em que a arte da capoeira começa a se configurar, entre finais do século XVIII e início do XIX, as proximidades e correspondências entre as estratégias adotadas são surpreendentes. Somado a isso, vale repetir uma informação levantada por Soares e já citada aqui, de que a maior parte dos africanos praticantes da capoeira, na corte imperial, provinha exatamente das mesmas áreas centro-africanas que os combatentes negros do Haiti.

Para encerrar a análise do desafio entre africanos cariocas e paulistas no Brás, queremos salientar que, embora não tenhamos dados sobre as origens étnicas dos envolvidos, o fato de parte deles se identificar como "paulistas" e desafiar cativos "ladinos" da Chácara Bom Sucesso, chamados de "cariocas", reforçaria a ideia de que, como enfatizou Robert Slenes, "na labuta diária, na luta contra os (des) mandos do senhor, na procura de parceiros para a vida afetiva, necessariamente eles (africanos) haveriam de formar laços com pessoas de outras origens, redesenhando as fronteiras entre etnias".[48] E, como salienta Soares, ao tratar da capoeira no Rio de Janeiro, "somente depois de algo *ladinizados* é que (africanos) encontravam dentro das maltas de capoeira – entre outros grupos – a ressocialização necessária para voltarem a ter uma existência cultural... o capoeira pouco tem do *africano novo* recém-chegado".[49]

Esta prática também em São Paulo, então, seria uma ferramenta para africanos recuperarem vínculos sociais destruídos com a escravidão e acelerarem o

---

47 Cf. THORNTON, John. "African soldiers in the Haitian Revolution". *The Journal of Caribbean History*, vol. 25, ns. 1 e 2, 1991, p. 59-80.
48 SLENES, Robert. "'Malungo, Ngoma vem!'...", p. 57.
49 SOARES, Carlos Eugênio Líbano. *A capoeira escrava*..., p. 142-143 (grifo do autor).

processo de ladinização, para dominarem melhor os meandros de uma cidade completamente desconhecida. Conforme Denise Moura, "no movimento de corpos das ruas, era graças ao jogo da capoeira em torno dos chafarizes, embaixo das janelas de senhoras bisbilhoteiras de frestas, no pátio da cadeia, na entrada da rua da Esperança e sob as barbas dos guardas, que (escravos) se tornavam mais ou menos cúmplices e afirmavam seus valores hierárquicos".[50]

Uma campanha contra os capoeiras?

A documentação sobre a chácara do padre Antônio Joaquim de Macedo, cercada por capoeiras "paulistas" em 5 de março de 1831, não para no ofício escrito pelo proprietário, exigindo providências das autoridades. No mesmo dia, o juiz de paz da Freguesia escreveu ao comandante interino das Armas da província, cobrando uma atitude para evitar que tal situação se repetisse. Ressaltou a necessidade de se ordenar que nos domingos e dias santos fosse enviada ao Brás "uma escolta suficiente para fazer dispensar ql.quer ajuntamento q se forme, e poderem dar assim cumprimento a lei conservando a tranquilidade pública". Responsável pela organização das patrulhas e prisões na freguesia, o juiz de paz demonstra ser a capoeira uma prática costumeira, ao enfatizar que "semelhantes tumultos podem resultar incalculáveis males, não só ao representante como ao público".[51] Em contrapartida, o fato dele pedir a dispersão de "qualquer ajuntamento" indica que a preocupação ia além da capoeira, sendo a principal controlar a mobilidade e a socialização dos cativos.

Embora não tenhamos localizado uma prova direta da ligação entre a ocorrência na Chácara Bom Sucesso ou qualquer outra referente à prática da capoeira no período e a criação da postura, em 1833, proibindo o jogo-luta em São Paulo, outros ofícios da década de 1830 reforçam a ideia de que ajuntamentos de escravos, incluindo dos capoeiras, eram algo comum em diversas regiões da cidade e preocupavam bastante as autoridades. Estas procuravam cercear o convívio entre cativos, como se vê no ofício de um juiz de paz, datado de 23 de julho de 1831,

---

50   MOURA, Denise Aparecida Soares. *Sociedade movediça*: economia, cultura e relações sociais em São Paulo (1808-1850). São Paulo: Editora Unesp, 2005, p. 207.
51   Aesp. *Ofícios Diversos da Capital*, 1831, Caixa 72, Ordem 867, Pasta 1, Documento 98.

solicitando ao comandante de Armas da província ordens às patrulhas noturnas "para que revistem as pessoas, e achando-as com armas as tomem, e no caso de resistencia prendão os resistentes a [mesma] ordem". A maior preocupação do magistrado é com ajuntamentos em dias santos, "que fazem os pretos, e muleques".[52]

Nos documentos do período e dos anos subsequentes, repetem-se a todo momento reclamações sobre problemas causados por escravos, libertos ou homens livres pobres e, por outro lado, da falta de força policial suficiente para contê-los. Significativos nesse sentido são os artigos publicados em 1831, no jornal *O Farol Paulistano*. A edição de 9 de abril traz uma série de ofícios assinados pelo próprio presidente da província cobrando uma atuação mais enérgica dos juízes de Paz e da polícia diante de grupos armados em ruas de São Paulo.[53] Ao que parece, a ordem não teve grandes resultados e, quase dois meses depois, o jornal publicava uma circular encaminhada aos juízes de Paz da província, para os mesmos realizarem o alistamento dos homens livres das respectivas freguesias, informando ainda que o governo "mandou que se entregassem aos dictos Juizes de Paz as armas necessarias para se armarem os individuos da sobre-dita relação depois de apurada, quando assim seja mister". Em princípio, tais providências seriam válidas até que se organizassem as Guardas Nacionais. Pela mesma circular, a administração recomendou aos magistrados a observância das leis contra "vagabundos que perturbarem o socego publico".[54]

Ao analisarmos a legislação da época, ficamos com a impressão de que, na década de 1830, mudanças sociais levaram a uma preocupação específica com a capoeira na cidade de São Paulo. Uma instrução de 1828, assinada pelo juiz de Paz de Santa Efigênia e direcionada aos seus oficiais de quarteirão, aborda a necessidade de se evitar ajuntamentos e desordens, informar sobre o surgimento de cadáveres e respectivas testemunhas, dar parte sobre pessoas "rixozas e turbulentas", vadios e mendigos, "bêbados por vicio" e "meretrizes escandalozas", bem como prender delinquentes, combater quilombos, entregar menores desassistidos e indicar bens abandonados, dentre outras preocupações.[55] Já em 1831, artigos aprovados pela Câmara Municipal de São Paulo legislavam sobre

---

52   Aesp. *Ofícios Diversos da Capital*, 1831, Caixa 72, Ordem 867, Pasta 1, Documento 38.
53   Aesp. *O Farol Paulistano*, 09/04/1831. Rolo 03.07.024 (1827-1831)
54   Aesp. *O Farol Paulistano*, 28/06/1831. Rolo 03.07.024 (1827-1831)
55   Aesp. *Ofícios Diversos da Capital* (1830-1831), Caixa 72, Ordem 867, Pasta 1, Documento 5.

armas, desordens, jogos e ajuntamento de escravos. Nenhum desses documentos trata do jogo de capoeira ou qualquer outro gênero de luta.[56]

Esta atividade parece ter passado a ser, então, uma preocupação específica somente a partir de 1832, quando, como dissemos antes, o Conselho Geral da Província solicitou à Câmara a criação de uma postura específica, talvez sob o impulso de outras demandas relativas à criminalidade escrava, como rebeliões no interior de São Paulo. Como mostrou Ricardo Pirola em um estudo sobre Campinas, diversas posturas foram criadas naquela região, nesse mesmo período, com o intuito de dificultar a circulação e o porte de armas para cativos e, consequentemente, impedir a organização de levantes. "Tudo isso, porém, não foi suficiente para controlar a população escrava e evitar a formação de novos planos de revoltas", lembra o historiador, analisando em seguida um plano de revolta de 1832, que agitou as senzalas de quinze grandes fazendas.[57] Vale notar que ações escravas como essa, que se espalharam pelo Brasil e tiveram como maior expoente a revolta dos malês, ocorrida no centro de Salvador, em janeiro de 1835, culminaram na lei de 10 de junho desse mesmo ano, que em seu artigo 1º punia com a pena de morte os escravos que assassinassem seus senhores, feitores e familiares.[58]

Sob a ótica do medo, mais do que um problema isolado a ser enfrentado por alguns juízes de Paz de São Paulo, ajuntamentos de cativos identificados como praticantes da capoeira talvez tenham se tornado, na década de 1830, alvo de uma perseguição mais ampla na capital paulista. O próprio presidente da província, Rafael Tobias de Aguiar, emitiu uma portaria em 11 de dezembro de 1834, cobrando providências das autoridades judiciárias, que nas respostas deixam claro sua incapacidade estrutural. No mesmo dia, o juiz de paz suplente de Santa Efigênia, Emygdio Antonio da Silva, emitiu uma circular com a seguinte informação:

> Convido á bem da ordem, segurança e tranquillidade Pública, que haja toda a vigilancia, afim de se prevenirem os delictos, e

---

56   ACERVO HISTÓRICO DA ASSEMBLEIA LEGISLATIVA DE SÃO PAULO (doravante AH-Alesp). *Câmaras municipais*, Caixa 19, cadastro FCGP-PM32-035, p. 7, 8 e 9.

57   PIROLA, Ricardo Figueiredo. *A conspiração escrava de Campinas, 1832*: rebelião, etnicidade e família. Dissertação (mestrado em História) – Unicamp, Campinas, 2005.

58   Sobre a Revolta dos Malês, um dos mais completos estudos é REIS, João José. *Rebelião escrava no Brasil*: a história do levante dos malês em 1835. Edição revisada e ampliada. São Paulo: Companhia das Letras, 2003.

> se punirem aquelles que os cometterem; e acontecendo actualmente, que os escravos, e outros individuos costumão andar armados publicam.te tanto de dia, como de noite, e *especialmente os denominados = Capoeiras =, os quaes trazem occulto em hum pequeno pao, escondido entre a manga da jaqueta, ou perna da calça, huma especie de punhal*: recommendo por tanto aos Snr.es Inspetores de Quarteirão, que tenhão toda a vigilancia e cuidado acerca deste objecto, e com particularidade sobre os taes capoeiras; procurando *separar quaesquer ajuntamentos de escravos*, e outros, pois que d'ahi he que resultão mortes, ferimentos, e outros males funestos, *como a experiencia o demonstra*; esperando finalmente de seo zêlo pelo bem publico toda a actividade, e energia á semelhante respeito.[59]

Além de mais uma vez revelar a preocupação das autoridades com os ajuntamentos de escravos, este documento chama a atenção por demonstrar o conhecimento sobre costumes específicos dos ditos capoeiras, como andar com um punhal dentro de pequeno pau, escondido na manga da jaqueta ou na perna da calça. E o uso da expressão "como a experiência demonstra" também aponta para um problema frequente. Dois dias depois, o mesmo juiz escreveu à autoridade maior da província:

> Recebi hontem o Officio de V. Ex.ª datado de 11 do corrente, determinando-me, *que cohiba por meio da mais rigorosa policia, que os escravos não continuem impunemente no jogo denominado de = Capoeira =, em consequencia dos males funestos*, que d'ahi resultão; e outro sim, que informe por que se não tem restrictamente *observado a Postura da Camara* á semelhante respeito.
> Tenho por consequencia de responder á V. Ex.ª, que achando-me encarregado da vara desd'o dia 9 do corrente por impedim.to do Juiz actual; antes mesmo de receber o Officio de V. Ex.ª, e dezejozo de cumprir os deveres que como tal a Lei me incumbe, dei as providencias constantes da copia inclusa, afim de *evitar todos os males que podiam provir da impunidade dos taes Capoeiras*, e outros malfeitores; podendo igualmente

---

59   Aesp. *Ofícios Diversos da Capital* (1834). Caixa 75, Ordem 870, Pasta 3, Cópia de circular anexa ao Documento 2a (grifo nosso).

informar a V. Ex.ª, segundo me affirma o Juiz actual, q. *a Postura da Camara prohibindo aquelle jogo tem sido executada*; e finalmente asseguro a V. Ex.ª, que procurarei manter neste Districto a boa ordem, e tranquilidade Publica".[60]

Aqui podemos perceber a preocupação de autoridades em diferentes níveis com a capoeira praticada por escravos, bem como a denúncia de uma ineficiência quanto à postura criada pela Câmara no ano anterior. A dificuldade em coibir tal manifestação também é notada na resposta encaminhada ao presidente da província, no dia 15 do mesmo mês, por outro juiz de Paz, do Distrito Sul da Sé. Apesar de enfatizar suas ações no sentido de combater "não só o *jogo denominado – Capoeira –*, como outras infracções de Posturas", reconhece que "não tem sido possível vedar todas as desordens, ainda q. poucas aparecem neste Destricto".[61] Já o juiz suplente do Brás, talvez tentando esconder problemas enfrentados na região, respondeu "haver dado todas providencias para a bôa ordem da Policia, a fim de não haverem neste Destr.º *o jogo de capoeira*".[62]

A resposta imediata de autoridades de Santa Efigênia, Sé e Brás é significativa. Conforme recenseamento realizado por Daniel Pedro Müller, em 1836, o centro urbano era formado exatamente pelas três freguesias, que somavam 9.391 habitantes, sendo 4.081 brancos, 2.830 pretos, 2.327 pardos e 63 índios.[63]

Sabendo-se que a capoeira era uma prática dos escravos urbanos, ligada ao dia a dia daqueles que usufruíam de certa mobilidade, esses locais seriam os mais frequentados pelos praticantes. O Brás, como já foi dito, era um núcleo urbano com muitas características rurais, e o mesmo ocorria em Santa Efigênia. A Sé, por outro lado, era o coração da cidade. E atraía os escravizados não só pelas tarefas diárias e oportunidade de ganhos extras, mas também pela presença da Igreja de Nossa Senhora do Rosário dos Homens Pretos, construída na década de 1730 por sua irmandade.[64] No entorno desse espaço, a capoeira bem poderia ser praticada, junto a outras manifestações:

---

60   Aesp. *Ofícios Diversos da Capital* (1834). Caixa 75, Ordem 870, Pasta 3, Doc.2a (grifo nosso).
61   *Ibidem*, Doc. 2b (grifo nosso).
62   *Ibidem*, Doc. 2c (grifo nosso).
63   TORRES, Maria Celestina Teixeira Mendes. *O bairro do Brás...*, p. 71.
64   FERREIRA, Barros. *O nobre e antigo bairro da Sé*. São Paulo: Departamento de Cultura da Prefeitura de São Paulo, 1971, p. 37.

> Junto da igreja foi reservada uma área de terreno para cemitério dos negros. Para todos os enterros um só caixão. Ficou a informação de que *o sepultamento dos irmãos falecidos dos "malungos" era feito à noite, com ritual, próprio*, em que eram evocados, disfarçadamente, ritos ancestrais. 'Ritmado pelas pancadas certas e surdas da mão-de-pilão que servia de socador, repercutindo na terra como se fora o som cavo e rouco do velho atabaque, cadenciado pelos lamentos das melopeias tristes', rito que transcorria lugubremente pela noite afora.
>
> *Eram famosos os feitos religiosos celebrados na Igreja do Rosário, com programa de danças e cânticos no adro, executando a célebre música denominada Tambaque*, "cantando e dançando, os pretos dançavam com suas parceiras adornadas de rodilha de pano branco na cabeça, pulseiras de prata, e de rosário de contas vermelhas e de ouro no pescoço. Pegavam no vestido e faziam requebrados, sendo os pares vitoriados com salva de palmas por numerosa assistência, tocando quantos instrumentos esquisitos haviam, saudando o Rei e a Rainha com sua Corte, composta de grande número de titulares e damas que se apresentavam muito bem vestidas".[65]

Em outras igrejas e em praças e largos da Sé, também ocorriam festividades públicas, atraindo toda a gente. Em contrapartida, suas ruas tortas e apertadas, seus becos, facilitavam a fuga e ocultação de elementos visados pelas autoridades. Do Largo da Sé, por exemplo, "desembocavam uma porção de ruas estreitas", como o Beco dos Mosquitos e a Rua da Esperança, da qual "emendavam-se os botecos mal frequentados", bem como o Beco das Minas, assim chamado por reunir negras quitandeiras provindas da Costa da Mina, na África Ocidental.[66]

---

65 FERREIRA, Barros. *O nobre e antigo bairro...*, p. 38 (grifo nosso).
66 *Ibidem*, p. 75-79. Com referência ao etnônimo "mina", Mariza de Carvalho Soares lembra, em *The Yoruba Diaspora in the Atlantic Word*, que a classificação de diferentes grupos étnicos no Brasil desta forma, entre os séculos XVIII e XIX, leva a uma falsa ideia de continuidade, em um processo que, na verdade, foi extremamente flexível ao longo do tempo, envolvendo povos escravizados da Baía do Benin, na África Ocidental, trazidos de portos como Ouidá e Lagos, e identificados também como Yorubás ou Nagôs. A formação de identidades na diáspora africana será debatida ao longo deste trabalho.

Mas voltando à possibilidade de uma campanha contra os capoeiras, é curioso o fato de este tipo de problema não aparecer no discurso de posse do primeiro presidente da província, Rafael Tobias Aguiar, nem de seus sucessores, José Cesário Miranda Ribeiro (1836) e Bernardo José Pinto Gavião Peixoto (1837 e 1838). Todos, direta ou indiretamente, fazem críticas à falta de segurança na cidade. Gavião Peixoto, por exemplo, ressalta a necessidade de melhoria na iluminação pública, lembrando que "assim se tornarão mais difficeis os roubos como também actos de immoralidade que algumas vezes se observão com escândalo publico, pois que sendo pouca a tropa da guarnição, não há as patrulhas precisas e nem polícia por parte das respectivas autoridades".[67] Porém, nada é citado sobre a existência de elementos perigosos identificados como capoeiras.

Se os governantes não consideram o jogo-luta preocupante o suficiente para ser citado nos seus discursos, os capoeiras continuaram incomodando outras autoridades do período. Em sessão ordinária de 22 de setembro de 1846, os vereadores de São Paulo decidiram que se oficiasse ao chefe de Polícia "para providenciar a cerca de escravos que andão pelas ruas depois do toque de recolhida; sobre cazas onde existem jogos prohibidos; e finalmente *sobre o jogo denominado de capoeiras*, tudo vedado pelas posturas desta Camara".[68]

Se havia espaços propícios à prática da capoeira e postura penalizando seus praticantes, bem como troca de ofícios entre autoridades exigindo e prometendo o combate a essa manifestação, porque nos registros de presos na Cadeia Pública de São Paulo, nas Partes Policiais (espécie de Boletim de Ocorrência) e ofícios da Polícia dessa época não há casos de indivíduos presos por este motivo? A própria documentação policial de 1846 abre espaço para uma hipótese. A todo momento, há queixas sobre os ajuntamentos de escravos e a falta de estrutura para contê-los. Serve de referência, nesse sentido, um ofício encaminhado pelo chefe interino de Polícia ao presidente da província, em setembro de 1846, pedindo providência "pela razão de não haver suficiente força de permanentes, que bem pudessem cooperar tanto para tranquilidade e socego público", a fim de evitar "tumultos, ajuntamentos de escravos".[69] Para embasar sua solicitação, a autoridade policial anexou a esse ofício

---

67   Aesp. *Discursos dos presidentes da Província de São Paulo*, Ordem C09879.
68   *Actas da Camara Municipal de S. Paulo*, vol. XXXVI (1846-1847), p. 59.
69   Aesp. *Polícia* (1846), Caixa 9, Ordem 2444, pasta "Setembro".

outros dois que havia recebido anteriormente, sendo um deles do subdelegado suplente de Santa Efigênia, de 30 de agosto do mesmo ano:

> desejando pôr em execução o plano determinado por V. S.ª, sobre a tranquilidade e socego publico, mandando patrulhar este Districto por Guardas Policiais, não é isto possivel, por que nos 9 quart.ˢ que existem na Freg.ª, *se contão apenas 12 Guardas Policiais para serem empregados neste serviço, algum dos quais já de avançada id.ᵉ* e outros talvez não residindo mais nos ditos Quart.ˢ [...] Ponderando outro sim a V. S.ª, que sendo esta Frag.ª dividida em bairros, é de necessidade o emprego pelo menos de 3 patrulhas, compostas cada hua de 3 homens, *e não de huma unicam.ᵉ* como V. S.ª determina.⁷⁰

Em meados do século XIX, a carência por praças na província era tão grave que até conter desordens causadas por crianças trazia grandes empecilhos. Em ofício de 6 de junho de 1848, o delegado de Limeira disse estar embaraçado pela falta de forças para patrulhar a cidade nos dias santos e prender pessoas com armas proibidas. Segundo ele, "nesta villa ate os meninos andão de faca" e:

> Eu estou dizanimado p.a toda e qualquer empresa com os *mizeraveis Pulicias* p.r que todo homem mais mosso mais ativo, e sem aleijão é G. N. *resta na Pulicia velhos, bobos e surdos,* e por isso perdido é todo e q.lq.r esforço q/ as authoridades queirão fazer. [...] ladroens criminosos aqui passaeião de dia a cavallo e mesmo passão em m.a porta, e q.do vê juntar se 2 ou 3 pessoas vão safando-se, pois *não he possivel nesta Villa se reunir 4 ou 6 homens com promptidão...*⁷¹

Como observou Maria Odila Leite da Silva Dias, ao perscrutar a "urbanização incipiente" de São Paulo, no início do século XIX, em meio à "organização improvisada e fluida de uma sobrevivência precária", escravos e forros "criavam focos de desordem mal contidos nas posturas municipais e provinciais que se

---

70   Aesp. *Polícia* (1846), Caixa 9, Ordem 2444, Pasta "Setembro" (grifo nosso).
71   Aesp. *Polícia* (1846), Caixa 9, Ordem 2444, Pasta "Junho" (grifo nosso).

repetiam continuamente numa reiteração insistente de leis de controle social impossíveis de serem implementadas".[72]

Sorocaba, Itu e Cabreúva aderem à campanha?

Faz-se necessário, sob esse prisma dos "focos de desordem mal contidos nas posturas municipais", analisarmos outras legislações criadas na província de São Paulo com o intuito de coibir a prática da capoeira. Após a criação de uma postura com esse intuito na capital, em 1833, Sorocaba parece ter sido a primeira cidade do interior a seguir pelo mesmo caminho. Em 26 de agosto de 1850 a Câmara Municipal desta localidade enviou ao presidente da província um ofício que trazia o novo Código de Posturas. No Título 8º, o artigo 151 dizia:

> Toda a pessoa, que nas praças, ruas, casas publicas, ou em qualquer outro lugar tão bem public practicar, ou exercer o *jogo denominado = de Capoeiras = ou qualquer outro genero de lucta*, sendo livre será preza por dous dias, e pagará dous mil reis de multa, e sendo captiva será prezo, e entregue a seo senhor para o fazer castigar na grade com vinte cinco assoites e quando o não faça soffrerá o Escr.º a mesma pena = de dous dias de prisão e dous mil reis de multa.[73]

A semelhança com a postura da cidade de São Paulo leva a crer que houve apenas uma reprodução sem se verificar a real necessidade de um artigo deste tipo. No entanto, conforme já havia apontado Cavalheiro,[74] o ofício com o novo Código foi acompanhado de uma carta na qual os legisladores asseguram ter preparado uma legislação específica para lidar com problemas do cotidiano de sua cidade:

> ... Porquanto, sem que nem de leve se presuma que a Câmara actual pretenda censurar suas predecessoras, preciso é confessar pela incidência dos factos, que este ramo do

---

72 DIAS, Maria Odila Leite da Silva. "Nas fímbrias da escravidão urbana: negras de tabuleiro e de ganho". *Estudos Econômicos*, São Paulo, 15 (n. especial), 1985, p. 89-109.
73 AH-Alesp. *Câmaras municipais*, Caixa 274, cadastro CP50-017, p. 47.
74 CAVALHEIRO, Carlos Carvalho. "A história da capoeira em Sorocaba...".

serviço Público se acha neste Município em perfeito atraso […] força é confessar que *o Município de Sorocaba já gabava dalgumas Posturas optimamentes adequadas as suas necessidades, porem dentre estas muitas havião, que já se tornarão inúteis pelo desaparecimento dos casos aqui e não aplicados, e outras erão sofismadas pelos interessados*, seguindo diverças intelligencias a que prestavão, acorrendo actos inconvenientes o nenhum nexo que tinhão essas Posturas entre si, porque mais erão feitas d'ordinário depois que apparecia o facto, que convinha de antes processar attentar a tais circunstancias *esta Câmara logo em comissão de seus trabalhos tratou de confeccionar um Código de Posturas dividido por sessoins, títulos, e artigos, segundo lhe foi permittido pela Assembleia Legislativa Provincial em 1837,* comprehendendo em cada uma dellas a matéria que lhe parecia própria, ficando dest'arte não só mais sistemático o corpo das Posturas, como mesmo mais justados aos que ella precisavam recorrer…[75]

Também chama a atenção o fato de a Comissão de Câmaras ter analisado o código e sugerido diversas mudanças, incluindo a supressão de 13 artigos. No entanto, não questionou em qualquer ponto a postura impondo punição aos capoeiras.

Cavalheiro só conseguiu identificar praticantes dessa manifestação naquela região a partir do início do século XX. Da mesma forma, o levantamento que realizamos em documentos policiais e judiciários nada acrescentou nesse sentido. O que fica nítido é a falta de condição das autoridades em atender à crescente demanda da região. Por um lado, a população escrava em Sorocaba passou de aproximadamente dois mil cativos em 1836 para mais de cinco mil, em 1854.[76] Por outro, o destacamento do município em 1850, era composto por apenas seis soldados, enquanto o número mínimo seria de 16.[77] E, apesar dos insistentes pedidos de reforço endereçados ao presidente da província pelo comandante do Esquadrão

---

75   AH-Alesp. *Câmaras municipais*, Caixa 274, cadastro CP51-015, p. 2-5 (grifo nosso).
76   COSTA, Emília Viotti da. *Da senzala à colônia*. 4ª ed. São Paulo: Editora Unesp, 1998, p. 99.
77   Aesp. *Ofícios Diversos de Sorocaba* (1846-1851), Caixa 504, Ordem 1299, Pasta 1850, Documento de 27/06/1850.

de Cavalaria da Guarda Nacional em Sorocaba[78] e pelo delegado da cidade, a força policial parecia cada vez mais descomposta.[79]

Esta situação por si justificaria a adoção de um Código de Posturas que permitisse o controle sobre o maior número de atividades associadas aos escravos, havendo no mesmo artigos proibindo batuques, jogos e danças de escravos, além do entrudo e dos jogos de azar, e exigindo que os cativos só saíssem à noite com bilhete de seus senhores. Porém, reforçamos, proibições nesse sentido não eram novidade, nem em Sorocaba, nem em dezenas de cidades da província.[80] A novidade foi o artigo 151, coibindo especificamente a capoeira, o que se repetiu em anos seguintes.

Da mesma forma, difere-se de outras legislações da época o Código de Posturas encaminhado pela Câmara de Itu à Comissão de Câmaras, em 24 de janeiro de 1858, no qual se lê:

> Art. 54. Toda a pessoa que nas praças, ruas, casas publicas, ou em qualquer logar publico, praticar ou exercer o *jogo denominado – de capoeiras* – será multado em 6$ rs e sendo escravo será preso, e entregue a seu senhor para o fazer castigar na grade com 20 açoutes, e quando o não faça, soffrerá a multa de 6$ rs.[81]

Assim como fizeram os vereadores de Sorocaba, os de Itu encaminharam, junto com o novo Código, um ofício argumentando ser tal proposta adequada às necessidades do município. Contudo, ao contrário dos colegas daquela cidade, estes reconheceram tomar como base as posturas da capital e, inclusive, da legislação sorocabana:

> As posturas que existião já não preenchião as necessidades d'este municcipio. A muitos respeitos erão ellas ommissas, e em

---

78 Aesp. *Ofícios Diversos de Sorocaba* (1847-1851), Caixa 504, Ordem 1299, Pasta 1849, Documento de 12/03/1849.

79 Aesp. *Ofícios Diversos de Sorocaba* (1847-1851), Caixa 504, Ordem 1299, Pasta 1849, Documento de 23/03/1849.

80 Em Sorocaba, por exemplo, o Código de Posturas de 1836 contava com um artigo proibindo aos escravos "as danças e jogos de qualquer natureza, sejão nas ruas e suburbios das povoaçoens...". AH-Alesp. *Câmaras municipais*, Caixa 260, cadastro CP36-027, p. 2.

81 AH-Alesp. *Câmaras municipais*, Caixa 282, cadastro CP58-018, p. 6.

> alguns casos providenciavão sobre circunstancias que a civilisação do municipio tem tornado de impossivel realisação.
> Assim tendo esta Camara de fazer grandes mudanças nas suas posturas, resolveo organizar um Codigo completo, *[guiando]-se na sua tarefa pelas posturas das Camaras da Capital, da cidade de Sorocaba e das [trecho ilegível] d'esta Provincia, ás quais fez ella as modificações que exigião as necessidades do seu municipio.*[82]

Itu já tinha um longo histórico de repressão aos ajuntamentos de negros. Em junho de 1831, quando a cidade contava com uma população branca em torno de 2.400 almas, havendo mais de 4.600 cativos e quase 1.200 negros e mulatos livres, os vereadores aprovaram em sessão ordinária a formação de "um corpo de polícia de 10 homens para rondar a villa á noite e apartar de dia ajuntamentos de escravos e tirar-lhes as armas prohibidas".[83]

O Código de Posturas aprovado em 1858 revela que, anos depois, as preocupações continuavam as mesmas, pois a legislação, além de coibir a prática da capoeira, proibiu o entrudo, os jogos de azar e os batuques dos escravos. E, assim como no caso de Sorocaba, passou pela Comissão de Câmaras sem qualquer comentário a respeito da capoeira. Não obstante tais semelhanças, em Itu, ao contrário de Sorocaba, o artigo referente ao jogo-luta foi abolido logo depois, não aparecendo na legislação municipal aprovada em abril de 1862, que incluiu artigos contrários apenas ao batuque, ao fandango, ao entrudo e aos jogos de azar.[84]

Curiosamente, menos de um ano depois, em 12 de janeiro de 1863, Cabreúva, que havia se desmembrado de Itu em 1859, aprovou seu Código de Posturas que dizia:

> Art.º 39 – Toda a pessoa que nas praças, ruas, casas publicas ou qualquer lugar publico praticar ou exercer *o jogo denominado capoeira*, será multado em 6$000 r.ˢ. Sendo escravo será preso e entregue a seo senhor para o fazer castigar na grande com 20 açoites, e quando não queira soffrerá a mesma multa.[85]

---

82   AH-Alesp. *Câmaras municipais*, Caixa 282, cadastro CP58-018, p. 13 (grifo nosso).
83   NARDY FILHO, Francisco. *A cidade de Ytu*. São Paulo: Escolas Profissionais Salesianas, 1930, p. 193.
84   AH-Alesp. *Câmaras municipais*, Caixa 286, cadastro CP62-009.
85   AH-Alesp. *Câmaras municipais*, Caixa 286, cadastro CP63-008, p. 16 (grifo nosso).

Bastante específica, a legislação da localidade recentemente alçada ao status de vila incluía ainda posturas contrárias a "ajuntamentos, danças e tumulto" em casas de bebidas, "ajuntamento de mais de três escravos" em tavernas ou botequins, "jogar entrudo pelas ruas", "escravos fazerem batuque dentro da villa e seus arredores", "uso de qualquer arma ofensiva", bem como escravos jogarem búzios.[86]

Fundada no começo do século XVIII pelas famílias Ramos e Martins, que formaram extensas fazendas de cana-de-açúcar baseadas no trabalho escravo,[87] Cabreúva talvez fosse o real motivo de preocupação com a capoeira nequela região, sendo a legislação sugerida por moradores ligados a Itu até 1859. Atos de resistência escrava permeavam o cotidiano, como se percebe nos anúncios repetitivos de fugas de cativos da comarca de Itu, no jornal *O Farol Paulistano*. Na edição de 2 de janeiro de 1828, um tal Antonio José de Babo Broxado, morador daquela vila, oferecia 6.400 réis a quem recolhe-se um "negro crioulo de idade de 50 annos pouco mais ou menos, alto, magro, com um dedo do pé cortado, e tem muitos cabelos brancos", que havia escapado há quase um ano.[88] Em muitas ocasiões, as fugas eram em grupo, como ocorreu em maio de 1829, quando quatro escravos "novos grandes", pertencentes a Francisco Bueno de Miranda, sumiram.[89] Maior prejuízo tomou, um mês depois, outro residente de Itu, Antonio Carlos Pacheco, do qual fugiram 6 escravos novos "de nação Mossambique".[90]

Porém, o controle dos escravos poderia ser feito por posturas mais genéricas, sem necessariamente se adotar o termo específico "capoeira", como dezenas da cidades pequenas do interior paulista fizeram. O município de São Bento do Sapucaí, localizado quase na divisa com Minas Gerais, por exemplo, publicou em 1859 um Código de Posturas que, no capítulo sobre "Tranquilidade Pública" proibia entrudo, buscapé, cateretê e batuques.[91]

Independentemente dos motivos que levaram vereadores de São Paulo em 1833, Sorocaba em 1850, Itu em 1858 e Cabreúva em 1863 a criarem posturas

---

86 *Ibidem*, p. 6, 9, 11 e 16.
87 PREFEITURA MUNICIPAL DE CABREÚVA. História da cidade. Disponível em: <http://www.cabreuva.sp.gov.br>. Acesso em: abr. 2010.
88 Aesp. *O Farol Paulistano*, 02/01/1828. Rolo 03.07.023 (1828-1829).
89 Aesp. *O Farol Paulistano*, 20/05/1829. Rolo 03.07.023 (1828-1829).
90 Aesp. *O Farol Paulistano*, 20/06/1829. Rolo 03.07.023 (1828-1829).
91 AH-Alesp. *Câmaras municipais*, Caixa 284, cadastro CP59-025, p. 2.

específicas para se penalizar os praticantes da capoeira, um ponto comum em todas as legislações merece uma análise mais pormenorizada. Fossem as leis cópias umas das outras ou não, em todas se manteve a associação da capoeira ao termo "jogo", enquanto o complemento "e qualquer outro genero de luta" aparece apenas em São Paulo e Sorocaba.

A visão das autoridades sobre o "jogo dos escravos"

A partir do repetido uso do termo jogo para se referir à capoeira, nas legislações criadas na província para coibir tal atividade, apresentamos outra hipótese para a falta de presos por "capoeira": esta seria uma consequência da visão comum em terras paulistas, de que a manifestação seria mais um jogo do que uma atividade perigosa, ao contrário do que se configurou no Rio de Janeiro, na mesma época.

Ao abordar a repressão ao batuque e outras festas negras na Bahia da primeira metade do século XIX, João José Reis mostrou que "o caráter polimorfo e polissêmico da festa negra confundia os responsáveis pelo seu controle". Assim, havia divergências constantes entre autoridades, umas a favor e outras contra a folia de raiz africana. "Se uns acreditavam ser ela a ante-sala da revolta social, outros mantinham que servia para diminuir as tensões sociais, sobretudo porque acontecia no seio de uma sociedade baseada na escravidão e na opressão etnorracial".[92]

No caso de São Paulo, também há indícios de divergências entre as vontades dos senhores, as preocupações dos governantes e a atuação das forças policiais, estas talvez mais preocupadas com casos mais graves, até mesmo pelo pouco efetivo. Como esclarece Maria Odila Leite da Silva Dias:

> Elementos esparsos foram conservados pelo próprio paternalismo autoritário dos senhores, que admitiam ampla margem de *tolerância para rituais gentílicos, ajuntamentos, batuques, rodas de violeiros, desafios, capoeiras*. Sotaques, tempos, ritmos bem diferenciados marcaram os diversos processos históricos do dia-a-dia dos bairros paulistas, em

---

[92] REIS, João José. "Tambores e temores: a festa negra na Bahia na primeira metade do século XIX". In: CUNHA, Maria Clementina Pereira (org.). *Carnavais e outras f(r)estas*: ensaios de história social da cultura. Campinas: Editora da Unicamp, 2002, p. 101-102.

rituais opostos de abismo e distância social, que sulcavam fundo as vizinhanças heterogêneas...[93]

Esta permissividade é notada em um requerimento de 1833, de certo João Amaro à municipalidade pedindo licença para fazer no dia 6 de janeiro "danças de pretos no pátio do Rosário", sendo uma delas, promovida pela Irmandade dos Homens Pretos, caracterizada pela música do "tambaque", sob cujo ritmo "negras faceiras então requebravam no largo, enfeitadas com rodilhas de pano branco na cabeça, pulseiras de prata e no pescoço rosários de contas vermelhas ou de ouro".[94]

No caso da capoeira, o processo de aprovação da postura contra sua prática na capital paulista, em 1833, insinua uma possível preocupação dos governantes com o paternalismo. Dizia o texto original elaborado pela Câmara em 14 de janeiro de 1833:

> Toda a pessoa, que nas praças, ruas, casas publicas, ou em qualquer outro logar tambem publico, practicar, ou exercer o jogo denominado = de Capoeiras =, ou qualquer outro genero de lucta, sendo livre será preza por tres dias, e pagará a multa de um a tres mil reis; e sendo captiva será tambem preza por 24 horas, e soferá a pena de vinte e cinto a cincoenta açoites.[95]

Em 19 de janeiro, o Conselho Geral da Província aprovou uma emenda determinando que depois das palavras "e sendo captiva" se substituísse o texto por "será preza, e entregue a seu Senhor, para o fazer castigar na grade com 25 a 50 açoites, e quando o não faça sofrerá a mesma multa de 1 a 3 mil réis".[96] A necessidade deste acréscimo sugere certa conivência por parte dos donos de escravos para práticas culturais como a capoeira.

Neste sentido, cabe recordar o sistemático estudo do crime e da criminalidade escrava nas lavouras paulistas feito pela historiadora Maria Helena P. T. Machado,

---

93 DIAS, Maria Odila Leite da Silva. *Quotidiano e poder...*, p. 59 (grifo nosso).
94 BRUNO, Ernani Silva. *História e tradições da cidade de São Paulo*. 3ª ed. São Paulo: Hucitec/Prefeitura do Município de São Paulo, 1984 [1ª ed. 1953], vol. 2, p. 786.
95 AH-Alesp. *Câmaras municipais*, Caixa 20, cadastro FCGP-PM33-026, p. 1.
96 *Ibidem*, p. 2.

com base nos autos criminais da região de Campinas e Taubaté do período entre 1830 e 1888. Diante da provável sub-representação da criminalidade escrava, a pesquisadora pontuou que muitos atos passíveis de punição, praticados pelos escravos, não chegavam ao conhecimento das autoridades policiais, mesmo quando seus donos eram autuados por estas. Isso porque:

> os senhores, usando de suas prerrogativas tradicionais, que incluíam o direito ao castigo e correção de certas faltas – tais como pequenos roubos, embriaguez e imprudência –, puderam livrá-los das penalidades da lei. *De modo geral, percebe-se que a autoridade senhorial ressentia-se da intromissão da Justiça em sua esfera de poder particular, resistindo à apresentação de seus escravos às autoridades.*[97]

Se a ausência de denúncias ou prisões em relação à capoeira resultaram em poucos registros das ocorrências a respeito, restam-nos o silêncio a respeito. Porém, a história também é feita de silêncios, entendendo-se que eles constituem indícios de processos sociais arraigados.

Arriscamos então supor que muitos senhores na província de São Paulo, ao flagrarem seus cativos em uma espécie de jogo ou luta, chamando tal prática de capoeira ou não, resolviam a questão fora da esfera policial, coibindo ou permitindo conforme lhes parecesse mais interessante. Sem a estrutura policial da corte, proprietários de escravos paulistas seriam mais volúveis a aceitar determinadas manifestações. Porém, a questão não deve se limitar a essa visão senhorial, pois essa permissividade seria o reconhecimento de uma demanda dos cativos, como parte de uma estratégia destes para retomarem práticas culturais desmembradas pela escravização.

Conforme mostrou Robert Slenes, ao analisar a família, a moradia e a roça escrava, os senhores "perceberam que a determinação dos escravos em melhorar sua condição, se necessário com a fuga ou outras formas de rebeldia, fez com que fosse possível a aplicação de uma 'política de incentivos'. Contudo, os senhores eram apenas uma das partes nessa relação" e, como concluiu o historiador, os mesmos "eram estranhos ao mundo mais íntimo de seus escravos", não percebendo a

---

[97] MACHADO, Maria Helena Pereira Toledo. *Crime e escravidão*: lavradores pobres na crise do trabalho escravo (1830-1888). São Paulo: Brasiliense, 1987, p. 28 (grifo nosso).

importância de determinados costumes aos cativos, no sentido de "(re)criar uma cultura e uma identidade própria".⁹⁸

No caso da capoeira em São Paulo, levanta-se a hipótese de que a proteção dos senhores permitiu que a manifestação perdurasse por anos, como denota a deliberação dos vereadores da capital paulista já citada, de 1846, cobrando providências "sobre o jogo denominado de capoeiras". Esta insistência dos vereadores junto ao chefe de Polícia, 13 anos depois da criação da postura penalizando praticantes da capoeira, abre caminho para mais algumas suposições. Destacamos aqui o repetido uso do termo "jogo" e sua associação, no mesmo documento, ao costume dos escravos de andarem pelas ruas "depois do toque de recolhida". Ao que parece, a preocupação dos governantes era mais coibir o lazer, que fortaleceria laços entre a massa cativa, do que ações agressivas associadas à capoeira. O próprio texto da postura leva a essa suposição, pois, ao contrário dos ofícios de autoridades judiciais, nada diz sobre o uso armas.

Estas observações, inclusive, servem também para o conteúdo das posturas criadas a partir de meados dos oitocentos em Sorocaba e Cabreúva, que repetem o termo "jogo" ao tratarem da capoeira. Na análise da escravidão na região sorocabana, Carlos Cavalheiro percebeu que as restrições à capoeira, assim como a outras manifestações de origem escrava, como "batuque, tambaque e cateretê", direcionavam-se a execuções em locais públicos dentro da área urbana, sendo mais flexíveis para atos em lugares fechados ou nos arrebaldes da cidade.⁹⁹ O pesquisador relata que, já em 1834, a Câmara buscava coibir ajuntamentos e diversões de cativos.¹⁰⁰ Cavalheiro concluí que:

> A manutenção de práticas culturais era outra das alternativas buscadas pelo escravo para sua reafirmação perante a escravidão. [... a dança do batuque e da umbigada...] os auxiliava a suportar o trabalho do dia seguinte. O mesmo devia de ocorrer com a capoeira e a congada, que ao aliar o aspecto lúdico ao exercício físico acabava por se tornar

---

98 SLENES, Robert W. *Na senzala uma flor*: esperanças e recordações da família escrava – Brasil Sudeste, século XIX. Rio de Janeiro: Nova Fronteira, 1999, p. 207-208.

99 CAVALHEIRO, Carlos Carvalho. *Scenas da escravidão*: breve ensaio sobre a escravidão negra em Sorocaba. Sorocaba: Crearte, 2006, p. 66, nota 95.

100 *Ibidem*, p. 24.

uma terapia física e mental. Para a classe dominante de Sorocaba, entretanto, esses batuques, tambores, congadas, capoeira, samba... eram práticas associadas à marginalidade, coisa de vadio e de imorais.[101]

Ou seja, o controle do lazer também estava associado à questão da segurança. Este tipo de situação se manteve por todo o século XIX, em diferentes localidades da província. Em 31 de dezembro de 1878, o delegado de Guaratinguetá escrevia ao chefe de polícia sobre a festa de São Benedito, demonstrando preocupação porque esta seria:

> um divertimento que, sobre ser antiquario e incompativel com a civilisação desse municipio tem contra si precedentes, *por ter já sido pretexto para revolta e indisciplina no pessoal das fazendas.* Outro sim em que accordo estão os senhores de taes escravos e se consentem em tal reunião, que, me consta, não ficou limittada ao dia da festa, por que *os escravos se tem ajuntado muitas vezes para ensaiarem danças e batuques.*[102]

Em seu estudo sobre a capoeira no Rio de Janeiro, Soares percebeu que, para a polícia, pouco importava o "jogo" da capoeira, sendo seu foco coibir a violência praticada por indivíduos assim identificados.

> No início da década de 1810, era comum o escrivão relatar que o indivíduo estava 'jogando' a capoeira, algo que demonstrava a presença do lúdico, do exercício. Curiosamente, no decorrer dos anos, este detalhe passa a ser mais omitido e os negros são presos simplesmente por 'capoeira'. Acreditamos que isso esteja ligado a usos e costumes do aparato policial, que abandona certos detalhes em função de rotinas e hábitos já arraigados. Este uso pode ter influenciado na conformação do termo capoeira para identificar o indivíduo, o tipo social, e não, como antes, a prática, a dança.[103]

---

101 *Ibidem*, p. 64-65.
102 Aesp. Polícia (Reservados), Encadernado 1529 (1878-1884), p. 27 (grifo nosso).
103 SOARES, Carlos Eugênio Líbano. *A capoeira escrava...*, p. 76.

Se em São Paulo o caminho foi inverso, com a prática da capoeira cada vez mais associada a uma diversão das camadas mais baixas da sociedade, seria natural a ausência de prisões, mesmo diante de posturas coibindo tal manifestação e do permanente medo de reuniões para práticas "violentas". A falta de pessoas presas ou processadas por capoeira, contudo, alimenta a crença de que a mesma tinha valor insignificante em território paulista. Isso porque as fontes policiais e jurídicas compõem um conjunto de grande relevo no estudo histórico do século XIX, tanto no Rio de Janeiro como em São Paulo.

Como já colocamos, na corte imperial, a palavra capoeira se tornou jargão para inúmeras práticas de resistência urbana,[104] o que trouxe, por um lado, dados estatísticos fortes. No entanto, como ressaltou Paulo Coêlho de Araújo, dificultou a separação de praticantes. Ao criticar a "generalização na atribuição de comportamentos que atentam contra a segurança pública e contra as propriedades como se todos os indivíduos desses grupos marginais tivessem sido efectivos praticantes desta manifestação", o pesquisador salientou que "grande parte dos praticantes da luta/jogo conhecida por capoeira seriam efectivos capoeiras, entretanto, nem todos os capoeiras poderiam ser considerados efectivos praticantes desta manifestação".[105]

No caso da província de São Paulo, temos o inverso. Policiais e juízes da província de São Paulo parecem ter se preocupado mais com atos mais incisivos de violência, prendendo provavelmente muitos capoeiras por ofensa física e homicídio, ou, no caso de ações menos graves, sob o termo "desordem". Em seu estudo sobre as prisões em São Paulo, Fernando Salla enxergou o termo "desordem" como "uma ruptura de um mundo hierarquizado onde cada qual tem o seu lugar. Negros rebeldes no mundo do trabalho deveriam ser corrigidos para se adaptarem e aceitarem o seu papel de escravos na sociedade".[106]

Sem um número minimamente representativo de pessoas presas, processadas ou julgadas especificamente por capoeira na província de São Paulo, ao longo do século XIX, seus praticantes foram desconsiderados enquanto agentes históricos por muitos pesquisadores, permanecendo, assim como outros grupos sociais da história, escondidos nas fímbrias da documentação.

---

104 *Ibidem*, p. 441.
105 ARAÚJO, Paulo Coêlho de. *Abordagens sócio-antropológicas...*, p. 63-65
106 SALLA, Fernando. *As prisões em São Paulo* (1822-1940). 2ª ed. São Paulo: Annablume, 2006, p. 64.

Inspirada por E. P. Thompson, para quem "não existem causas perdidas na história, e o que parece secundário, numa dada conjuntura, pode revelar-se decisivo em outras", Maria Odila Leite da Silva Dias mostrou como seria viável estudar grupos sociais oprimidos em São Paulo. Na sua busca pela história das mulheres pobres, brancas, forras e escravas na província de São Paulo, conseguiu captar seus papéis nas "entrelinhas, das fissuras e do implícito nos documentos escritos". Segundo ela, uma pesquisa deste tipo "requer uma leitura paciente, um desvendar criterioso de informações omissas ou muito esparsas, casuais, esquecidas do contexto ou da intencionalidade formal do documento", não sendo seus caminhos trilháveis "por historiadores preocupados com métodos que pressupõem equilíbrio, funcionalidade, estabilidade, conservação e *status quo*".[107]

Conclusões parciais

Em 1831, um grupo relativamente grande de capoeiras africanos escravizados, que se identificavam como "paulistas", cercou uma chácara na freguesia do Brás, nos arredores da cidade de São Paulo, para mostrar sua "pimponeza" aos cativos "cariocas" daquela propriedade. Ao que parece, os "paulistas" adotaram uma estratégia similar à das maltas do Rio de Janeiro e de outras regiões nas quais o jogo-luta se desenvolveu no Brasil, de dominação dos espaços urbanos. Reunidos sob uma identidade comum – neste caso, como "paulistas" –, os capoeiras cercaram a chácara no Brás, dividindo-se em pequenos bandos, comandados por chefes reconhecidos pelo uso de barretes vermelhos, e desafiando os "cariocas" por assobios e assoadas.

Este tipo de confronto talvez fosse mais comum em São Paulo do que as fontes indicam, o que justificaria a solicitação do Conselho Geral da Província, um ano depois do caso acima citado, para que os vereadores criassem uma postura proibindo a prática da capoeira na capital. O pedido foi atendido e, em janeiro de 1833, foi publicada uma legislação nesse sentido, abrindo caminho para ações da polícia com o intuito de coibir o jogo-luta e outros ajuntamentos de escravos.

Ao descreverem que tipo de comportamento caracterizava a capoeira, as autoridades demonstraram uma relativa proximidade com tal manifestação, na qual prevaleciam africanos ladinos, mas se aceitavam africanos boçais e "muleques",

---

107 DIAS, Maria Odila Leite da Silva. *Quotidiano e poder...*, p. 50-51.

e até mesmo homens livres. Seus praticantes usavam jaqueta e calça larga, para esconder punhais, e reuniam-se principalmente nos domingos e dias santos.

A preocupação mais abrangente das autoridades policiais da capital, com quaisquer formas de "ajuntamento" nas ruas, entretanto, indica que talvez a capoeira em si não fosse o principal alvo dos governantes, mas sim, o controle dos escravos, tendo em vista diversas revoltas que eclodiram na década de 1830 pelo país, e de libertos e homens livres, por conta dos "males funestos" que tais encontros resultavam.

Já o uso do termo "jogo" para caracterizar a capoeira, tanto na legislação criada na capital paulista, como nas que surgiram alguns anos depois em pelo menos três cidades do interior – Sorocaba, Itu e Cabreúva –, aponta para a possibilidade de uma percepção das autoridades locais sobre essa manifestação que diferia da visão existente no Rio de Janeiro. O caráter polissêmico e polimorfo da capoeira talvez, em São Paulo, tenha resultado em uma permissividade maior por parte dos senhores de escravos, que enxergariam na capoeira uma válvula de escape para sua escravaria. Isso justificaria a inclusão de uma frase nas posturas contrárias a tal prática, impondo multas aos donos de escravos capoeiras que não quisessem puni-los.

Assim, enquanto na corte diversas atitudes consideradas marginais poderiam ser atribuídas à prática da capoeira, em São Paulo, o contrário parece ter ocorrido, com os capoeiras presos apenas por consequências mais graves causadas do jogo-luta, como ofensa física, como veremos no próximo capítulo.

Capítulo 2

CAPOEIRA, CONFLITO E SOCIEDADE EM SÃO PAULO

> *Eduardo com uma vara na mão começou a brincar com elle interrogado dizendo-lhe que se fosse capaz cortasse aquella vara com a navalha, começarão a jogar capoeira.*[1]
> (Adão dos Santos Jorge)

Se não podemos estudar de forma sistemática os capoeiras em São Paulo, ao longo do século XIX, devido à carência de registros policiais ou processos criminais, a análise deste tipo de fonte permite melhor compreensão dos comportamentos de seus possíveis praticantes, imersos em uma cadeia de estratégias de sobrevivência construída por escravos, forros e homens livres pobres.

Como mostrou Maria Cristina Wissenbach, a realidade da escravidão, em especial na urbanização incipiente da capital paulista, muitas vezes propiciava mais o conflito do que a solidariedade entre iguais:

> Convivendo num mundo hostil, no qual a dominação e a discriminação se somavam à escassez de recursos e juntos pontuavam o dia-a-dia, tornando impiedosa a luta pela sobrevivência, a experiência citadina era por si só competitiva, conduzindo escravos e forros a desenvolverem lutas pessoais, muitas vezes em detrimento ou contra seus próprios pares. Como não poderia deixar de ser, não raro a violência

---

1 Aesp. *Autos-Crimes da Capital* (1865), Microfilme 05.03.036, n. 514, p. 78.

incorporava-se em seus relacionamentos internos e neles manifestava-se de inúmeras formas...[2]

Fontes policiais nos ajudam a entender um pouco mais sobre como as autoridades encaravam práticas cotidianas de africanos e seus descendentes, que muitas vezes traziam uma linguagem incompreensível para quem vivia no "mundo dos brancos". Neste capítulo, após um breve recorte nesse tipo de documentação para observarmos estas questões, mergulharemos em um processo criminal envolvendo um africano livre do Congo preso por dar uma navalhada em um cativo, em meio a uma brincadeira identificada como capoeira pelos próprios participantes. Este caso contribuirá no sentido de captarmos o que era esta manifestação na época e como era vista pelas autoridades locais.

Veremos que realmente havia grande permissividade por parte da elite intelectual em São Paulo, que inclusive mantinha uma relação bem próxima com capoeiras e valentões. Encerraremos o capítulo com algumas observações sobre como estes personagens podem ter sido aproveitados na província, enquanto braço armado, como, por exemplo, na Guerra do Paraguai.

Entre agressões e solidariedades

Prisões por brigas entre escravos, por exemplo, pululam nos registros, com o castigo chegando a 100 açoites, como no caso de Marcelino e Cipriano, recolhidos por este motivo, no Brás, em 25 de outubro de 1854.[3] Para as autoridades, demonstrações de valentia entre escravos, libertos, ou africanos livres eram inaceitáveis. Porém, para os envolvidos, confrontos com iguais poderiam ter um significado mais profundo. Assim, em janeiro de 1826, na freguesia de Nossa Senhora da Penha de França, quando o escravo Balduíno foi questionado pelo subdelegado sobre o porquê de ferir um menino, dando-lhe "pancadas", respondeu que "era uma brincadeira", ao que a autoridade ressaltou "ignorar a tal brincadeira".[4]

---

2   WISSENBACH, Maria Cristina Cortez. *Sonhos africanos...*, p. 236.
3   Aesp. *Registro de presos na Cadeia Pública de São Paulo* (1854), Encadernado 1556.
4   Aesp. *Ofícios Diversos da Capital* (1826). Caixa 70, Ordem 865, Pasta 1, documento 110.

Essas "brincadeiras" poderiam ser realmente uma forma de diversão, mas também ajudariam os participantes a adquirir habilidades marciais úteis para o dia a dia violento da sociedade de então. Indivíduos hábeis na luta corporal teriam condição até mesmo de ganhar respeito e proteção de integrantes das forças policiais, como Antonio Congo, preso em setembro de 1846 por "andar provocando os escravos das Fazendas da Bocaina". Aparentemente protegido pelo delegado da Vila de Silveiras, no Vale do Paraíba paulista, o africano é descrito como "um preto indigitado de valentão, hábil para commetter crimes", que, vagando pelos suburbios da região há quatro anos, carregava arma de fogo, "promovia desordens com a escravatura das fazendas da Bocaina". Ao receber voz de prisão, reagiu, ferindo a escolta, mas acabou preso, passando a "experimentar a proteção do delegado".[5]

Algo precioso em uma cidade escura e de ruas tortuosas, na qual uma pessoa facilmente poderia adquirir facas e outras armas proibidas, fosse escrava ou livre. Esta facilidade transparece em muitos documentos, com destaque para o Livro de Correições do período de 1815 a 1835 e que registra as ações dos fiscais de posturas da Câmara. Em uma ação repressiva de 28 de fevereiro de 1834, o fiscal João Feliciano do Amaral flagrou pontos ilegais de venda de facas de ponta em diversos pontos da cidade. Na rua do Rosário, José Velloso de Oliveira, Joana Rosa, Francisco José de Azevedo, Antonio Domingues dos Santos, Cerino Cesário do Espírito Sancto, Simão Luiz de Almeida, José Antônio Gonçalves, Jeronimo Pinelli e Bento José Lopes foram repreendidos por este motivo. Também sem licença para exercer tal comércio, foram identificados Miguel Antunes Garcia, na rua Direita, Innocencio Breton, no largo do Chafariz, João José de Souza, na rua do Comercio, Januário da Silva Monteiro, no beco da Cachaça e Victorino Pinto Nunes, na travessa do Comercio. Todos foram orientados a tirar a licença no dia 4 de março, na Câmara.[6]

Com facas nas mãos e habilidades marciais, escravos e forros estavam melhor preparados para enfrentar os dissabores da vida incerta da província de São Paulo. Mas, possivelmente, não era apenas a sobrevivência que eles buscavam ao se agruparem. Muitas vezes, ajuntavam-se apenas para se divertir, como ocorreu na Sé, em 26 de novembro de 1842, com os escravos Antonio Crioulo, de Santa Efigênia,

---

5 Aesp. *Polícia* (1846). Caixa 9, Ordem 0244, Pasta Setembro.
6 Arquivo Municipal Washington Luiz. *Fundo Prefeitura Municipal de São Paulo* (PMSP), Manuscritos diversos, Encadernado 291, p. 64-65.

Joaquim, de Nossa Senhora do Ó, e Elisbão, da Casa Verde. Mesmo assim, os três foram presos e remetidos aos seus senhores.[7]

Atitudes como esta eram naturais, dentro do clima de suspeição constante e cotidiano, possivelmente originado da tensão que faz parte das relações entre senhores e escravos. Embora formadas por autoridades ligadas à elite escravocrata, as fontes policiais do século XIX não escondem a violência diária que cativos sofriam. Um forte exemplo disso foi o que se passou em uma fazenda localizada a quatro léguas da capital, onde o escravo André morreu em razão de castigos praticados pelo seu senhor, o tenente-coronel Joaquim Pereira de Toledo, no dia 23 de agosto de 1863. Segundo apurou o delegado Pedro Taques de Almeida Alvim, golpes de pés sobre o pescoço e o ventre mataram o cativo, e "outro escravo foi barbaramente castigado, por occasião de ir interceder por André".[8] Dentro das fazendas, escravos dependiam da solidariedade mútua para se proteger, como no caso dos cativos de José Antonio da Silva, que o denunciaram pelo assassinato da escrava Angélica Maria da Conceição, em 11 de setembro de 1841, mesmo correndo risco de ser seviciados depois.[9]

O receio de ações isoladas ou em grupo contra senhores, feitores e autoridades em geral levava a uma repressão às diversas formas de apoio mútuo entre escravos, libertos e até mulheres livres pobres. Gertrudes Maria, por exemplo, assinou termo de bem viver em 1º de maio de 1843, por "fazer ajuntamento de escravos em sua casa, onde muitas brigas havião".[10] Mas esses ajuntamentos não eram repelidos facilmente. Em 26 de dezembro de 1842, uma escolta de 1ª Linha foi ao bairro de São Gonçalo, em Conceição de Guarulhos, para averiguar a morte de Maria Magdalena. Ao chegar ao local, a escolta encontrou "mais 30 pessoas reunidas entre homens e mulheres, e escravos, e resistirão ellas a todas as ordens que lhes forão intimadas, lançando-se sobre a escolta com facas e armas de fogo; donde resultou ser ferido em uma perna o inspector de Quarteirão, levar um soldado da escolta uma facada, e ser morto no acto de resistencia um José Pinto, que esfaqueara o soldado".[11]

---

7   Aesp. *Partes Diárias da Polícia* (1842-1862), E01493, p. 4, registro n. 13.
8   Aesp. *Partes Diárias da Polícia* (1862-1870), Encadernado 01494, Ano 1863.
9   Aesp. *Polícia* (1837-1841), Caixa 1, Ordem 02436, Pasta 2 (Capturas/Processos-Crime)
10 Aesp. *Partes Diárias da Polícia* (1842-1862), E01493, p. 61, registro n. 170.
11 Aesp. *Partes Diárias da Polícia* (1842-1862), E01493, Ano 1842, p. 12.

Se, neste caso, a solidariedade envolvia um agrupamento heterogêneo, por vezes a ajuda se revestia de um sentido étnico, como ocorrido entre os libertos Bento José Vaz de Carvalho e Rita Vaz de Carvalho, ambos de "nação Mina", e sua escrava Fortunata, que teria a mesma origem africana.[12] Após uma provável vida de privações para conquistar a própria liberdade, o casal Mina, Bento e Rita Carvalho, decidiu gastar uma quantia de dinheiro provavelmente alta para adquirir a escrava. Posteriormente, se negociassem com ela a venda da liberdade, poderiam lucrar. Em média, as alforrias condicionais pagas no período saíam por 189,7 mil réis.[13] Ainda assim, em 14 de dezembro de 1830, os dois decidiram dar-lhe a carta de liberdade sem custo, impondo como condição que a cativa continuasse a servi-los até que falecessem.

O estudo das cartas de alforria em São Paulo, de Enidelce Bertin, mostrou que as alforrias condicionais representavam 54,3%, no período entre 1800 e 1850, sendo que 45,7% seriam não pagas,[14] como no caso de Fortunata. Segundo a historiadora:

> Durante a primeira metade do século, homens e mulheres impuseram mais a condição de o escravo fazer companhia a eles depois de liberto, o que está diretamente relacionado com a justificativa do afeto [...] Essa atitude mesclava-se ao paternalismo senhorial – ao buscar a proteção e o controle – e a uma estratégia para garantir os mesmos serviços do escravo no liberto.[15]

---

12 Aesp. *2º Cartório de Notas de São Paulo* (1830-1831), Livro 37, Encadernado 12092, p. 45-46. Vale lembrar que as "nações" pelas quais africanos no Brasil eram identificados ou se identificavam, como no caso do casal e sua escrava de "nação Mina", foram estabelecidas dentro do processo de construção de identidades no contexto da escravidão de africanos nas Américas. Mina, por exemplo, foi um termo alcunhado a partir da identificação de cativos embarcados na região do Castelo de São Jorge da Mina (ou São Jorge d'Elmina) e depois estendido a outros grupos. Sobre esta questão, que será melhor abordada mais à frente, ver PARÉS, Luis Nicolau. *A formação do candomblé*: história e ritual da nação Jeje na Bahia. Campinas: Editora da Unicamp, 2006.

13 BERTIN, Enidelce. *Alforrias na São Paulo do século XIX*: liberdade e dominação. São Paulo: Humanitas, 2004, p. 97, tabela 12.

14 *Ibidem*, p. 83, tabela 7.

15 *Ibidem*, p. 146.

O viés partenalista poderia caber para o caso dos proprietários minas e sua escrava, de igual nação. Contudo, chama a atenção o fato de Bento e Rita Carvalho colocarem, na escritura de liberdade, que "era de suas vontades que a dita Libertada seja herdeira delles libertantes, visto que elles não tem herdeiros assendentes nem descendentes, podendo a mesma tomar conta de tudo quanto ficar por falecimento delles ditos libertantes".[16] Ou seja, na falta de filhos, o casal praticamente adotou uma escrava, escolhendo-a provavelmente pela mesma origem africana que a deles.

Além de temer solidariedades interpessoais, proprietários de escravos e autoridades também vigiavam de perto outras formas de associação de escravos, ligadas a práticas religiosas, que sempre poderiam levar à rebeldia, como um fato ocorrido no termo de Pindamonhangaba, em 1864, quando fazendeiros da região tremeram diante de uma suposta insurreição escrava. Após investigar o caso, o delegado tranquilizou o chefe de Polícia, conforme ofício de 22 de novembro:

> Procedendo durante o dia, noite que se seguio, e dia seguinte, á minuciosas averiguações digo indagações, reconheci a nenhum fundamento d'aquella, *encontrando apenas os utensilios e vestigios de uma associação secreta dos escravos, dedicada ao que elles chamão – 'feitiço'.*
> Os actos praticados por elles não sendo senão o resultado de sua profunda ignorancia, sem ter causado o minimo mal, se bem que o possa, não dão lugar a qualquer procedimento, entendi por isso dever *apenas recommendar a seos senhores que os cohibissem para que não degenerem de caracter*, e não produzão os tristes resultados, que mais de uma vez o tem observado nesta Provincia. Nas diversas fazendas que percorri nada mais encontrei do que isso.[17]

Eliminado o risco de revolta, o delegado só detalhou o caso pelo ar pitoresco de que, nas senzalas averiguadas e nos matos do entorno, foram encontrados "objectos que lhes servia para as suas burlescas cerimonias, notando-se entre elles,

---

16 Aesp. *2º Cartório de Notas de São Paulo* (1830-1831), Livro 37, Encadernado 12092, p. 46.
17 Aesp. *Partes Diária da Polícia* (1862-1870), Encadernado 01494, Ano 1865 (grifo nosso).

sapos secos, kagados mortos, ossos e membros de aves e animaes, uma grande quantidade de paos-zinhos de que tiravão raspas para, dissolvidos em agoa-ardente, ministrar aos neofitos de sua confraria, afim, dizem elles, de livra-los de maleficios". Sem compreender o significado dessa prática, informou que iria examinar o material para verificar se continha propriedades tóxicas, percebendo-se que ainda havia um receio de envenenamentos.

Com uma compreensão de mundo distinta dos policiais, africanos e seus descendentes certamente buscavam nessas chamadas feitiçarias mais do que o envenenamento de semelhantes ou dos senhores.[18] A incompreensão das autoridades com práticas religiosas de origem africana se repetiria durante todo o século XIX e início do XX, como demonstrou Maria Cristina Wissenbach em seu artigo sobre a magia dentro do processo de urbanização paulista. Sobre a prática do fechamento de diversos centros espíritas na capital paulista, na década de 1920, ela recorda que:

> O viés discriminatório duplicava-se quando se tratava de investigar ou noticiar as ações de curandeiros negros; sinônimo de baixo espiritismo, eram estes, no geral, aprioristicamente chamados de feiticeiros e macumbeiros; seus rituais eram rapidamente associados a festivais de depravações e de lascividade e as descrições de suas moradias e de seus locais de atendimento, enfatizavam nítida e ironicamente o primitivismo dos objetos rituais e seus odores.[19]

Em congregações religiosas de organização complexa ou em ajuntamento aleatórios, na hora de beber após um dia duro de trabalho, africanos escravizados ou libertos e seus descendentes buscavam de forma incessante novas conexões que os fizessem vistos. Afinal, como já citamos na introdução, sobreviver, na visão do escravizado, teria um sentido além do meramente físico, dependendo também da

---

18 Sobre o uso de veneno por escravos para um fim específico à comunidade escrava, e não o de atingir seus proprietários, ver VANHEE, Hein. "Central African Popular Christianity and the Making of Haitian Vodoo Religion". In: HEYWOOD, Linda. (ed.). *Central Africans and cultural transformations in the American Diaspora*. Cambridge: Cambridge University Press, 2002, p. 243-264.
19 WISSENBACH, Maria Cristina Cortez. "A mercantilização da magia na urbanização de São Paulo, 1910-1940". *Revista de História*, São Paulo, vol. 150, 2005, p. 29.

"reconstrução constante de novas conexões".[20] E fazer parte de uma turma com habilidades marciais, em uma cidade que passava por um processo de "urbanização incipiente", de ruas tortuosas e mal iluminadas, com um corpo policial deficitário, impunha respeito, mesmo em se tratando de um cativo, último nível na hierarquia social de então. Porém, pertencer a estes grupos, que no Rio de Janeiro seriam chamadas de maltas, não anulava "tensões que perpassavam uma sociabilidade, a um tempo solidária e conflitiva", como depreende Maria Cristina Wissenbach ao citar outro caso envolvendo a prática da capoeira na São Paulo do século XIX.[21] Tal passagem, localizada pela historiadora em um processo-crime por "ofensa física", merece uma análise mais pormenorizada.

Os "pequenos do chafariz"[22]

Apesar da existência de ofícios e posturas tratando da capoeira na província de São Paulo, na primeira metade do século XIX, a inexistência de presos por essa prática no período poderia indicar ser a mesma irrelevante no cotidiano dos paulistas nos oitocentos. Analisaremos então um caso que sustenta outra hipótese, já defendida neste estudo, de que a manifestação tinha importância nas relações entre africanos e seus descendentes, no território paulistano, mas era vista de forma ambígua pelas autoridades policiais. Trata-se do caso envolvendo o africano livre Adão dos Santos Jorge e um grupo de escravos: os "pequenos do chafariz".

No dia 14 de novembro de 1864, foi registrado nas "Partes Diárias da Polícia"[23] que três dias antes ocorrera exame de corpo de delito no preto Eduardo, escravo de Carlos Mariano Galvão Bueno,[24] "que foi ferido gravemente junto ao

---

20   MILLER, Joseph C. "Restauração, reinvenção...", p. 22.
21   WISSENBACH, Maria Cristina Cortez. *Sonhos africanos...*, p. 191.
22   Este intertítulo é inspirado no título do capítulo 5 do livro de Cristina Wissenbach, *Sonhos africanos*, no qual é analisado o processo criminal envolvendo Adão dos Santos Jorge e, pioneiramente, identificado o grupo de escravos, forros e pardos livres da cidade de São Paulo que se autodenominava "pequenos do chafariz" e no qual se praticava a capoeira.
23   Espécie de Boletim de Ocorrência criado pelo Regulamento 120, de 31 de janeiro de 1842, artigo 185, preenchido na capital paulista pelo secretário da Polícia com ofícios encaminhados por delegados e subdelegados de todas as partes da Província.
24   Carlos Mariano Galvão Bueno nasceu em São Bernardo do Campo, em 1834, formando-se na Academia de Direito em 1860. Foi jornalista republicano e professor da faculdade, chegando a

Chafariz do Miguel Carlos, por outro de nome Adão, que diz ser escravo do Padre João Baptista de Oliveira".[25] A ocorrência passou a ser investigada pelo delegado Francisco Furtado de Mendonça, que expediu imediatamente uma ordem de prisão para o suposto ofensor[26] e ouviu a vítima. Curiosamente, o proprietário da vítima, Galvão Bueno aparece no processo como subdelegado do Distrito Norte e responsável pela ordem de recolhimento de Adão, já identificado como africano livre, em 16 de janeiro de 1865, conforme registrado pelo carcereiro.[27]

A identificação inicial do ofensor como escravo deve ter ocorrido porque sua matrícula como africano livre ainda não havia sido lavrada no momento da ocorrência, o que se deu logo depois, no dia 26 de novembro do mesmo ano. No Livro de Matrícula de Africanos Livres emancipados na província, Adão é registrado como:

> de *Nação Congo*, Africano-livre, rosto redondo, preto, sem barbada, olhos pardos, nariz chato, beiços regulares, olhos pequenos, *não tem marca ou signal de nação*, mas *huma cicatris do lado direito do estomago; obtuve carta de emancipação, datada d'esta Capital, aos vinte e dous do corrente, e entregue hoje, vinte e seis*. Foram os seus *serviços confiados ao Padre João Baptista de Oliveira*.[28]

Adão deve ter sido um dos muitos africanos importados após a lei de abolição do tráfico de cativos da África, de 7 de novembro de 1831, que foram emancipados entre 1830 e 1845 pela comissão mista anglo-brasileira sediada no Rio de Janeiro. Colocados dentro da categoria jurídica de "africanos livres", criada no início do século XIX por convenções internacionais destinadas a acabar com o comércio de escravos no Atlântico, deveriam servir por um período de quatroze

---

publicar um drama, no Rio de Janeiro, em 1861, além de escrever romances e poesias. Faleceu em São Paulo, no ano de 1883. Estas informações constam em AZEVEDO, Elizabeth Ribeiro. *Um palco sob as arcadas: o teatro dos estudantes de Direito do Largo de São Francisco, em São Paulo, no século XIX*. São Paulo: Annablume, 2000, p. 160. Vale lembrar que ele foi contemporâneo de Luiz Joaquim Duque-Estrada Teixeira na faculdade, onde este defendia a capoeira como esporte, como veremos mais à frente.

25 Aesp. *Partes Diárias da Polícia* (1862-1870), Encadernado 01494, Ano 1864, Registro n. 3.788.
26 Aesp. *Autos-Crimes da Capital* (1865), Microfilme 05.03.036, n. 514, p. 3.
27 Ibidem, p. 21.
28 Aesp. *Livro de matrícula de africanos livres emancipados na província*, Encadernado E01487, p. 3.

anos a concessionários particulares ou a instituições públicas como "criados" ou "trabalhadores livres". Mas, "na prática, tiveram experiências de vida e trabalho semelhantes à de escravos", como ressalta Beatriz Mamigonian. A pesquisadora explica que, entre os anos de 1850 e 1860, muitos destes africanos livres entraram com petições de emancipação junto ao governo imperial, alegando já terem cumprido o tempo de serviço e solicitando emancipação plena.[29] No caso de Adão dos Santos Jorge, ele provavelmente estaria a serviço do padre João Batista de Oliveira, aguardando apenas a oficialização do processo de emancipação, quando se envolveu na confusão com o escravo Eduardo.

No processo que se seguiu, Eduardo disse ser escravo do "pai de Paulino Coelho de Sousa, que se acha ausente desta cidade tendo ido para o Maranhão". Então, deveria estar prestando serviços a Carlos Mariano Galvão Bueno. Com 24 anos aproximadamente, o preto informou ser solteiro, filho de José e Sabina, "ambos escravos do mesmo senhor", natural do Maranhão e sem ofício.[30] Embora longa, sua descrição do ocorrido em 11 de novembro de 1864 merece ser reproduzida:

> Ontem das 5 para as 6 horas da tarde mais ou menos dirigindo-se ao Miguel Carlos, *encontrou-se na Caixa d'água do dito chafariz com um rapaz de nome Adão*, escravo de um padre que mora de fronte da Cachoeira de [Nazareth] o qual rapaz é cabra, baixo, cheio de corpo, que é pedreiro segundo lhe parece e melhor sabe Melchiades que é escravo do Convento de São Bento. Adão *começou em jogo ou gritos de querer jogar capoeira com este declarante* e soltou-lhe um tapa nas costas ao que elle respondente [ilegível] não foi ao chão o dito Adão, e estando de pé em de ele declarante quando este menos o esperava *o dito Adão com uma navalha de barba que tirou de dentro do bolço do palito*, a qual o seu offensor abrio sem que elle respondente disso desse fé por estar distrahido por estar conversando com Meuchiades, o dito *Adão soltou-lhe um golpe de navalha dirigido ao peito esquerdo*, para [desviar], o qual oppondo elle informante a mão do mesmo lado, offendeo lhe a mão sendo que foi esse

---

29 MAMIGONIAN, Beatriz Gallotti. "Do que o 'preto mina' é capaz: etnia e resistência entre africanos livres". *Afro-Ásia*, n. 24, 2000, p. 72-73.

30 Aesp. *Autos-Crimes da Capital* (1865), Microfilme 05.03.036, n. 514, p. 9.

mesmo golpe que [ilegível] no peito, ao qual [ilegível] a mão esquerda [ilegível] que navalhada lhe offendeu ao mesmo peito, e nesta occasião *perguntando o informante porque assim o offendera, Adão respondeo que também a pouco tempo lhe haviam dado duas*.[31]

Eduardo prossegue declarando ainda que Adão passou a persegui-lo "pacificamente", sem que isto fosse solicitado, acompanhando-o até a porta de casa. Para encerrar, revelou que o outro escravo citado, Melchiades, já lhe havia alertado que "Adão gostava de puchar a faca para os outros *pequenos no Chafariz*". Perguntado se tinha anteriormente relação com o africano livre, respondeu que costumava "aparecer com ele", indicando ainda como testemunhas do ocorrido, além do próprio Melchiades, "Ignacio, escravo de José Lourenço, João pequeno e outro mais velho, ambos pardos, criados do Doutor Galvão".[32] Este primeiro depoimento é parcialmente desmentido por outras pessoas, na sequência. Ainda assim, remete a uma série de questões, para além do desafio lançado por Adão para que Eduardo jogasse capoeira com ele. A primeira delas é o local do encontro do grupo, um provável costume, tendo em vista o uso da expressão "os pequenos do Chafariz".

Projetado em 1845 e construído dois anos depois no bairro central da Sé, o chafariz do Miguel Carlos ganhou este nome por se localizar na altura da chácara outrora pertencente a Miguel Carlos Aires de Carvalho, procurador da Real Coroa na Capitania, e onde mais tarde teve residência o bispo diocesano D. Antônio Joaquim de Melo. A rua homônima, posteriormente da Constituição e atual Florêncio de Abreu, foi aberta no último quartel do século XVIII e caracterizava-se, mesmo anos depois, por ser "deserta e estreita, sem calçamento nem iluminação, tinha no começo umas casinhas de rótula, e, em seguida[...], era um caminho de roça".[33]

Por vários motivos, o domínio desse ponto seria estratégico. Primeiro pela localização da rua, na saída de uma das três pontes de alvenaria sobre o Rio

---

31   *Ibidem*, p. 10 (grifo nosso). Embora microfilmado, o documento, infelizmente, apresenta falhas, dentre as quais um traço branco que aparece no meio de quase em todas as páginas, tornando diversas passagens ilegíveis.

32   *Ibidem*, p. 11 (grifo nosso).

33   GASPAR, Byron. *Fontes e chafarizes de São Paulo*. São Paulo: Conselho Estadual de Cultura, 1967, p. 59.

Anhangabaú, servindo de trajeto para quem queria evitar "o antigo rodeio, o 'caminho para a volta grande', dando acesso aos campos do Guaré, atual Luz".[34]

Maria Cristina Wissenbach recorda que "ante a imprecisão entre imediações rurais e zona urbanizada, na São Paulo da segunda metade do século XIX, a imagem que mais se aproxima à dos limites da cidade era a das pontes, especialmente das que circundavam o núcleo citadino". Ao citar a representação feita por Martiniano Rubem César contra o barbeiro e natural da África Luiz, em 1853, por aquele tentar agredi-lo na ponte que ligava a Penha ao centro, em meio a "um grande número de pretos e pretas que tomavam quase toda a largura da estrada", a historiadora lembra que essas "fronteiras da cidade desempenhavam função simbólica na organização socioespacial da época".[35] Além disso, junto aos chafarizes, constituiam pontos de encontro das camadas populares.

Assim como as pontes, o controle de um chafariz, naquele período, proporcionava grande prestígio entre a camada mais baixa da população. Isso porque a escassez de água era um problema constante e a distribuição de água de forma mais eficiente só começaria a ser planejada em 1877, com a constituição da Companhia, que desenvolve um plano de abastecimento baseado na captação do Ribeirão Pedra Branca na Serra da Cantareira.[36] E, mesmo depois disso, "durante muitos anos ainda a água continuou distribuída em pipas transportadas em carros a cargo de escravos",[37] como se percebe na nota publicada em *A Constituinte*, em 11 de setembro de 1879, na qual moradores das imediações do largo da Memória cobram o conserto de uma fonte abandonada.[38]

Ao recuperar as palavras do intendente de Polícia da corte imperial, de que os negros que carregavam água para as casas particulares eram os principais agentes da desordem, Soares ressalta a necessidade de criação de laços de solidariedade fortes entre cativos nessa situação, uma vez que realizavam o mesmo trajeto todos os dias, passando pelas mesmas ruas, nos mesmos horários.[39] Além da questão geográfica, o historiador lembra o valor da água em si:

---

34 FERREIRA, Barros. *O nobre e antigo...*, p. 11.
35 WISSENBACH, Maria Cristina Cortez. *Sonhos africanos...*, p. 179.
36 FERREIRA, Barros. *O nobre e antigo...*, p. 99.
37 *Ibidem*, p. 101.
38 Aesp. *A Constituinte – Orgam Liberal*, Microfilme VAR-007, 11/09/1879, p. 2.
39 SOARES, Carlos Eugênio Líbano. *A capoeira escrava...*, p. 181.

... o ato de buscar água nos chafarizes não era tão prosaico e simples como se poderia esperar. Pelo contrário, conflitos frequentes ocorriam à beira das fontes de água, ou pela escassez desta, ou pelo excesso de usuários. Quer dizer, só o fato de trazer água num barril significava rusgas frequentes com outros cativos, exigindo disposição, coragem e, principalmente, habilidades marciais. A prática do capoeira devia ajudar nestas horas. Assim, a formação das maltas era também possivelmente derivada do 'domínio' dos chafarizes por alguns grupos em detrimento de outros.[40]

A imagem que segue, produzida por Rugendas no início do século XIX, no Rio de Janeiro, ajuda a visualizar estes confrontos ensejados pela disputa por um lugar na fila dos chafarizes.[41]

FIGURA 11. A gravura de Rugendas acima registra as dificuldades enfrentadas por cativos, diariamente, para captar água nos chafarizes. Nos detalhes abaixo, representações da violência cotidiana: dois homens brigam, enquanto um soldado tenta separá-los, e outro negro, já com um tonel carregado na cabeça, leva uma faca presa na cintura.

---

40   *Ibidem*, p. 181.
41   RUGENDAS, Johann Moritz. *Viagem pitoresca...*, prancha 94.

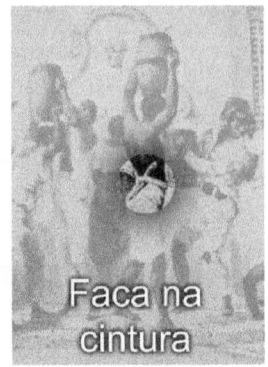

Mais à frente, analisaremos outro caso envolvendo a prática da capoeira em torno de um chafariz da capital paulista, ainda em 1829, o que denota ser este um costume de longa duração. No caso do chafariz do Miguel Carlos, havia um estímulo a mais para quem pensasse em controlá-lo: "a água dessa nascente era tida como a melhor da cidade, conceito esse justificado pelo índice da análise de potabilidade realizada já em 1791 por Bento Sanches d'Orta, químico de renome, que a considerara 'livre de toda e qualquer selenita, base térrea argiloza em diminuta quantidade, acida e fria'. Isto na época, queria dizer água puríssima".[42]

Além da água como principal atrativo, o local, ao que parece, era bastante agitado à noite, sendo por este motivo cogitado, em 1870, sua remoção para a Rua 25 de Março. Um ofício da Câmara Municipal, de 26 de novembro de 1863, solicitava ao presidente da província, Vicente Pires da Motta, que se colocasse um lampião no chafariz, "a fim de poder se evitar as immoralidades que ali se commette durante as noites, e a fim de poder-se melhor policiar aquelles lugares".[43] Ernani Silva Bruno relembra que até mesmo estudantes usaram a fonte para diversões noturnas.[44] Apesar de só ter sido desativado em 1881, em princípio, não existe registro iconográfico do local.[45] Porém, um esboço feito em 1862, durante uma reforma feita na escadaria e no muro no entorno da bica do Miguel Carlos ajuda a vislumbrar o cenário do ocorrido.[46]

---

42   GASPAR, Byron. *Fontes e chafarizes...*, p. 59.
43   Aesp. *Ofícios Diversos da Capital* (1863). Caixa 126, Ordem 921, Pasta 2, Documento 93.
44   BRUNO, Ernani Silva. *História e tradições...*, vol. 2, p. 660.
45   GASPAR, Byron. *Fontes e chafarizes...*, p. 61.
46   Aesp. *Ofícios Diversos da Capital* (1863). Caixa 123, Ordem 918, Pasta 2, Documento 57.

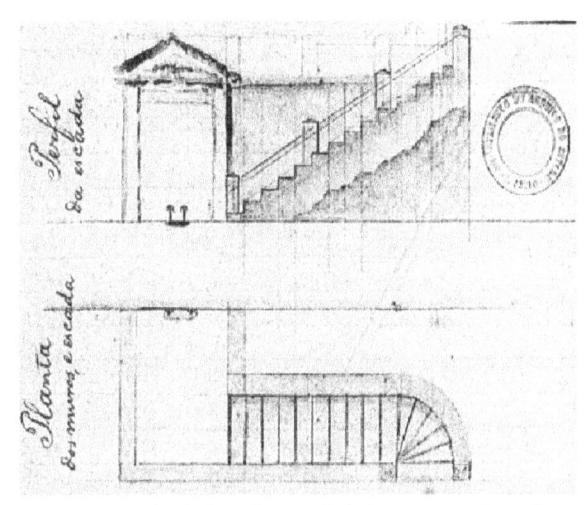

FIGURA 12. Talvez a única imagem do chafariz do Miguel Carlos seja um esboço feito pelo engenheiro José Porfírio de Lima, em 5 de julho de 1862, ao apresentar orçamento de melhorias no muro e na escadaria do local.

O fotógrafo Militão também nos deixa uma foto que pode ser da região na qual ficava a chácara de Miguel Carlos e, por conseguinte, seu chafariz anexo.[47]

FIGURA 13. Fotografia de Militão, de 1862, mostra a região do "antigo Miguel Carlos", onde deveria ficar o chafariz no qual Adão e Eduardo "brincaram" de capoeira, três anos depois dessa imagem ser feita.

47 AZEVEDO, Militão Augusto. *Acervo do Arquivo do Estado de São Paulo*, coleção *Militão Augusto de Azevedo* (CD), FOTO_042.jpg.

Diante de tamanha concorrência, Adão dos Santos Jorge, Melchiades, Eduardo e outros "pequenos do Chafariz" precisariam demonstrar sua valentia a todo momento, caso pretendessem dominar tal espaço. Isso justificaria a atitude do africano livre descrita por Eduardo, de que Adão "começou em jogo ou gritos de querer jogar capoeira". Também explicaria o porquê de Adão andar com uma navalha no bolso do paletó e precisar desferir a mesma em outra pessoa apenas pelo fato de alguém antes ter "lhe dado duas". Conforme constou no Livro de Matrículas de africanos livres, o negro do Congo já teria uma cicatriz no abdômen, do lado direito, talvez fruto de confrontos anteriores com navalhistas mais hábeis que ele. Na difícil luta por sobrevivência, ficar em desvantagem poderia significar a perda de prestígio e, por consequencia, de muitas oportunidades.

Antes de prosseguirmos, é importante comentar que mesmo diante desse depoimento, indicando claramente o papel da capoeira enquanto motivo para a agressão de Adão em Eduardo, em nenhum momento a manifestação preocupou as autoridades policiais e judiciárias envolvidas. Além do processo em si demonstrar tal despreocupação, como mostraremos a seguir, esta pode ser notada em outro registro feito nas "Partes Diárias da Polícia", no dia 15 de dezembro de 1864, quando Eduardo passou por "exame de sanidade". No livro, consta apenas que o mesmo foi "offendido gravemente pelo Africano livre Adão".[48] Se o mesmo ocorresse na corte imperial, é muito provável que o responsável por preencher tal documento se preocupasse em informar ser Adão um capoeira, o que iria agravar a situação dele.

O depoimento de Eduardo ajuda a traçar uma ideia geral do ocorrido, mas não responde perguntas importantes. Quem eram os "pequenos do Chafariz" e qual seria a organização hierárquica deste grupo? Que tido de "jogo" seria a capoeira desenvolvida naquele momento entre eles? Seria esse um caso isolado ou haveria outros? Possíveis respostas podem ser apreendidas de outros testemunhos do processo que tem Adão como réu. Comecemos pela qualificação do grupo.[49]

---

48   Aesp. *Partes Diárias da Polícia* (1862-1870), Encadernado 01494, Ano 1864, Registro n. 4.223. Aqui Adão já é identificado como africano livre, porque sua matrícula já fora lavrada.

49   Os dados de cada um dos envolvidos foram apresentados por eles mesmos, na qualificação para seus respectivos depoimentos que constam em Aesp. *Autos-Crimes da Capital* (1865), Microfilme 05.03.036, n. 514. Quando alguma informação provier de outra pessoa, também dentro deste auto-crime, faremos a devida indicação.

Eduardo, como já vimos, era um jovem escravo vindo do Maranhão. Seu agressor tratava-se de Adão dos Santos Jorge, africano de "nação" Congo, com idade de 23 anos, solteiro, pedreiro, "que não sabe ler nem escrever". Já o citado Melchiades, escravo solteiro do Convento de São Bento, nascera em Maricá, na província do Rio de Janeiro, e se apresentava então com idade de 30 anos, trabalhando como copeiro. Do grupo, fazia parte também o pardo livre natural de Cotia, província de São Paulo, João de Ramos, alcunhado de João Pequeno, de 17 para 18 anos de idade, e que vivia de serviços domésticos. Ao assinar o próprio depoimento, João Pequeno revelou ser um dos únicos alfabetizados do grupo, que continha outro João, também pardo livre: João da Silva Tavares, de 19 anos, solteiro e pedreiro, natural de Santos. Para diferenciar os dois, este último recebeu o apelido de João Grande, provavelmente por ter um porte maior, como se repetiu quase um século depois, em Salvador, em um dos principais centros de ensino da capoeira, do famoso mestre Vicente Ferreira Pastinha.[50] Entre os "pequenos do chafariz", encontrava-se ainda Ignácio, escravo de Lourenço Dias Leite, com 25 anos de idade, solteiro, cozinheiro, natural de São Paulo.

Tais qualificações trazem algumas reflexões, a começar pela heterogeneidade na procedência do grupo. Eduardo veio do Maranhão e Melchiades, de uma área afastada do Rio de Janeiro. Os naturais da província também vinham de pontos diferentes. João Pequeno era de Cotia, seu homônimo, de Santos, e apenas Ignácio, da capital. Se no início do século algum tipo de bairrismo levou ao confronto entre africanos vindos de regiões distintas – cariocas e paulistas –, isso parece superado na década de 1860.

Já no caso de Adão, que se apresentava como pertencente à nação congo, cabe retomar aqui uma explicação pertinente de Luis Nicolau Parés que, referindo-se a casos como o do dele, utiliza os conceitos de denominação étnica e "denominação metaétnica para distinguir, respectivamente, as formas de identificação utilizadas pelos membros de determinado grupo (internas) daquelas adotadas pelos

---

50 Reconhecidos internacionalmente, os dois discípulos de Mestre Pastinha que carregam apelidos similares são João Pereira dos Santos, o mestre João Pequeno, que até hoje ensina capoeira em Salvador, no Forte de Santo Antônio, e João Oliveira dos Santos, o mestre João Grande, que desde 1990 mantém um trabalho de capoeira em Nova York, nos Estados Unidos. Sobre a biografia dos dois, são referências JOÃO PEQUENO, Mestre. *Uma vida pela capoeira*. São Paulo, 2000, e CASTRO, Maurício Barros de. *Na roda do mundo*: mestre João Grande entre a Bahia e Nova York. Tese (doutorado em História) – FFLCH-USP, São Paulo, 2007.

africanos ou por escravocratas europeus, para designar uma pluralidade de grupos inicialmente heterogêneos (externas). Ele ressalta que, em muitos casos, o que era uma denominação metaétnica passou a ser uma denominação étnica, ao ser apropriada por grupos como forma de autoidentificação. O autor conclui, assim, que "os africanos chegados ao Brasil encontravam uma pluralidade de denominações de nação – umas internas e outras metaétnicas – que lhes permitia múltiplos processos de identificação".[51] Dentro desta perspectiva, é possível pensar que Adão fosse de alguma etnia da África Centro-Ocidental, sob influência do Reino do Congo, sendo embarcado junto com outros grupos, ele e os demais identificados como pertencentes à "nação Congo".

Para termos uma noção mínima do quanto esta identidade poderia valer nas ruas da capital paulista, elaboramos uma tabela com as origens étnicas atribuídas aos africanos livres matriculados entre novembro de 1864 e dezembro de 1865, período no qual Adão fora matriculado e se envolvera no processo por ofensa física:

---

51 PARÉS, Luis Nicolau. *A formação do candomblé...*, p. 26.

TABELA 1 – Origens étnicas dos africanos livres matriculados em São Paulo (1864-1865)

Região da África/ Etnômios*	Quantidade	% do total
África Ocidental	5	4,5
Mandinga	2	1,8
Nagô	3	2,7
Centro-Oeste Africano	33	29,7
Congo Norte	23	20,7
Cabinda	11	9,9
Congo	10	9,0
Monjolo	2	1,8
Norte de Angola	4	3,6
Cassange	2	1,8
Angola	2	1,8
Sul de Angola	6	5,4
Bengella	6	5,4
África Oriental	6	5,4
Mossambique	6	5,4
Incerto	2	1,8
Muange	2	1,8
Sem indicação**	65	58,6
Total	111	100

Fonte: Aesp. *Livro de matrícula de africanos livres emancipados na província*, Encadernado E01487. O livro conta com dados até 1868, porém só há uma continuidade e sistematização dos registros até o final de 1865. A partir daí, as matrículas se limitam a poucas por ano e não trazem muita informação sobre os africanos livres referidos.

* Adotamos aqui a divisão proposta por Mary Karasch em *A vida dos escravos no Rio de Janeiro (1808-1850)*. São Paulo: Companhia das Letras, 2000, p. 46-47, tabela 1.3.

** Os africanos livres apontados aqui como "sem identificação" apareceram no Livro de matrícula associados a nomes de lugares da província, como "Basílio Capivary" e "Julião Tietê", o que talvez ocorra por estes já estarem há mais tempo no Brasil e, por conseguinte, terem passado por um processo de crioulização mais arraigado, deixando para trás identidades africanas.

Pela Tabela 1, não obstante o alto índice de indivíduos sem identificação étnica, fica claro o quanto, entre os africanos livres que assumiram uma nação, aqueles de procedência centro-ocidental eram predominantes, chegando a representar quase 30% dos que foram associados a algum grupo étnico africano. E, dentro destes, os congos eram a segunda maior força, atrás apenas daqueles denominados cabindas. Conforme análise de Parés citada há pouco, essas identidades eram fluidas, pois pessoas escravizadas próximas ao Rio Congo poderiam ser embarcadas mais ao norte, em Cabinda, ou mais ao sul. Da mesma forma, cativos de regiões mais ao interior, de nações como os lundas ou os lubas, muito frequentemente deixavam a África por esses dois pontos e poderiam a eles ser vinculados.[52] É de se considerar, além disso, que os cativos provenientes da África Central levariam vantagem no Brasil, assim como em outros pontos das Américas, uma vez que possivelmente muitos já teriam passado por um processo de crioulização ainda em suas terras natais.[53]

Voltando ao grupo formado no Miguel Carlos, notamos que, independente de Adão destacar-se ou não entre os africanos livres, precisaria de algo a mais além da simples procedência para assumir um papel de liderança, até mesmo em razão das origens bastante heterogêneas dos pequenos do chafariz. Havia o preto escravo Eduardo e os também cativos, cuja cor não é informada no processo, Melchiades e Ignácio, além dos pardos livres João Pequeno e João Grande. Estes dois, por sinal, seriam criados do "Dr. Galvão", de acordo com depoimento de Melchiades,[54] o que ajuda a sustentar a ideia de um agrupamento que mantinha um contato diário.

A diferença entre aqueles escravos capoeiras que se enfrentaram em 1831 e a rapaziada agora sob análise é compreensível, em parte explicada pelas mudanças que o fim do tráfico atlântico em 1850 introduziu na sociedade escravista brasileira. Conforme Emília Viotti da Costa, "a interrupção do tráfico em 1850 acelerou o processo de ladinização e desafricanização da população escrava, favorecendo a sua assimilação, desenvolvendo novas formas de sociabilidade que permitiram

---

52   Sobre o comércio de cativos na África centro-ocidental ver, dentre outros trabalhos, MILLER, Joseph. *Way of death*: merchant capitalism and the Angolan Slave Trade (1730-1830). Madson: The Wisconsin University Press, 1988.

53   Uma importante referência nesse sentido é HEYWOOD, Linda (ed.). *Central Africans and cultural transformations in the American Diaspora*. Cambridge: Cambridge University Press, 2002.

54   Aesp. *Autos-Crimes da Capital* (1865), Microfilme 05.03.036, n. 514, p. 30.

maior solidariedade entre os escravos e reduziram, embora sem eliminá-las de todo, as rivalidades", sendo, para ela, os capoeiras do Rio de Janeiro das últimas décadas do século um exemplo disso.[55]

De outra parte, reforçamos que, ao contrário daquele caso antes narrado, do desafio entre dois grupos de africanos escravizados no Brás, a relação senhor-escravo está diluída entre essa turma que se reúne em torno do chafariz no centro de São Paulo e joga capoeira.

Cabe aqui aprofundarmos a análise dessa composição heterogênea da rapaziada do Miguel Carlos. A presença de Melchiades, de Maricá, e Eduardo, do Maranhão, também pode ter ligação com este processo de mudança socioeconômica a partir do fim do comércio atlântico de africanos, especialmente com o "deslocamento da população de escravos dos setores rurais menos produtivos e das zonas urbanas para as plantações de café", como observou Emília Viotti.[56]

Já a presença dos criados livres, muito provavelmente com ascendentes africanos, assim como muitos forros, era uma tendência na capital, em razão das oportunidades que o local proporcionava para uma vida social e financeiramente mais autônoma. "Escravos tornados libertos passavam a engrossar um amplo movimento de recusa ao jugo do trabalho das fazendas – recusa esta que desde sempre fora apanágio do homem livre –, externando concepções de liberdade que os colocavam mais além do trabalho assalariado e da produtividade", comenta Maria Helena Machado.[57] Formado por jovens, com idades entre 17 (João Pequeno) e 30 anos (Melchiades), o grupo era todo feito por prestadores de serviço (dois pedreiros, um copeiro, um cozinheiro e um doméstico), que deveriam ter certa folga para circular pelas ruas da cidade. Se nenhum deles era carregador de água profissional, pelo menos três deveriam diariamente recorrer ao chafariz para executar tarefas como limpeza de imóveis e preparo de alimentos e bebidas.

Por último, queremos retomar a questão da existência de um africano livre no grupo. A lei de 7 de novembro de 1831, que determinava a apreensão de africanos ilegalmente importados, abriu caminho para a "arrematação" dos africanos livres, que se tornaram "moeda de troca de favores entre a elite política do Império, conforme

---

55 COSTA, Emília Viotti da. *Da senzala à colônia...*, p. 32.
56 Ibidem, p. 33.
57 MACHADO, Maria Helena Pereira Toledo. *O plano e o pânico*: os movimentos sociais na década da abolição. Rio de Janeiro: Editora UFRJ; São Paulo: Edusp, 1994, p. 59.

mostrou Beatriz Mamigonian. Esta pesquisadora mostrou ainda como a condição de africano livre se tornou, na corte imperial da segunda metade do século XIX, pior até mesmo que a de cativo, uma vez que, para aqueles, não havia possibilidade de alforrias, sendo os pedidos de emancipação negados com frequência.[58]

Em São Paulo, a situação dos africanos livres não seria melhor. Desde 1831, a província já utilizava estes indivíduos como mão de obra nos serviços públicos e aqueles que eram arrematados por particulares, ordinariamente, eram escravizados.[59] O controle sobre homens nesta condição era intenso, pois eles representavam a "possibilidade de abalar o controle do conjunto dos trabalhadores, afetando, portanto, diretamente a autoridade do administrador público e, por conseguinte, o Estado".[60] Enidelce Bertin mostrou, porém, que:

> A resistência dos africanos livres deu-se de diversas maneiras e intensidades conforme o momento e local mais adequados. Além das fugas, notamos que reivindicações apresentadas em circunstâncias apropriadas tiveram efeito bastante positivo sobre eles.[61]

Os registros policiais também estão recheados de casos nos quais africanos livres parecem resistir ao sistema de recrutamento para serviços públicos através de ações mais incisivas. Empregado do Jardim Público, o africano livre João foi preso em 29 de março de 1852 "por ter quebrado uma perna do feitor e ferido a um [filho do mesmo]". A solução encontrada pelas autoridades, neste caso, foi remeter o agressor para o Quartel do Corpo Fixo, em 18 de outubro de 1855.[62] Note-se que tal atitude indica uma certa habilidade marcial por parte de João. Perigoso também seria um africano livre detido por uma patrulha da capital em 29 de maio de 1852 "armado com faca e dous cacetes".[63] Outra opção para muitos era a fuga,

---

58 MAMIGONIAN, Beatriz Gallotti. "A Grã-Bretanha, o Brasil e as 'complicações no estado atual da nossa população': revisitando a abolição do tráfico atlântico de escravos (1848-1851)". *Anais do 4º Encontro Escravidão e Liberdade no Brasil Meridional*, Curitiba, 2009.

59 BERTIN, Enidelce. *Os meia-cara....*, p. 36.

60 *Ibidem*, p. 172.

61 *Ibidem*, p. 102.

62 Aesp. *Registro de presos na Cadeia Pública de São Paulo* (1836-1857). Encadernado 1555.

63 *Ibidem*.

como o caso de Liandro, africano livre preso em Mogi das Cruzes, após ter fugido do trabalho do Caminho de Santos, e encaminhado à Casa de Correção em 1855.[64] Também faltou sorte para três africanos livres boçais Bento, Silverio e Domingos, que haviam fugido da Fábrica de Ferro de São João do Ipanema e foram localizados em 10 de outubro de 1846, na Vila de Jacarehy.[65]

Fora do cativeiro legal, mas sem gozar da liberdade real, os africanos livres viviam como "meias-caras"[66] e sua sobrevivência dependia de estratégias ímpares, incluindo a prática de pequenos furtos, como o que levou Joaquim, natural de Benguela e morador do Arouche, a responder um processo-crime em 1879.[67]

Sobre agressões sem motivo aparente causadas por africanos na cidade de São Paulo, existem muitos outros casos como o de Adão dos Santos Jorge. No mesmo dia em que ele foi preso pela navalhada desferida no preto Eduardo, outro africano livre, Benedicto, acabou detido na capital paulista, já à noite, pelo comandante da Guarda da Casa de Correção, por causar desordens.[68] Conflitos também eram motivados por questões ligadas à religião, como a disputa entre "o mestre Pedro Congo de Morais Cunha" e João Rodrigues pelo cargo de Rei do Congo, em 1860, conforme divulgado no jornal *Correio Paulistano*. Derrotado, João Rodrigues denunciou que "a eleição só cabia nos casos em que não houvesse 'príncipes de sangue', e que o rei que acabava de ser eleito não era congo e pretendia reerguer a 'escola mandingueira.'"[69]

Saber se defender e contar com a proteção de um grupo seria uma forma de africanos livres, forros e escravos, por exemplo, enfrentarem agressões de outros grupos. Em dezembro de 1862, por exemplo, o inglês Jaime desferiu uma facada em um escravo, e outro britânico esbordoou um africano livre na freguesia de

---

64   Aesp. *Registro de presos na Cadeia Pública de São Paulo* (1854). Encadernado 1556, p. 60.
65   Aesp. *Polícia* (1846), Caixa 9, Ordem 2444, Pasta Outubro. Sobre os protestos dos africanos livres às péssimas condições de trabalho na Fábrica de Ferro São João de Ipanema, localizada na região de Sorocaba, ver FLORENCE, Afonso Bandeira. "Resistência escrava em São Paulo: a luta dos escravos da fábrica de ferro São João de Ipanema (1828-1842)". *Afro-Ásia*, n. 18, 1996, p. 7-32.
66   BERTIN, Enidelce. *Os meia-cara....*, p. 10. Meias-caras por conta da ambiguidade de sua situação: nem escravos, nem libertos.
67   WISSENBACH, Maria Cristina Cortez. *Sonhos africanos...*, p. 233.
68   Aesp. *Partes Diárias da Polícia* (1862-1870), Encadernado 01494, Ano 1864, Registro n. 3.819.
69   BRUNO, Ernani Silva. *História e tradições...*, vol. 2, p. 789.

Santa Efigênia.[70] É claro que, para as autoridades, a integração desses grupos era mal vista. Por estarem reunidos com os escravos Zeferino, de Martinho da Silva Prado, e Miguel, de Jacob Michel, na madrugada de 1º de janeiro de 1864, em Santa Efigênia, os africanos livres Pinheiro, Tristão, Francisco, Bento, Aniceto e Procópio foram presos, acusados de 'ajuntamento ilícito', enquanto seus companheiros cativos acabaram detidos por andar na rua sem bilhetes, ou seja, sem autorização por escrito de seus senhores.[71]

Na maioria dos casos acima descritos, é impossível dizer quem eram os líderes dos ajuntamentos com escravos e africanos livres. Entre a rapaziada da fonte do Miguel Carlos, no entanto, os depoimentos permitem alguma inferência.

Além da possibilidade de Adão se destacar entre africanos e seus descendentes, por ser de uma nação dominante, o papel dele de liderança ou, no mínimo, de pessoa a ser respeitada e temida, parece ter outro motivo. Conforme Eduardo declarou em seu depoimento transcrito anteriormente, ele foi alertado por Melchiades de que Adão tinha o costume de puxar faca para os pequenos do Chafariz. Outros depoimentos reforçam a ideia de que ele era temido pelo grupo.

Como demonstrou Sidney Chalhoub, a leitura de processos criminais não deve ser pautada pela busca do que "realmente se passou", sendo mais importante "estar atento às 'coisas' que se repetem sistematicamente".[72] Assim, não parece ser um acaso no processo de Adão dos Santos Jorque que muitos integrantes, ao prestarem depoimento, afirmem que, exatamente no momento da navalhada, estavam a olhar para outra direção, não presenciando o ferimento. Melchiades mesmo disse que "estando elle informante junto da Caixa do Miguel Carlos bebendo agôa não presenciou quando o accusado Adão ferio com uma navalha de barba o preto Eduardo".[73] O também escravo Ignácio, por sua vez, afirmou que "quando elle informante estava olhando para baixo na caixa, ouvio Eduardo diser ao accusado, voce me ferio".[74] Da mesma forma, o pardo livre João da Silva Tavares, o João

---

70   Aesp. *Partes Diárias da Polícia* (1862-1870), Encadernado 01494, Ano 1862.
71   *Ibidem*, Ano 1864.
72   CHALHOUB, Sidney. *Trabalho, lar e botequim*: o cotidiano dos trabalhadores no Rio de Janeiro da Belle Époque. São Paulo: Brasiliense, 1986, p. 23.
73   Aesp. *Autos-Crimes da Capital* (1865), Microfilme 05.03.036, n. 514, p. 30.
74   *Ibidem*, p. 34.

Grande, asseverou que "quando estava olhando para outra parte, ouvio Eduardo diser que o accusado o tinha ferido".[75]

Mas de onde vinha esse medo, ou respeito, ao africano livre?

Entender melhor o que era a "brincadeira" chamada de capoeira, praticada por Adão e Eduardo, suscita algumas possibilidades. Mais do que abrir uma brecha para se compreender estratégias de liderança entre grupos de escravos, forros e africanos livres em São Paulo, o caso de Adão dos Santos Jorge e o grupo do qual fazia parte é um raro documento do que seria a capoeira, enquanto atividade lúdica, no século XIX. Para vislumbrar isso, faz-se indispensável um cruzamento das falas constantes nos depoimentos do respectivo processo-crime. Afinal:

> é possível construir explicações válidas do social exatamente a partir das versões conflitantes, apresentadas por diversos agentes sociais, ou talvez ainda mais enfaticamente, só porque existem versões ou leituras divergentes sobre as "coisas" ou "fatos" é que se torna possível ao historiador ter acesso às lutas e contradições inerentes a qualquer realidade social.[76]

Como já citamos, Eduardo retrata apenas que "Adão começou em jogo ou gritos de querer jogar capoeira com este declarante e soltou-lhe um tapa nas costas" e depois, quando estava distraído, o africano livre "soltou-lhe um golpe de navalha". Tal relato leva a crer que a "brincadeira" não passava de simples agressão, sem qualquer elemento lúdico. Contudo, o segundo depoimento já traz novos contornos ao ocorrido. Segundo o pardo livre João de Ramos, o João Pequeno, o grupo estava reunido no chafariz quando chegou Eduardo, saudou a todos "e depois começou a brincar com Adão jogando capoeira". Quando o africano cansou de brincar, pediu que Eduardo se retirasse, "pois que se não fisesse punha a navalha nelle". Em vez de parar, Eduardo respondeu "que se não retirava e que findava a elle Adão a morte se elle a fisesse", ou seja, se desse a navalhada prometida. Adão, porém, não titubeou e cortou o escravo com a navalha.[77]

---

75 Aesp. *Autos-Crimes da Capital* (1865), Microfilme 05.03.036, n. 514, p. 36.
76 CHALHOUB, Sidney. *Trabalho, lar...*, p. 23.
77 Aesp. *Autos-Crimes da Capital* (1865), Microfilme 05.03.036, n. 514, p. 18.

Embora este depoimento já traga um ar lúdico para o ocorrido, ainda não desvela como seria o tal jogo de capoeira, o que só começa a aparecer no testemunho seguinte, de Melchiades. Apesar dele dizer que não presenciou a navalhada, declarou que:

> estando o offendido com um paosinho na mão [...] com o qual tocava de leve na perna do accusado que estava a mãos limpas, sendo que ambos estavão – brincando e oque aconteceo, isto é o ferimento de Eduardo, foi coisa que se não esperava.[78]

A descrição dessa estranha brincadeira, com uso de um pauzinho por parte de Eduardo, aparece em outros depoimentos. Ignácio, por exemplo, comentou que viu Eduardo chegar com João Pequeno e depois começou a "brincar" com Adão, tocando nele com "um pausinho pequeno delgado".[79] João Grande apresenta um testemunho bem parecido, detalhando que "o brinquedo consistia em dar Eduardo no accusado com uma varinha de dois ou três palmos de altura".[80]

Mesmo diante destes depoimentos e da vontade de se livrar da acusação, Adão, ao ser interrogado, evitou esclarecer o tipo de brincadeira por ele e Eduardo praticada no chafariz do Miguel Carlos. Apenas reconheceu ter ferido Eduardo, mas assinalou que isso ocorreu mais "por vontade de Eduardo, do que d'elle proprio". Isso porque, "Eduardo queria brincadeira, e elle respondente não estava para ellas". Segundo o acusado, estando ele com a navalha aberta "em rasão de Eduardo diser = bote que se accertar eu te perdoo = a que elle respondente disia va-se embora que eu não quero brincadeiras = passou-lhe a navalha que lhe accertou cortando-o".[81]

Adão buscou amenizar sua situação apenas repetindo o que as testemunhas já haviam dito. Mas, se ele queria evitar uma prisão por ofensa física, por que não esclareceu de uma vez o tipo de brincadeira que ele e Eduardo executavam? Isso só veio a ocorrer no interrogatório final, prestado diante dos jurados, quando Adão

---

78 *Ibidem*, p. 31.
79 *Ibidem*, p. 34.
80 *Ibidem*, p. 36.
81 *Ibidem*, p. 44.

apresentou em detalhes o que se deu na tarde do dia 11 de novembro de 1864, no chafariz do Miguel Carlos:

> dirigindo se elle interrogado da casa do Padre João Baptista de Oliveira, de quem era camarada, morador na rua de São Bento, *para ir buscar um pote d'agua na bica* chamada de Miguel Carlos, passando pelo pateo do São Bento *achou no chão uma navalha* de cabo branco embrulhada n'um papel, e levando a consigo quando chegou na dita bica do Miguel Carlos, *collocou o seo barril junto a bica*, estando em tais elle interrogado só, chegando depois o offendido Eduardo com seos companheiros João Grande e João Pequeno, elle interrogado mostrou aos que chegarão a navalha contando que a havia achado e *estando o offendido Eduardo com uma vara na mão começou a brincar com elle interrogado dizendo-lhe que se fosse capaz cortasse aquella vara com a navalha, começarão a jogar capoeira* tendo elle interrogado a navalha em punho e outro a dita vara, e durante essa brincadeira ou jogo de capoeira sem que elle interrogado tivesse consciencia cortou um dedo do dito Eduardo, sem o destruir completamente, o que procedeo por ver sangue na mão do offendido, sem perceber que havia feito os outros ferimentos que constão do processo.[82]

Notamos então elementos importantes do ambiente da capoeira em São Paulo, nesse período. Primeiro, a vontade de seus integrantes de guardar segredo das suas práticas, revelando pormenores mínimos e apenas em situação extrema.

Ou seja, quando os integrantes do grupo afirmaram estar olhando para o lado no momento da navalhada, é possível que tenham sido motivados por algo além do medo de represálias. Esta pode ter sido uma estratégia para proteger detalhes de uma prática cultural a eles muito preciosa.

Outro ponto interessante é o tipo de demonstração de valentia com uso de navalha. Consideramos interessante para estudos futuros sobre as raízes africanas da capoeira fazer um paralelo entre esta forma de brincadeira identificada como capoeira com uma manifestação similar existente na África Central, em

---

82   *Ibidem*, p. 77-78 (grifo nosso).

um período relativamente próximo, denominada "cufuinha". Segundo o relato do expedicionário Henrique Dias de Carvalho, sobre sua viagem ao reino Lunda, entre 1884 e 1888, havia no Jagado de Cassange o seguinte costume:

> Assim como há sempre palestra antes de se abrir a audiencia, tambem *aquellas em que se trata d'assumptos de guerra ou de manifestações de valentia*, ou mesmo as em que se conferem honras, ou se nomeiam indivíduos para cargos no estado, *terminam sempre pelo cufuinha*.
> Não consegui que me explicassem bem este vocabulo; mas parece-me não errar dizendo que é *uma cerimônia, á imitação da que usavam os antigos gladiadores*.
> *O que vae dançar... desembainha a sua faca*, empunha-a bem e depois, *um pouco agachado, com as pernas arqueadas*, e manejando-a ora para um, ora para outro lado, de quando em quando imitando estocadas inclinadas para o chão, e virando-a ora para cima, ora para baixo, *dança aos saltos, avançando e recuando, dando passos nos bicos dos pés; tudo com muita rapidez*, gritando, *assobiando*, fazendo tregeitos e momices com a cabeça, cara e corpo, dando ao rosto expressões de ferocidade. É em tudo acompanhado pelos instrumentos de pancada, e pela berraria e assobiada dos circumstantes que o animam. Assim dançam até se fatigarem...[83]

Destacamos neste trecho a presença das "demonstrações de valentia", acompanhadas de uma dança com faca que exige agilidade corporal e tem acompanhamento de instrumentos de percussão (pancada), cantos (berraria) e assobios, algo muito próximo ao que notamos na capoeira descrita em São Paulo, nas fontes primárias que citamos até este momento. Não queremos, com isso, afirmar que Adão dos Santos Jorge teria aprendido o cufuinha quando pequeno, na África, e adaptados alguns passos e golpes à capoeira, na capital paulista. Porém, consideramos legítimo supor que ele, assim como outros africanos, trouxe de sua terra-natal

---

[83] CARVALHO, Henrique A. Dias de. *O Jagado de Cassange na Província de Angola*. Lisboa: Typographia de Christovão Augusto Rodrigues, 1892, p. 425 (grifo nosso). Sobre a expedição de Henrique Dias de Carvalho, ver SANTOS, Elaine Ribeiro da Silva. *Barganhando sobrevivências: os trabalhadores centro-africanos da expedição de Henrique de Carvalho à Lunda (1884-1888)*. Dissertação (mestrado em História Social) – FFLCH-USP, São Paulo, 2010.

algum tipo de habilidade marcial, de técnica de guerrilha e, acima de tudo, um substrato mais profundo que o tornava um "valentão" em potencial, dando-lhe certa autoridade sobre outros cativos ou mesmo diante de livres pobres.

Prosseguindo a análise do processo de Adão, após ele descrever a "brincadeira", foi perguntado se "não sabia que a navalha não é objecto com que se brinque", ao que ele respondeu, mais uma vez, que "não foi por vontade delle interrogado mais pela do offendido que elle brincou com a navalha, sendo que o offendido antes da brincadeira disse a elle interrogado que a [vida] que o ofendessem não devião [fazer cargo por isso que era] brinquedo".[84] Percebemos aqui que, embora Eduardo tenha nascido no Brasil, também procurava demonstrar valentia, seguindo um costume desenvolvido por africanos e seus descendentes no Brasil e que, em determinados contextos, ganhou o nome de capoeira.

Para encerrar a análise deste caso, é relevante dizer que, somente em 6 de maio de 1865, seis meses depois do ocorrido, o caso foi julgado. E que, embora o júri tenha afirmado ser Adão responsável pelo ferimento por navalhada em Eduardo, sem que isso se desse em um ato lícito, avaliou que o fato não se deu com superioridade de recursos, nem por motivo frívolo ou com torpeza.[85] Finalmente, os jurados mostraram claramente ver a capoeira como uma brincadeira, ainda que de mau gosto, pois responderam, por unanimidade, existir atenuante a favor do réu, uma vez que "o facto criminozo tenha sido cometido sem pleno conhecimento ou maledicente intenção de a praticar".[86] Diante da decisão do júri, coube ao juiz absolver o africano livre Adão do crime, que foi solto no mesmo dia 6 de maio de 1865.

Este caso nos leva a uma conclusão significativa. O africano livre Adão foi preso e processado em São Paulo por ter desferido uma navalhada no escravo Eduardo. O fato de eles estarem brincando, no jogo de capoeira, pouco foi levado em conta, tanto na prisão como no processo. O júri nem considerou isso um agravante. Pelo contrário, foi o atenuante que livrou Adão. Fosse o caso na corte imperial, o resultado, provavelmente, seria diferente, com a capoeira se tornando um agravante e talvez, até mesmo, o principal motivo da prisão, do processo e de uma condenação quase certa.

---

84 Aesp. *Autos-Crimes da Capital* (1865), Microfilme 05.03.036, n. 514, p. 79.
85 *Ibidem*, p. 90.
86 *Ibidem*, p. 91.

Parece-nos fato, então, que a polícia na província de São Paulo não fazia questão de prender pessoas pela prática da capoeira, especificamente, sendo estas eventualmente – ou frequentemente – presas por outros motivos correlatos, tais como desordem ou ofensa física, como no caso de Adão dos Santos Jorge. Mais importante do que isso é que essas investigações testemunham a própria prática da capoeira. Como alertou Joseph Miller, um caminho para se acessar o mundo de grupo iletrado é "ler os lábios" daqueles "silenciados pelas fontes escritas", observando o que fizeram, pois se expressaram por ações, pelos "valores que trouxeram consigo", e não por palavras.[87] É claro que há elementos que ameaçam a integridade física das pessoas, mas não é isso que queremos ver. Buscamos enxergar nas entrelinhas dos documentos a prática preservada longe dos olhos inquisidores das autoridades.

Anteriormente, sugerimos que a falta de policiamento pode ter levado as autoridades policiais paulistas a relevar o envolvimento ou não de criminosos com a capoeira, preocupando-se mais com o ato criminoso em si. Agora, analisaremos outra possibilidade, que diz respeito a uma eventual complacência de outros segmentos da sociedade paulista, com destaque para a elite intelectual, com relação aos capoeiras, apesar da preocupação de legisladores e até do governador da província com tal prática. Talvez essa manifestação de origem escrava não fosse um foco de temor grave para muitos senhores de escravo e mesmo da população em geral, ao contrário do que ocorria na corte imperial. E, sem pressão dessas partes, a parca força policial acabaria se concentrando em outras questões.

A capoeira na Academia de Direito

Para um dono de escravos, talvez até mesmo fosse uma vantagem ter um escravo hábil no jogo de pernas e no manejo de facas e navalhas. Como já observamos, um capoeira teria preponderância nas tarefas diárias, podendo gerar mais ganhos do que um boçal que ignorasse a malandragem das ruas de São Paulo. A essa suposição, acrescentamos outra: a de que um cativo possante, especializado em uma luta guerreira, seria um excelente guarda-costas, servindo inclusive para resolver questões políticas.

---

87 MILLER, Joseph C. "Restauração, reinvenção...", p. 19.

No Rio de Janeiro, esta prática mostrou-se comum desde cedo. Até mesmo o santista ilustre José Bonifácio de Andrada e Silva, o "patriarca da Independência", mantinha ao seu lado um dos principais valentões cariocas. Segundo Adolfo Morales de Los Rios Filho, Joaquim Inácio Corta-Orelha era um "mulataço, terrível chefe de malta e grande protegido de José Bonifácio".[88] Mais do que um simples brigão, Corta-Orelha teria participado ativamente do movimento pela independência do país, sob as ordens de seu protetor.[89] Com propriedades em Santos, José Bonifácio bem poderia ter viajado algumas vezes para São Paulo acompanhado de seu guarda-costas. Se Corta-Orelha interagiu com capoeiras paulistas ou se o patriarca contava com capangas com habilidades marciais na província, não temos como saber. Mas temos notícia, por exemplo, da prática da capangagem, como no caso do "pardo José Mathias era capanga do cidadão José Honório Bueno, o José Menino, por ocasião de sua romântica fuga para casar fora de Santos com a sua noiva Gertrudes Maria Magdalena, em 1817".[90] Para além disso, há casos que suscitam uma outra escala de proximidade entre grupos da sociedade paulistana e os praticantes do jogo-luta, o que explicaria, em termos gerais, as posturas estabelecimento de multa a "pessoas livres" encontradas na capoeira.

Capoeira, ordem e desordem na Academia

Voltemo-nos para o ano de 1828, quando se iniciava em São Paulo o curso de Direito, criado pelo projeto de 31 de agosto de 1826, com o objetivo de formar uma elite intelectual em estabelecimentos de ensino nacionais, quebrando assim a hegemonia das instituições estrangeiras.[91] Em uma cidade descrita pelos viajantes estrangeiros como monótona, a faculdade rapidamente se transformou em

---

88 RIOS FILHO, Adolfo Morales de los. *O Rio de Janeiro...*, p. 75.
89 O envolvimento de Corta-Orelha na política do Primeiro Império ganha contornos no romance *A Marquesa de Santos*, escrito em 1925 por Paulo Setúbal. Uma versão on-line está disponível em: <http://www.biblio.com.br/defaultz.asp?link=http://www.biblio.com.br/conteudo/paulo-setubal/amarquesadesantos.htm>. Acesso em: 5 jan. 2011.
90 MUNIZ JÚNIOR, José. *O negro na história de Santos*. Santos: Icacesp, 2008, p. 72.
91 SCHWARCZ, Lilia Moritz. *O espetáculo das raças*: cientistas, instituições e questão racial no Brasil (1870-1930). São Paulo: Companhia das Letras, 1993, p. 142.

símbolo da modernidade que se buscava, atraindo filhos de homens ilustres de várias regiões do País. Já na década de 1860, Zaluar diria que:

> A antiga cidade dos jesuítas deve ser considerada, pois, debaixo de dous pontos de vista diversos. A capital da provincia e a faculdade de direito, o burguez e o estudante, a sombra e a luz, o estacionarismo e a acção, a desconfiança de uns e a expansão muitas vezes libertina de outros, e, para concluir, uma certa monotonia da rotina personificada na população permanente, e as audaciosas tentativas de progresso encarnadas na população transitoria e fluctuante.[92]

Ainda assim, conforme resume Paulo Garcez Marins, "longe de ser um 'burgo de estudantes', de fazendeiros, de comerciantes ágeis, São Paulo permaneceria ainda por toda a primeira metade do século XIX como uma cidade de aspectos intensamente contraditórios".[93] Contradições nas quais se encaixavam uma correlação inesperada entre representantes da elite branca e negros capoeiras.

O indício de que isso teria ocorrido está no jornal *O Farol Paulistano* que, em sua edição de 18 de julho de 1829, apresentou na íntegra uma carta assinada por "um estudante", que criticava um certo Sr. Augusto, que se tratava de Augusto da Silveira Pinto, "mestre de Francez" do curso anexo da Academia de Direito, por este não permitir que alunos se matriculassem após o início das lições. Sendo a matéria obrigatória para admissão nos exames preparatórios do Curso Jurídico, "se acontecesse chegar agora a esta Cidade um estudante, sabendo o Latim, a Rhetorica, a Philosophia, e mesmo a Geometria, se preciso fosse, faltando-lhe unicamente o Francez, e tentando matricular-se no Curso em 1830, jamais o poderia conseguir".[94]

Para o estudante, o professor de francês deveria seguir o exemplo do padre Monteiro, então responsável pelas aulas de latim e que aceitava matrícula de qualquer aluno em qualquer tempo do ano letivo. E concluiu acidamente:

---

92 ZALUAR, Augusto-Emilio. *Peregrinação pela provincia de S. Paulo* (1860-1861). Rio de Janeiro: Livraria Garnier, 1862, p. 195.

93 MARINS, Paulo César Garcez. *Através da rótula...*, p. 181.

94 Aesp. *O Farol Paulistano*, 18/07/1829. Rolo 03.07.023 (1828-1829), p. 2.

> por esta forma que o Sr. Augusto adoptou o seu trabalho vem a ser mui pouco, ou quase nem-um, pois sendo todos os alumnos do mesmo tempo, todos dão uma, e a mesma lição, o que não custa nada, e é tanto verdade, o que affirmamos, que o Sr. Augusto nunca tem com que encher a hora e meia da sua Aula, e não obstante tomar e retomar a lição, ler, e reler, matando os pobres estudantes, que por sua desgraça alisão os seus bancos com vans, e fastidiosas explicações.[95]

Com sua capacidade de ensino questionada, o "mestre de francês" precisou responder. Em carta publicada no dia 29 de julho de 1829, referiu-se ao estudante como maldizente, despótico e louco, dentre outros termos agressivos, assegurando que o acusador não teria provas, sendo movido por "imorais despropósitos". Ressaltando a satisfação das autoridades com sua conduta, Augusto explicou que não aceitava matrículas após o início das aulas conforme a "Lei e Imperiaes Ordens" e que professores de geometria e filosofia seguiam o mesmo procedimento. Sobre seu método de ensino, consideou não ser "juiz sufficiente um fanfarrão desaplicado".[96]

Também se sentindo atacado pessoalmente, o estudante escreveu uma segunda carta, ainda mais reveladora. Publicada em 5 de agosto de 1829, a missiva salientou o baixo nível dos termos utilizados pelo mestre de francês na resposta, lembrando que o mesmo já havia mostrado conduta inadequada ao defender os direitos de Portugal contra os brasileiros "debaixo das ordens de seu General Madeira na Bahia, tendo por premio de tão relevantes serviços vir para S. Paulo ensinar Francez publicamente".[97] O estudante ainda questiona a comparação feita por Augusto, entre sua disciplina e as de filosofia e geometria. Mas, o que nos interessa aqui, é o que vem ao final da carta:

> o que pode esperar o Público de um mestre de Francez que acaba há pouco de receber um officio do Excel-Director, no qual, depois de lhe reprehender a sua conducta interna d'Aula, lhe extranha igualmente o *andar pelas ruas suspendendo pernas de cavalos para serem ferrados, e jogar capoeira*

---

95 Ibidem, p. 3.
96 Ibidem, p. 5.
97 Aesp. *O Farol Paulistano*, 05/08/1829. Rolo 03.07.023 (1828-1829), p. 5.

> *no Largo do Chafariz, o logar mais público, e frequentado desta Cidade, servindo de espetaculo aos negros, que quando o veem dar bem uma cabeçada, o applaudem com bastantes assobios, palmas, gargalhadas? Custa a crer Sr. Redactor; porém é verdade.*[98]

É interessante notar que, assim como a capoeira seria cerceada por postura municipal poucos anos depois, outra atitude do professor criticada pelo estudante também passou a ser passível de penalidade, a partir de 1832. Em 2 de janeiro deste ano, a Câmara aprovou um artigo estipulando multa para "ferradores que ferrarem animaes nas ruas estorvando o transito publico".[99] Ou seja, é possível que ambas as questões fossem alvo de polêmicas pelas ruas da capital por volta de 1829, levando o estudante a citá-las para prejudicar o professor de francês, e os vereadores a criarem posturas contrárias às mesmas, pouco depois.

A forma pela qual a capoeira foi citada, inclusive, reafirma aquilo que buscamos demonstrar até o momento, de que sua prática não era estranha ao cotidiano de São Paulo, ainda na primeira metade do século XIX. Era vista até mesmo no "logar mais público, e frequentado desta Cidade", ou seja, o "Largo do Chafariz", que provavelmente se tratava da fonte d'água do Largo da Misericórdia. Afinal, como relatou Francisco Bueno sobre a cidade de São Paulo do início do século XIX:

> O abastecimento de água era deficientíssimo, tanto na quantidade como na qualidade. No centro da parte principal da cidade havia somente o chafariz do largo da Misericórdia, com quatro bicas, que nem sempre corriam abundantemente. Dia e noite estava ele, pois, rodeado de gente, na maior parte escravos, cuja vozeria se ouvia já de longe, quando por ali se passava. De noite a concorrência se tornava maior, porque era aumentada pela pobreza recolhida.[100]

---

98   *Ibidem*, p. 6 (grifo nosso).
99   AH-Alesp. *Câmaras municipais*, Caixa 19, cadastro FCGP-PM 32-041, p. 1.
100 BUENO, Francisco de Assis Vieira. *A cidade de São Paulo*: recordações evocadas de memória/ Notícias históricas. São Paulo: Academia Paulista de Letras, 1976, p. 23.

O ponto de encontro de negros capoeiras, em 1829, em muito se assimila ao que, anos depois, foi verificado no Miguel Carlos, durante a peleja envolvendo o africano livre Adão dos Santos Jorge e o preto Eduardo. Mesmo assim, o jogo de capoeira, tanto naquele caso, como no agora analisado do professor de francês, só foi registrado por motivos alheios à manifestação em si. No primeiro, ficou eternizada em um processo criminal devido à ofensa física que gerou. No segundo, apareceu em um jornal pelo interesse de um aluno em questionar a metodologia de ensino de um docente, que se misturava aos praticantes usuais, os "negros".

Ainda assim, o raro testemunho, até onde sabemos o primeiro referente à capoeira em terras paulistas, ajuda a captar mais detalhes do jogo-luta. Um deles, de que a capoeira incomodava tanto quanto suspender pelas ruas "pernas de cavalos para serem ferrados", sendo ambos inadequados a uma pessoa da elite intelectual, provavelmente por exigir esforço físico. Ou seja, se praticada por negros ou brancos pobres, não teria problema. A carta do estudante é interessante ainda por revelar a presença da cabeçada como golpe marcante também na capoeira que se praticava em São Paulo. Reforça o costume de seus praticantes assobiarem e baterem palmas, marcando o compasso dos jogadores. As "gargalhadas" podem ser interpretadas como expressão de participação ativa dos que se colocam ao redor, ou seja, dos expectadores, e de que, para além de um ato violento, tal atividade era um momento de diversão e exibição de suas destrezas.

Com relação ao professor de francês em si, as cartas publicadas no *Farol Paulistano* relatam que ele veio da Bahia, onde teria lutado ao lado dos portugueses, sob o comando do general Madeira de Melo na década de 1820, durante as lutas de independência naquela província. Não sabemos em que período o professor Augusto veio para São Paulo; no entanto, podemos supor que ele tenha viajado por essa época, diante de mudanças na política local. Infelizmente, um incêndio no Convento de São Francisco, em 16 de fevereiro de 1880, destruiu valiosos documentos da Faculdade de Direito, incluindo fichas de alunos e professores.[101] Não obstante, livros de correspondências de autoridades sobreviveram, permitindo sabermos mais detalhes sobre a disputa entre o professor de francês e alunos que pretendiam se matricular após o prazo estipulado. Por essas fontes, descobrimos que em setembro de 1828, o professor Augusto Cândido

---

101 Detalhes do incêndio e da investigação que se seguiu, apontando inclusive para um ato criminoso, estão em um documento localizado no Aesp, *Livro de reservados da polícia*, E01529, p. 82-83.

já exercia o magistério no Curso Anexo, sendo responsável pelos estudos preparatórios na área de francês.[102]

Também verificamos que, em 1º de outubro de 1829, o professor de francês é repreendido pelo diretor do Curso Jurídico, José Arouche de Toledo Rendon, por ordem do próprio imperador, sendo obrigado a ceder aos anseios do tal estudante e aceitar matrículas após começarem as aulas.[103] Pouco depois, Augusto Cândido chega a escrever para o imperador, justificando seu procedimento, o que só passa a ser analisado em 14 de novembro de 1829,[104] mas acaba recebendo uma resposta ainda mais incisiva do Imperador, em 1º de fevereiro de 1830 nos seguintes termos:

> Estando S. Mag.e *Imperador inteirado da falta de razão com que o Professor da lingua Francesa, Augusto Candido da Silveira Pinto, se queixa em sua representação de lhe haver sido extranhado em Aviso de 1º de 8bro do anno passado a repugnancia de admittir na sua Aula os Estudantes que desejão matricular-se, uma vez que não seja no principio do anno, afim de não ser obrigado á dar differentes lições*: Há por bem o mesmo Senhor *Ordenar, que se admittão em todo o tempo Alumnos para a dita Aula*, inda mesmo aquelles que vão de novo aprender a lingua; *devendo para esse fim o dito Professor estabelecer decúrias, conforme adiantamento dos discipulos, por ser este methodo proveitoso ao estudo de todos elles.*[105]

O professor de língua francesa se complicou ainda mais ao sair de licença médica para o Rio de Janeiro, em janeiro de 1830, retornando apenas em junho do mesmo ano, sendo que estava autorizado a permanecer na corte só até 20 de fevereiro. Apesar destes e outros problemas, Augusto Cândido da Silveira

---

102 ARQUIVO DA FACULDADE DE DIREITO DE SÃO PAULO (Doravante AFD-SP). *Correspondência do Ministério do Império*, Livro 1 (1828-1829), p. 4 e 5.

103 AFD-SP. *Correspondência do Ministério do Império*, Livro 1 (1828-1829), p. 20. Este e outros documentos que registram os bastidores dos primeiros anos do Curso Jurídico de São Paulo foram analisados em CENCIC, Monica Aparecida Pinto. *Documentos manuscritos da Faculdade de Direito da USP*: 1827-1829. Dissertação (mestrado em Letras Clássicas e Vernáculas) – FFLCH-USP, São Paulo, 2009. A ordem do diretor para que o professor de francês aceitasse alunos após o período de matrículas aparece nas p. 35 e 287.

104 AFD-SP. *Correspondência do Ministério do Império*, Livro 1 (1828-1829), p. 22.

105 *Ibidem*, p. 25.

Pinto continuou no cargo até 7 de julho de 1831, quando foi demitido pela Regência Provisória.[106]

Nem as cartas publicadas no jornal *Farol Paulistano*, nem as correspondências da Faculdade de Direito ajudam a esclarecer se Augusto Cândido da Silveira Pinto aprendeu capoeira na Bahia ou se passou a praticá-la em São Paulo. Podemos supor, com base na missiva do estudante, que ele já dominava algumas habilidades desenvolvidas em território baiano e encontrou na capital paulistas negros aptos a jogar com ele. Independentemente do lugar onde ele aprendeu o jogo-luta, é fato que este seria um ponto de contato entre elementos de grupos sociais distintos.

Segundo um dos principais memorialistas da Academia de Direito, Spencer Vampré, as críticas ao "alegre professor de francês", na verdade, faziam parte de uma campanha empreendida pelo lente do 1º ano, José Maria de Avelar Brotero, através do *Farol Paulistano*, cujo intuito era atingir o diretor do Curso Jurídico, José Arouche de Toledo Rendon,[107] e o ministro do Império José Clemente Pereira. Isso porque Rendon considerava que Augusto Cândido da Silveira Pinto "não era mau homem [...], sendo os seus defeitos carecer de mais juízo, e propender para a relaxação".[108]

Sobre essa "relaxação", da qual a prática da capoeira junto com negros deveria fazer parte, Spencer Vampré cita que:

> *sempre houve, ao lado dos estudiosos, os vadios e os estróinas*, e, a respeito destes, vamos abrir espaço a um caso, que muito agitou a Academia.
>
> Antônio Ricardo, estudante do Curso Jurídico, e seus colegas Antônio José de Figueiredo Vasconcelos, Serafim de Andrade, e outros boêmios da época, *resolveram divertir-se, furtando galinhas e perus*, com que se banqueteavam, depois, entre discursos e vivas.

---

106 *Ibidem*, p. 38.

107 O tenente-general José Arouche de Toledo Rendon, que tomou posse em 4 de janeiro de 1828, sendo primeiro diretor da instituição, chegou a pedir demissão reiteradas vezes, o que só foi aceito em dezembro de 1833, quando foi substituído por Carlos Carneiro de Campos, o visconde de Caravelas. Cf. MACHADO JR., Armando Marcondes. *Cátedras e catedráticos* – Curso de Bacharelado da Faculdade de Direito da Universidade de São Paulo (1827-2009). São Paulo: Ass. dos Antigos Alunos da Faculdade de Direito de São Paulo, 2010.

108 VAMPRÉ, Spencer. *Memórias para a história da Academia de São Paulo*. 2ª ed. Brasília: Conselho Federal de Cultura, 1977, vol. I, p. 116.

> *Prestavam-lhes mão forte, Antônio de Oliveira, por alcunha* **Não me cape**, *e Augusto Cândido da Silveira Pinto, o alegre professor de francês*, a quem já anteriormente nos referimos.
>
> *Este chegou mesmo a abrir uma estalagem, onde proporcionava ceiatas e patuscadas, aos estudantes, com grande escândalo de Rendon, e de toda a pacata S. Paulo.*[109]

Ou seja, o professor de francês, que mantinha relações com negros escravizados ou forros no chafariz, também se relacionava com estudantes fora dos muros da faculdade, promovendo "patuscadas" nas quais os jovens da elite intelectual brasileira bem poderiam se encontrar com cativos, e participar do jogo-luta, sendo a estalagem de Augusto talvez um ponto de encontro desses dois grupos.

O memorialista recorda ainda que, em uma noite de férias de Páscoa, Augusto Cândido da Silveira Pinto e o estudante José Joaquim Ferreira da Veiga, apelidado de *O Boi*, junto com outros alunos, cativos e libertos, "inquietaram toda a cidade, com vivas e morras, de modo que até aterraram o juiz de paz".[110] Esta informação trazida pelas reminiscências de ex-alunos é confirmada por uma troca de correspondências entre o diretor Rendon e a Regência Provisória que esclarece o ocorrido:

> Constando á Regencia Provisoria que *alguns Estudantes do Curso Juridico d'essa Cidade, tomarão parte nos tumultos e assoadas nocturnas*, que ultimamente tem perturbado a tranquilidade publica da m.ma Cidade e devendo a conducta de taes individuos ser bem conhecida do Governo, para *lhes não confiar Empregos da administração publica*, para que aliás os habilita a sua educação litteraria, quando os hajão de pretender, depois de concluidos os seus estudos: Manda a mesma Regencia em Nome do Imperador que V. Ex.a procedendo á *um severo exame dos costumes dos mesmos estudantes* em geral e principalmente d'aquelles que tem tido parte nos *tumultos populares depois do dia 7 de Abril* [abdicação de D. Pedro I], e em outros quaesquer que por ventura aconteção de futuro; haja de informar ao Governo por esta Secretaria d'Estado no fim de todos os

---

109 *Ibidem*, vol. I, p. 131.
110 *Ibidem*, vol. I, p. 132.

annos lectivos, afim de se terem as devidas cautelas, com que deve proceder um Governo justo na escolha dos seus Empregados. Deus G.de a V. Ex.a Palacio do Rio de Janeiro em 6 de junho de 1831 = Manoel José de Souza França = Snr. José Arouche de Toledo Rendon...[111]

A informação de que os tumultos e assoadas, envolvendo o professor, alguns alunos, cativos e libertos, eclodiu devido à abdicação de Dom Pedro I assinala para uma eventual intenção política do grupo. Esta hipótese é reforçada pela reação da Regência, preocupada em evitar que participantes dos "tumultos populares" fossem empregados em cargos da administração pública.

Spencer, na verdade, complementa dados apresentados por um memorialista anterior a ele e talvez o mais importante da Academia de Direito: José Luís de Almeida Nogueira, cuja obra foi publicada pela primeira vez entre 1907 e 1912. Este escritor nos ajuda a entender a natureza das críticas do professor José Maria Brotero ao diretor da Faculdade, por considerar este muito bondoso com os empregados. E sempre que substituía interinamente o diretor, o lente Brotero "constituía-se opressor dos funcionários", perseguindo, por exemplo, o preto servente José Alves Fernandes, vulgo Zé Quieto, por ficar após o serviço lendo jornais na Biblioteca, e o contínuo Siqueira, apelidado de Chico Guaiaca, porque tocava oficleide numa banda de música.[112]

Sobre o professor de francês Augusto Cândido, o memorialista Almeida Nogueira acrescenta que "tendo abraçado o ofício de estalajadeiro em uma pequena casa de pasto que arranjou na cidade, fazendo nela ao mesmo tempo o ofício de criado, seduziu a muitos estudantes a gastarem na casa em comidas e bebidas". Somado a isso, reforça que "este homem teve educação de tarimba, e serviu na Bahia, debaixo das ordens do General Madeira, contra os brasileiros, e por essa razão é detestado pelos estudantes".[113]

Se apenas por suposição podemos dizer que o grupo de estudantes agregado em torno do professor de francês praticava capoeira, o mesmo memorialista

---

111 AFD-SP. *Correspondência do Ministério do Império*, Livro 1 (1828-1829), p. 37.

112 NOGUEIRA, J. L. de Almeida. *A Academia de São Paulo*: tradições e reminiscências. Estudantes, estudantões, estudantadas. 3ª ed. São Paulo: Saraiva, 1977, vol. 1, p. 70-71.

113 *Ibidem*, vol. 1, p. 122-123.

Almeida Nogueira nos relata um caso no qual fica explícito o exercício do jogo-luta no período, entre alunos da Academia de Direito de São Paulo. Ao descrever a turma de 1832-1836, o autor cita um certo Felipe Xavier da Rocha, "fluminense, natural da cidade do Rio de Janeiro, filho de José Francisco da Rocha", que apresentava "estatura regular, cheio de corpo, tez clara, cútis pilosa, rosto grande e comprido", sendo "dotado de grande talento e caráter folgazão, sem embargo de algumas excentricidades". Nesse sentido, é destacada a seguinte passagem:

> Com gênio brincalhão que sempre conservou, *aprazia-se nas rodas dos rapazes*, e isto lhe trouxe, de uma vez, o aborrecimento de hospedar-se na Cadeia Pública. *Deu-se o desagradável incidente por ele ter fortuitamente ferido a um dos companheiros de folguedo, com um canivete que em má hora empunhara em ato de desafio à rapaziada que o cercava e à qual ele se comprazia em dar uma lição de capoeiragem.* Foi ao Júri, acompanhado por todos os colegas de foro, que assim quiseram dar-lhe uma prova de estima e prestar homenagem à Justiça da causa. Foram seus advogados os Drs Estêvam de Rezende (hoje Barão de Rezende), Prudente de Moraes e Moraes de Barros.[114]

Mesmo se pensarmos que Felipe Xavier aprendeu o jogo-luta no Rio de Janeiro, o caso é importante para compreendermos o contexto da capoeira em São Paulo por diversos pontos. Um deles, o reconhecimento da capoeira enquanto "folguedo", praticado por "companheiros". Ou seja, havia uma troca, um equilíbrio entre seus praticantes, senão o carioca seria um líder e os demais, aprendizes ou alunos. Dificilmente, "companheiros de folguedo". Ainda assim, o termo "lição" indica que o estudante do Rio de Janeiro dominava alguma técnica desconhecida dos demais, provavelmente ligada ao uso do canivete na manifestação.

Por fim, cabe apontar semelhanças entre este caso e o do julgamento do africano livre Adão dos Santos Jorge visto anteriormente. Da mesma forma, o incidente entre Felipe Xavier e seus companheiros ocorreu a partir de um "desafio", seguido de um ferimento acidental. O agressor foi a juri, provavelmente também pela ofensa física, e não pela prática da capoeira. E, defendido por advogados

---

114 *Ibidem*, vol. 2, p. 37.

renomados, o que remete mais uma vez a uma complacência por parte da elite, deve ter sido absolvido.

Mas o gosto dos estudantes pela capoeira devia estar mais ligado ao prazer em desafiar a sociedade, autoridades e, acima de tudo, uns aos outros, do que a um reconhecimento do valor específico da mesma enquanto arte marcial. Na década de 1840, por exemplo, houve um dia em que os alunos acordaram "com gênio belicoso" e, "num abrir e fechar de olhos, travaram-se muitos combates singulares em que a unha e a munheca eram os únicos instrumentos de guerra".[115] Ou seja, uma espécie de luta distinta do que seria a capoeira tanto naquela época como hoje.

O desenvolvimento da capoeira entre professores e estudantes da Academia de Direito de São Paulo, na primeira metade do século XIX, aproxima-se exatamente do cenário brilhantemente traçado por Manuel Antônio de Almeida, em *Memórias de um sargento de milícias*. Conforme esclarece Antonio Candido, a obra:

> Manifesta num plano mais fundo e eficiente o referido jogo dialético da ordem e da desordem, funcionando como correlativo do que se manifestava na sociedade daquele tempo. Ordem dificilmente imposta e mantida, cercada de todos os lados por uma desordem vivaz, que antepunha vinte mancebias a cada casamento e mil uniões fortuitas a cada mancebia. Sociedade na qual uns poucos livres trabalham e os outros flauteavam ao Deus dará, colhendo as sobras do parasitismo, dos expedientes, das munificiências, da sorte ou do roubo miúdo.[116]

É desta forma que podemos compreender as patuscadas promovidas pelo professor de francês, com participação de estudantes e escravos. As rodas no chafariz, com negros e brancos a se divertirem "no lugar mais público". O folguedo estudantil que termina em navalhada, mas cujo agressor é defendido por advogados renomados e absolvido pelo juri. No símbolo máximo da construção da ordem no

---

115 Idem. *A Academia de São Paulo*: tradições e reminiscências. Estudantes, estudantões, estudantadas. 2ª ed. São Paulo: Arcadas, 1956, vol. 3, p. 32-33.
116 CANDIDO, Antonio. *O discurso e a cidade*. 3ª ed. São Paulo: Duas Cidades; Rio de Janeiro: Ouro Sobre Azul, 2004, p. 38.

país, a Academia de Direito, a desordem permeia o cotidiano da primeira metade do século XIX, em uma relação sem culpa, assim como o mundo apresentado na obra de Manuel Antônio de Almeida.

Capoeira, uma arte com método

A partir de meados dos oitocentos, percebemos uma mudança na forma pela qual a capoeira é vista e praticada entre os alunos da instituição. Há, notoriamente, uma valorização de tal prática, pois, de acordo com Almeida Nogueira, "estava [...] muito em honra entre os estudantes".[117] E um dos principais apologistas dos exercícios do jogo-luta era Luiz Joaquim Duque-Estrada Teixeira, estudante que, depois de se formar na turma de 1854-1858, retornaria ao Rio de Janeiro para ganhar destaque na política, principalmente, pelo uso de capoeiras como capangas, criando sua própria milícia, que ele denominava carinhosamente de *Flor da Gente*.

Como denota um artigo de João do Rio, publicado na revista *Kosmos*, em janeiro de 1906, essa associação entre políticos e capoeiras não significava apenas uma sujeição por parte dos praticantes do jogo-luta. Muitas vezes, estes é que se aproveitavam dos candidatos.

> E cada um [candidato], conforme a sua côr, faz surgir em torno uma vegetação de parasitas que o explora e o embaça, a vegetação que é o Grande Eleitor – cabalistas, mulatos, vagabundos, sujos relapsos, sujeitos ociosos de fato no fio e vida excusa, capoeiras, sinistros, que deixavam as ruellas de má fama, as baiucas de monte e trinta-e-um para apparecer na grande obra da mystificação, inventando provocações, organizando reuniões políticas, mostrando no *Diario* votantes fantásticos para agarrar o candidato na rua, ir-lhe á casa, sugal-o por todos os modos, até não poder mais.[118]

---

117 NOGUEIRA, J. L. de Almeida. *A Academia de São Paulo*: tradições e reminiscências. Estudantes, estudantões, estudantadas. São Paulo: Primeira Série, 1907, vol. 1, p. 205.
118 RIO, João do. "Chuva de candidatos". *Kosmos*, ano III, n. 1, jan. 1906, p. 55.

O artigo vem acompanhado de uma ilustração do caricaturista Calisto Cordeiro, que assinava Kalixto, na qual um homem de cartola e terno, o candidato, aperta as mãos de outro, aparentemente líder de um grupo que seria de capoeiras. A identificação desse grupo com as maltas de capoeiras fica mais clara através de outras ilustrações que o artista faz dos mesmos personagens, também na *Kosmos*, para acompanhar um texto específico sobre os capoeiras, escrito por Lima Campos dois meses depois.[119]

FIGURAS 14 E 15. Ilustrações do artista Kalixto, publicadas na revista *Kosmos*, entre janeiro e março de 1906, retratam o papel político dos capoeiras no Rio de Janeiro.

Ao analisar o envolvimento dos capoeiras com a política no Rio de Janeiro, na segunda metade do século XIX, Soares ressaltou ser a entrada da *Flor da Gente* na cena política da Corte uma "peça importante no tabuleiro político da capital, e talvez do país". Mais do que isso, segundo ele, "a participação de negros, livres e escravos, no processo político de 1872 ia muito além do simples capanguismo. Para ele, a abertura para esse envolvimento de camadas mais baixas aconteceu por um contexto político novo, fruto da Lei do Ventre-Livre e da Guerra do Paraguai.[120]

---

[119] CAMPOS, Lima. "A capoeira". *Kosmos*, ano III, n. 3, mar. 1906. Sobre as ilustrações da capoeira feitas por Kalixto na *Kosmos*, em 1906, ver DEALTRY, Giovanna. "Ginga na 'belle époque'". *Revista de História da Biblioteca Nacional*, n. 53, fev. 2010.

[120] SOARES, Carlos Eugênio Líbano. *Negregada instituição...*, p. 220-221.

Como mostra José Murilo de Carvalho em *Os Bestializados*, esse envolvimento político custou caro aos capoeiras, "o único setor da população a ter sua atuação comprimida pela República". A partir da criminalização do jogo-luta pelo Código Criminal, como já citamos antes, seus praticantes passaram a ser perseguidos e deportados para Fernando de Noronha, pelo chefe de Polícia, João Batista Sampaio Ferraz que, "não conseguiu destruí-los, mas domesticou-os criando condições para sua reincorporação ao novo sistema em termos mais discretos".[121]

Mas retornemos à prática da capoeira na Academia de São Francisco. Segundo o cronista Almeida Nogueira, Duque-Estrada comentava com seus colegas que:

> a prevenção existente contra a capoeiragem era justificada pela degeneração della. *A verdadeira capoeiragem*, explicava elle, não admitte o auxílio de armas de qualquer natureza. O seu princípio básico é que – o homem deve empregar para a sua defesa, ou para o ataque, somente os orgams que da natureza recebeu. E, com effeito, são eles mais que sufficientes para a completa preservação da pessoa e para a subjugação do adversário, por mais temível que este seja, ou por mais armado que se apresente, uma vez que não conheça o *segredo da arte* ou não disponha de agilidade resultante do seu exercício.
> Em seguida, expunha elle com *methodo*, com clareza, e de modo convincente, as funcções agressivas ou defensivas da cabeça, das mãos, dos pés, das pernas e até dos joelhos, proprias a darem immediata superioridade no jogo da capoeira.[122]

Embora fiquemos na dúvida se este relato é uma transcrição fiel do que disse Duque-Estrada ou se há uma interpretação por parte do cronista, podemos supor que haja alguma veracidade. No trecho, destaca-se a existência de um "segredo da arte" entre os praticantes, um significado mais profundo, como já foi mencionado no caso do africano livre Adão dos Santos Jorge, acusado em 1864 de ofensas físicas.

---

121 CARVALHO, José Murilo de. *Os bestializados*: o Rio de Janeiro e a República que não foi. São Paulo: Companhia das Letras, 1987, p. 23. Sampaio Ferraz, por sinal, nasceu em Campinas, em 1857, fez os estudos preparatórios em Itu e formou-se na Academia de Direito de São Paulo em 1878, conforme MELO, Luís Correia de. *Dicionário de autores paulistas*. São Paulo: Comissão do IV Centenário da Cidade de São Paulo, 1954, p. 213.

122 NOGUEIRA, J. L. de Almeida. *A Academia...* (1907), vol. 1, p. 206 (grifo nosso).

Também parece legítimo imaginar que realmente houvesse, entre os praticantes da cidade de São Paulo, no meio do século XIX, uma metodologia de ensino e aprendizagem, algo que, se não temos como confirmar entre escravos, forros e homens livres pobres por estes não deixarem relatos escritos, conseguimos captar nas reminiscências dos estudantes, que fizeram questão de descrever a atividade, até mesmo por influência do meio acadêmico em que viviam.

Em uma análise mais focada no Rio de Janeiro e, talvez, Salvador, Luís da Câmara Cascudo percebeu algo também válido para São Paulo. Segundo ele:

> Nos últimos anos do Império, os rapazes ricos, estróinas, boêmios, aprenderam o jogo da capoeira [...]. Era tão elegante quanto duelar de *quitó* na Lisboa de D. João V. Comentava-se reprovando, mas crescia a onda de admiração invejosa. Na Inglaterra os nobres sabiam o *boxe* e em Paris, o Duque de Berry, herdeiro do trono, cursara a *Savate* com o maître Baptiste, glória local.[123]

No mesmo sentido, o uso da palavra "arte" naquela fala de Duque-Estrada implica na compreensão, entre os estudantes, de que a capoeira era mais do que um "jogo de escravos", aproximando-se de outras "artes marciais" como o boxe ou o savate, e até mesmo de formas de expressão artística distintas, por eles empreendidas como espaço para afrontar e criticar normas sociais e ordem política, como o teatro. Esta atividade, inclusive, foi alvo de questionamentos por parte da diretoria acadêmica, nos primeiros anos de funcionamento do Curso Jurídico, como se depreende de uma correspondência de maio de 1829, sobre a proibição de representações estudantis em teatros da cidade, em tempo letivo.[124]

O memorialista Spencer Vampré cita outros casos interessantes que ligam a arte dramática ao gosto dos estudantes pelo confronto com as autoridades. Ele

---

123 CASCUDO, Luís da Câmara. *Folclore do Brasil*. Rio de Janeiro: Editora Fundo de Cultura S/A, 1967, p. 181.

124 AFD-SP. *Correspondência do Ministério do Império*, Livro 1 (1828-1829), p. 18. Uma referência importante sobre a produção literária e o impulso à arte dramática dos estudantes de Direto de São Paulo encontra-se em PÓVOA, Pessanha. *Annos academicos (S. Paulo – 1860-1864)*. Rio de Janeiro: Typographia Perseverança, 1870. Sobre o assunto, ver também AZEVEDO, Elizabeth Ribeiro. *Um palco sob...* e GARMES, Hélder. *O romantismo paulista*: os ensaios literários e o periodismo acadêmico de 1833 a 1860. São Paulo: Alameda, 2006.

conta que os estudantes, em 1843, diante de censuras do presidente da província durante um espetáculo teatral, explodiram em "assuadas e protestos". Para acalmá-los, "foi preciso trancar mais de trinta no xadrez, onde, por onze dias, fizeram a maior algazarra, que se possa imaginar". O grupo acabou solto e aplaudido pelas ruas, cobrindo o presidente de "versos satíricos e pilherias jocosas".[125]

De volta à análise da capoeira enquanto luta dotada de métodos, feita ainda na década de 1850 por Duque-Estrada e reproduzida por Nogueira, esta ajuda a reforçar a hipótese de que se buscava elevá-la ao patamar de arte. Duque-Estrada salientou as "funções agressivas e defensivas" de partes do corpo, como cabeça, mãos, pés, pernas e joelhos, apontando como essas poderiam dar "imediata superioridade no jogo da capoeira" e, provavelmente, tornavam seus praticantes homens também melhor preparados para contendas do dia a dia. Ou seja, a capoeira realmente deixava de ser vista apenas como jogo-luta e alçava a um novo status, acrescentando-lhe o componente artístico. Ou seja, passava a ser reconhecida como uma mistura de jogo-luta-arte.

Talvez uma das únicas provas visuais da existência de uma metodologia de ensino dessa arte desenvolvida entre os escravos e seus descendentes no Brasil seja uma fotografia feita pelo português nascido em Açores José Christiano de Freitas Henrique Júnior, ou apenas Christiano Jr, em seu estúdio no Rio de Janeiro, por volta de 1865, dentro da sua "coleção de tipos negros" de postais. Como não há legenda, a vinculação da imagem ao jogo-luta fica no campo da suposição. A postura do homem, segurando a mão de um menino – ambos com os pés descalços, indicando serem escravos – na posição da ginga, no entanto, guarda uma similaridade impressionante com a forma pela qual, até hoje, ensina-se o passo básico da manifestação, em academias e escolas.[126]

---

125 VAMPRÉ, Spencer. *Memórias para a história da Academia de São Paulo*. 2ª ed. Brasília: Conselho Federal de Cultura, 1977, vol. II, p. 54.

126 Imagem reproduzida e analisada em LAGO, Bia Corrêa do (coord.). *Os fotógrafos do Império*. Rio de Janeiro: Capivara, 2005, p 133 e 136.

FIGURA 16. Cena de um homem segurando a mão e a cabeça de um garoto, fixada no estúdio de Christiano Jr. em 1865, pode ser o único registro iconográfico da metodologia de ensino da capoeira no século XIX.

O fato de Christiano Jr. ter se preocupado em levar um mestre e seu discípulo para seu estúdio reforça a importância da capoeira enquanto prática cultural negra e escrava. A escolha da posição, que se remete à ginga, também aponta para um gestual relativamente reconhecido tanto pelo fotógrafo como pelos possíveis compradores.

Retomando a questão da capoeira em São Paulo, Duque-Estrada não seria o único praticante renomado da Academia, em meados do século XIX. Na turma de 1855-1859, havia outro aluno afamado pelo conhecimento dessa luta: José Basson de Miranda Osorio, um piauiense descrito por Almeida Nogueira como "baixo, claro, louro, olhos azuis e imberbe. Perito na arte da capoeiragem, destro e valente cacetista".[127] Segundo o memorialista, "José Basson era baixo, musculoso, olhos garços, pelle mui clara, cabellos e bigodes louros. *Valente e bom capoeira*, chefe do grupo de matadores de cabritos".[128] Ao falar de outro estudante, José Calmon Valle Nogueira da Gama, ele detalha qual era a atividade ordinária desse grupo: uma espécie de esporte noturno, com caçadas a galináceos pelos quintais e cabritos pelas praças e ruas

---

[127] NOGUEIRA, J. L. de Almeida. *A Academia de São Paulo*: tradições e reminiscências. Estudantes, estudantões, estudantadas. São Paulo: Typographia Vanorden, 1908, vol. 5, p. 209.

[128] *Ibidem*, vol. 5, p. 210 (grifo nosso).

da cidade.¹²⁹ Identificado desde os primeiros anos da faculdade, esse "esporte acadêmico" perdurou até o final dos oitocentos, provavelmente associado à capoeira. Nogueira diz que "até 1880, e quiçá mesmo depois de 1890, estavam ainda em voga esses emocionantes exercícios cinegéticos e sempre foram moços distintíssimos os chefes de tais expedições cinegéticas, seguidas de apetitosa ceia e outras patuscadas".¹³⁰

Para fazer parte desses exercícios, então, era fundamental estar pronto para enfrentamentos, como ocorreu certa vez com Basson, surpreendido "quando já havia deitado a unha" em um peru e "apesar da chuva de pancadaria que lhe cahiu sobre o costado, não largou o perú, raciocinando, explicou elle depois, que – peor seria apanhar a sova e ainda ficar privado do perú".¹³¹ O já citado José Calmon mesmo, apelidado de "Juca Gama", era "robusto acrobata" e exímio esgrimista, tendo como um dos discípulos o capoeira Basson.¹³² Assim como as maltas de capoeiras famosas do Rio de Janeiro, esses grupos de estudantes tinham o costume de se proteger. Assim:

> certa noite, percebendo que um malfeitor, assalariado talvez, preparava o sinistro plano de aggredir o Couto de Magalhães, reuniu-se o Ferreira Dias a outros collegas, amigos todos do Couto; e conseguiram capturar o miseravel mandatario e levál-o a uma republica á rua da Tabatingueira. Eram esses rapazes, além do Dias, o Jesuino, o Quintanilha e o João Paulo dos Santos Barreto.¹³³

Sobre um deles, o estudante Jesuíno de Almeida, Spencer enfatiza que ele era um "valente cacetista", imortalizando seu nome no meio acadêmico ao botar um engraçadinho fantasiado de fantasma para correr.¹³⁴

Com base nos casos relatados, transparece que a capoeira era reconhecida pela elite intelectual de São Paulo e, por conseguinte, mais como um esporte com uma

---

129 *Ibidem*, vol. 5, p. 215.
130 *Idem. A Academia...* (1977), vol. 1, p. 148.
131 *Idem. A Academia...* (1908), vol. 5, p. 210.
132 *Ibidem*, vol. 5, p. 216.
133 *Ibidem*, vol. 5, p. 221.
134 VAMPRÉ, Spencer. *Memórias para a história...*, vol. 1, p. 299.

filosofia própria do que um ato marginal. Nesse sentido, Ernani Silva Bruno conclui que "os esportes se mantiveram quase desconhecidos em seu aspecto moderno, embora entre os cativos e até entre certos estudantes da Academia fosse costumeira a prática, aliás proibida, do jogo da capoeira".[135] Chegou-se inclusive a cogitar a fundação de uma "escola de capoeiragem"[136] em São Paulo, sendo que a ideia partiu de "um capitalista importante, então na sua completa integridade mental, – o general Couto de Magalhães", como descreve o memorialista Almeida Nogueira.[137]

Consideramos válido supor que Couto de Magalhães tenha praticado capoeira com estudantes e mesmo em meio a cativos e libertos por volta de 1850. Isso porque, além dele ter grande proximidade com o próprio Luís Joaquim Duque-Estrada Teixeira, chegando os dois a participar do mesmo jornal acadêmico "O Guaianá", em 1856, o futuro general foi um dos principais articuladores, nesse mesmo ano, da fundação de uma Sociedade Libertadora de Escravos.[138] Sobre a "escola de capoeiragem", Magalhães parece não ter desistido da ideia, pois, em 1897, durante a *7ª Conferência para o Tricentenário de Anchieta*, defendeu o uso da capoeira pelos militares, como forma de treinamento para lutas corpo a corpo. Embora não tenha sido lido na ocasião, o trabalho foi publicado posteriormente, constando na íntegra, em forma de apêndice, na 3ª edição do livro *O selvagem*, publicado pela primeira vez em 1876.[139]

Vale comentar que em *O selvagem*, uma obra inserida no romantismo nativista, pelo qual o indigenismo de transformara em instrumento na construção de uma identidade nacional, "o papel do selvagem e de seus descendentes mestiços na constituição de uma raça americano-brasílica, esta sustentáculo de

---

135 BRUNO, Ernani Silva. *História e tradições...*, vol. 2, p. 755.
136 É provável que o termo "capoeiragem" tenha sido usado, na verdade, por Almeida Nogueira, e não, pelos estudantes da década de 1850, que usariam apenas "capoeira". Conforme observou Paulo Coêlho de Araújo, até fins do século XIX, somente esta última palavra aparecia, valendo tanto para referências à manifestação, como para os praticantes. Já o termo "capoeiragem" passaria a ser comumente aplicado para se referir à prática após o Código Criminal de 1890, que criminalizou a capoeira. Cf. ARAÚJO, Paulo Coêlho de. *Abordagens sócio-antropológicas...*, p. 66-69.
137 NOGUEIRA, J. L. de Almeida. *A Academia...* (1977), vol. 1, p. 205.
138 VAMPRÉ, Spencer. *Memórias para a história...*, p. 298-299.
139 MAGALHÃES, Couto de. *O selvagem*. 3ª ed. São Paulo: Companhia Editora Nacional, Biblioteca Pedagógica Brasileira, Série 5, Brasiliana, 1935, p. 317-318. Disponível em: <http://www.brasiliana.com.br/obras/o-selvagem>. Acesso em: 31 maio 2010.

uma nacionalidade peculiar brasileira, encontra-se bem sintetizado na argumentação desenvolvida por Couto de Magalhães", conforme enfatiza Maria Helena Machado.[140] É substancial o fato de o autor, um general formado pela Academia de Direito de São Paulo, apresentar, desde 1876, uma visão de que a miscigenação no Brasil trouxe vantagens, acrescentando, em seu trabalho de 1897, que "a mescla das raças do Velho com as do Novo Mundo não é somente no sangue; é também na inteligência, moralidade, linguagens, religião, divertimentos e alimentação populares"[141] e que:

> O europeu luta com a espada, florete ou pau. O brasileiro luta com a faca, e com a agilidade do corpo, tendo neste caso, por única arma, a cabeça e os pés, arma terrível para um bom capoeira; este modo de lutar é também aborígine, e, longe de ser perseguido, como é, *devia ser dominado, regularizado em nossas escolas militares*, porque um bom capoeira é um homem que equivale a dez homens.[142]

Magalhães conclui o discurso elaborado para a conferência informando que ter visto "20 soldados, armados, tentarem prender a um desarmado, mas capoeira" e que este "derrubou a todos, e só pôde ser preso à bala". Deixando clara sua interpretação de que a capoeira seria um "sistema de luta americano", mescla de conhecimentos europeus e africanos, como muitos outros elementos da cultura brasileira.[143] Em outras palavras, pouco antes dos finais do século, depreende-se desses discursos a imagem da capoeira como filosofia e arte e, de certa forma, símbolo da coragem e da valentia dos brasileiros mestiços.

Dos recrutamentos à Guerra do Paraguai

As palavras de Couto de Magalhães na conferência de 1897 permitem supor que ele já teria reconhecido as vantagens da capoeira como forma de luta típica

---

140 MAGALHÃES, José Vieira Couto de. *Diário íntimo*. Organizado por Maria Helena P. T. Machado. São Paulo: Companhia das Letras, 1998, p. 14.
141 Idem. *O selvagem...*, p. 315.
142 *Ibidem*, p. 317-318 (grifo nosso).
143 *Ibidem*, p. 318.

dos negros que combateram na Guerra do Paraguai (1865-1870). No livro *O selvagem*, ao enaltecer a vantagem da "aclimatação" dos mestiços ao solo brasileiro, o general se lembrou da relevância dos "homens de cor" no exército, durante o conflito, destacando o "préstimo" e o "valor desses homens como soldados".[144] Suas colocações têm peso, pois era um "homem ilustre do Império, tendo sido, ao longo de 1860, sucessivamente presidente das províncias de Goiás, Paraná e Mato Grosso, nesta última também se destacou como comandante-em-chefe do exército, tornando-se herói da Guerra do Paraguai".[145]

Com relação à participação de negros na guerra é necessário relatar que esse uso não estava restrito ao exército brasileiro, nem era unicamente vinculado ao recrutamento de homens escravizados. André Amaral de Toral esclarece que soldados negros, fossem ex-escravos ou não, lutaram em pelo menos três dos quatro exércitos dos países envolvidos. Paraguai, Brasil e Uruguai tinham batalhões formados exclusivamente por negros, como o Corpo dos Zuavos da Bahia e o batalhão uruguaio Florida.[146] Também é preciso recordar que o uso de batalhões de negros no Brasil não foi uma inovação da Guerra do Paraguai. A historiografia vem destacando a participação ativa das milícias de negros e de pardos nos diversos episódios desde o período do domínio português. Como relata Luiz Felipe de Alencastro, o terço dos Henriques – unidade composta por negros primordialmente, inspirada em Henrique Dias, crioulo que teve desempenho fundamental nas guerras luso-holandesas de 1630-1640 e 1645-1654, ao comandar um batalhão formado por outros crioulos livres e escravos – foi fundamental em lutas nos dois lados do Atlântico, incluindo a batalha de Ambuíla (1665), no Congo.[147]

Já no século XVIII, outros corpos paramilitares foram compostos em Pernambuco por cativos e pessoas de cor livres. Obedecendo a determinações passadas por intermédio do Regimento dos Governadores da Capitania, de 1670,

---

144 MAGALHÃES, Couto de. *O selvagem*. Trabalho preparatório para aproveitamento do selvagem e do solo por elle occupado no Brazil. Rio de Janeiro: Typographia da Reforma, 1876, p. XXII.

145 MAGALHÃES, José Vieira Couto de. *Diário íntimo...*, p. 14

146 TORAL, André Amaral de. "A participação dos negros escravos na guerra do Paraguai". *Estudos Avançados*, São Paulo, vol. 9, n. 24, ago. 1995. Disponível em: <http://www.scielo.br/scielo.php?script=sci_arttext&pid=S0103-40141995000200015&lng=en&nrm=iso>. Acesso em: jun. 2010.

147 ALENCASTRO, Luiz Felipe de. "História geral das guerras sul-atlânticas: o episódio de Palmares". In: GOMES, Flávio (org.). *Mocambos de Palmares*: história, historiografia e fontes. Rio de Janeiro: 7Letras/Faperj, 2009.

dividiam-se por aspectos étnicos ou profissionais. Havia, por exemplo, a corporação dos "Pretos carvoeiros do Recife e de Olinda" e a dos "Pretos Ardas da Costa da Mina".[148] Ao estudar esses contingentes, Luiz Geraldo Silva assinalou que:

> se, por um lado, tais corpos étnicos e profissionais *eram importantes instrumentos de controle social do ponto de vista das autoridades coloniais*, por outro lado, *do ponto de vista do negro livre e do cativo, eles se apresentavam como importantes instituições propiciadoras de identidades e coesão grupal*, sejam estas de caráter étnico, sejam de caráter profissional.[149]

Assim, o alistamento de negros com habilidades marciais não foi inovação da Guerra do Paraguai ou limitou-se aos Zuavos baianos; ainda nos idos de 1816, o intendente da corte imperial remeteu "negros milicianos envolvidos com capoeiragem para a distante província de Cisplatina (atual Uruguai)".[150]

No caso da Guerra do Paraguai, a historiografia mostra ser impreciso o número de escravos recrutados, principalmente pelo fato de que muitos foram alforriados para se dirigirem ao conflito, entrando nas estatísticas como libertos. Em contrapartida, é possível mensurar a presença de negros no exército brasileiro por este viés. Ao computar dados dos mapas de libertos que assentaram praça entre 1866 e 1869, elaborados pelo Ministério da Guerra, Jorge Prata de Sousa identificou um total de 7.414 cativos libertos para a guerra, sendo 3.757 pelo Governo, 1.680 substitutos de pessoas livres e 21 entregues por particulares, além de 561 de Nação, 67 da Casa Imperial, 1.158 gratuitos e 170 dos conventos.[151] Há outras estimativas, desde um montante próximo, de 8.489 voluntários escravos e libertos, até um número bem acima, em torno de 20 mil, incluindo aqui as mulheres dos soldados.[152] Dentro desse contingente, muitos eram "voluntários involuntários",

---

148 SILVA, Luiz Geraldo. "Da festa à sedição. Sociabilidades, etnia e controle social na América Portuguesa (1776-1814)". In: JANCSÓ, István. *Festa: cultura e sociabilidade na América portuguesa*. São Paulo: Edusp/Hucitec/Fapesp/Imp. Oficial, 2001, vol. 2, p. 314.

149 *Ibidem*, p. 315 (grifo do autor).

150 SOARES, Carlos Eugênio Líbano. *A capoeira escrava...*, p. 512.

151 SOUSA, Jorge Prata de. *Escravidão ou morte*: os escravos brasileiros na Guerra do Paraguai. 2ª ed. Rio de Janeiro: Mauad/Adesa, 1996, p. 80, tabela IV.

152 TORAL, André Amaral de. *A participação dos negros....*

arrancados de suas famílias ou seus trabalhos pela força do recrutamento, à moda dos tempos imperiais, o que chegou a despertar duras críticas da imprensa.[153] Contudo, para muitos escravos ou mesmo negros livres pobres, servir em um corpo militar ou mesmo partir para a batalha poderia ser um caminho para atingir um nível acima do que ocupava dento da sociedade. A farda trazia status e a experiência bélica abria brechas na hierarquia social.

Ao estudar a prática de armar escravos no Brasil, Hendrik Kraay assinalou que a mesma sempre ocorreu, tanto por iniciativa privada, como por parte do governo. Nem todo homem escravizado se tornava um guarda-costas, por exemplo, e os que conseguiam alçar o posto de protetores dos seus senhores ou defensores do estado tinham privilégios, subindo na hierarquia da escravidão. Contudo, para um cativo se tornar soldado em uma tropa regular, precisaria ser alforriado pelo seu senhor, respeitando-se em praticamente todo o regime escravocrata o direito de propriedade senhorial. Segundo o pesquisador, a Guerra do Paraguai foi o único momento no qual o estado brasileiro deliberadamente resolveu alistar escravos em suas forças armadas. Ainda assim, tal iniciativa foi cuidadosamente regulada.[154]

A existência de capoeiras entre o contingente destinado à Guerra do Paraguai não é novidade. No livro de memórias *A Bahia de outr'ora*, publicado em 1922, Manuel Querino dedica um trecho considerável à capoeira, descrevendo-a como "uma espécie de jogo athletico, que consistia em rápidos movimentos de mãos, pés e cabeça, em certas desarticulações de tronco, e, particularmente, na agilidade de saltos para a frente, para traz, para os lados, tudo em defesa ou ataque, corpo a corpo", comentando que essa manifestação ocorria principalmente aos domingos, integrando a "mania de ser valente".[155] Sobre a participação de seus praticantes na guerra, conta que:

---

153 BALABAN, Marcelo. "Voluntários involuntários: o recrutamento para a Guerra do Paraguai nas imagens da imprensa ilustrada brasileira do século XIX". *Revista Mundos do Trabalho*, vol. 1, n. 2, jul.-dez. 2009, p. 221-256. Disponível em: <http://www.periodicos.ufsc.br/index.php/mundosdotrabalho/article/view/ 11391/11102>. Acesso em: maio 2011.

154 KRAAY, Hendrik. "Arming slaves in Brazil from the seventeenth century to the nineteenth century". In: BROWN, Christopher Leslie; MORGAN, Philip D. *Arming slaves*: from classical times to the modern age. Londres: Yale University Press, 2006, p. 170-171.

155 QUERINO, Manuel. *Costumes africanos...*, p. 270-278.

o governo da então Província [da Bahia] fez seguir bom numero de capoeiras; muitos por livre e espontanea vontade, e mutissimos voluntariamente constrangidos. E não foram improficuos os esforços desses defensores da Patria, no theatro da lucta, principalmente nos assaltos á baionetas. E a prova desse aproveitamento está no brilhante feito d'armas praticado pelas companhias de Zuavos Bahianos, no assalto ao forte de Curuzú, debandando os paraguayos, onde galhardamente fincaram o pavilhão nacional".[156]

De acordo com Arthur Ramos, Querino falava por experiência própria. Nascido em Santo Amaro, na Bahia, em 1851, o futuro jornalista mulato chegou a se alistar como recruta no exército, aos 17 anos, viajando pelos sertões de Pernambuco e Piauí, unindo-se aí a um contingente que se destinava ao Paraguai, em 1865. Como era franzino, não foi à guerra, permanecendo no Rio de Janeiro, empregado na escrita do quartel até 1870, quando foi promovido a cabo de esquadra e deu baixa.[157] Com essa vivência, pôde resgatar a memória dos capoeiras no conflito, destacando ao menos dois casos: o de Cezario Alvaro da Costa, um "amador competente" na capoeira, que marchou como cabo da esquadra do 7º Batalhão de Caçadores do exército e, após condecorações durante a guerra, faleceu em Bagé, no Rio Grande do Sul, no posto de capitão. E o do cadete-sargento ajudante Antonio Francisco de Mello, pernambucano que integrou o 9º Batalhão de Caçadores e chegou a participar da batalha do Riachuelo, como parte do contingente da corveta *Parahyba*. Ao contrário de Cezario da Costa, Antonio Mello era um "destemido profissional", fato que dificultou sua promoção, pois "usava calça fofa, boné ou chapéu à banda, *pimpão*, e não disfarçava o jeito arrevesado dos entendidos em *mandinga*". Ainda assim, chegou ao posto de alferes e foi condecorado durante a guerra, na qual participou até 1869, quando retornou ao Brasil, permanecendo no 5º Batalhão do Rio de Janeiro.[158]

---

156 *Ibidem*, p. 275-276.
157 *Ibidem*, p. 8, introdução de Arthur Ramos.
158 *Ibidem*, p. 276-278. Grifamos aqui o termo "pimpão" para fazer um paralelo com aqueles capoeiras africanos de São Paulo que desafiaram os africanos cariocas, com a intenção de lhes mostrar sua "pimponeza". Em ambos os casos, subentende-se ser a capoeira uma atividade de homens de uma coragem insolente, meio que desleixada.

A trajetória de capoeiras na Guerra do Paraguai foi melhor delineada a partir da pesquisa de Soares, que levantou casos específicos de envio de capoeiras cariocas para o campo de batalha no Paraguai e da contribuição destes para a vitória brasileira. Ele conclui que, se de um lado o objetivo dos recrutamentos era livrar o Rio de Janeiro desses elementos, temporariamente, por outro lado, esta medida teve um efeito colateral inesperado. Ao retornarem do conflito, militares de baixa patente se tornaram a "vanguarda da desordem", principalmente por desprezar a competência das patrulhas policiais em reprimir a violência.[159] Um dos maiores expoentes dessa transformação pela qual combatentes passaram foi Cândido da Fonseca Galvão, filho de africano forro, que atingiu a patente de alferes por ser ferido na Guerra do Paraguai, onde lutou junto à 3ª Companhia dos Zuavos. Passando a viver no Rio de Janeiro, acabou aclamado por moradores da "África Pequena", que congregava os redutos negros da corte, como dom Obá II d'África. Andando sempre bem vestido, com fraques e cartolas, e frequentando as audiências públicas de d. Pedro II, tornou-se monarquista ferrenho, servindo de "insuspeito" elo entre as elites dominantes de então e a "massa brasileira que emergia da desagregação da sociedade tradicional".[160] Sua visibilidade se estendeu para além das fronteiras do período imperial, chegando o ex-combatente baiano a contestar as ações do chefe de Polícia Sampaio Ferraz contra a perseguição aos capoeiras.[161]

Assim como no Rio de Janeiro, pesquisas específicas sobre a Guerra do Paraguai trazem elementos no sentido de perceber o envio de capoeiras para o *front* como estratégia de senhores e autoridades soteropolitanos para se livrarem de eventuais desordeiros, como contam alguns versos publicados no jornal O Alabama, de 1º de agosto de 1867:

> Eu tinha um mau escravo, adoentado,
> Verdadeiro tormento, endiabrado
> Libertei-o, ao governo ofereci-o
> A fim de eu também ser condecorado
> O que era meu desgosto, é minha glória

---

159 SOARES, Carlos Eugênio Líbano. *A negregada instituição...*, p. 283-292.
160 SILVA, Eduardo. *Dom Obá II d'África, príncipe do povo*: vida, tempo e pensamento de um homem livre de cor. São Paulo: Companhia das Letras, 1997, p. 11.
161 SOARES, Carlos Eugênio Líbano. *A negregada instituição...*, p. 335.

De quem era capoeira fiz soldado!
O querido Decreto publicou-se,
Enfim, também eu fui condecorado!
Lá vai a guerra o grande capadócio,
Da rosa o peito meu eis adornado.[162]

Ao que parece, o recrutamento de negros na Bahia teve efeito colateral idêntico ao verificado no Rio de Janeiro. Ao recuperar outros dados dos Zuavos baianos e de seus integrantes, Hendrik Kraay nos relata a história do liberto Marcolino José Dias, um ex-combatente que retornou a Salvador em 1867 e se tornou uma figura popular. Vivendo como um espião da polícia e recebendo comissão como sargento da Guarda Nacional, Marcolino passou a usar suas "cabeçadas" para influenciar nas eleições.[163]

A partir do que apresentamos até então, abrimos parênteses para inserir um conceito que servirá para entendermos, sob uma ótica diferente da usual, as diversas formas pelas quais capoeiras e valentões serviram de braço armado, em guerras contra inimigos estrangeiros ou mesmo em disputas políticas locais. Se, em um primeiro momento, parece que homens das camadas sociais mais baixas eram usados indistintamente pelas elites, para decidirem conflitos no exterior ou atuarem como capangas nas campanhas eleitorais, observando tais situações da perspectiva dos mesmos, percebemos como esse "uso" era uma via de mão dupla. Conforme mostrou Marcus J. M. de Carvalho, em uma sociedade baseada no escravismo, não eram ilegais apenas os ajuntamentos de negros nas cidades ou os quilombos nas matas. "Também o eram quaisquer manifestações políticas dos escravos", dificultando a formação de líderes entre eles. Assim, muitas vezes as lideranças surgiram de homens negros que haviam passado por "uma

---

162 Instituto Geográfico Histórico da Bahia (IGHB). *O Alabama*, Salvador, 1º ago. 1867. Apud RODRIGUES, Marcelo Santos. *Guerra do Paraguai*: os caminhos da memória entre a comemoração e o esquecimento. Tese (doutorado em História Social) – FFLCH-USP, São Paulo, 2009, p. 217.

163 KRAAY, Hendrik. "Patriotic mobilization in Brazil: The Zuavos and other black companies". In: KRAAY, Hendrik & WHIGHAM, Thomas (orgs.). *I die with my country*: perspective on the Paraguayan War, 1864-1870. Lincoln: University of Nebraska Press, 2004, p. 73. Dentre outros detalhes sobre o tema, este artigo mostra como os Zuavos gozavam de grande prestígio entre a sociedade baiana da década de 1860, buscando redesenhar a trajetória da companhia a caminho da Guerra do Paraguai, no 'front' e em seu retorno a Salvador junto com os Voluntários da Pátria Baianos, em 1870.

experiência transformadora", a partir do engajamento, forçado ou voluntário, em corpos militares.[164]

Ao analisar o processo de Independência, o pesquisador retrata como homens simples, uma vez engajados, dificilmente voltariam a viver como antes, passado o conflito. E que esta situação cabia até mesmo no caso da capangagem, pois "um capanga a serviço de um capitão-mor em diligência era praticamente tão oficial quanto um soldado de alguma milícia paga pela câmara da capital provincial". Carvalho ressalta ainda que, se nas disputas políticas ou militares "abrem-se oportunidades para especialistas nas artes bélicas... os poucos indivíduos que são realmente eficientes nas artes da guerra costumam ser recompensados pelos seus serviços".[165]

Importante expoente nesse sentido foi o capoeira Francisco Xavier da Veiga Cabral, Cabralzinho por alcunha, biografado por Leal em seu estudo sobre a capoeiragem no Pará. Típico valentão, famoso desde fins da década de 1880 por integrar uma pequena "malta de capangas", dentre eles Malaquias e Coutinho, Cabralzinho era comerciante, mas passou a se destacar pela participação ativa na política paraense. Bastante ligado ao Partido Democrata, violou urnas e até liderou uma revolta para tomar o governo, após a proclamação da república. Por pouco não foi deportado para colônias prisionais. Mas acabou se tornando herói nacional, ao se destacar em um conflito entre tropas brasileiras e francesas, quando estas invadiram o Amapá.[166] A história de Cabralzinho, assim como a do capoeira Joaquim Corta-Orelha, guarda-costas de José Bonifácio do qual já falamos, assemelha-se bastante com as de outros valentões da história de São Paulo que tiveram uma participação política de alguma forma relevante, mas, por suas origens humildes, permaneceram na maior parte silenciados por memorialistas e pesquisadores.

Notícias sobre valentões a serviço de grupos políticos foram uma constante na Província de São Paulo, até mesmo em locais mais afastados dos centros urbanos. Em 12 de abril de 1841, por exemplo, o juiz de Direito de Guaratinguetá escreveu um ofício ao presidente da Província, pedindo reforço para conter desordens provocadas por valentões ligados a dois partidos que dividiam a vila, nos seguintes termos:

---

164 Cf. CARVALHO, Marcus J. M. "Negros armados por brancos e suas independências". In: JANCSÓ, István. *Independência*: história e historiografia. São Paulo: Hucitec/Fapesp, 2005, p. 882. Agradeço a Elaine Ribeiro pela indicação deste artigo.

165 Cf. *ibidem*, p. 884-885.

166 LEAL, Luiz Augusto Pinheiro. *A política da capoeiragem...*, p. 124-138.

> Parecendo-me a Villa socegada, não achei falta nos Permanentes: agora porem /esta noite/ fez-se uma morte, que ainda que possa provir de motivos particulares, todavia *o Publico attribue a vingança de Partido, por ser o morto pertencente a um, e o matador a outro, ambos tidos como valentões da Parcialidade, que seguião.* Receio muito, que com este pacto, e pelos que terão consequencia d'elle, se altere de novo aqui a tranquillidade, pois que os Partidos, como que estão em presença. Julgo por tanto prudente restabelecer-se com a maior brevidade o Destacamento dos Permanentes...[167]

Mas é preciso ressaltar que atingir um status diferenciado não significaria, para muitos elementos da camada mais baixa da população, dar as costas aos seus iguais. Ainda de acordo com Carvalho:

> Na primeira metade do século XIX, a população masculina pernambucana vivia sob ameaça de ser engajada à força a qualquer momento. [...] A imensa maioria dos engajados pouco ou nada ganhava [...] Mas alguns se diferenciavam. Aprendiam a obedecer e a mandar. A organizar ações conjuntas. A agir em situações de combate. Aprendiam a liderar. [...] O que podemos dizer com segurança, é que o serviço em algum corpo de tropa poderia ser uma experiência transformadora. [...] alguns dos escravos, negros e pardos livres e libertos armados durante os conflitos da Independência, terminaram politizados pelos acontecimentos.[168]

Reforçamos que, embora a valentia fosse uma "necessidade" da época, inevitável no meio masculino, capoeiras dominavam um conhecimento específico que os diferenciava ainda mais. Talvez por isso, após passarem pela "experiência transformadora" da Guerra do Paraguai, soldados baianos que conseguiram sobreviver nas batalhas graças à capoeira eternizaram o valor de suas participações

---

167 Aesp. *Polícia* (1837-1841), Caixa 1, Ordem 02436, Pasta 4 (grifo nosso).
168 CARVALHO, Marcus J. M. "Negros armados...", p. 912-913.

no conflito através de músicas que se tornaram tradicionais na capoeira da Bahia, como "Humaitá", "Cidade de Assunción" e, possivelmente, "Paranaê".[169]

O sucesso dos capoeiras entre Corpos de Voluntários da Pátria, destacando-se quando o combate chegava ao corpo a corpo, é compreensível, até mesmo pela deficiência do armamento na guerra. Conforme Adler Homero de Castro, quase todas as unidades de Voluntários da Pátria foram criadas como sendo de caçadores, uma infantaria ligeira armada de carabinas, mais curtas que as espingardas dos fuzileiros. Segundo o historiador, "há notícias de terem [os Voluntários da Pátria] chegado a marchar com antigas armas de pederneira antes de receberem novas, no *front*".[170]

FIGURA 17. Nesta litografia dos Corpos de Voluntários da Pátria, feita por José Wasth Rodrigues e pertencente à Coleção Iconográfica Uniformes Militares, do Arquivo Histórico do Museu Histórico Nacional, destaca-se a indumentária dos Zuavos da Bahia, ao centro, com a bombacha vermelha, uma calça larga que remete à denunciada por autoridades paulistas, sobre o costume dos capoeiras de esconderem um punhal em sua barra. A calça folgada também ajudaria na movimentação das pernas, facilitando a aplicação de pernadas. Disponível no acervo digital da Biblioteca Nacional, em: <http://bndigital.bn.br/projetos/guerradoparaguai/galerias/litografias>. Acesso em: jun. 2010.

---

169 ASSUNÇÃO, Matthias Röhrig. "History and memory...", p. 199-217.

170 CASTRO, Adler Homero Fonseca de. "Notas sobre o armamento da Guerra do Paraguai". *Projeto Rede da Memória Virtual Brasileira – Guerra do Paraguai*. Disponível em: <http://bndigital.bn.br/projetos/guerradoparaguai/artigos.html>. Acesso em: jun. 2010.

Podemos imaginar então que, na guerra, capoeiras habilidosos com armas de ponta levavam vantagem no uso das baionetas. Anos depois do término do conflito, a imprensa ainda faria críticas à guerra, atribuindo a vitória mais à valentia e ao grande número de recrutas do lado brasileiro do que à eficiência do comando militar no império. Em 25 de maio de 1878, a *Revista Illustrada* recordaria um fato que ocorreu na mesma data, no ano de 1865:

> depois da batalha da véspera, grande briga de capoeiras contra capoeiras [...] o general Osorio, despresando os conselhos dos tatús (vulgo engenheiros) descançou sobre seus louros e deixou que os tatus inimigos cercassem o nosso exercito de vallas e trincheiras, que o heroico bucephalo do legendario general não consegui pular.

O artigo da revista encerra com a observação de que "vencemos os paraguayos, tendo menos juizo e mais soldados do que elles".[171] É provável que essa passagem se refira à atuação da 1ª Companhia de Zuavos baianos no cerco de Uruguaiana, quando a mesma, composta exclusivamente por negros, inclusive os oficiais, foi classificada pelo conde D'Eu como "a mais linda tropa do Exército brasileiro". Mesmo assim, meses depois, acabou dissolvida pelo general Osório e seus soldados foram distribuídos entre outros batalhões.[172]

São Paulo também contribuiu com homens para a guerra. A estimativa é de que a província tenha enviado 6.504 homens, dos quais 4.824 eram Voluntários da Pátria; 1.125, da Guarda Nacional; e 555, de recrutamentos ou libertos.[173] Apesar dessa comprovada participação, não conseguimos localizar referências diretas ao uso de capoeiras entre combatentes paulistas. A relação entre a Guerra do Paraguai e os capoeiras em São Paulo, contudo, pode ser construída por outros caminhos.

---

171 *Revista Illustrada*, Rio de Janeiro, n. 113, 25 maio 1878. *Apud* Sala de Pesquisa Internacional da Federação Internacional de Capoeira, Capoeiras em la Guerra de Paraguay, 10 dez. 2009. Disponível em: <http://cap-dep.blogspot.com/2009/12/capoeiras-en-la-guerra-de-paraguay.html>. Acesso em: jun. 2010.

172 DORATIOTO, Francisco. *Maldita Guerra*: nova história da Guerra do Paraguai. São Paulo: Companhia das Letras, 2002, p. 267.

173 SOUSA, Jorge Prata de. *Escravidão ou morte*..., p. 89, tabela IX.

FIGURA 18. Ao contrário da anterior, esta litografia dos Voluntários da Pátria, também feita por José Wasth Rodrigues, o elemento negro some, destacando-se ao centro o uniforme do 7º Batalhão de Voluntários de São Paulo. A imagem pertencente à mesma coleção citada na figura 17 e também disponível no acervo digital da Biblioteca Nacional, em: <http://bndigital.bn.br/projetos/guerra doparaguai/galerias/litografias>. Acesso em: jun. 2010.

A primeira questão a ser levantada é a dificuldade de se recrutar homens ou mesmo escravos para a guerra. É bastante conhecido o fato de que os senhores colocavam seus escravos para servirem no lugar de seus filhos. Além disso, em *Maldita guerra*, Francisco Doratioto salienta que:

> Em São Paulo, 168 dos 1615 convocados, para irem à guerra pagaram 600$000 réis por pessoa para escaparem do serviço militar. No ano seguinte, o presidente dessa província enviou ofícios a juízes em que propunha sugerirem, aos fazendeiros e a outros cidadãos ricos, a libertação de escravos para serem enviados...[174]

Diante da dificuldade no recrutamento, indivíduos considerados perigosos, desordeiros ou valentes seriam primeira opção, até mesmo como forma de controle da violência, como se viu no Rio de Janeiro e na Bahia. Se não encontramos informações específicas sobre o uso de capoeiras em milícias paulistas, informações sobre o recrutamento de valentões são uma constante nos documentos do

---

174 DORATIOTO, Francisco. *Maldita Guerra...*, p. 265.

século XIX, como o "caboclo" José Luis, "metido a valente" e "muito nas circunstâncias de servir no Corpo de Artilharia", citado em um ofício do capitão comandante de São Bernardo, em 1822:

> Há nesta Freguezia hum rapaz *caboclo de nome Jozé Luis, metido a valente*, tendo *já feito em outros tempos varias dezordens*, dando *facadas*, e *pauladas*, e agora esteve a ponto de fazer o mesmo querendo dar facadas em hum moço branco e capas, q. p.ʳ felicid.ᵉ sua passava numa occaz.ᵐ o Cadete Francisco Ant.º d'Oliveira, que dando-lhe duas pranchadas e o querendo prender, fugio para o Mato: este rapaz está muito nas circonstancias de servir no Corpo d'Artilharia, p.ʳ ser alguma couza claro e não ter domicilio certo...[175]

Recrutar o "caboclo" José Luis resolveria o problema das desordens por eles provocadas e ainda ajudaria a compor a força policial, bastante defasada naqueles tempos, como se depreende de outro ofício do mesmo ano, assinado pelo comandante de um esquadrão da capital paulista e enviado ao Governo Interino da província:

> O Esquadrão de meu Commando acha-se bastante *desfalcado de Praças* p.ª prehencherem o Serviço, p.ʳ q. o m.ᵐᵒ Esquadrão sempre foi escolhido, *fazendo as vezes de hum Corpo de Policia*, que sempre mereceo dos habitantes desta Capital não só respeito, como credito p.ʳ ser composto de homens capazes, e de confiança, para cujo fim são escolhidos; e como me perçuado que a demora do m.ᵐᵒ Esquadrão na Vila de Santos, será temporaria, não posso deixar de exigir de V.ᵃˢ Ex.ᵃˢ *hum recrutam.ᵗᵒ de homens capazes*, e escolhidos nesta m.ᵐᵃ Cidade a q. pertence este Corpo, e que estejão no cazo da Ley çujeitos ao recrutam.ᵗᵒ ou m.ᵐᵒ hum Bando convidando-os voluntariam.ᵉ, pelo prazo determinado, o que não será dificultoso pelo entusiasmo, e amor a cauza do Brazil, q. sempre, honrados e valentozos Paulistas, tem mostrado...[176]

---

175 Aesp. *Ofícios Diversos da Capital* (1822-1825), Caixa 69, Ordem 864, Pasta 1, Documento 41 (grifo nosso).

176 *Ibidem*, Documento 45 (grifo nosso).

Não obstante, valentões como José Luis, uma vez engajados na força policial, muitas vezes traziam mais problemas do que soluções, fossem pelas deserções, fossem por abusos de poder, como no caso de dois permanentes de Sorocaba que espancaram um alfaiate apenas para lhe roubar um colete:

> Cumpre-me levar ao conhecimento de V. Exa. que as 10 horas mais ou menos da noite do dia 4 do corrente, hindo para sua caza o Alfaihate Miguel José de [Canv.o], sahirão ao seo encontro *dous Permanentes que fasem parte do Destacamento desta Cidade*, Joaquim Alves de Castro e Generoso Antonio Fagundes, *espancarão no e o ferirão com baioneta* em um braço, e *tomarão lhe um collete*, que o mesmo levava, e igualmente *quizerão tomar-lhe um capote*, e com o motim que fasião [...] algu'as pessoas retirarão-se os Permanentes, deixando o capote e levando o collete. Hoje desesseis do corrente é que fui sciente do acontecido por se me apresentar o dito alfaihate requerendo me que lhe mandasse entregar o collete, e indagando eu do facto e suas circunstancias conheci ser verdadeiro. A vista de que *mandei recolher a prizão os ditos Permanentes*.[177]

Casos desse tipo, de recrutamento dos mais perigosos elementos e da consequente conduta inadequada dos praças se repetem por toda a província, na primeira metade do século XIX, inclusive com repetidas queixas sobre conflitos entre homens de corporações distintas.[178] Fatos que não surpreendem, tendo em vista que este foi o período de formação da força policial no país. O próprio cargo de chefe de Polícia foi criado em 1827, mas a promulgação veio apenas em 1841. Já os Corpos Policiais de Permanentes surgiu na década de 1830.[179] De acordo com Rosemberg, o controle da ordem na cidade só iria melhorar a partir de 1874, com a criação da Companhia de Urbanos.[180] Ainda assim, na província como um todo, a

---

177 Aesp. Ofícios Diversos de Sorocaba (1846-1851), Caixa 504, Ordem 1299, Pasta 1847, Documento 10/08/1847 (grifo nosso)..

178 ROSEMBERG, André. *Polícia, policiamento e o policial na província de São Paulo, no final do Império*: a instituição, prática cotidiana e cultura. Tese (doutorado em História) – FFLCH-USP, São Paulo, 2008, p. 79-86.

179 *Ibidem*, p. 43-45.

180 *Ibidem*, p. 46. No capítulo 1 de sua tese, Rosemberg traça uma retrospectiva da formação das forças policiais na Província de São Paulo, o que não faremos aqui por ser outro nosso foco.

fragilidade de forças locais traria grandes transtornos na década de 1880, quando as sublevações escravas ameaçavam o sistema escravista.[181]

A possibilidade de que capoeiras ou, ao menos, homens com habilidades marciais típicas daqueles, estivessem inseridos dentro do sistema de segurança de São Paulo, ao longo do século XIX, é reforçada por um ofício de 17 de outubro de 1879, do chefe de polícia ao presidente da província, sobre conflitos entre diferentes corporações:

> A gravidade dos *factos que se tem repetido ultimamente nesta Capital*, em relação a *indisciplina e má indole de alguns soldados* de linha que pernoitão fora do quartel, a necessidade que há de estar sempre a guarda urbana vigilante para a garantia da segurança individual e de propriedade e o susto de que se achão possuidos os agentes da Polícia, são motivos para que me dirija hoje á V. Ex.ª, pedindo promptas e energicas medidas tendentes a conter taes desmandos; pois que, *esses soldados apadrinhados com a farda e armados de navalha, vagam embriagados pelas ruas da cidade*. Com rasão, a população acha-se atterrada com estas tristes occurrencias e *eu receio qualquer conflicto entre a força de linha e a de policia*; que, como V. Ex.ª sabe, é insuficiente...[182]

Temos nesse documento um quadro bem familiar ao ambiente dos capoeiras, com a navalha associada à embriaguez e à desordem pelas ruas. E o conflito entre soldados e militares aponta para uma questão verificada no Rio de Janeiro, onde ex-escravos, alforriados da Guerra do Paraguai, passaram a usar a farda como escudo para desautorizarem policiais, resultando em conflitos entre as duas corporações, similares aos verificados na capital paulista.

Faz-se necessário recordar que parte das acusações e dos recrutamentos por desordem, vadiagem ou outras generalidades, contra pessoas livres pobres, em especial as que passaram pela escravidão e conquistaram a alforria, estavam ligados a outras questões que não uma eventual ameaça à tranquilidade pública. Ao reconstituir a história de brancos pobres e libertos no Brasil colonial, Maria Odila Dias notou como:

---

181 MACHADO, Maria Helena Pereira Toledo. *O plano e o pânico...*, p. 80.
182 Aesp. *Polícia* (Reservados), Encadernado 1529 (1878-1884), p. 53 (grifo nosso).

> A discriminação da cor, do vestuário, a proibição de andar com armas de ponta, a precariedade de direitos e o tênue alcance jurídico das alforrias, a dificuldade de circular livremente pelas estradas e pela cidade, a opressão dos impostos, do sistema concentrador de terras que os deixava a mercê dos senhores, dos recrutamentos violentos; uma vez soldados, a precariedade dos soldos com relação aos preços dos gêneros alimentícios – tudo isto delimitava o âmbito de sua sobrevivência sob o férreo sistema de dominação que os rodeava.[183]

O controle de libertos e livres era uma das questões, segundo Maria Odila, prementes na sociedade escravista. Conforme ela, "a política de dominação se fazia sentir principalmente através do sistema eleitoral e da estratégia de recrutamento para as forças policiais locais, a guarda nacional ou para o exército de primeira linha".[184] Desta forma, não é difícil imaginar o recrutamento sistemático de valentões e até mesmo capoeiras em São Paulo, antes, durante e depois da Guerra do Paraguai. E, mesmo que muitos dos recrutados partissem para o *front* sem qualquer habilidade marcial, o encontro com grupos de outras regiões deve ter fomentado a troca mútua de técnicas de luta valiosas na hora do combate. Os Zuavos da Bahia, por exemplo, antes de seguirem para os campos de batalha passaram pelo Rio de Janeiro, e alguns certamente ficaram pela corte ao retornar do conflito. A caminho da luta ou já no *front*, talvez alguns capoeiras cariocas, baianos e paulistas se reconhecessem, influenciando-se e até transmitindo seus conhecimentos a outros que desconhecessem suas técnicas.

Os anais das campanhas militares, tal como revelado nos estudos sobre a Guerra do Paraguai, revelam longas trajetórias de contingentes heterogêneos. Em 10 de abril de 1865, por exemplo, 568 homens, incluindo grande número de cariocas e 135 paranaenses, partiram de São Paulo com destino a Uberaba. Apesar das perdas em Campinas, com seis mortes por varíola e 159 deserções, o grupo chegou ao destino em 18 de julho, encontrando o reforço da brigada de Ouro Preto,

---

183 DIAS, Maria Odila Leite da Silva. "Blancos pobres y libertos en la sociedad colonial de Brasil, 1675-1835". In: UNESCO (org.). *Historia Generale de América Latina*. Paris: Editora Trotta, 2001, tomo 2, vol. 3 (tradução nossa).

184 Idem. "Sociabilidades sem história: votantes pobres no império (1824-1881)". In: FREITAS, Marcos Cezar de (org.). *Historiografia brasileira em perspectiva*. São Paulo: Contexto, 1998, p. 59-60.

composta por 1.212 homens. Depois de 47 dias aguardando mais reforços, a coluna sofreu novas deserções, mas angariou 1.209 novos recrutas, partindo para Cuiabá. Lá, esta companhia reuniu-se com guardas nacionais de Goiás para formar o Corpo Expedicionário em Operações no Sul do Mato Grosso. Em julho de 1867, após uma série de combates e muitas mortes por doenças ou pelo fogo inimigo, a corporação se viu reduzida a apenas 700 combatentes. Nesse mês, porém, Couto de Magalhães, que havia assumido a presidência do Mato Grosso no início do ano, concordou com um plano inusitado do capitão Antonio Maria Coelho, de se aproveitar a época da cheia do pantanal para desferir uma ofensiva, o que resultou em uma vitória passageira, diante do cólera que tornava a permanência no local impossível. Os paraguaios acabaram deixando o Mato Grosso em abril de 1868, diante do perigo criado pela esquadra brasileira que ultrapassou Humaitá e chegou à capital paraguaia.[185]

Só nessa passagem, percebe-se a presença de soldados de diferentes regiões lutando junto. São paulistas, cariocas, mineiros e mato-grossenses. Não sabemos quais sobreviveram até Couto de Magalhães assumir a presidência do Mato Grosso e acompanhar os homens em algumas batalhas, quando provavelmente constatou o "préstimo dos homens de cor" como soldados e sedimentou sua opinião favorável à militarização da capoeira.

Assim como verificado em outras regiões, podemos ainda supor que muitos ex-combatentes, capoeiras ou não, retornaram da guerra com uma visão de mundo distinta, causando problemas por toda a província. Retomando as observações de Marcus J. M. de Carvalho, vale lembrar que:

> Ao recrutar um homem pobre que poderia causar desordem – com toda a ambiguidade que este termo carrega –, [a elite] transformava um possível rebelde num agente da ordem. [...] Como era absolutamente ilegal qualquer manifestação política dos escravos, poderia sair dali a sua liderança. Quando isso acontecia [...] a plebe tornava-se soberana.[186]

No caso de São Paulo, também temos alguns exemplos dessa ambiguidade. Em 1871, o dono de uma fazenda foi assassinado por seus escravos, sob a liderança

---

185 DORATIOTO, Francisco. *Maldita Guerra...*, p. 121-130.
186 CARVALHO, Marcus J. M. "Negros armados...", p. 914.

de um africano que se dizia livre por ser ex-voluntário da pátria. Ao demiti-lo por julgá-lo insubordinado, o senhor provocou a ira dos cativos.[187] Anos depois, em 1882, um ofício entre autoridades comentava sobre um certo Joaquim Mattozo Ferraz que:

> Esteve no Paraguay, como *voluntário da Pátria*, vindo para esta cidade; depois de concluida a guerra, aqui casou-se e fez-se leiloeiro em cujo emprego não procedêo bem, mas tarde tormou-se prestigiador, e mais tarde – sem que se saiba com que recursos – *fez uma viagem á Europa*, donde voltou em pouco tempo, *intitulando-se Doutor em Medicina*, e tem vivido pelo interior da Provincia, *deixando sempre atraz de si suspeitas de criminalidade*, mas que até hoje não pouderam ser averiguadas, e por isso ainda não poude ser processado..."[188]

Se os problemas causados por ex-combatentes perduraram anos após o conflito, a fama de alguns soldados, inclusive capoeiras, também parece ter resistido por algumas décadas na memória popular paulista. Assim, na edição de 17 de junho de 1890, o *Correio Paulistano* publicou um folhetim comemorativo à vitória do Brasil no conflito, destacando heróis "da última camada social", incluindo um capoeira:

> Muitos nomes se immortalisaram no celebre combate. Como é natural, as glorias da guerra cabem de costume, assim como a responsabilidade dos revezes, aos generaes e commandantes superiores e entretanto quantas vezes um soldado obscuro faz mudar a sorte das armas!
> *Marcilio Dias foi um desses bravos que da ultima camada social atirou o seu nome para as alturas da posteridade.*
> Elle só, a bordo do Parnayba defendeu a pôpa do navio accommettido a um tempo por dois vapores inimigos. Os paraguayos desciam pelas enxarcias, pelas vergas, por toda a parte, pareciam cahir do espaço, ao mesmo tempo que ao tombadilho saltavam pela amurada; Marcilio, de machado em punho, crivado de ferimentos, só cahiu quando o

---

187 AZEVEDO, Celia Maria Marinho de. *Onda negra, medo branco*: o negro no imaginário das elites – século XIX. Rio de Janeiro: Paz e Terra, 1987, p. 162.
188 Aesp. *Livro de Reservados da Polícia* (1878-1884), E01529, p. 188 (grifo nosso).

> numero de cadaveres em que se arrimava lhe mostrou não haver mais a quem impedir a invasão do sólo de sua patria. *Marcilio Dias era rio-grandense e foi recrutado quando capoeirava á frente de uma banda de musica.* Sua mãe, uma velhinha alquebrada, rogou para que lhe não levassem o filho; foi embalde. Marcilio partiu para a guerra e morreu legando um exemplo e um nome.[189]

A partir do cruzamento dos dados apresentados, inferimos que havia capoeiras nos corpos militares que seguiram de São Paulo para a Guerra do Paraguai e que alguns ex-combatentes residentes na província seriam reconhecidos pela habilidade nesse jogo-luta-arte, ainda que não tenhamos localizado uma referência direta a isso.

Conclusões parciais

Apesar da vontade de representantes da elite paulistana em coibir a capoeira, o jogo-luta continuou a ser praticado por escravos por todo o século XIX. Contudo, passou por uma mudança com o fim do tráfico de cativos em 1850, apresentando uma face mais heterogênea a partir de então. É isso que avaliamos com base no processo contra Adão dos Santos Jorge, que liderava um grupo composto por negros escravizados provenientes de outros estados do Brasil e pardos livres. Pelos depoimentos aí contidos, conseguimos reconstruir uma faceta do jogo da capoeira da época, caracterizada por uma espécie de dança na qual um homem armado de navalha nas mãos tentava acertar uma varinha curta sustentada pelo adversário. A documentação mostrar a capoeira como um "atenuante" nos casos de ofensa física em São Paulo, uma vez que é associada a uma "brincadeira".

Se a capoeira da primeira metade do século XIX, em São Paulo, parece ter sido mais homogênea, prevalecendo a participação de cativos de procedência africana, isso não significava ser ela socialmente impermeável. Correspondências reproduzidas pelo *Farol Paulistano*, em 1829, revelam o envolvimento de um professor de francês do Curso Anexo à recém-montada Academia de Direito, criticado por jogar capoeira também em um chafariz com negros. O caso aponta ser a cabeçada um importante

---

189 Aesp. *Correio Paulistano*, 29/05/1890, Microfilme 04.01.040 (grifo nosso).

componente do caráter de luta que tal prática já trazia, mas que ganhava ares de brincadeira, beirando o espetáculo, com palmas e assobios acompanhando o gestual. O professor não seria o único intelectual a participar de encontros com cativos e libertos, sendo acompanhado por alguns estudantes do Curso Jurídico em diversas "patuscadas" e desordens noturnas.

Esse viés da capoeira enquanto arte se torna ainda mais forte na ótica de alunos da Faculdade de Direito, em meados do século XIX. Conhecedores do valor marcial desse tipo de manifestação associativa dominada por escravizados, forros e homens livres de ascendência africana, alguns estudantes se tornaram valentões reconhecidos pela habilidade com o cacete, a navalha e mesmo os golpes de capoeira. Um dos maiores expoentes entre eles foi Luiz Joaquim Duque-Estrada Teixeira, que, pouco depois de se formar na capital paulista, ficou famoso por aproveitar politicamente os capoeiras no Rio de Janeiro, liderando a malta Flor da Gente. Outro estudante da época, Couto de Magalhães chegou até a defender o uso da capoeira no treino do exército brasileiro, ainda no século XIX, provavelmente pelo que viu na Guerra do Paraguai.

Nesse sentido, analisamos a possibilidade de capoeiras paulistas terem participado do conflito internacional como Voluntários da Pátria, assim como os reconhecidos Zuavos da Bahia. Se não conseguimos chegar a uma vinculação direta, verificamos que, em São Paulo, a participação de valentões em guerras ou mesmo em disputas eleitorais resultaria numa "experiência transformadora", abrindo caminho para, individualmente, ascenderem na hierarquia social e assumirem um papel de liderança. Capoeiras, dotados de um conhecimento específico que os diferenciava, provavelmente participaram desse processo. Se não alcançamos essa informação diretamente, percebemos a presença marcante desses indivíduos no elogio ao heroísmo de um deles no *front*, publicado em um grande jornal.

Capítulo 3

CAPOEIRAS EM SANTOS: DA DISPUTA ENTRE BAIRROS À LUTA PELA ABOLIÇÃO

> *'Quarteleiros! – Gente brava como nós! Querem destruir Santo Antonio: Estrangeiros pretendem pisar as nossas tradições e os nossos brios! Santo Antonio acaba de fazer um milagre! Façamos uma tregua em nossas differenças! Somos todos santistas!*[1]

Principal porto de escoamento dos produtos de São Paulo, a cidade de Santos apresentava, já no século XIX, uma ligação visceral com a capital. Assim como no planalto, a vida dos santistas era agitada, em especial pela movimentação de cargas para o cais, e perigosa pelas doenças facilmente disseminadas em uma região naturalmente insalubre, devido à localização entre o mar e a serra, cortada por manguezais e rios. Também em Santos, escravos e libertos ocupavam as atenções das autoridades. Somado a essas e outras questões largamente estudadas por historiadores, havia mais uma preocupação, praticamente ignorada: a prática da capoeira.

Neste capítulo, cotejaremos documentos policiais com reminiscências para esclarecer o porquê de uma necessidade específica em Santos de se prender homens por "jogar capoeira" na década de 1870. O percurso da análise nos levará a enxergar a possibilidade de cativos e forros com habilidades marciais terem se envolvido em disputas políticas da cidade, no período, abrindo caminho para uma participação ativa no movimento abolicionista, que, na década seguinte, tomou

---

1 "As lutas entre quarteleiros e vallongueiros". *A Tribuna de Santos*. Edição commemorativa do 1º Centenário da Cidade de Santos (1839-1939), 26/01/1939.

conta da província e fez da cidade-porto um dos seus mais importantes redutos até o fim da escravidão, em 13 de maio de 1888.

As raras prisões por capoeira na província

A tarde do dia 21 de dezembro de 1873 trouxe má sorte ao liberto Marcelino Ignacio e aos escravizados Zacarias, Luis e João. Os quatro divertiam-se no jogo da capoeira quando foram flagrados pela patrulha e presos a ordem do delegado José Antonio Magalhães Castro Sobrinho.[2] Embora tenham sido soltos logo no dia seguinte, a detenção por quase 24 horas foi suficiente para que o grupo abandonasse tal prática ou, o que é mais provável, passasse a ter mais discrição, pois nenhum deles voltou a ser preso pelo mesmo motivo, ao menos até o final da década.[3]

Estas quatro prisões específicas "por capoeira", junto com outras três também na década de 1870 e em Santos, apresentam-se como uma incógnita, por se tratarem das únicas sequenciais que localizamos na província de São Paulo. Conforme já foi dito neste trabalho, mesmo em cidades nas quais se adotaram posturas proibindo a capoeira, não conseguimos identificar em registros de cadeias, ofícios ou partes policiais praticantes presos por este motivo, salvo um caso na capital, já no limiar da abolição da escravatura, que comentaremos no próximo capítulo.

Principal porto da província de São Paulo, Santos na década de 1870 contava com cerca de 10.500 habitantes, sendo a ordem mantida pela polícia, composta por delegado, suplente, subdelegado, escrivão e mais de 30 inspetores de quarteirão, além do Corpo Policial Permanente, que em 1871 contava com 17 soldados, comandante e cabo, e a Guarda Nacional, no mesmo ano dispondo de 544 homens para cobrir desde a vizinha São Vicente até Itanhaém, Iguape, Cananeia e Xiririca, mais ao sul.[4]

Pela falta de contingente, a cidade de Santos convivia com os mesmos problemas de insegurança vistos em outras regiões da província. No dia 15 de julho de

---

2   MUSEU DO CRIME DA ACADEMIA DE POLÍCIA DE PRAIA GRANDE (doravante, MC-APPG). *Livro de Registro de entrada e saída de presos da Cadeia Pública de Santos (1872-1874)*, p. 121-123, registros 357, 359, 360 e 361.

3   MC-APPG. *Livro de Registro de entrada e saída de presos da Cadeia Pública de Santos (1872-1874, 1874-1877, 1878-1879)*.

4   FONTES, Antonio Martins; SILVA, Francisco Alves da. *Almanak da Cidade de Santos de 1871*. Santos: Typographia Commercial, 1871.

1871, o delegado Francisco de Paula Coelho reclamava ao presidente da província ter um número insuficiente de praças para vigiar a cadeia e conter desordens, principalmente pela presença de marinheiros ingleses:

> O destacamento desta Cidade compoem-se de 14 praças de corpo policial, fazendo o serviço de guarnição da Cadeia, das rondas não havendo folga alguma, de maneira que as praças que fasem a patrulha até alta noute, vão no dia seguinte fazer a guarda da Cadeia e vice versa. É publico e notorio que quando se achão neste porto vapores Ingleses apesar das ordens que dou para manter a ordem publica e de reforçar a patrulha policial com praças da Guarda Nacional, há sempre desordens, e muitas vezes a patrulha não pode conter os marinheiros pela sua inferioridade numerica.[5]

Para o delegado, a chegada de mais vapores ingleses justificava um aumento no efetivo em 15 homens. Pouco mais de um mês depois, a mesma autoridade voltou a queixar-se do contingente da cidade, agora se referindo aos Guardas Nacionais que se apresentaram para fazer o serviço de patrulhas e rondas noturnas. Segundo ele, eram apenas cinco praças "desarmadas e desfardadas", com "incapacidade phisica legalmente reconhecida", que não teriam condições de manter a ordem em um local frequentado por "marinheiros nacionaes e estrangeiros reconhecidamente propensos a turbulencia, e onde há grande porção de escravos possantes".[6]

Conforme recenseamento geral de Santos feito em 1872, a cidade contava com 9.871 moradores, 1.742 escravos e 1.577 estrangeiros, incluindo 255 africanos livres. Havia ainda 149 "hóspedes", que seriam pessoas em trânsito pela região, algo comum em uma área de porto, sempre recebendo viajantes que chegavam ou partiam pelas embarcações atracadas no cais.[7]

Em Santos, os africanos livres também apareciam, desde meados dos oitocentos, em situações similares à que resultou na prisão de Adão dos Santos Jorge, caso que analisamos no capítulo anterior, embora nos documentos que localizamos envolvendo este grupo, não apareça o termo "capoeira". Este foi o caso de

---

5   Aesp. *Ofícios de Santos (1869-1872)*. Caixa 454, Ordem 1249, Pasta 1871, ofício de 15/07/1871.
6   *Ibidem*, ofício de 17/08/1871.
7   *Ibidem*, ofício de 16/09/1872.

Felisberto Dias, julgado no dia 3 de maio de 1855 pelo Juri de Santos, junto com o preto liberto Luiz Pedroso, ambos oficiais de pedreiro e acusados de terem se ferido reciprocamente. Mostrando-se ladino, Felisberto Dias acabou sendo absolvido, enquanto o liberto foi condenado a um ano de prisão e multa correspondente a metade deste tempo.[8]

Além dos problemas de segurança, a região de Santos era atemorizada nesta época, frequentemente, pelas epidemias ligadas à chegada de embarcações com pessoas contaminadas e às próprias condições naturais e de higiene da cidade. Um telegrama do delegado ao chefe de polícia, de janeiro de 1873, por exemplo, informava sobre os diversos navios de quarentena no Porto, com doentes de febre amarela.[9] Em fevereiro e maio, a Câmara também se manifestou sobre o problema.[10] Mais de um ano depois, foi a vez do delegado escrever sobre a proliferação de doenças na cidade, desta vez direto ao presidente da província, alertando que "o estado sanitário desta cidade é actualmente o mais desagradável possível, desenvolvendo-se á epidemias com tal intensidade que calcula-se o número de enfermos em cerca de cem".[11]

Em contrapartida, enquanto rota de escoamento da produção paulista, Santos tentava acompanhar quase que passo a passo o processo de urbanização da capital. Como lembra Ana Lúcia Duarte Lanna, ao analisar Santos nas últimas décadas da escravidão, havia uma articulação entre "planalto-porto e a influência da cidade de São Paulo sobre vasta região durante o século XIX".[12] Esta pesquisadora acrescenta ainda que, dentre outras mudanças socioeconômicas do período entre 1870 e 1913:

> ... nas cidades a escravidão assumiu características distintas das existentes na grande lavoura. A forçada convivência de brancos e negros, senhores e escravos, livres e pobres

---

8 Fundação Arquivo e Memória de Santos (doravante, FAMS). *Coleção Costa e Silva Sobrinho*, vol. 112, tomo XI, p. 216.
9 Aesp. *Ofícios de Santos (1869-1872)*. Caixa 454, Ordem 1249, Pasta 1873, ofício de 22/01/1873.
10 *Ibidem*, ofícios de 14/02/1873 e 02/05/1873.
11 *Ibidem*, ofício de 03/07/1874.
12 LANNA, Ana Lúcia Duarte. *Uma cidade na transição*: Santos, 1870-1913. Santos: Hucitec/Prefeitura, 1996, p. 35-36

permitiu contatos culturais e o desenvolvimento de redes complexas de relações que marcaram a escravidão urbana.[13]

Contudo, o processo de urbanização era, assim como na capital, incipiente. Em 1869, um relatório sobre a economia da cidade apontava Santos como "empório commercial da Província de S. Paulo", com indústria reduzida a dois curtumes, quatro olarias e quatro fábricas de sal, enquanto a lavoura estava "completamente definhada", não existindo senão pequenas plantações, sendo a mão de obra quase toda concentrada no comércio em torno do cais.[14]

Valendo-nos das passagens envolvendo capoeiras na capital paulista entre as décadas de 1830 e 1860, analisadas nos dois capítulos anteriores, podemos supor que em Santos também ocorressem manifestações similares, entre escravos, forros, livres pobres e talvez até entre a elite. Mais do que indícios disso, encontramos nesta cidade portuária um lampejo raro de prisões de seus praticantes. Mesmo que o número de detidos "por capoeira" em território santista seja ínfimo, diante do total de prisões em sua cadeia, como mostraremos, o caso merece atenção. Até porque pode estar vinculado a contextos mais amplos, da própria cidade ou mesmo do Brasil como um todo. Mergulhemos nos livros de presos da Cadeia Pública, para analisar seus registros.

A fonte documental que servirá de base para a análise que se segue são os livros de registros de presos da Cadeia Pública de Santos, preservados no Museu do Crime, da Academia de Polícia de Praia Grande, litoral de São Paulo. Existem lá os cadernos referentes aos períodos de 1870-1872, 1872-1874, 1874-1877, 1878-1879, 1903-1905 e 1903-1913, todos em relativo bom estado de conservação. Os livros da década de 1870 são compostos por páginas de abertura e encerramento, e folhas com os registros dos presos, informando dados pessoais, hora e por ordem de quem foram presos, motivo da prisão e hora e por ordem de quem foram soltos. Em alguns casos, há outras informações, como eventuais julgamentos.

Para realizarmos esta pesquisa, inicialmente observamos cada página desses livros, em busca de presos por capoeira. Diante do reduzido número de casos do tipo, optamos por fazer uma análise qualitativa do material.

---

13   Ibidem, p. 39-40.
14   Aesp. *Ofícios de Santos (1869-1872)*. Caixa 454, Ordem 1249, Pasta 1869, ofício de 15/03/1869.

Um estudo estatístico realizado anteriormente por outro pesquisador da criminalidade em Santos, Ian Read, com base nesse mesmo material, mostrou serem outros os principais motivos para prisões de escravos.[15]

Tabela 2 – Razões apresentadas para prisão de escravos em Santos, 1866-1879

Motivos	Homens escravizados (%)	Mulheres escravizadas (%)
Desobediência	13,4	33,3
Desordem	9,1	11,1
Desrespeito	5,0	3,7
Embriaguez	12,2	3,7
Briga	15,1	9,3
Andar na rua depois do toque de recolher	17,5	7,4
Por requisição do senhor	14,4	24,1
Tentativa de homicídio ou prática de homicídio	3,6	1,9
Roubo	1,4	0,0
Outros	1,0	0,0
Desconhecidos	7,4	5,6
Total	100	100

Fonte: READ, Ian William Olivo. *Unequally bound...*, p. 184, tabela 5.5 (tradução nossa). Além dos livros de registros de presos da Cadeia Pública de Santos, este pesquisador usou dados publicados em jornais da época, para preencher vazios nos períodos dos quais os livros da polícia se perderam.

Pela Tabela 2, notamos que a maioria das mulheres (48,1%) e um volume considerável dos homens (22,5%) foram presos por afrontarem a ordem estabelecida, através de atos de desobediência, desordem ou desrespeito. Proporcionalmente, mulheres eram mais detidas a pedido dos seus senhores do que os homens. Mas estes tinham maior tendência a brigar ou andar na rua depois do toque de recolher.

---

15 READ, Ian William Olivo. *Unequally bound: the conditions of slave life and treatment in Santos County, Brazil, 1822-1888*. Tese (doutorado em História) – Universidade de Stanford, California, 2006.

Irrelevantes, as prisões por capoeira nem aparecem na tabela, computadas com outras atividades menos frequentes, dentro do índice de "outros". Por esta análise estatística, é impossível dizer que, entre os muitos escravos presos por desordem ou briga, havia algum habilidoso na capoeira. Contudo, uma observação mais atenta sobre cada um dos sete casos que localizamos permite algumas suposições nesse sentido.

De volta ao livro de registro de presos em Santos que abarca o período entre 1870 e 1872, vemos que, de um total de 576 detenções registradas, apenas uma diz respeito, especificamente, a um capoeira. Trata-se do escravo Japhet, descrito como preto, de altura e corpo regular, olhos pardos, rosto comprido, queixo fino, solteiro, com idade próxima dos 19 anos. Preso pela patrulha no dia 13 de julho de 1871, às 10 horas da noite, por ordem do subdelegado de Santos, foi solto no dia seguinte conforme determinação da mesma autoridade.[16] Podemos adiantar que, assim como Japhet, quase todos os indivíduos detidos por capoeira nesse período, em Santos, e que iremos apresentar em seguida, foram soltos no dia seguinte, procedimento comum para ocorrências leves, como embriaguez ou até mesmo "andar fora de hora com uma espingarda", como se passou com o escravo Cândido. Preso na noite de 18 de março de 1871 por essa razão, foi devolvido no dia seguinte ao seu senhor, José Carneiro da Silva Braga.

Aliás, outra questão interessante é que, no caso dos escravos detidos por capoeira, seus senhores eram sempre homens de destaque da sociedade santista. Esta situação seria natural para a segunda metade do século XIX, uma vez que o fim do tráfico de escravos da África resultou na concentração de cativos nas mãos de proprietários ricos, ocupantes dos principais cargos públicos, enquanto o restante da população passou a contar cada vez mais com homens livres pobres, libertos e africanos livres.[17] O capoeira Japhet mesmo era cativo do português Antônio Nicolau de Sá, comerciante renomado que foi presidente da Sociedade Portuguesa de Beneficência entre 1873 e 1877.[18]

---

16   MC-APPG. *Livro de Registro de entrada e saída de presos da Cadeia Pública de Santos (1870-1872)*, p. 74, registro 213.

17   Para uma análise aprofundada dos proprietários de escravos em Santos, ver READ, Ian William Olivo. *Unequally bound...* O autor fez um levantamento de mais de 2 mil indivíduos residentes em Santos, apontando, dentre outros dados, que um terço tinha ocupação ligada a negócios ou comércios portuários.

18   "Homenagem da 'A Tribuna' à laboriosa colônia portuguesa". *A Tribuna de Santos*. Edição comemorativa do cincoentenário d'*A Tribuna*, 26/03/1944. Disponível em: <http://www.novomilenio.inf.br/ santos/h0342g.htm>. Acesso em: maio 2011.

No segundo livro disponível no Museu do Crime de Praia Grande, que vai de 1872 a 1874, encontramos seis indivíduos presos por capoeira, entre os mais de 500 registros. Como já dissemos, é um número ínfimo, mas interessante pelas prisões aparecerem, desta vez, em sequência. O primeiro registro diz respeito ao escravo Francisco, de José Antonio da Silva Gordo, preso "por capoeira" no dia 21 de setembro de 1873, às 4 horas da tarde pela patrulha. O cativo de aproximadamente 25 anos, descrito como de cor fula e olhos pardos, rosto redondo e corpo cheio, com altura regular, seria solto no dia seguinte. No entanto, permaneceu por mais um dia na cadeia, "a requisição do senhor", saindo no dia 23, às 5 horas da tarde, por ordem do delegado.

Podemos perceber desde já que a capoeira era uma prática de adultos jovens, tendo Japhet 19 anos e Francisco, 25. Este também pertencia a um homem ilustre da sociedade santista, José Antonio da Silva Gordo. Em sua chácara localizada na Rua dos Quartéis, em Santos, sua filha Adelaide Benvinda da Silva Gordo se casou, em 28 de maio de 1866, com Prudente de Moraes, que já despontava na vida pública e depois se tornou presidente da República.[19] Aliás, guardemos na memória a residência da família Silva Gordo, proprietária do escravo capoeira Francisco: a rua dos Quartéis.

Após a detenção de Francisco, em 21 de setembro de 1873, encontramos um caso expressivo entre as prisões de capoeiras em Santos neste período. Exatamente três meses depois, houve o encarceramento de quatro indivíduos de uma vez por este motivo. Ao que parece, o grupo estaria praticando capoeira, também por volta das 16 horas, quando foi surpreendido por praças policiais. O único a ser preso imediatamente foi Marcelino Ignácio, preto liberto de olhos escuros e rosto comprido, nariz e testas grandes, com corpo e altura regulares. Nascido no Brasil, caminhava para os 40 anos de idade ainda solteiro.[20]

A prisão do liberto antes dos demais pode ter sido coincidência. Mas também levanta a suspeita de que ele era mais visado que os demais. Conforme já colocamos antes, através das palavras de Maria Odila Dias, havia uma preocupação constante neste período com o controle da movimentação de homens alforriados

---

19   RODRIGUES, Olao. *Almanaque de Santos*. Santos: Roteiros Turísticos de Santos, 1969, p. 61. Disponível em: <http://www.novomilenio.inf.br/santos/h0182w3.htm>. Acesso em: maio 2011.

20   MC-APPG. *Livro de Registro de entrada e saída de presos da Cadeia Pública de Santos (1872-1874)*, p. 121, registro 357.

ou livres pobres. Mas a impressão que o caso deixa é de que havia aí uma especificidade. Talvez Marcolino Ignácio fosse uma das lideranças entre capoeiras e valentões de Santos. Esta suposição tem um pouco de embasamento, pelos confrontos entre bairros que analisaremos mais à frente.

Uma hora depois da prisão de Marcelino Ignácio, seus companheiros de capoeira foram detidos por ordem do delegado. O grupo era formado por dois escravos de Joaquim José de Carvalho, chamados Zacarias e Luis, e um terceiro cativo João, pertencente a Manoel Luis Pereira Braga. Mais uma vez, destacam-se aqui senhores da elite santista. Joaquim José de Carvalho foi vereador na Câmara de Santos,[21] ainda na primeira metade do século XIX, enquanto Manoel Luis Pereira Braga, que tinha um comércio de "armarinhos" na cidade, em 1865,[22] chegou a ocupar o cargo de provedor da Santa Casa de Misericórdia de Santos, no biênio 1849-1850.[23]

Com relação aos praticantes da capoeira, temos apenas as informações do livro de registros de presos da cadeia. Zacarias era solteiro, de altura e corpo regulares, cor preta, olhos gateados, rosto comprido e pouca barba, com 30 anos de idade.[24] Já Luis foi identificado como um homem de cor fula,[25] olhos pardos, rosto redondo, solteiro, com altura e corpo também regulares, e idade de 20 anos.[26] João, também de cor fula e olhos partos, aparentava ter 30 anos e tinha rosto comprido, sem barba, e estatura regular. Os três foram apontados como "criolos", indicando

---

21 "Galeria dos presidentes da Camara Municipal". *A Tribuna de Santos*, 15/01/1921. Disponível em: <http://www.novomilenio.inf.br/santos/h0253f.htm>. Acesso em: maio 2011.

22 LAEMMERT, Eduardo von. *Almanak administrativo, mercantil e industrial da corte e província do Rio de Janeiro para o anno de 1865*. Rio de Janeiro: Typographia Universal, 1865, p. 384.

23 "Uma etapa de cem anos, numa trajetória de quatro séculos". *O Diário* – Edição comemorativa pelo "Centenário do Terceiro Hospital Próprio da Misericórdia de Santos", 04/09/1836. Disponível em: <http://www.novomilenio.inf.br/santos/h0260d13.htm>. Acesso em: maio 2011.

24 MC-APPG. *Livro de Registro de entrada e saída de presos da Cadeia Pública de Santos (1872-1874)*, p. 122, registro 359.

25 Segundo João José Reis, "por fula, entenda-se o negro, cuja pele não é de preto denso, seguro, mas característico dos africanos da nação fulani, de onde deriva o termo – sem que se entenda que preto fulo fosse descendente de fulanis" (REIS, João José. "De olho no canto: trabalho de rua na Bahia na véspera da abolição". *Afro-Ásia*, Centro de Estudos Afro-Orientais da FFCH/UFBA, n. 24, 2000, p. 233).

26 MC-APPG. *Livro de Registro de entrada e saída de presos da Cadeia Pública de Santos (1872-1874)*, p. 122, registro 360.

o nascimento no Brasil.[27] Presos em momentos distintos, o liberto Marcelino e os dois escravos de Joaquim José de Carvalho foram soltos ao mesmo tempo, às 14 horas do dia 22 de dezembro de 1873. Não sabemos por que, mas o cativo João permaneceu por mais um dia na cadeia.

O último registro de prisão por capoeira em Santos que localizamos traz mais um elemento relevante. Em 16 de fevereiro de 1874, um escravo da viúva Lemos chamado Domingos, um preto de olhos escuros, rosto redondo, crioulo, solteiro, com pouca barba, corpo e altura regulares, e idade próxima dos 30 anos, foi preso às 9 horas da noite pela patrulha. O mais curioso é que, na primeira linha destinada à descrição do motivo da prisão, aparece uma razão bastante usual: "acha se preso por desordeiro". Porém, na linha debaixo, parece ter sido acrescentado, por cima de alguma informação anterior, a expressão "capoeira de navalha",[28] como se vê na reprodução abaixo.

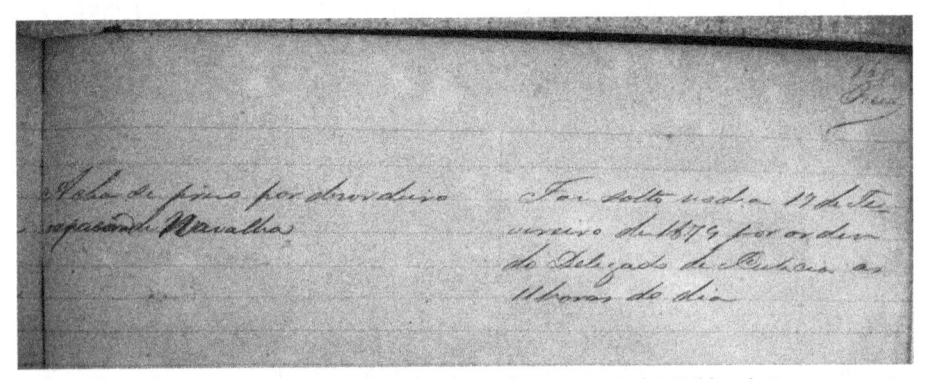

FIGURA 19. Reprodução da página 150 do livro de registro de presos na Cadeia Pública de Santos, entre 1872 e 1874, com destaque para o motivo de prisão do escravo Domingos, "por desordeiro capoeira de Navalha".

A significância desta anotação está no fato de que, se quase não havia registro de prisões por "capoeira", os encarceramentos de "desordeiros" eram bastante frequentes, chegando este motivo a ser o segundo principal das prisões em Santos, nesse período, como mostrou a tabela 2. O caso de Domingos insinua então que o costume das autoridades era registrar elementos como ele apenas

---

27 Sobre as "nações de cor" no Brasil, ver KARASCH, Mary C. *A vida dos escravos no Rio de Janeiro (1808-1850)*. São Paulo: Companhia das Letras, 2000. Em especial, o capítulo 1.

28 MC-APPG. *Livro de Registro de entrada e saída de presos da Cadeia Pública de Santos (1872-1874)*, p. 150, registro 64.

como "desordeiros". Ao escravo Domingos, por acaso, foi associada a qualificação "capoeira de navalha", possivelmente por ele ter alguma habilidade especial no manejo da lâmina ou causar problemas mais frequentes para as autoridades, o que levou a uma atenção mais cuidadosa no seu registro. Mas quantos outros indivíduos detidos por "desordeiros" não seriam, na verdade, praticantes do jogo-luta capoeira?

Pelo menos uma situação desse tipo parece perceptível. Na noite de 23 de julho de 1871, um escravo de nome Luis, pertencente a Joaquim Carvalho, foi preso pela patrulha "por desordeiro". Pela descrição, este seria o mesmo Luis que já citamos, também cativo de Joaquim José de Carvalho, preso em dezembro de 1873 por "capoeira". Além de tudo indicar se tratar do mesmo senhor, os dois indivíduos trazem traços comuns como "olhos pardos" e "rosto redondo". Já a diferença de idade, "20 annos mais ou menos" em um registro e "30 annos ms ou menos" em outro, poderia ser fruto da falta de documentos comprovando a idade do escravo no momento da prisão, valendo a avaliação da autoridade responsável pelo preenchimento dos dados do preso.

Sem dúvida, este exemplo não serve de base para se generalizar que presos por desordem seriam capoeiras. Alguns talvez sim, muitos possivelmente não. Sugestiva, porém, é a observação quanto à origem dos desordeiros. Santos, como típica cidade portuária, atraía homens de outros portos. Por conseguinte, vivia infestada de valentões provindos dos tradicionais polos da capoeira. Em 1878, por exemplo, foram detidos por desordeiros os escravos Antônio e Raphael, do Rio de Janeiro. Também foram detidos os pardos livres Adriano Francisco dos Santos, da Bahia, e João José de Carvalho, de Pernambuco. No ano seguinte, o negro liberto Florencio Martins, do Rio de Janeiro, foi detido por desordeiro.[29]

Se não podemos mensurar quantos presos por "desordem" ou quaisquer outras atividades afins, como porte de faca e porrete, eram capoeiras, é mais viável inferir sobre o porquê de delegados em Santos terem a preocupação rara na província de São Paulo de encarcerar escravos e libertos por capoeira.

Inicialmente, enfatizemos o fato de que todos os sete presos pela prática dessa manifestação eram adultos jovens – Japhet, o mais novo, tinha cerca de 19 anos, enquanto o liberto Marcelino Ignácio chagava perto dos 40 anos –, solteiros e de

---

29   MC-APPG. *Livro de Registro de entrada e saída de presos da Cadeia Pública de Santos (1878-1879)*.

corpo e altura "regulares". É possível que a capoeira fosse uma atividade lúdica em ascensão entre jovens escravizados ou há pouco alforriados em Santos, chamando a atenção das autoridades policiais por motivos óbvios de segurança.

Em contrapartida, sua prática não parece ter sido alvo de posturas na cidade, como ocorreu em São Paulo, Sorocaba, Itu e Cabreúva, não obstante os artigos coibindo outras atividades associadas a africanos e seus descendentes. Em 1852, os vereadores de Santos encaminharam ao Conselho Geral da província um projeto de posturas municipais que demonstram preocupações mais específicas de uma cidade portuária, como punir "marinheiros quer nacionaes quer estrangeiros vagarem em terra de noite sob qualquer pretesto", e outras que se repetiram em diversas localidades, incluindo a proibição aos escravos de andarem após o toque de recolher sem bilhete.[30]

Destaca-se o fato de haver um artigo proibindo "toda a qualidade de jogos publicos de cartaz, dados ou cartões", seguido de outro com os seguintes termos:

> Art.º 17. Qualquer pessoa livre ou escrava encontrada nas ruas ou lugares publicos a *jogar jogos prohibidos* será presa em flagrante e pagará 10$000 reis de multa. *Se for escrava será presa por vinte quatro horas se seu senhor não prestar a mesma multa.*[31]

Se no artigo anterior já se proibia "toda qualidade de jogos publicos", quais seriam esses jogos do artigo 17? Vale ressaltar que a pena de detenção por 24 horas se equipara àquela aplicada aos presos por capoeira.

Dois anos depois, no Código publicado em 1854, as posturas praticamente se repetiram.[32] Porém, na legislação municipal aprovada pela Assembleia Legislativa Provincial em 1857, surgiram algumas inovações que demonstram maior preocupação em controlar os espaços sociais dos escravos e suas relações com libertos ou mesmo com homens livres.

Merece especial atenção o artigo 38, que proibia "as casas de batuque, vulgarmente chamadas *Zungús*", determinando que "os proprietarios, ou os que nellas

---

30 AH-Alesp. *Câmaras municipais*, Caixa 275, cadastro CP52-014, p. 43.
31 *Ibidem*, p. 44.
32 AH-Alesp. *Câmaras municipais*, Caixa 275, cadastro CP54-030.

forem encontrados, serão punidos com dois dias de prisão".³³ Estabelecimentos desse tipo eram comuns no Rio de Janeiro, onde também recebiam o nome de "casa de angu", "angu", ou "casas de quitanda", por servirem de moradia ou espaço para refeição de africanos e seus descendentes, tanto escravizados como libertos. Ao pesquisar esse tipo de espaço social dos cativos cariocas, Carlos Eugênio Líbano Soares mostrou como seus frequentadores "também se relacionam com o mundo da capoeira",³⁴ principalmente como ponto de reconstrução de laços de parentesco, fossem estes consanguíneos ou por afinidade. O pesquisador cita como exemplo a fuga de cativos, em janeiro de 1849, que costumavam se reunir no Beco do Carmo, na freguesia da Candelária, para jogar capoeira em frente a uma "casa de angu", onde moravam duas crioulas parceiras dos fugitivos. Soares conclui que:

> O *locus* dessas novas "famílias possivelmente foram os zungus, onde novos laços de parentesco e solidariedade prometiam cobertura contra a violência constante de fora, seja a senhorial, seja a policial, ou mesmo de outros escravos. Se a capoeira foi capaz de suportar a pressão tremenda da violência do Estado durante longas décadas, é porque ela contou com aliados subterrâneos, apoios ocultos, que se escondiam por baixo da cidade oficial que aparece nos documentos.³⁵

O Código de Posturas de Santos, de 1857, incluiu ainda um artigo coibindo ajuntamentos de escravos nas ruas ou praças públicas, como verificado em outras regiões. Nessa cidade, contudo, havia uma ressalva, sendo permitidos essas reuniões "nos dias festivos para o fim de dançarem, ou tocarem, conservando a devida decência, e precedendo a respectiva licença do presidente da camara". Esta frase denota uma maior complacência dos santistas em relação aos cativos. Algo que, talvez, ultrapassasse os limites algumas vezes, a ponto de haver aquela postura proibindo zungus e outra impondo punições a quem desse asilo a escravos fugidos.³⁶ Estes artigos foram mantidos quase que na íntegra nos anos que se seguiram. No Código de 1869, por exemplo, o artigo 44 estabelecia proibição às

---

33 AH-Alesp. *Câmaras municipais*, Caixa 281, cadastro CP57-030, p. 9 (grifo nosso).
34 SOARES, Carlos Eugênio Líbano. *A capoeira escrava...*, p. 199, 200 e 211.
35 *Ibidem*, p. 217-218.
36 AH-Alesp. *Câmaras municipais*, Caixa 281, cadastro CP57-030, p. 10-11.

"casas de batuque, vulgarmente chamadas Zungús, e bem assim os ajuntamentos de escravos nas ruas e praças da cidade". Da mesma forma, essa legislação impunha penalidades a escravos encontrados nas ruas depois do toque de recolher ou pessoas que dessem asilo a cativos fugidos.[37]

Sem uma referência específica à prática da capoeira nas legislações da época, o que levou as autoridades policiais a prender por este motivo, especificamente, o liberto Marcelino Ignácio e os escravos Japhet, Francisco, Zacarias, Luis, João e Domingos, na década de 1870? Se encontrássemos estes escravos em outros momentos de suas vidas, talvez pudéssemos desvendar essa questão. Mas apenas referências insípidas nos surgiram, como a prisão de Francisco, em 9 de fevereiro de 1874, a requisição do seu senhor, José Antonio da Silva Gordo. Este registro, por exemplo, abre precedente apenas para confirmarmos que o cativo capoeira causava grandes problemas ao seu proprietário, pois só foi solto um mês depois.[38]

Então, outro caminho que podemos seguir é analisar as demais pessoas envolvidas nesses casos, com destaque para os delegados responsáveis pelas ordens de prisão e soltura. Desassociar a função de delegado da elite política é impossível, não só por ser esta muitas vezes responsável pela indicação dos ocupantes ao cargo, como também pelo fato de muitos políticos assumirem diretamente esse posto. Assim foi no período de prisões de capoeiras em Santos. No início do ano de 1870, a Câmara tinha como vereador Francisco de Paula Coelho, que também ocupava o cargo de subdelegado de polícia. O delegado era o dr. Francisco Rodrigues Soares.[39] Em outubro do mesmo ano, quando foi lavrada a página de abertura do livro de registro de presos na Cadeia Pública de Santos, o titular era José Antonio de Magalhães Castro Sobrinho. Mas em julho de 1871, quando Japhet foi preso, Francisco de Paula Coelho já assumira a função de delegado.[40] No início de 1872,

---

37 SÃO PAULO. *Colleção de leis e posturas municipaes approvadas pela Assembléa Legislativa Provincial de S. Paulo no anno de 1869*. São Paulo: Typographia Americana, 1869, p. 197-212. Exemplar da Fundação Arquivo e Memória de Santos.

38 MC-APPG. *Livro de Registro de entrada e saída de presos da Cadeia Pública de Santos (1872-1874)*, p. 146, registro 53.

39 RODRIGUES, Olao. "Imagem de Santos no ano da fundação da ACS". In: *Almanaque de Santos – 1971*. Edição comemorativa do Centenário da Associação Comercial de Santos. Santos: Ariel Editora, 1970. Disponível em: <www.novomilenio.inf.br>. Acesso em: jan. 2011.

40 Conforme já citamos, foi ele quem reclamou da falta de praças para vigiar a cadeia e conter desordens de marinheiros ingleses, nessa data.

a função passou às mãos de João Nipomuceno.[41] Contudo, retornou a Francisco de Paula Coelho em novembro do mesmo ano.[42]

Podemos perceber por esses dados que o ocupante do cargo de delegado variava com frequência, sendo difícil afirmar quem foi o responsável por cada uma das prisões dos capoeiras. Mas podemos arriscar dizer que Francisco de Paula Coelho teve algum peso nisso. Sabemos que ele ocupava uma cadeira na Câmara nesta época e que estava preocupado com a falta de praças para conter desordens na Cidade. Então, porque não propôs uma postura contra os capoeiras, impondo uma campanha contra seus praticantes, como ocorria na mesma época, no Rio de Janeiro? Uma possibilidade está atrelada a questões políticas, como veremos a seguir.

Valongueiros versus Quarteleiros e o espírito santista

O envolvimento de capoeiras com a política de Santos remete às origens do processo de urbanização da cidade, ainda no século XVIII, quando a então vila era constituída por dois núcleos. O mais recente, denominado Valongo, tinha como principal atividade o comércio, sendo composto quase que totalmente por elementos de origem portuguesa. Já no mais antigo, chamado de Quartéis, predominavam as funções militar e administrativa, residindo também aí a população de "condição mais modesta", que vivia da pesca e extração de lenha nos mangues. Caboclos e mulatos nascidos no Brasil, estes moradores dos Quartéis passaram a desenvolver um rancoroso sentimento nacionalista, dando início a uma disputa comercial com o bairro vizinho.[43]

As tensões causadas por essa concorrência se agravaram a partir de 1850, "quando as construcções do bairro santista do Vallongo começaram a sobrepujar as do bairro vizinho, os quartéis, com o apparecimento dos dois edifícios Ferreira Netto e mais alguns, tidos na época como coisas notaveis". Tais diferenças comerciais logo tomaram conta do "novo ânimo dos dois bairros", levando a "grossas incompatibilidades, brigas, desordens, bordoadas".[44]

---

41 Aesp. *Ofícios de Santos (1869-1872)*. Caixa 454, Ordem 1249, Pasta 1872, ofício de 16/01/1972.
42 *Ibidem*, ofício de 28/11/1872.
43 LANNA, Ana Lúcia Duarte. *Uma cidade na transição...*, p. 41.
44 "As lutas entre quarteleiros e vallongueiros". *A Tribuna de Santos*. Edição commemorativa do 1º Centenário da Cidade de Santos (1839-1939), 26/01/1939.

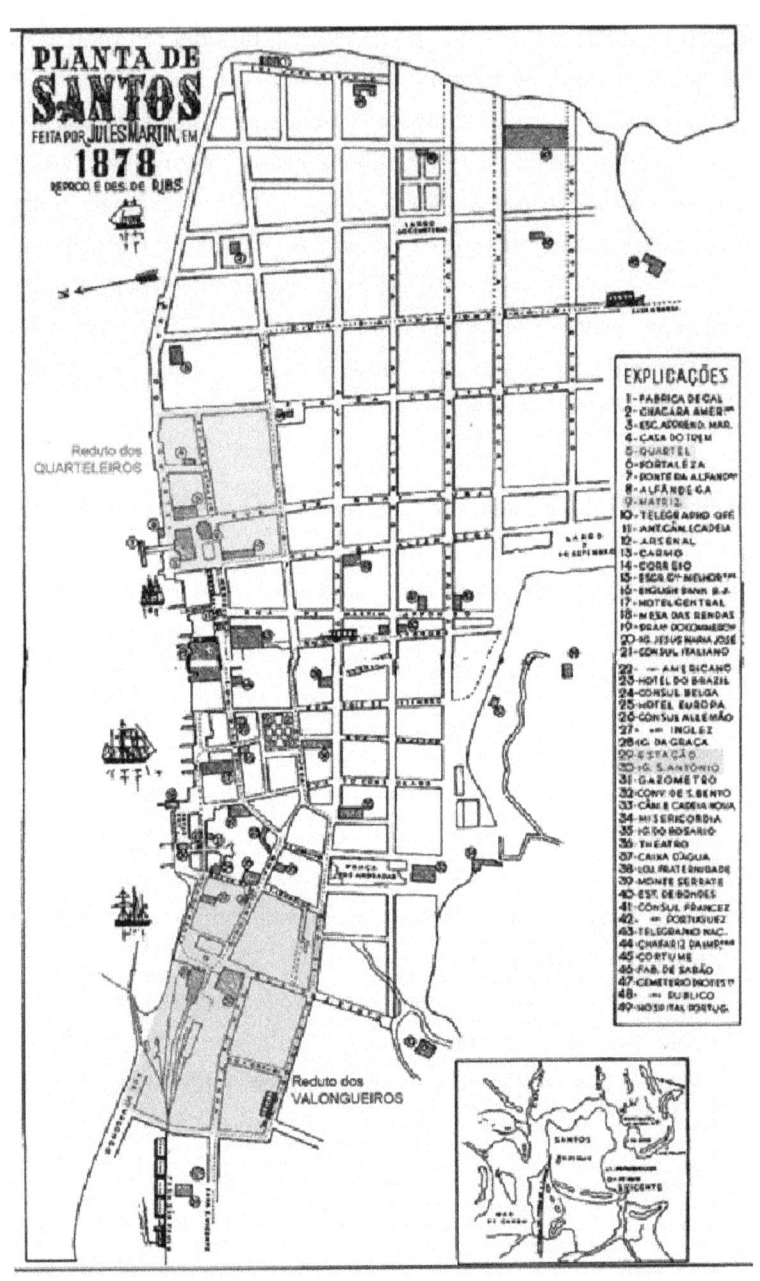

FIGURA 20. O mapa que aparece na página seguinte é uma reprodução feita pelo desenhista Lauro Ribeiro de Souza (Bibs), para a "Cartilha de Santos", produzida pelo jornalista Olao Rodrigues em 1980, tendo como base o "Mappa da cidade de Santos", traçado em 1878 por Jules Martin. No desenho, destacamos em amarelo claro a área dominada pelos quarteleiros, na qual se destaca a Igreja Matriz ao centro (n. 9), e em azul o reduto dos valongueiros, com a Igreja de Santo Antônio do Valongo no meio (n. 30).

De acordo com o médico sanitarista e vereador Heitor Guedes Coelho:

> As hostilidades, platônicas de início, constantes de remoques indiretos, versos sarcásticos nos jornais, serenatas provocadoras, logo descambaram para o terreno da desforra pessoal, *em choques de capoeiragem – a degradante luta física tão da época* – e, em sangrentos conflitos, dificilmente contidos pela polícia, mantida sempre em permanente e previdente alerta.[45]

É notório que, ao escrever essa reminiscência em 1944, Guedes Coelho seguia a visão da elite com relação à capoeira, na primeira metade do século XX. O próprio termo "capoeiragem" indica isso, pois, como já dissemos no capítulo 2, tornou-se referência para quem praticasse o jogo-luta a partir da publicação do Código Criminal de 1890. Também nos parece fruto do preconceito desse período a qualificação da atividade como "degradante luta física".

Contudo, consideramos válido supor que o memorialista não mentiu ao declarar que a capoeira era "tão da época", ou seja, era uma atividade comum. Ressaltamos ainda a aproximação que Guedes Coelho faz dos "choques de capoeiragem" com "versos satíricos nos jornais", o que indica haver uma participação de elementos da elite intelectual nessas disputas. Somado a isso, a citação de "serenatas provocadoras" que anteciparam os confrontos físicos também aponta para uma atividade de grupo que vai além da simples violência, existindo nesses "versos de desafio" um viés artístico muito próximo das canções tradicionais da capoeira moderna.

Ainda com base em reminiscências, sabemos que em 1852 "estavam de tal forma dificultadas as relações entre os dois bairros, que ás missas de Santo Antonio não podiam ir os do Quartel e ás da Matriz não podiam ir os do Vallongo, sem risco de pauladas e coisas peores".[46] Se não localizamos na província de São Paulo casos de capoeiras pendurando-se em sinos de igrejas para marcar território e chamar a atenção da população, como visto na corte imperial durante a primeira

---

45 COELHO, Guedes. "A metamorfose de Santos". *A Tribuna de Santos*. Edição comemorativa do cinquentenário d'*A Tribuna*, 26/03/1944, terceiro caderno, p. 2 (grifo nosso).
46 "As lutas entre quarteleiros e vallongueiros". *A Tribuna de Santos*. Edição comemorativa do 1º Centenário da Cidade de Santos (1839-1939), 26/01/1939.

metade do século XIX,⁴⁷ repetiu-se ao menos em Santos a prática de se ter nas edificações sacras marco geográficos de grupos rivais.

Assim, de um lado da cidade, havia o grupo associado à Igreja de Santo Antônio do Valongo,⁴⁸ e, do outro, aquele vinculado à Igreja Matriz.⁴⁹ Aos poucos, o caso virou verdadeira guerra, com "legiões organizadas", que mantinham arsenais de "pedras, pás, picaretas e até pequenas espingardas", utilizados em conflitos que explodiam "a qualquer pretexto", levando a polícia a agir. Porém:

> Quando a polícia resolveu intervir naquillo, que os delegados julgavam "coisas de crianças", já era tarde; as arruaças já eram notaveis, e não cediam aos "réfes" dos homens do Corpo de Urbanos, e afrontavam os guardas, que nellas se envolviam e dellas saiam sempre maltratados. Só a aproximação das forças do Exército tinha o dom de afugentar os briguentos.⁵⁰

A situação ficou ainda mais grave quando as rivalidades passaram a ocorrer à noite, quando:

> Pouco podia a policia contra fantasmas, contra homens que se homisiavam na sombra das ruas, cujos lampeões quebrados nada faziam contra a tréva densa e lugubre de lugares cheios de terrenos vazios, como bôcas escancaradas e invadidas de matto, onde os assobios e os tiros aterravam os mais decididos.⁵¹

Além da citação direta feita pelo médico e vereador Guedes Coelho, de que tais rivalidades eram decididas na base da capoeira, percebemos outros elementos que indiretamente ligam as rivalidades dos dois bairros com esta

---

47 SOARES, Carlos Eugênio Líbano. *A capoeira escrava...*, p. 197. Na nota 79 deste trecho, o pesquisador afirma que os capoeiras "sineiros" desaparecem na segunda metade do século XIX.

48 Na área mais abaixo do mapa da Figura 20, identificada pelo número 30.

49 Na área mais ao alto do mapa da Figura 20, identificada pelo número 9.

50 "As lutas entre quarteleiros e vallongueiros". *A Tribuna de Santos*. Edição commemorativa do 1º Centenário da Cidade de Santos (1839-1939), 26/01/1939.

51 *Ibidem*.

manifestação, como o uso de pedras para ataque e os assobios para identificação de parceiros ou inimigos, em ruas escuras.

Utilizassem alguma habilidade marcial associada à capoeira ou não, o fato é que essas brigas cresciam, preocupando os vereadores, que trataram de pedir ao Governo Provincial um piquete de cavalaria para policiar os dois bairros e evitar as desordens "que já tomavam fôros de tradição". O reforço foi enviado, mas logo no primeiro dia de serviço, sofreu duro golpe:

> A quietude dos elementos durante as horas da tarde pareceu ao commandante do piquete que a sua presença fôra o fim da 'coisa'; entretanto, á noite, o barulho irrompeu, grosso e feio, na rua do Sal, na rua da Penha, no Bêco do Consulado, na S. Bento, e na Caluby, *com assobios, palavrões e gritos de toda ordem*, na mais absoluta tréva. Confiantes, os cavallarianos galoparam por Santo Antonio e Vergueiro, mas, quando, a galope, se atiravam ruas agitadas a dentro, mão mysteriosa apanhou-os pelo peito, atirando-os ao chão, machucados, *sob a saraivada de pau e pedra dos briguentos*. Foi um desastre para a policia o espectaculo daquelles homens chegando ao predio da Cadeia Nova, feridos, [...], rasgados, cobertos de barro e pó, sem armas e sem cavallos.
>
> É que, *prevendo a intervenção da força de cavallaria, os arruaceiros santistas haviam trançado a rua de fios de arame, na altura do peito dos cavalleiros*, surtindo o effeito visado, por força da escuridão.[52]

O relato do memorialista evoca táticas de luta urbana, das quais a capoeira, enquanto habilidade marcial, era um dos principais componentes. De modo geral, fazer parte desses grupos exigia demonstrar valentia, fosse por assobios, gritos, pedradas ou pauladas. Ainda segundo esta reminiscência, tal situação aumentou o prestígio das forças em choque de quarteleiros e valongueiros, "e a própria política (liberaes e conservadores) passou a contar com ellas para as eleições, dispensando-lhes, para isso, a protecção que podia".

---

52 *Ibidem* (grifo nosso).

Essa prática se assemelha bastante ao que ocorreu na corte, onde o envolvimento político das maltas de capoeira se tornou uma forte tradição, calcada em uma "opção moldada por experiência social e cultural específica" e "alimentada por uma ânsia de participação no processo político".[53] As similaridades entre o que ocorreu em Santos e na corte podem ser fruto de processos semelhantes ou mesmo de trocas de influência, entre si e com experiências de outros lugares. Homens de outros estados, considerados "desordeiros" pelas autoridades, não faltavam no cais santista, na segunda metade do século XIX, como os já citados Antonio, cativo natural do Rio de Janeiro, cozinheiro de 18 anos, preso em 20 de janeiro de 1878 por "ébrio e desordeiro", e Adriano Francisco dos Santos, "baiano que diz ser livre", também com 18 anos e que vivia de "agências", encarcerado em 23 de junho de 1878, por "desordeiro e suspeito de ser escravo fugido".[54]

Independentemente das influências que traziam, esses "adventícios"[55] precisavam se adaptar a uma nova realidade em Santos. Entrar para um dos dois grupos talvez fosse uma delas. Conforme mostramos no primeiro capítulo, ser capoeira ou fazer parte de uma malta era uma forma de tornar a vida cotidiana mais plena. Através de sociabilidades específicas como fazer parte do grupo dos quarteleiros, até mesmo o cumprimento de tarefas simples do dia a dia, como pegar água nos chafarizes, passaria a ser mais fácil. Como mostramos no caso dos "pequenos do chafariz", no capítulo anterior, este tipo de ponto de encontro na capital paulista era permeado de disputas. E o mesmo ocorria em Santos. Em 16 de março de 1850, o delegado de Santos encaminhou à Câmara Municipal um ofício requerendo a contratação de um sentinela para "fazer guarita no Chafariz da Coroação", a fim de evitar desordens.[56]

---

53 SOARES, Carlos Eugênio Líbano. *A negregada instituição...*, p. 207, com destaque para o capítulo V como um todo.

54 MC-APPG. *Livro de Registro de entrada e saída de presos da Cadeia Pública de Santos (1878-1879)*, registros 15 e 123, respectivamente.

55 Faço aqui uma referência proposital ao trabalho de Sérgio Buarque de Holanda, *Caminhos e Fronteiras*. (3ª ed) São Paulo: Companhia das Letras, 1994, no qual o autor demonstra como portugueses "adventistas" foram influenciados pela cultura indígena, ao desembarcarem no Novo Mundo.

56 FAMS. *Livro-Ata da Câmara de Santos (1848-1851)*, p. 142.

Da mesma forma, assumir uma identidade mais ampla, vinculada ao contexto da cidade de Santos como um todo, parece ter sido outro caminho seguido por muitos elementos das classes despossuídas e remediadas da população, talvez por simples vontade, talvez como forma de aumentar a proteção política. Estas questões margeiam a primeira trégua entre valongueiros e quarteleiros, em 1860, diante do "milagre de Santo Antônio". Naquele ano, Francisco Martins dos Santos era administrador da Recebedoria de Rendas da província e irmão ministro da Venerável Ordem de São Francisco da Penitência, que assistia o convento de Santo Antônio. Sem o consentimento dele, o provincial do Rio de Janeiro, que lhe era superior, vendeu o terreno que comportava o convento e o cemitério público à Companhia de Estrada de Ferro Santos-Jundiaí, para construção no local da estação dos trens.[57] Revoltado, o administrador reuniu, em sessão especial, seus companheiros da Irmandade, denunciando a intenção da empresa inglesa de desapropriar "a nossa capella e seu edifício, e dest'arte converter tão augusto e secular monumento em ostentosos armazens e, quiçá, em luxuriosos botequins e mil outras futilidades!".[58]

O discurso do ilustre santista ecoou na cidade e logo se iniciou um movimento para impedir a destruição do santuário do Valongo, formado pelo convento e pela igreja, por meio de um pedido direto ao imperador. Contudo, enquanto a resposta não chegava, operários da Estrada de Ferro iniciaram a demolição do convento. Mas, no momento em que foram retirar a pequena imagem de Santo Antônio para destruir a igreja, não conseguiram, por mais homens que viessem. O caso comoveu os próprios operários, como retratado em um desenho de José Wasth Rodrigues, produzido anos depois com base nos relatos da época.

---

57 "O milagre de Santo Antonio do Vallongo". *A Tribuna de Santos*. Edição commemorativa do 1º Centenário da Cidade de Santos (1839-1939), 26/01/1939.
58 *Ibidem*.

FIGURA 21. Ilustração de José Wasth Rodrigues, da comoção causada pelo milagre de Santo Antônio, publicada na edição especial de *A Tribuna de Santos*, de 26 de janeiro de 1939.

Além da comoção entre integrantes da ordem religiosa e outros grupos da elite santista, e de operários que presenciaram o milagre, a notícia logo atingiu a população em geral, que entrou na briga pela permanência da Igreja de Santo Antônio:

> A noticia do milagre de Santo Antonio correu toda a cidade, e o povo inteiro affluiu para o local da igreja. Populares armados de *paus, pedras, bengalas* e até espingardas, atacaram os operarios e chefes de serviço, travando luta demorada e de graves effeitos, vencendo-os debaixo de vaias e *assuadas*.[59]

Vale comentar que, mais uma vez, repetem-se aqui elementos típicos da capoeira vista em diversas regiões, como paus, pedras e até bengalas, além das assuadas já notadas na capoeira em São Paulo, com destaque para o caso envolvendo africanos cariocas e paulistas, em 1831, no Brás.[60]

---

59 *Ibidem* (grifo nosso).
60 Conforme esclarecido antes, assoada ou assuada seria uma espécie de provocação, desordem com o intuito de causar mal a alguém.

O envolvimento de populares na questão da Igreja do Valongo, em Santos, resultou em uma cena até então considerada impossível: uma trégua entre quarteleiros e valongueiros. No dia do milagre, apareceu na parede da Igreja Matriz um grande cartaz com os seguintes dizeres:

> *Quarteleiros!* – Gente brava como nós! Querem destruir Santo Antonio: Estrangeiros pretendem pisar as nossas tradições e os nossos brios! Santo Antonio acaba de fazer um milagre! *Façamos uma tregua em nossas differenças! Somos todos santistas!* Armados de nossas armas e da nossa coragem, marchemos contra os profanadores! Eia! Os homens do Vallongo, vos esperam para cumprimento de um dever comum! *Os Vallongueiros.*[61]

Meia hora depois, moradores dos Quartéis já haviam formado um batalhão, com um número de integrantes entre 200 e 300, incluindo meninos, rapazes e homens, armados de "instrumentos de toda a natureza". Nas esquinas das ruas de Santo Antônio e do Sal, este grupo se encontrou com a "tropa" do Valongo. Ao invés das brigas de sempre, "saudavam-se em massa, e abraçavam-se os chefes á vista dos 'commandados', quase enternecidos", seguindo com o povo "que se agglomerára em torno delles".[62]

Felizmente, temos um registro iconográfico das contendas entre quarteleiros e valongueiros que, embora tenha sido feito muitos anos depois por José Wasth Rodrigues, foi baseado em relatos de pessoas que vivenciaram aquele momento. Ainda que não vejamos elementos negros, muito menos algo que aponte para a presença de capoeiras, notamos a participação de homens de classes sociais distintas, desde senhores com cartola e guarda-chuva, até pessoas com chapéus velhos e até descalças. Um carrega espingarda e muitos aparecem com ferramentas do cotidiano, como foices.

---

61   "As lutas entre quarteleiros e vallongueiros". *A Tribuna de Santos*. Edição commemorativa do 1º Centenário da Cidade de Santos (1839-1939), 26/01/1939 (grifo nosso).

62   *Ibidem.*

FIGURA 22. Desenho de José Wasth Rodrigues, do encontro de valongueiros e quarteleiros, também foi publicado na edição especial de *A Tribuna de Santos*, de 26 de janeiro de 1939.

Ainda pelas reminiscências, conhecemos mais elementos relevantes. Primeiro, o número de integrantes e a composição dos quarteleiros, bem próximo às maltas cariocas da segunda metade do século XIX, nas quais os meninos, aprendizes da capoeira chamados de "caxinguelês", precisavam provar sua versatilidade no combate das ruas.[63]

Outro ponto interessante é a existência de "chefes", mostrando uma hierarquia, com líderes que, possivelmente, desfrutavam de melhores condiçõs ao se relacionarem no dia a dia tanto entre seus iguais, quanto entre os da elite. Por fim, queremos destacar a diferenciação entre estes grupos armados, capoeira ou não, de outras pessoas simples do "povo", que apenas se aglomeravam no entorno dos combatentes.

Apesar do encontro aparentemente agradável, valongueiros e quarteleiros marcharam para uma "verdadeira guerra", que se travou "sobre os escombros do convento de Santo Antonio do Vallongo", a ponto de a polícia, desta vez, nem aparecer ao ser informada da união dos grupos rivais. Esta trégua, inclusive, foi vista como um segundo milagre do santo:

---

63   SOARES, Carlos Eugênio Líbano. *A negregada instituição...*, p. 186.

As lutas cessaram por um anno, pois tanto durou o encargo da vigilancia e ronda popular á igreja tradicional. Vallongueiros e Quarteleiros se revezavam durante meses inteiros em patrulhas alertas, impedindo uma acção imprevista dos operarios a soldo, até que o Aviso imperial de 1861 veio coroar sua acção, garantindo a existencia do monumento historico-religioso.[64]

As rivalidades, no entanto, voltaram à tona em 1874, exatamente por questões políticas. Segundo Guedes Coelho, o estopim teria sido a morte súbita do poeta e advogado santista Joaquim Xavier da Silveira, vítima da varíola. Sua presença em Santos, desde 1871, incomodava escravocratas e atiçava abolicionistas, sendo provavelmente um alento aos escravizados na cidade.

O próprio advogado que se sagrou como símbolo da luta abolicionista em São Paulo, Luiz Gama, teria dito que "enquanto Xavier da Silveira viveu, uma luz vinha de Santos, porque ele era o porta-bandeira da Abolição na Província de S. Paulo e nós todos esperávamos sempre a palavra de ordem que vinha dele".[65] O falecimento precoce de Xavier da Silveira, aos 34 anos, teria "exaltado os ânimos políticos na população de seu bairro, os Quartéis, de ideias conservadoras". Imediatamente, o grupo do Valongo, "liberal na convicção", fez frente e "ressurgiu a velha rivalidade com pleno recrudescimento do antigo ódio, latente de muito tempo, em pacífico rescaldo".[66]

Assim, é preciso imaginar a possibilidade de que a prisão daqueles capoeiras em Santos, na década de 1870, seria uma represália pela atuação política dos mesmos, como capangas de homens ligados a partidos opostos. Cabe recordar que todos, com exceção do liberto Marcelino Ignácio, pertenciam a homens ilustres da sociedade da época, que bem poderiam fazer uso deles para decidir eleições.

Em contrapartida, muitos capoeiras, fossem escravos ou libertos, teriam uma proteção assegurada exatamente pelo envolvimento político, o que explicaria a ausência de novas prisões dos mesmos. Como dissemos antes, Francisco, escravo preso por capoeira em 21 de setembro de 1873, pertencia a José Antonio da Silva Gordo,

---

64 "As lutas entre quarteleiros e vallongueiros". *A Tribuna de Santos*. Edição commemorativa do 1º Centenário da Cidade de Santos (1839-1939), 26/01/1939 (grifo nosso).
65 SANTOS, Francisco Martins dos. *História de Santos...*, p. 219.
66 COELHO, Guedes. "A metamorfose...", p. 2.

morador de uma chácara na Rua dos Quartéis e que tinha envolvimento com políticos que despontavam na época, a ponto de casar sua filha Adelaide Benvinda da Silva Gordo com o futuro presidente da República, Prudente de Moraes.

Esta associação entre capoeiras e políticos, assegurando aos primeiros proteção das autoridades e aos outros uma vantagem nas campanhas eleitorais é sustentada também pelos inúmeros casos vistos em outras regiões do Brasil. Na corte, por exemplo, Soares mostrou de forma consistente a participação da capoeiragem na disputa entre liberais e conservadores. Segundo ele, "a rede de proteção montada pelas maltas, a partir de sua atuação política, e de sua infiltração na estrutura policial, revela uma estratégia social sofisticada, que lhes manteria, durante vinte anos, no domínio da marginalidade urbana".[67]

Da mesma forma, no Pará, valentões tiveram grande influência nas eleições e "a capoeiragem esteve por muitos anos protegida por chefes políticos que defendiam seus capangas de qualquer punição".[68]

Somado a isso, o caso dos valongueiros e quarteleiros em Santos sustenta a possibilidade de que a mobilização popular não dependia totalmente de ordens da elite. Eram eles grupos formados por gente simples da população, unindo-se quando se fazia necessário, como no caso da defesa da igreja do Valongo em 1860 e quando se verificou em Santos o motim popular conhecido como o Quebra-lampiões, em 1884. Levantando-se contra a Companhia que explorava os serviços de bondes, água e luz, o povo quebrou todos os lampiões e atirou os bondes ao mar.[69] Eventos como estes, por serem extremos, expõem apenas uma parte das iniciativas populares de contestação às autoridades, diluídas no cotidiano das cidades.

A partir dessa perspectiva, podemos dizer que a formação de maltas de capoeiras e valentões em Santos, primeiro em defesa dos interesses de dois bairros – Valongo e Quartéis – e depois, em torno de conservadores e republicanos, foi possivelmente um espaço de aprendizagem e formação de lideranças políticas, servindo de embrião para a luta abolicionista e, até mesmo, para o movimento operário e sindicalista que explodiu na década de 1890, quando Santos passou a ser conhecida

---

67 SOARES, Carlos Eugênio Líbano. *A negregada instituição...*, p. 301.
68 LEAL, Luiz Augusto Pinheiro. *A política da capoeiragem...*, p. 110 e capítulo 2 como um todo.
69 "Santos e a civilização brasileira". *A Tribuna de Santos*. Edição commemorativa do 1º Centenário da Cidade de Santos (1839-1939), 26/01/1939, terceiro caderno.

como a "Barcelona brasileira".⁷⁰ Para enxergar melhor como essa tradição combatente foi construída, tratemos então do processo de abolição da escravatura.

Capoeiras e valentões entre radicais do abolicionismo

Memorialistas são unânimes em retratar que as rivalidades entre quarteleiros e valongueiros só desapareceram de vez com o crescimento da luta pela abolição da escravatura na cidade, que "a todos confundiu e abrangeu, irmanando-os para o mesmo e sagrado fim, lançando o esquecimento sobre quase trinta annos de odios e de lutas estereis".⁷¹ Nas palavras de um deles:

> Com a lenta infiltração do ideal republicano nos dois grupos, a harmonia e a mútua aproximação foram se estabelecendo entre ambos, e quando a Abolição e a República eclodiram em bem da Pátria, Quarteleiros e Valongueiros, os velhos e rancorosos "inimigos", fraternizaram afinal.⁷²

É preciso frisar que esta condição política da cidade, praticamente unânime quanto ao republicanismo a partir de 1887,⁷³ abriu caminho para uma participação de capoeiras e valentões no movimento abolicionista bem diferente do que ocorreu em outras regiões.

No Rio de Janeiro, a disputa entre correntes opostas elevou exponencialmente as rivalidades entre maltas. Conforme Soares, "durante os anos 1880 os capoeiras ampliaram seu espaço [...] Antes um privilégio dos conservadores, as maltas agora faziam a segurança de todas as facções políticas, mesmo aquelas não

---

70 Para uma visão da luta abolicionista como "primeira escola de lideranças políticas" em Santos, sendo esta a origem da tradição combatente da cidade e base do posterior movimento operário, ver MACHADO, Maria Helena Pereira Toledo. "De rebeldes a fura-greves: as duas faces da experiência da liberdade dos quilombolas do Jabaquara na Santos pós-emancipação". In: CUNHA, Olívia Maria Gomes da; GOMES, Flávio dos Santos (orgs.). *Quase-cidadãos*: histórias e antropologias da pós-emancipação no Brasil. Rio de Janeiro: Editora FGV, 2007, p. 271. Mais à frente, trataremos do assunto com mais apuro, apresentando mais referências sobre o tema.

71 "As lutas entre quarteleiros e vallongueiros". *A Tribuna de Santos*. Edição commemorativa do 1º Centenário da Cidade de Santos (1839-1939), 26/01/1939.

72 COELHO, Guedes. "A metamorfose...", p. 2

73 SANTOS, Francisco Martins dos. *História de Santos*..., p. 244.

participantes do jogo parlamentar".[74] Esta situação colocou, inclusive, capoeiras ligados à malta dos guaiamus, tradicionalmente associada aos conservadores, contra o movimento abolicionista. Não foi sem motivo que Joaquim Nabuco, na obra referencial *O Abolicionismo*, comparando os capoeiras das cidades aos capangas do interior, declarou:

> "Foi a isso que a escravidão, como causa infalível de corrupção social, e pelo seu terrível contágio, reduziu a nossa política. [...] *Os "capangas" no interior, e nas cidades os "capoeiras", que também têm a sua flor, fizeram até ontem das nossas eleições o jubileu do crime. A faca de ponta e a navalha, exceto quando a baioneta usurpava essas funções, tinham sempre a maioria nas urnas.* Com a eleição direta, tudo isso desapareceu na perturbação do primeiro momento, porque houve um ministro de vontade, que disse aspirar à honra de ser derrotado nas eleições. [...] O "capoeira" conhece o seu valor [...] e em breve a eleição direta será o que foi a indireta: a mesma orgia desenfreada..."[75]

Esta situação não se limitava ao Rio de Janeiro. No Pará, ao que parece, o uso de capoeiras como capangas era um costume antigo entre políticos locais. Entre o final da monarquia e início da república, os capoeiras teriam se associado de forma mais evidente ao Partido Liberal, tornando-se inimigos naturais dos republicanos, resultando, inclusive, em uma caçada aos praticantes já nos primeiros meses de instauração da República, antes mesmo da criminazilação do jogo-luta pelo Código Penal de 1890.[76]

Conforme mostramos antes, os dois grandes grupos de valentões de Santos, Valongueiros e Quarteleiros, já gozavam, desde pelo menos a década de 1860, do respeito da população santista, pela preservação da igreja do Valongo. E antes mesmo disso haviam assumido uma posição acima das autoridades. Com a luta pela abolição, essas duas situações ganharam força.

---

74 SOARES, Carlos Eugênio Líbano. *A negregada instituição...*, p. 318.
75 NABUCO, Joaquim. *O abolicionismo (1849-1910)*. São Paulo: Publifolha, 2000, p. 136-137 (grifo nosso).
76 LEAL, Luiz Augusto Pinheiro. *A política da capoeiragem...*, p. 87-111.

Embora tenhamos poucas informações sobre de que forma estes valentões se envolveram no movimento abolicionista em São Paulo, buscaremos agora analisá-las de maneira conjunta, com o intuito de acrescentar à historiografia sobre o assunto uma perspectiva distinta. Antes porém, é imprescindível algumas colocações sobre o estudo histórico do tema.

O abolicionismo em São Paulo

Há algum tempo, a pesquisa histórica vem ampliando o reconhecimento da participação de escravos e libertos no processo que culminou na abolição da escravidão, seja por meio de revoltas envolvendo grandes grupos, seja pela adoção de uma postura mais contestatória no cotidiano de fazendas e cidades. Nesse contexto, o abolicionismo atuou, por vezes, como um catalizador da insatisfação dos escravizados. No clássico Da senzala à colônia, Emília Viotti da Costa já apontava que:

> Nas regiões cafeeiras, o negro passa do plano da resistência cultural para o da resistência política, da fidelidade às religiões africanas, à colaboração com os abolicionistas, e a maioria dos levantes parece ter obedecido a motivos outros, que não religiosos, em particular a uma inconformidade natural com o regime da escravidão, capaz de explodir em revoltas surdas. As insurreições de largas proporções foram pouco numerosas, mas os assassinatos, as fugas, o quilombo mantinham em permanente temor a população branca, que os boatos de agitação de escravos traziam em frequente alarma.[77]

Ainda assim, as análises do processo construídas pelas elites da época privilegiavam a ação de intelectuais, autoridades e parlamentares, levando até mesmo pesquisadores focados nos movimentos populares pela abolição a enxergarem estes como consequência inevitável das transformações sociais provocadas pela evolução do sistema econômico. Expoente disso é o trabalho referencial de Alice Aguiar de Barros Fontes sobre os chamados caifases, como os elementos radicais do abolicionismo paulista passaram a ser conhecidos. Segundo a historiadora, "os caifases nada mais foram do que os elementos que, sem terem vínculos e compromissos

---
[77] COSTA, Emília Viotti da. *Da senzala à colônia*..., p. 359.

diretos com os interesses agrários, emergem das próprias contradições do sistema [escravocrata] em agonia para fazê-lo avançar".[78] Há autores ainda que enxergam a radicalização do abolicionismo paulista como resultado de uma disputa interna no Partido Republicano.[79]

Uma visão invertida do processo de abolição da escravidão no Brasil, que colocava o movimento popular a puxar o ideológico, ganhou força com outros estudos mais específicos. Ao resgatar estratégias adotadas por escravos que almejavam liberdade e libertos que esperavam maior autonomia, dentro da província de São Paulo, Maria Helena Machado revelou uma tentativa de autoridades em descaracterizar a periculosidade das ocorrências que envolviam esses e outros grupos considerados "desclassificados", com o intuito de silenciar suas ações.[80] Ainda de acordo com a pesquisadora:

> O evento da abolição, tratado ainda nas primeiras décadas deste século como 'onda avassaladora que invadiu corações e mentes', passou, nos últimos tempos, a ser abordado como mera coroação da vitória dos projetos mais reacionários, num fortemente controlado processo social, sob a liderança dos setores mais dinâmicos da cafeicultura paulista. Desprezada pela historiografia, a fermentação social que caracterizou a década de 1880 foi esquecida.[81]

Mais focada nos discursos da elite, Célia Maria Marinho de Azevedo expôs de forma clara a pressão da "onda negra" sobre os "brancos", levando à elaboração de diversos projetos para o controle da massa de escravos, libertos e homens pobres livres. Contestando uma historiografia romantizada, segundo a qual homens da elite, como o líder radical dos abolicionistas de São Paulo Antônio Bento de Souza

---

78　FONTES, Alice Aguiar de Barros. *A prática abolicionista em São Paulo*: os caifases (1882-1888). Dissertação (mestrado em História) – FFLCH-USP, São Paulo, 1976, p. 127. A autora assinala ainda que esta radicalização das lutas contra a escravidão não se limitou a São Paulo, tendo a Confederação Abolicionista impulsionado ações "extra-legais" no Rio de Janeiro e o Club do Cupim praticado o mesmo gênero de atuação em Recife.

79　SCHWARCZ, Lilia Moritz. *Retrato em branco e negro*: jornais, escravos e cidadãos em São Paulo no final do século XIX. São Paulo: Companhia das Letras, 2008, p. 87.

80　MACHADO, Maria Helena Pereira Toledo. *O plano e o pânico*...

81　*Ibidem*, p. 18.

e Castro, teriam inspirado essa massa a contestar abertamente a escravidão, aderindo à luta pela abolição por eles iniciada, a autora assinalou que a composição e mesmo a radicalização do movimento abolicionista em território paulista foi na verdade uma consequência do descontrole social que se agravou a partir da década de 1870. O abolicionismo, então, seria um dos projetos de manutenção do *status quo*, assim como o foi a importação de imigrantes europeus, aposta de políticos influenciados pela teoria do embranquecimento da "raça brasílica".[82] Mais do que isso, a pesquisadora denunciou:

> [A ideia] de um movimento abolicionista essencialmente racional e planejado repousa na definição do escravo como um ente passivo e isolado, sem condições de chegar por si só a uma consciência de sua situação de explorado e oprimido, por força de sua própria posição estrutural. Assim, mesmo a sua rebeldia e resistência seculares teriam de encontrar uma direção racional e generalizadora (política), sem o que não passariam de atos sem sentido, irracionais, politicamente sem efeito.[83]

Seguimos na mesma linha desses trabalhos para tentar enxergar como homens da chamada "arraia-miúda" pela elite participaram – e, muitas vezes, souberam tirar vantagem política – do movimento abolicionista em São Paulo. Nosso foco continuará a ser os capoeiras. Esperamos, com isso, contribuir com a historiografia sobre a Abolição no Brasil. Afinal, como concluiu Maria Helena Machado, "trata-se de lembrar que, no alarido da vitória, ainda se pode escutar o coro dos descontentes".[84]

Contudo, como orientou Emília Viotti, "o processo abolicionista, quer no conteúdo ideológico, quer na ação concreta que foi desenvolvida a fim da emancipação, só pode ser compreendido quando examinado no plano nacional".[85]

Já nas primeiras décadas do século XIX, quando estava em discussão a formação de uma nova nação, propostas sobre o fim do tráfico de escravos e, gradualmente, de extinção da escravidão foram colocadas em debate. O próprio patriarca

---

82 AZEVEDO, Célia Maria Marinho de. *Onda negra, medo branco...*, em especial o capítulo 4.
83 *Ibidem*, p. 192.
84 MACHADO, Maria Helena Pereira Toledo. *O plano e o pânico...*, p. 167.
85 COSTA, Emília Viotti da. *Da senzala à colônia...*, p. 390.

da Independência, José Bonifácio de Andrada e Silva, apresentou, em 1823, uma representação na Assembleia Geral Constituinte, com fortes argumentos contra o regime servil.[86] As elites sabiam do potencial de revolta inerente ao sistema escravocrata, externamente pelo exemplo do Haiti[87] e, internamente, pelas ações contestatórias de escravos por todo o país. Em São Paulo mesmo, como já apontamos, havia desordenes constantes. Havia ainda a pressão inglesa pelo fim do tráfico de africanos, que levou a uma primeira lei proibindo o tráfico, em 1831, que serviu de fator aglutinador de diferentes correntes políticas e levou ao consenso pelo fim definitivo do tráfico de africanos em 1850.[88] A partir de então, a preocupação com a renovação da mão de obra fomentou, como já dissemos, projetos que iam desde a criação de leis emancipadoras – como a Lei Rio Branco (Lei do Ventre Livre), emitida em 3 de maio de 1871 – até a importação de imigrantes europeus. É nesse contexto que se radicalizam ações em defesa da abolição imediata da escravidão, sempre com vistas no reaproveitamento do "trabalhador nacional".[89]

Dentro deste processo, interessa-nos mais particularmente o surgimento de homens ou grupos que foram além dos discursos na defesa pelo fim da escravidão em São Paulo. Nos dois primeiros capítulos, mostramos como escravos e libertos promoviam desordens constantes, gerando preocupação contínua entre

---

86   SILVA, José Bonifácio de Andrada e. *Representação à Assembleia Geral Constituinte e Legislativa do Império do Brasil sobre a escravatura*. Paris: Typographia de Firmin Didot, 1825. Disponível em: <http://www.brasiliana.usp.br/bbd/handle/1918/01688900#page/>. Acesso em: maio 2011.

87   Sobre a revolta na colônia francesa de São Domingos, depois denominada Haiti, é obra referencial JAMES, C. L. R. *Os jacobinos negros*: Toussaint L'Ouverture e a revolução de São Domingos. Tradução Afonso Teixeira Filho. São Paulo: Boitempo, 2000. Para referências sobre o medo que a revolução despertou em elites brancas nas Américas, ver YOUSSEF, Alain El. "Haitianismo em perspectiva comparativa: Brasil e Cuba (sécs. XVIII-XIX)". In: *Anais do 4º Encontro Escravidão e Liberdade no Brasil Meridional*, Curitiba, maio 2009. Disponível em: <http://www.labhstc.ufsc.br/ivencontro/pdfs/comunicacoes/AlainElYoussef.pdf>. Acesso em: jun. 2011.

88   Uma análise conjunta dos diversos fatores que levaram ao fim do comércio de africanos escravizados para o Brasil se encontra em RODRIGUES, Jaime. *O infame comércio*: propostas e experiências no final do tráfico de africanos para o Brasil (1800-1850). Campinas: Editora da Unicamp/Cecult, 2000.

89   A historiografia sobre o fim da escravidão no Brasil é extensa e contém correntes divergentes. Ver, por exemplo, QUEIROZ, Suely Robles Reis de. *Escravidão negra no Brasil*. São Paulo: Ática, 1990. Para uma interpretação do assunto sob uma perspectiva atlântica, salvos problemas que toda análise generalizante possui, é referencial o livro BLACKBURN, Robin. *A queda do escravismo colonial* (1776-1848). Tradução Maria Beatriz de Medina. Rio de Janeiro: Record, 2002.

as autoridades. Agora, direcionaremos nosso foco às aproximações destes com elementos de outras camadas sociais, que permitiram a formação de uma rede de libertação de cativos, na década de 1880, iniciada no acoitamento dentro das senzalas, passando pelo transporte até a capital e encerrando na chegada dos fugitivos a redutos seguros em Santos.

Ainda na primeira metade do século XIX, autoridades de São Paulo demonstravam preocupação com "alguns individuos, de quem se possa suspeitar, sejão Emissarios do Club dos Abolicionistas de Inglaterra, destinados a sublevar os Escravos Africanos".[90] Como dissemos no segundo capítulo, a Guerra do Paraguai resultou em mudanças sociais que fortaleceram a insatisfação popular com o regime escravocrata, uma vez que muitos homens brancos e/ou livres lutaram lado a lado com ex-escravos negros. Em Santos mesmo, homens como Xavier da Silveira, falecido em 1874, agiam em prol dos escravizados. Porém, um movimento mais incisivo e aberto nesse sentido só começou realmente a ganhar peso em São Paulo, ainda na década de 1870, com o surgimento de uma liderança singular: Luiz Gama.

O abolicionista Luiz Gama

Nascido em Salvador, em 21 de julho de 1830, Luiz Gonzaga Pinto da Gama seria, segundo ele mesmo, filho de uma negra livre – a quitandeira Luiza Mahin, que teria participado ativamente de revoltas na Bahia – com um fidalgo português, que teria perdido a fortuna e vendido o próprio filho, com apenas dez anos de idade, como escravo. Em São Paulo, não foi vendido a fazendeiros pelo medo que cativos de Salvador provocavam, em razão da Revolta dos Malês.[91] Acabou na capital, onde reuniu "provas inconcussas" de sua liberdade. Aprendeu a ler e escrever, tornando-se amanuense. Atuou de forma destacada na imprensa satírica e especializou-se em direito a ponto de se tornar um grande advogado, defendendo gratuitamente escravos que almejavam a liberdade, com argumentos que

---

90 Aesp. *Polícia* (1837-1841), Caixa 1, Ordem 02436, Pasta 1.
91 Sobre a Revolta dos Malês, um dos mais completos estudos é REIS, João José. *Rebelião escrava no Brasil:* a história do levante dos malês em 1835. Edição revisada e ampliada. São Paulo: Companhia das Letras, 2003.

chocavam a sociedade. Dentre estes, chegou a afirmar que "todo escravo que assassina seu senhor pratica um ato de legítima defesa".[92]

Dentre os vários processos nos quais Luiz Gama se envolveu, pinçamos um a título de exemplo, de 1871, no qual o advogado negro pleiteia a liberdade do escravo mina Malachias, pertencente a Francisco de Assis Pacheco, de Itu, alegando que o cativo foi importado em 1848, portanto, após a lei de 1831, que determinou ser ilegal o tráfico de africanos. Apesar desta lei não ter alcançado o mesmo impacto da subsequente, de 1850, Luiz Gama a usava como base para defender a liberdade de seus irmãos de cor. Ao perceber que perderia o caso, ele deu um jeito de emperrar o processo, dando sumiço a documentos imprescindíveis: "uma petição, uma certidão de baptisterio do preto Malachias, um termo de deposito do mesmo, dous depoimentos de testemunhas e um auto de perguntas feito ainda ao dito Malachias".[93]

Além dessas ações, Luiz Gama organizava fundos para comprar a alforria de cativos, a exemplo de outros homens e mesmo mulheres com alguma posse. Antonio Manuel Bueno de Andrade, um dos abolicionistas a deixar registrado seu testemunho sobre a mobilização em São Paulo, contou que sua mãe mesmo, Anna Bemvinda Bueno de Andrada, presidiu uma sociedade de senhoras, *A Emancipadora*, criada em 1870 com o intuito de alforriar escravas moças. Assim como em outras reminiscências, a de Andrada aponta que "o chefe popular da propaganda – seu arrojado apostolo e lutador – era incontestavelmente Luiz Gama". Porém, o líder negro tinha a seu lado colaboradores de diversas matizes sociais, como "seu solicitador" Pedro de Oliveira Santos, o popular "Pedro Considerações", responsável por "mover as demandas contra senhores de escravos", José Joaquim de Freitas, o "Galeota", como era então conhecido o actual administrador do Matadouro Municipal de São Paulo, bem como Justo Nogueira de Azambuja, "proprietário de uma afreguezada alfaiataria". E o tabelião coronel Vasconcellos e o seu ajudante Albuquerque. Havia ainda, dentre outros, "o tenaz e voluntário da pátria Antonio Archanjo Dias Baptista" e o "pequeno lavrador José Mariano Garcia, cujo sítio, além do bairro da Moóca, tornou-se um

---

92   BENEDITO, Mouzar. *Luiz Gama*: o libertador de escravos e sua mãe libertária, Luíza Mahin. São Paulo: Expressão Popular, 2006. Há diversas biografias sobre Luiz Gama, que se completam, como as de Sud Mennucci (*O precursor do abolicionismo*, 1938), Elciene Azevedo (*Orfeu de Carapinha*, 1999), Nelson Câmara (*Luiz Gama*: o advogado dos escravos, 2010) e Luiz Carlos Santos (Luiz Gama – Coleção Retratos do Brasil, 2010).

93   Aesp. *Processos policiais* (1870-1875), Caixa 15, Ordem 03216.

lugar de sagrado asilo, o refugio primitivo dos escravos em fuga". Outro "modesto e grande abolicionista" foi o pintor de igrejas Francisco Marques, o "Chico Dourador", que "gozava de salutar influencia sobre o povo trabalhador". Apesar desta rede de colaboradores, quando Luiz Gama morreu, "ninguém poderia identicamente desempenhar seus humanitários encargos".[94]

Luiz Gama morreu em 24 de agosto de 1882, ano em que o movimento abolicionista encontrava-se em pleno crescimento. Como recorda Emília Viotti:

> Na década de 1880, quando [Joaquim] Nabuco iniciava sua campanha mais ativa em prol da emancipação dos escravos, publicando, em 1883, *O Abolicionismo*, e alguns anos mais tarde, O eclipse do abolicionismo, proferindo conferências e promovendo comícios, reuniões e almoços, organizavam-se também no Rio e em São Paulo a maior parte das associações abolicionistas ou emancipadoras, fundavam-se clubes, e a luta em prol da libertação dos negros assumia caráter popular, atingindo, a partir de então, um clima de agitação que repercutia nas senzalas.[95]

Ressaltamos desde já que Luiz Gama talvez seja uma das únicas personagens do abolicionismo paulista enaltecidas por memorialistas cuja imagem se manteve intacta após passar pelo crivo de pesquisadores imparciais. Como vem sendo desvelado e será abordado melhor mais à frente, mesmo ícones da luta negra, como o líder do Quilombo do Jabaquara, Quintino de Lacerda, apresentavam comportamentos aparentemente ambíguos, ora defendendo o interesse de escravos e libertos, ora se beneficiando da influência que exercia sobre estes. O major Joaquim Xavier Pinheiro, apontado pela memória da Abolição como o paladino da liberdade dos cativos, por exemplo, entrou com uma ação, em 1883, contra o lenhador português Manoel Alvez Ferreira, acusando-o de acoutar um escravo, de nome Matheus, indevidamente.[96] Esta postura dúbia do "paladino da liberdade" já havia sido indicada no clássico História

---

94 ANDRADE, Antonio Manuel Bueno de. "A abolição em São Paulo". *O Estado de São Paulo*, 13/05/1918, p. 3.
95 COSTA, Emília Viotti da. *Da senzala à colônia...*, p. 390 e 427.
96 ROSEMBERG, André. *Ordem e burla*: processos sociais, escravidão e justiça em Santos, década de 1880. São Paulo: Alameda, 2006, p. 197-206.

de Santos[97] e foi aprofundada por Wilson Toledo Munhós, para quem o abolicionismo paternalista em Santos foi uma "artimanha" para a exploração dos negros fugidos.[98]

Exatamente pela sua conduta exemplar, o falecimento do advogado negro Luiz Gama, em 1882, foi um balde de água fria entre paulistas que defendiam o fim da escravidão. Contudo, a historiografia mostra que exatamente esta situação permitiu a ascensão de um líder ainda mais radical: Antônio Bento de Souza e Castro.

Antonio Bento e os caifases

Filho de Bento Joaquim de Souza e Castro e de Henriqueta Viana de Souza e Castro, família abastada da capital, nasceu em 17 de fevereiro de 1843, entrando para a Faculdade de Direito em 1864. Após se formar, em 1868, assumiu a promotoria pública em Botucatu. Depois, foi transferido para Limeira, sendo rapidamente nomeado juiz municipal em Atibaia, no ano de 1871, aos 29 anos. Já nessa época, era descrito como "honesto", "justiceiro", "bem intencionado", mas "imprudente e arrebatado", por dizer "o que pensa e o que sente, com franqueza um tanto rude" e por revoltar-se "contra os abusos", querendo "reformar em um dia o mal de muitos anos". Por seu comportamento e pelas atitudes cada vez mais claramente abolicionistas, orientando sentenças em ações de liberdade sempre a favor dos cativos, sofreu vários atentados.[99]

Ainda na faculdade de Direito, o futuro abolicionista radical já se mostrava ousado. Ao colar grau, em 28 de novembro de 1868, deixou de agradecer a um dos lentes e delegado de polícia, Furtado de Mendonça, que deixou a sala indignado.[100] Poderíamos até supor que Antonio Bento teria participado de patuscadas com estudantes e negros, e até conhecido aí a capoeira, que, como vimos antes, fazia parte do cotidiano da Academia. Porém, enfatizamos que este não é nosso foco, nem intenção.

---

97 SANTOS, Francisco Martins dos. *História de Santos...*, p. 220.
98 MUNHÓS, Wilson Toledo. *Da circulação ao mito da irradiação liberal*: negros e imigrantes em Santos na década de 1880. Dissertação (mestrado em História Social) – PUC-SP, São Paulo, 1992, p. 68-69. *Apud* ROSEMBERG, André. *Ordem e burla...*, p. 207.
99 AZEVEDO, Elciene. "Antonio Bento, homem rude do sertão: um abolicionista nos meandros da justiça e da política". *Locus – Revista de História*, Juiz de Fora, vol. 13, n. 1, 2007, p. 123-143.
100 VAMPRÉ, Spencer. *Memórias para a história...*, vol. II, p. 195.

Queremos assinalar a proximidade deAntonio Bento com negros escravos e libertos com habilidades marciais, o que lhe permitiu organizar uma rede abolicionista que começava pela ação dos caifases nas fazendas pelo interior, auxiliando os cativos a fugirem, seguia pelas linhas férreas que contavam com colaboradores nos trens e estações, passava pela capital, com cocheiros ajudando no transporte e homens ilustres acoitando negros em suas casas, até a dispersão final na cidade de Santos.

Conforme levantou Alice Fontes, "no confronto com capitães-do-mato, caifases usavam cacetete, única arma permitida por Antônio Bento".[101] Coincidência ou não, o líder do movimento parece seguir à risca a sugestão feita por Duque-Estrada, de que o bom capoeira não usa armas como a navalha. Ainda que este não fosse o caso, atuar na linha de frente demandaria uma destreza corporal como a dos capoeiras, uma vez que, no confronto com capitães do mato pelo interior, alguns abolicionistas morreram.[102]

Populares na luta pela abolição

Aqui, afinal, iniciamos nossa análise sobre esses elementos radicais do abolicionismo que, de forma anônima na maior parte das vezes, lutaram e, em alguns casos, morreram, pela libertação dos cativos.

Em torno de Antonio Bento, os abolicionistas de São Paulo passaram a ter como sede a Confraria de Nossa Senhora dos Remédios, onde também funcionava a tipografia do jornal "Redempção", órgão de propaganda do movimento. Era lá que "encontravam-se quase que diariamente os irmãos do Rosario com os outros abolicionistas. Era um verdadeiro club revolucionario", dividido em dois grupos que, "embora solidários em um pensamento comum, distinguiam-se pelas aptidões aproveitáveis: os intellectuaes do partido e os homens de acção, ficando os deste ultimo logo muito conhecidos pela denominação de 'caifazes de Antonio Bento.'"[103]

Estes homens de ação deveriam saber proteger a si mesmos e ao grupo do qual faziam parte. Isso fica claro em um artigo do jornal *A Redempção*, no qual se

---

101 FONTES, Alice Aguiar de Barros. *A prática abolicionista...*, p. 65.
102 *Ibidem*, p. 70.
103 ANDRADE, Antonio Manuel Bueno de. "A abolição em São Paulo...".

defende que os abolicionistas "andem sempre armados, [...] porque estão sempre em perigo de vida".[104] A própria justificativa para adoção do nome dos radicais do movimento de caifases, apresentada por Hipólito da Silva, parece reveladora:

> Os escravocratas têm a seu serviço os capitães-do-mato, que são uns judeus. Os abolicionistas têm os seus caifases que são os soberanos sacrificadores dos judeus. *Havemos de chamá-los de capangas?* O nome é deprimente e não quadra; A-bo-li-ci-o-nis-ta, é muito comprido e não exprime a função especial. *Caifás é que está na conta.* Enquanto houver escravos haverá *caifases que são o poder executivo, pelo cacete!*[105]

Não cabe discutirmos a validade desta explicação ou eventuais traços de preconceito nela contidos. Queremos apontar o que de concreto emerge: os caifases eram um tipo de capanga, eram homens de ação. E, para isso, precisariam ser bons na luta física. Dentre estes homens de ação citados por Bueno Andrade, destacamos alguns cuja participação poderia ensejar valentias próximas à prática da capoeira. Antes, porém, vamos a uma passagem do próprio memorialista:

> Estabelecida no largo da Sé, em S. Paulo, existiu uma charutaria em que os patrões e operários formavam uma confraria de trabalho. Foi ninhal de "caifazes". Valentim Kinz, seu irmão Theodoro, João de Castro, cunhado destes, ahi labutavam no officio e a favor dos captivos. Uma vez que um senhor fôra arrancar á força uma escrava asylada em minha casa, João de Castro, meu vizinho, soccorreu-me, alarmou a rua, reuniu rapidamente "caifazes" e para sempre repelliu meu assaltante e seus asseclas.[106]

Quem seriam estes caifases capazes de repelir "assaltantes" em busca de cativos nas casas dos abolicionistas. O próprio Bueno Andrade cita um negro que bem

---

104 *A Redempção*, 02/01/1887. Apud FONTES, Alice Aguiar de Barros. *A prática abolicionista...*, p. 18.
105 *Diário Popular*, 12/05/1939, p. 3. Apud LANNA, Ana Lúcia Duarte. *Uma cidade na transição...*, p. 183, nota 30 (grifo nosso). Ana Lúcia Lanna aponta que, além de confusa, uma vez que o caifás era o sumo-sacerdote dos judeus, esta explicação revela uma visão negativa dos judeus.
106 ANDRADE, Antonio Manuel Bueno de. "A abolição em São Paulo...".

poderia chefiar uma malta de valentões, Arthur Carlos, "operario, preto, moço, alto, vivo, intelligente", que teria arrastado "muitos negros de S. Paulo, sobre os quaes tinha bastante influencia, aos mesmos serviços que elle já prestava á abolição". Entre seus seguidores estava Casemiro Corrêa Pinto, "cabeça pensante do grupo e o sargenteava nas empresas arriscadas". Havia ainda Bento Soares de Queiroz, cabo eleitoral dos liberais, que "separava-se, no entanto, de seu partido sempre que os interesses destes entravam em conflicto com o abolicionismo". Ainda nas ações dentro da cidade destacava-se "Bento Ventania, empreiteiro de obras e proprietario de olaria", que atuava sozinho ou "com o pessoal de que dispunha", sendo "excessivamente gesticulante, tagarella e estabanado", o que lhe rendeu a alcunha.[107]

Em seu estudo sobre movimentos sociais nos anos finais da escravidão, Maria Helena Machado cita outros "anônimos", como "um vagabundo de nome Ezequiel Pinto" e "o rio-grandense Julio, escravo empregado nas obras do palácio".[108] A própria historiadora apresenta dados que revelam uma participação popular muito mais ampla e que bem poderia contar com capoeiras. Conforme ela narra:

> Em agosto de 87, por exemplo, um grupo de mais ou menos 2000 desordeiros, na maior parte negros desconhecidos, tendo à frente a banda de música da Irmandade de N. S. dos Remédios, percorria as ruas da cidade, entrando em conflito com a guarda de permanentes.[109]

Cabe lembrar aqui daquele rio-grandense, Marcílio Dias, herói da guerra do Paraguai que foi recrutado quando "capoeirava" à frente de uma banda de música. Como veremos no último capítulo desta dissertação, um dos papéis tradicionais dos capoeiras, em diversas regiões do Brasil, foi abrir caminho para bandas de música.

Mas, voltando à São Paulo de 1887, dois meses depois daquele enorme conflito, a Secretaria de Polícia de São Paulo oficiava o presidente da província de que "os negros voltaram à carga contra a força de polícia". Relevante é o fato de que em tal conflito, "as praças foram agredidas a cacete e os desordeiros procuravam

---

107 ANDRADE, Antonio Manuel Bueno de. "A abolição em São Paulo…".
108 MACHADO, Maria Helena Pereira Toledo. *O plano e o pânico…*, p. 155.
109 *Ibidem*, p. 156.

desarmal-as, o que não conseguiram, por ter accudido a força de cavallaria".[110] Vemos aí dois elementos que indicam a presença, se não de capoeiras, ao menos de homens com habilidades marciais suficiente para desarmar policiais apenas com uso de porretes, sendo impedidos somente por soldados a cavalo.

Os casos acima citados demonstram a necessidade de grande coragem entre aqueles que se dispunham a combater o regime escravocrata na capital paulista. Contudo, eram as ações no interior que exigiam mais coragem e maiores habilidades marciais. Entre os caifazes que se arriscaram pelas fazendas, Bueno Andrade ressaltou o nome de Antonio Paciencia, a quem cabia "o desempenho de missões exigindo longa e cuidadosa dissimulação". Além da "mansidão no falar e energia na ação", valia-se do fato de conhecer vários ofícios manuais para empregar-se em fazendas "até descobrir meios de lhes arrebatar a escravatura". Também pelo interior atuava outro Antônio, descrito como "preto reforçado, de estatura menos que mear, de olhos vivíssimos, comprehendendo todos os planos e nada respondendo". Conforme o memorialista, este "tinha por especialidade penetrar durante a noite nos cercados 'quadrados' das fazendas para convidar seus ex-coparticipantes de desventura para fugirem ao eito". Em uma dessas missões perigosas dos infiltrados, Antônio Preto acabou assassinado "ao transpor a porteira de uma fazenda, em Belém do Descalvado".[111]

Tomamos conhecimento da ação destes caifases apenas pelas palavras limitadas de um memorialista que não os acompanhou em campo. Apesar do tom apologético da maior parte deste e de outros depoimentos do tipo, verificamos que os caifases denotam a extensão de um movimento popular formado por anônimos, sobre os quais não foi possível registrar seus passos, mas que causavam grandes tormentos às autoridades. Na comarca de Belém do Descalvado mesmo, onde Antônio Preto foi morto, ocorreram 13 episódios de contestação escrava violenta, desde homicídios de feitores e senhores até insurreições de plantéis inteiros.[112] Não queremos dizer com isso que tais revoltas foram mobilizadas apenas pela ação de caifases. Fazer isso seria incorrer no erro de ignorar o fato de o abolicionismo ser uma somatória de ações entre cativos das fazendas inconformados com

---

110 *Ibidem*, p. 157.
111 ANDRADE, Antonio Manuel Bueno de. "A abolição em São Paulo...".
112 MACHADO, Maria Helena Pereira Toledo. *O plano e o pânico*..., p. 76.

sua situação e setores da massa urbana. Mas as revoltas ajudam a compreender o contexto no qual Antônio Preto atuou e acabou morto.

Assim, vemos que tanto nos conflitos pelas cidades como nas imersões em fazendas, a valentia se fazia necessária em diferentes momentos da luta abolicionista. Bueno Andrade mesmo, ao falar do trabalho de transporte dos fugitivos através das ferrovias, cita um caifás especializado em acompanhar as turmas fugitivas em transito nas linhas ferreas: o "emissario modelar", "calmo, valentíssimo e intelligente Rodolpho Motta". De acordo com o memorialista, escravos que fossem embarcados sob sua proteção, "por la razon ou por la fuerza, chegariam ao destino". Neste trajeto até a capital e lá, caifases contavam com suporte de tipógrafos e jornalistas, intelectuais, comerciantes, estudantes e outros profissionais. Porém, era fundamental a ajuda dos cocheiros, que transportavam fugitivos e levavam recados. Entre eles, destacou-se Carlos Garcia, pelo "temperamento audaz" e por ser ativo "defensor do 'povo miudo' em suas múltiplas desavenças com os poderes constituídos, principalmente com os agentes policiais".[113]

Diante da atuação política, Antonio Bento obviamente fez inimigos. E sua proteção era garantida exatamente por negros habilidosos, como se depreende de uma acusação feita por Ezequiel Freire, na Gazeta de Notícias, de que "a Confraria de Nossa Senhora dos Remédios é uma corporação que se acha sob a protecção dos pretos". Para se defender, o líder caifás respondeu, por carta publicada no *Diário Popular*, que a confraria seria "composta de homens brancos e mulatos, onde a sua môr parte são portugueses, italianos e allemães". Para diminuir sua responsabilidade à frente do movimento, declarou ainda que "a proteção que dá aos escravos, os esforços que faz para libertal-os não é cousa nova e não cabe disso gloria alguma ao actual provedor", alegando que "no compromisso da Confraria feito em 1825, já era a confraria obrigada a libertar infelizes escravos".[114]

Independente da participação de "portugueses, italianos e alemães" no movimento, é claro que Antonio Bento realmente se cercava de libertos e homens livres de cor com habilidades marciais reconhecidas. Sua situação de liderança, cercado por valentões, é indicada no caso relatado por outro abolicionista:

---

113 ANDRADE, Antonio Manuel Bueno de. "A abolição em São Paulo...".
114 *Diário Popular*, 26/04/1886, seção Particular.

> Um capitão-do-mato [...] Candido prometeu publicamente que iria acabar com Antonio Bento. Usando do pretexto de que era intermediário entre os fazendeiros e os abolicionistas, foi à casa de Antonio Bento. Candido foi surpreendido por dois caifases. Um negro surgiu e rapou os bigodes, o cabelo e as sobrancelhas do capitão-do-mato.[115]

Embora Antonio Bento, no discurso, não permitisse o uso de navalha pelos caifases, este trecho indica que seus guarda-costas o faziam e com grande habilidade. A imagem do líder caifás protegido por negros perigosos é reforçada pela narração que Coelho Netto faz do seu primeiro encontro com o líder caifás, durante uma festa da Irmandade de Nossa Senhora dos Remédios, quando ainda era um jovem abolicionista:

> Antônio Bento, ereto, com um casacão felpudo que lhe descia abaixo dos joelhos, afagava o cavanhaque basto, *entre negros que sorriam*. Recebeu-me com uma palavra amável e dizendo-lhe o meu apresentante que eu pretendia ser do grupo dos 'roubadores' Antônio Bento lançou-me um olhar forte e, apesar das lentes escuras do seu pince-nez eu vi o fogo vivíssimo das suas pupilas que ardiam:
> — Menino, olhe que isto não é brinquedo. Não pensa você que nós somos tratados aqui com bons modos: — *eles não nos poupam* — é a pau e bala que *nos recebem*. Se você quer meter-se n'isto disponha-se como um soldado que quer ir para a guerra. Isto é sério, como o diabo! Em cada esquina há um capitão do mato...
> — Bem sei...
> — E então?!
> — Disponha de mim. Dias depois encontramo-nos em uma sessão, no Club do Braz e aí fizemos amizade [...][116]

---

115 THIOLLIER, René. *Um grande chefe abolicionista*, 1932. Apud FONTES, Alice Aguiar de Barros. *A prática abolicionista...*, p. 66, nota 1.

116 N. [Coelho Netto]. Fagulhas. *Gazeta de Notícias*, 11 de dezembro de 1898. Apud PEREIRA, Leonardo Affonso de Miranda. "Barricadas na Academia: literatura e abolicionismo na produção do jovem Coelho Netto". *Tempo*, Rio de Janeiro, vol. 5, n. 10, dez. 2000. Disponível em: <http://www.historia.uff.br/tempo/artigos_dossie/artg10-2.pdf>. Acesso em: maio 2011 (grifo nosso).

Abrimos um breve parêntese para lembrar que Coelho Netto já havia se deparado com a "capadoçagem perigosa que caminhava às gingas", durante a estada no Rio de Janeiro, onde fez os estudos preparatórios para entrar na Academia de Direito de São Paulo.[117] Em São Paulo, não sabemos se ele viu ou praticou o jogo-luta na faculdade, nem temos certeza se chegou a ver a capoeira sendo usada pelos caifases de Antonio Bento. Mas talvez aí tivesse nascido a admiração pela prática, levando-o a escrever, anos depois, já em 1928, um dos primeiros artigos a defender a capoeira como autêntica luta nacional. Ao compará-la com outras artes de defesa pessoal como o box inglês e o savate francês – seguindo a cartilha de Duque-Estrada e Couto de Magalhães, e dentro dos padrões dos caifases –, comentou que a navalha teria estragado a capoeira e que o verdadeiro praticante não a usaria.[118]

Capoeiras na linha de frente

Até agora, apenas esbarramos em possibilidades de participação de capoeiras nesse movimento e logo esbarraremos com os mesmos, em Santos. Afinal, toda essa rede de libertação de cativos tinha um fim, que era levá-los até a "cidade libertária", onde já mostramos que a presença de capoeiras se fazia mais nítida. Nas palavras dos memorialistas, defensores da imagem de Santos como a "Canaã dos escravos", estes encontrariam a liberdade tão logo lá chegassem. Embora a historiografia mais recente tenha contemporizado essa visão romantizada da cidade, é inegável que o deslocamento de cativos para o litoral paulista incomodava autoridades. Assim, a partir de 1886,

> A atração de um grande número de escravos de serra-acima, aliada à intensificação da repressão, a cidade de Santos acirrou os ânimos populares, que não raro invadiam as ruas, delegacias e estações de trem, para libertar escravos apreendidos nas muitas excursões das autoridades pelos bairros populares e cais do porto. Nestas ocasiões, além de se apoderar dos apreendidos, o povo miúdo expressava, com paus, pedras, porretes e insultos, seu ódio às autoridades.[119]

---

117 PEREIRA, Leonardo Affonso de Miranda. "Barricadas na Academia...", p. 18.
118 COELHO NETO. "O nosso jogo". In: *Bazar*. Porto: Livraria Chardron, 1928.
119 MACHADO, Maria Helena Pereira Toledo. *O plano e o pânico...*, p. 150.

Uma dessas contendas, analisada por Maria Helena Machado, é significativa. Trata-se da reação do povo a boatos sobre o empastelamento do *Diário de Santos*, simpatizante da causa abolicionista, e pela visita do chefe de polícia para recuperar negros fugidos, o que resultou em grandes tumultos pelas ruas em novembro de 1886. No dia 24, o delegado Claudio Honorio dos Santos informou ao chefe de polícia, por telegrama, sobre "grandes tumultos pelas ruas", com "pretos armados" que ameaçavam atacar o quartel e a cadeia. Por isso, solicitava a força de cavalaria.[120] No dia seguinte, veio uma resposta positiva nesse sentido. Mas a situação já havia saído de controle:

> Estado da novidade em completa desordem. Um grupo de mil pessôas, entre ellas *quinhentos pretos armados de paus e revolveres*, reuniram-se na typographia do Diario de Santos, onde houveram discursos e vivas á republica e á Sociedade Abolicionista. Percorrem as ruas em aclamações e disturbios. Policia ameaçada, tencionam atacar cadêa e quartel. Requizito de V. Ex.a com toda a urgencia fôrça de cavallaria em maior numero possivel. – O Delegado de Policia, Claudio Honorio dos Santos.[121]

O grupo chegou a se desfazer no mesmo dia. Por isso, o juiz de Direito Ledo Vega enviou um telegrama ao chefe de polícia solicitando a suspensão do envio da força, pois temia que a chegada da cavalaria incitasse novos tumultos. Mesmo assim, o reforço foi à cidade e por lá se manteve até a situação acalmar. Mais uma vez, não sabemos se entre os "500 pretos" armados havia algum capoeira.

Estes personagens poderiam aparecer em processos criminais, como vimos em São Paulo, anos antes. Porém, ao analisar a série completa dos autos criminais (inquéritos, autos de perguntas, corpos de delito, processos, portarias, mandados) para a década de 1880, no Arquivo Geral do Fórum da Comarca de Santos, totalizando 138 documentos, André Rosemberg não encontrou indício da prática da capoeira entre os processos.[122]

---

120 Aesp. *Telegramas*, Ordem 6037, 24/11/1886. O caso é analisado por Maria Helena Machado em *O plano e o pânico...*, p. 150-151.
121 Aesp. *Telegramas*, Ordem 6037, 24/11/1886.
122 ROSEMBERG, André. *Ordem e burla...*, p. 62. O autor registrou processos por: injúrias (21), termos de bem viver (21), quebra de termo de bem viver (5), crimes contra o patrimônio (15), crimes de sangue (7), ofensas físicas (6), ferimentos (4), busca e apreensão (10), apuração de incêndio (5),

O próprio pesquisador enfatizou que Santos nesta época já contava com um número reduzido de cativos, havendo apenas 55 legalmente cadastrados em 1887, o que explica a pouca aparição destes nos autos. Somado a isso, Rosemberg mostra que até a identificação de homens negros em geral processados, cativos, libertos ou livres, também é difícil, uma vez que "a caracterização da cor da pele ainda não fazia parte da taxionomia criminal".[123]

Assim, restou-nos procurar os capoeiras em outras fontes. Através de uma reminiscência sobre um dos conflitos envolvendo policiais e abolicionistas, descortinamos a participação de homens com habilidades marciais específicas no movimento abolicionista em Santos.

Conforme relatado na *História de Santos*, um morador de Santos denominado Fortes, nascido em Sergipe e "excelente capoeirista, como dezenas de outros que existiam entre os abolicionistas da linha de frente", teve importante participação na libertação de aproximadamente dez escravos fugidos de São Paulo. Conta a passagem que um grupo de negros de importantíssima família campineira havia descido a serra dentro de pipas, como se fosse um carregamento de vinho destinado a Santos. Atrás dos fugitivos, chegaram à cidade, inesperadamente, dois capitães do mato acompanhados de numerosa força policial, autorizada a agir com violência pelo chefe de Polícia de São Paulo. Os negros estavam escondidos na casa de um abolicionista de renome da época, Geraldo Leite, no Paquetá, pois seriam encaminhados à noite a um navio de bandeira francesa, por um dos trapiches do bairro. Por denúncia anônima, os capitães do mato souberam o paradeiro dos escravos e surpreenderam Leite, capturando o grupo fujão.

Ainda segundo a reminiscência, a impossibilidade de reação "a bala" levou os chefes abolicionistas da época a formularem, junto com o povo, um plano de fuga emergencial. Assim, quando a carroça que conduzia os escravos se aproximou da estrada de ferro, pela qual eles seriam reconduzidos à fazenda de origem, cerca de quinhentas pessoas simularam um motim. Neste contexto, entra em cena o cidadão Fortes que, com "tremendas rasteiras, rápidas e certas, derruba os soldados da captura e os capitães-do-mato", sendo seguido por outros em redor que já sorriam vitoriosos, enquanto a multidão se confundia com eles. Geraldo Leite saltou sobre a carroça e tocou

---

posse de armas proibidas (2), desordens (2), habeas corpus (3), requisição de prisão de escravo (2) e corpo de delito (5), e outros (23), incluindo um caso de acoutamento de escravos.

123 *Ibidem*, p. 123.

os animais a galope até o velho Porto do Bispo, onde uma embarcação já aguardava os negros para levá-los a um dos navios franceses fundeados na bacia de Santos. Sob proteção da bandeira da França, os escravos foram transportados para um ponto mais ao norte do país. O autor conclui revelando que a Companhia de Navegação à qual Geraldo Leite representava chegou a receber severas reclamações do Governo, diante das inúmeras evasões proporcionadas em vapores franceses.[124]

Infelizmente, o livro não traz uma referência da fonte de tal passagem, nem a localizamos em jornais ou documentos da época. Contudo, podemos supor que as habilidades marciais de negros não seriam dispensadas pelos abolicionistas de Santos. O respeito e a admiração pela valentia dos capoeiras eram antigos na cidade, desde os tempos dos quarteleiros e valongueiros. E ainda estava bem viva na década de 1880.

No dia 6 de janeiro de 1880, o *Diário de Santos* publicou uma nota irreverente, um "inneditorial", no qual se lia: "precisa-se de uma pessoa que tenha bastante vergonha e offereça com garantia os predicados seguintes". E, na lista de predicados almejados, o primeiro era "que seja muito valente, capoeira e jogador de piúva". Sabendo-se que piúva era uma referência ao pau, a procura era por um capoeira bom de porrete.[125] Certamente, essa admiração também poderia ser fruto da leitura que a sociedade santista fazia das atividades de capoeiras no Rio de Janeiro. Dez dias depois da publicação do "inneditorial", o mesmo veículo reproduzia uma notícia do Jornal do Comércio sobre um conflito na corte envolvendo o "temível capoeira" Luiz Ferreira das Mercês e praças, que terminaram navalhados.[126]

Ainda assim, cabe reforçar que a presença de navalhistas também era parte do cotidiano de Santos, no período da Abolição. Em 8 de janeiro de 1886, o *Diário de Santos* trazia uma notícia sobre uma briga na cidade entre desordeiros, que terminou em navalhadas.

> Depois de um terrivel bate-bocca os typos passaram a liquidar contas por meio de sopapos e bofetadas, apparecendo

---

124 SANTOS, Francisco Martins dos. *História de Santos...*, vol. 2, p. 225-226. Agradeço ao meu mestre de capoeira, Nilton Ribas Martins Júnior, por ter me narrado essa passagem anos atrás, o que despertou em mim o interesse em buscar mais referências sobre a capoeira em São Paulo no período da escravidão.

125 *Diário de Santos*, n. 72, 06/01/1880.

126 *Diário de Santos*, n. 78, 16/01/1880.

logo dois calientes que pucharam por navalhas. Consta que houve alguns ferimentos leves. A policia comparecendo no lugar das desordens effectuou a prisão de Manoel de tal, José Fernandes e o celebre Cabo Verde. Um individuo de nome Bento que tambem foi um dos heróes do rolo ao vêr os soldados fugio para bordo de um navio estrangeiro atracado n'um dos trapiches que alli existem.[127]

Poderíamos inferir se este foi um conflito entre maltas de capoeiras ou apenas desordens. Também poderíamos buscar uma análise dos indivíduos presos no conflito, Luiz Antonio Cabo Verde, Antonio Pinto de Moura, Pedro Baptista d'Oliveira e Antonio Pinto da Silva. Porém, o que nos interessa no momento é a possibilidade de homens como estes terem se envolvido com o movimento abolicionista. Nesse sentido, uma notícia de 23 de fevereiro de 1886, do *Diário de Santos* é reveladora:

> ante-hontem ás 8 horas da noite andou pela cidade um bando de barulhentos fazendo desordens. Accudindo a policia pozeram-se a pannos e apenas dous da *malta* foram presos. *Entre esses [vagabundos] da peior especie que traziam facas e cacêtes achavam-se alguns rapazolas de boas familias*, sendo pelo fiscal Antunes aprehendida *a navalha com que um destes estava armado*.[128]

Na mesma edição, a parte policial informou ter sido recolhido um certo Vicente Carvalho, "gatuno de uma garrafa de cognac", que seria "chefe de uma turma de navalhistas, da qual fazem parte tambem Benedicto Macambira e o preto Pisuca".[129]

Aí temos desordeiros hábeis no porrete e na navalha, andando pelas ruas em maltas formadas por "rapazolas de boas famílias". Quem seriam esses jovens da elite santista, não sabemos. Talvez fizessem parte da mocidade santista que, em 1882, fundou a Bohemia Abolicionista, "valente agremiação da juventude local, imaginada e organizada por Francisco e Antonio Augusto Bastos, Guilherme e Pedro de Melo, Antonio Couto, Artur Andrade, Antero Cintra, Luciano Pupo e

---

127 *Diário de Santos*, 08/01/1886.
128 *Diário de Santos*, 23/02/1886 (grifo nosso).
129 *Ibidem.*

Eugênio Wansuít, aos quais se juntaram, depois, Paulo Eduardo e José Vaz Pinto de Melo Júnior, Brasílio Monteiro, Joaquim Montenegro e outros".[130]

Entre os participantes dessa associação, baseada no "panfletarismo violento" e que "nunca teve uma organização regular, para não perder o caráter de rapaziada", há dois nomes que despertam mais atenção. O primeiro trata-se do famoso escritor Vicente de Carvalho, que despontou na imprensa exatamente através da Bohemia Abolicionista.[131] Atentemos para o fato de ele ser homônimo daquele "gatuno de uma garrafa de cognac", que seria "chefe de uma turma de navalhistas". Nascido em Santos, em 5 de abril de 1866, Vicente de Carvalho tinha 20 anos em 1886 e estava se formando na Academia de Direito de São Paulo. Reparemos que o furto de "uma garrafa de cognac" se aproxima bastante daquelas "patuscadas" encenadas por estudantes da faculdade paulista anos antes, quando a capoeira "estava em alta" na instituição. Assim, não seria surpresa se o navalhista preso fosse exatamente o abolicionista famoso que, em 1909, entrou para a Academia Brasileira de Letras.[132]

Também podemos imaginar que Vicente de Carvalho tenha participado de algumas incursões abolicionistas na Serra do Mar, para auxiliar cativos que fugiam de capitães do mato e policiais, assim como aquele capoeira de Sergipe, de nome Fortes. Isso porque, no poema "Fugindo ao cativeiro", o poeta demonstra grande conhecimento dos detalhes de empreitadas desse tipo, como se distingue em trechos como esse:

>Na confuzão da noute, a confuzão do mato
>Géra alucinações de um pavor insensato,
>Aguça o ouvido ancioso e a vizão quase estinta:
>Lembra – e talvez abafe – urros de orça faminta
>A mal ouvida voz da tremula cascata
>Que salta e foje e vai rolando aguas de prata.
>Rujem sinistramente as moutas sussurrantes.
>Acoutam-se traições de abismo numa alfombra.
>Penedos traçam no ar figuras de gigantes.
>Cada ruido ameaça, e cada vulto assombra.

---

130 SANTOS, Francisco Martins dos. *História de Santos...*, vol. 2, p. 224.
131 *Ibidem*, vol. 2, p. 223.
132 ACADEMIA BRASILEIRA DE LETRAS. Vicente de Carvalho – Biografia. Disponível em: <http://www.academia.org.br/abl/cgi/cgilua.exe/sys/start.htm?infoid=109&sid=282>. Acesso em: maio 2011.

> Uns tardos caminhantes
> Sinistros, meio nús, esboçados na sombra,
> Passam, como vizões vagas de um pezadelo...
> São cativos fujindo ao cativeiro. O bando
> É numerozo. Vêm de lonje, no atropelo
> Da fuga perseguida e cançada. Hezitando,
> Em recúos de susto e avançadas afoutas,
> Rompendo o mato e a noute, investindo as ladeiras,
> Improvizam o rumo ao acazo das moutas.
> Vão arrastando os pés chagados de frieiras...[133]

Chama a atenção ainda o fato de Vicente de Carvalho, já em 1886, despontar como um dos líderes republicanos de Santos. Recordemos que, na década de 1870, a capoeira foi usada nas disputas políticas, uma prática que bem pode ter voltado à tona no início da República, após a "harmonia" trazida pela luta abolicionista. Temos conhecimento de pelo menos um jovem daquela época que se envolveu com a política republicana pouco depois e que era, com certeza, um hábil capoeira.

Em meio a uma série denominada "Santos noutros tempos", assinada por Costa e Silva Sobrinho, é reproduzido um fato testemunhado por Henrique Porchat: o confronto entre o chefe do armazém da firma Teles Neto & Cia, na rua Tuiuti, José Domingues Martins – apelidado de J.D. –, e o artífice Eduardo Antônio Domingues da Luz, "um tipo impagável" que "tinha às vezes os seus rompantes", tornando-se "grosseiro e malcriado".

> Desaveio-se naquela ocasião com o J.D., e este, *que era bom capoeira, correu-lhe o pé, estendendo-o ao comprido no chão.* Nesse dia o valentão de rópia e chulice pensou no adágio: "Braguês com braguês, e cortês com cortês..." Tornou-se daí em diante delicado e acolhedor![134]

---

133 CARVALHO, Vicente de. *Poemas e canções*. 3ª ed. aumentada. São Paulo: Editora O Pensamento, 1917, p. 49-50. Disponível em: <http://www.brasiliana.usp.br/bbd/bitstream/handle/1918/00393000/003930_COMPLETO.pdf>. Acesso em: maio 2011.

134 SOBRINHO, Costa e Silva. "Santos noutros tempos". *A Tribuna de Santos*, 10/06/1951, segundo caderno. Agradeço a Carlos Carvalho Cavalheiro por indicar essa informação.

Nascido em 5 de fevereiro de 1864, José Domingues Martins teria 18 anos em 1882, quando foi fundada a Bohemia Abolicionista. É provável que fizesse parte, porém não teria grande destaque até mesmo pela idade. Durante 25 anos, Martins foi comissário de café e certamente teria muito contato com negros carregadores. Assim como muitos abolicionistas reconhecidos, envolveu-se com a política, ocupando o cargo de vereador por dois mandatos, entre 1893 e 1894, e de 1908 a 1909. Chegou a presidir a Câmara, em 1908, falecendo em 24 de janeiro de 1924.[135]

Torna-se necessário abrir aqui um parêntese para informar que este político foi contemporâneo do coronel José Moreira Sampaio, vereador de Santos entre 1899 e 1902,[136] e pai de Agenor Moreira Sampaio, o famoso capoeira Sinhozinho. Nascido em Santos no ano de 1891, Sinhozinho afirmou em uma entrevista ter iniciado sua vida como esportista em 1904, no Club Esperia de São Paulo, seguindo por outros clubes, porém praticando atividades mais usuais como natação, futebol e "gymnastica", o que hoje seria chamado de musculação. Treinou ainda luta greco-romana e o "box francês" ou savate em São Paulo até 1908, quando foi para o Rio de Janeiro, onde, anos depois, tornou-se um dos principais difusores da arte da capoeiragem.[137]

Segundo um de seus alunos, Sinhozinho "aprendeu sua capoeira observando os bambas de sua época, convivendo com os boêmios, com os valentes e os malandros do Rio de então".[138] Ainda assim, deixamos em aberto a possibilidade de seu pai, homem das armas e contemporâneo do vereador capoeira José Domingues Martins, ter algum conhecimento sobre o jogo-luta ou que o próprio Agenor Sampaio, ainda menino, tenha visto alguma disputa pelas ruas de Santos.[139]

---

135 Disponível em: <http://www.camarasantos.sp.gov.br/noticia.asp?codigo=265>. Acesso em: 19 fev. 2011.

136 "As legislaturas municipaes de Santos". *A Tribuna de Santos*, 26/01/1939,

137 "Clube Nacional de Gymnastica: uma grande promessa". *Diário de Notícias*, 01/09/1931. Disponível em: <http://www.capoeira.jex.com.br/lit+classica/capoeira+academias+pioneiras+no+brasil>. Acesso em: 20 abr. 2011.

138 HERMANNY, Rudolf. *A capoeira de Sinhozinho*: Sinhozinho e a capoeira carioca. Disponível em: <http://rohermanny.tripod.com>. Acesso em: 18 mar. 2011.

139 Biografias sobre Sinhozinho encontram-se em LOPES, André Luiz Lacé. *Capoeiragem no Rio de Janeiro*: Sinhozinho e Rudolf Hermanny. Rio de Janeiro: Ed. Europa, 2002; e em FERREIRA, Isabel. *A capoeira no Rio de Janeiro (1890-1950)*. Rio de Janeiro: Novas Ideias, 2007.

De volta à Bohemia Abolicionista, encontramos outro participante de relevo para esta pesquisa. Um mulato, ex-combatente da Guerra do Paraguai, descrito por Francisco Martins dos Santos da seguinte forma:

> Dentre aqueles moços idealistas, sobressaía um deles, mais velho, com trinta e alguns anos, mas com aparência de vinte e poucos, *pernambucano, quase preto*, que falava muito, em toda parte, sem o menor rebuço ou respeito às conveniências, fazendo um comício em cada ponto onde parava, em contínuo e absoluto desprezo à vida e à liberdade, não deixando escravocrata em paz, fosse de elevada posição ou da classe média. Era *Eugênio Wansuít, que fora Imperial Marinheiro, um dos valentes da Armada Brasileira na guerra com o Paraguai*, aos 18 anos – circunstância essa que o fizera perder a noção do perigo e do comedimento durante as duas campanhas irmãs.

Como vimos no capítulo anterior, muitos combatentes retornaram da Guerra com uma visão de mundo distinta, que os tornava muitas vezes líderes populares ou alvo de preocupação constante para as autoridades. Além de ser uma base militar importante, servindo de embarque das tropas e suporte médico, Santos enviou à guerra mais de 600 homens, cerca de 150 negros, entre substitutos, recrutas e voluntários.[140]

Além daqueles que partiram da cidade para lutar, muitos combatentes de outras regiões poderiam escolher Santos para reconstruir suas vidas após a "experiência transformadora" da guerra, como parece ter sido o caso de Eugênio Wansuit. Se ele não era um típico capoeira, certamente era um valentão, como colocado no próprio texto da reminiscência. Assim, Wansuit poderia muito bem fazer a ponte entre negros navalhistas e a mocidade abolicionista. Como veremos depois, o ex-combatente se tornou uma liderança em vários segmentos da sociedade santista, surgindo inclusive entre grevistas do porto.

Voltemos agora à associação entre a elite de Santos, escravos e libertos, em torno da causa abolicionista. Graças a este laço, a cidade se transformou, na década de 1880, em um dos maiores redutos de cativos em fuga do Brasil.

---

140 SANTOS, Francisco Martins dos. *História de Santos...*, vol. 2, p. 209, nota 7.

Quilombo de Pai Felipe

A formação de redutos negros em Santos tem diversas versões. Segundo algumas fontes, o primeiro quilombo dataria de 1850 e teria como principal liderança o africano "Pae Felipe". Mais uma vez, fazemos uso de uma reminiscência publicada em jornal, já no início do século XX, para recuperar sua história.

Em uma região próxima à atual Rodovia Piaçaguera-Guarujá, entre Santos e Cubatão, "ao fundo do estuario, marcando a entrada do [rio] Jurubatuba", foi erigida uma capela em homenagem a Nossa Senhora das Neves sobre as ruínas do "antiquíssimo Engenho da Madre de Deus", datado de 1532. De grande prestígio entre diversas camadas sociais, esta capela era famosa, nos primeiros quartéis do século XIX, "pelas suas procissões aquáticas", realizadas todos os anos, "no dia da Conceição", com participação do vigário, do presidente da Câmara e autoridades, bem como "escravos de todos os sítios, acompanhados dos feitores, cantando um velório religioso".

Esta devoção dos escravos por Nossa Senhora das Neves provinha de uma crença por parte dos negros de que a santa poderia trazer "a suavização de seu triste destino". Desta forma, os cativos "rezavam pelo branco mau que os escravizava, pelos filhos dele, que ajudavam a criar e que não tinham culpa".

Por volta de 1850 – esta data é questionada por outras fontes, que apontam a década de 1880 como momento chave da formação do quilombo –, um incêndio destruiu a capela e o feitor de um Engenho de Cabraiaquara, Antonio Joaquim, "um português de maus bofes", foi apontado como culpado. Em busca de vingança, "os negros fugiram todos para o mato, e Antonio Joaquim embarricou-se na antiga propriedade". À noite, os cativos cercaram o local e atearam fogo em tudo, desde as senzalas e cocheiras, até a Casa Grande, enquanto os negros comemoravam dançando "ao som lugubre dos tambaques e cazambús". O feitor foi capturado, amarrado a um varal e queimado no mesmo local onde estavam as cinzas da capela. A partir daí:

> Os negros de Cabraiaquara, do Peruty, da Pedreira, do Morrão, libertos pela extincção do Engenho e pelo odio, sumiram-se pelas serras vizinhas, formando um quilombo armado, engrossados, a cada mês, com as fugas de novos companheiros dos sitios da região. Tornaram-se famosos 'canhemboras' do 'Quilombo', como os chamavam na época;

> e, tão importante se tornou o bando, que policia algum jámais se metteu naquellas solidões a perseguil-os, e dahi por deante, o proprio rio, a propria cachoeira que vinham das serras onde estavam, como por fim a propria serra central, passaram a chamar-se 'do Quilombo', como até hoje.

Com a campanha abolicionista tornando a situação em Santos mais segura, "um negro de sessenta annos fortes, [que] chefiava os remanescentes do engenho tragico e do incendio de N. S. das Neves", o famoso "pae Filippe", fixou sua gente na ponta do morro do Jabaquara, já na Vila Mathias, "fazendo os seus batuques, a 'dança do corvo', o 'samba africano', tocando seus tambaques e caxambús, que pouco falavam dos brancos, mas muito diziam ás suas recordações."[141]

Ainda carente de um estudo mais concreto, a história do quilombo de Pai Felipe tem outras versões. Uma delas é narrada por Francisco Martins dos Santos:

> O grande Quilombo de Santos, formado pela altura de 1780, era situado na serra que ficou com esse nome, ao fim da várzea de Cabraiaquara, onde corria o rio de Cabraiaquara, desde então também chamado "rio do Quilombo". Esse grande Quilombo abrangia os grandes morros "Cabeça de negro" e "Jaguareguava", cuja "entrada" era pela Bertioga, pelo rio Itapanhaú, razão por que a sua história se acha incluída na própria história daquele distrito e subprefeitura de Santos. Seu último chefe, após as destruições e chacinas sofridas em 1835, 1836, 1837 e 1838, foi "Pai Felipe", o rei negro, trazido para o Jabaquara logo em 1882, e mantido em lugar de honra fora da alçada de Quintino de Lacerda.[142]

Com base em atas de sessões da Câmara de Santos, este pesquisador informa ainda que o quilombo foi destruído por um certo Bento José Branco "e seus voluntários de São Bernardo, a serviço dos governos provincial e municipal, que

---

141 Toda a informação acima sobre a capela do Sítio das Neves e o Quilombo de pae Felipe pode ser vista na reportagem "Nossa Senhora das Neves, protectora dos escravos", publicada em *A Tribuna de Santos*, 26/01/1939, terceiro caderno.
142 SANTOS, Francisco Martins dos. *História de Santos...*, vol. 2, p. 237, nota 38.

dividiram os cativos recapturados. Nessa ação, "os mortos foram centenas".[143] Embora também diga que tal quilombo se localizava perto do rio Jurubatuba, Santos desvincula sua trajetória à da capela de Nossa Senhora das Neves.[144]

Assim como a origem do reduto de Pai Felipe é obscura, sua história no alto da Vila Mathias também permanece nebulosa. A melhor descrição ainda é de um memorialista, Carlos Victorino. Conforme ele:

> Num dos recantos da Vila Mathias existia o "quilombo" chefiado por Pai Felipe, um preto já velho, mas de um tino aguçado, comandando com muita prudência o "seu povo". Nesse "quilombo", embrenhado numa porção do mato e habilmente encoberto de vistas perseguidoras, fizera Felipe o acampamento de sua gente que trabalhava no corte de madeira para lenha e construção, e na indústria de chapéus de palha.[145]

Embora faça uma longa citação de Victorino, Santos discorda dele com relação à independência de Pai Felipe, colocando que este viveria isolado por ter sido um "rei" africano, mas dependia indiretamente do Quilombo do Jabaquara.

Para além das divergências sobre Pai Felipe e "sua gente", há uma informação que se repete em diferentes reminiscências e que nos interessa. A experiência dos quilombolas na Serra do Mar, entre Santos, Cubatão e Bertioga, teria sido fundamental na construção de rotas seguras para escravos que vinham do interior, perseguidos por capitães do mato. Evaristo de Morais, por exemplo, chega a declarar que "celebrizou-se Cubatão, nos últimos anos da luta, porque era impenetrável à polícia paulista, sempre receosa de possíveis surpresas e emboscadas dos quilombolas".

Considerando que esta informação tenha algum fundo de verdade, tais quilombolas teriam que dominar algum tipo de habilidade marcial para afastar homens armados, fossem policiais, fossem capitães do mato. Afinal, fugas em massa pela serra do Mar tornaram-se frequentes na década de 1880 e havia sempre uma verdadeira caçada aos fugitivos. Um telegrama entre autoridades, de 1884, por exemplo, informava sobre um grupo de 60 escravos que "haviam se sublevado em

---

143 *Ibidem*, vol. 2, p. 236, nota 13.
144 Sobre Nossa Senhora das Neves, ver *ibidem*, vol. 2, p. 329. Há mais algumas informações geográficas sobre o Vale do Quilombo na p. 337.
145 VICTORINO, Carlos. *Reminiscências*, p. 64-67. *Apud ibidem*, vol. 2, p. 222.

S. Paulo". Ao serem perseguidos pela polícia, "debandaram em pequenos grupos internando se nas mattas da Serra do Cubatão". O telegrama encerra assegurando: "força pública os persegue para aprisional-os; tranquilidade na província".[146]

Cabe assinalar que, além de uma possível sabedoria dos quilombolas, africanos livres forçados a trabalhar na estrada que ligaria Santos a São Paulo pela serra do Mar acumulavam, desde meados do século, um vasto conhecimento sobre a região, fosse pelo trabalho ordinário nas matas, fosse por fugas esporádicas, como uma ocorrida em 1º de fevereiro de 1853, quando Antonio Moange, João Angola, Leobino Angola, Francisco Mossambique e Bartholomeu Rebolo abandonaram a obra na serra e embrenharam-se na floresta.[147]

Voltando ao reduto de Pai Felipe, outro ponto interessante era a atração que o local exercia sobre a mocidade abolicionista. Conforme reminiscências, o líder negro "aos domingos, franqueava o seu "quilombo" aos rapazes e homens conhecidos como abolicionistas, tratando-os como esmerada cortesia e contando as fazendas coisas do arco da velha, coisas de fazer arrepiar os cabelos".[148] As reminiscências não falam da prática da capoeira nesse local, ressaltando o samba e apontando Pai Felipe como o "rei do batuque". Entretanto, como veremos no final deste capítulo e, mais profundamente, na última parte desta pesquisa, as trocas entre diferentes expressões culturais desenvolvidas por africanos e seus descendentes no Brasil eram intensas. E os abolicionistas que entravam no reduto do velho negro provavelmente absorveriam parte do substrato presente no samba, na capoeira e no batuque. Não existem informações sobre o reduto de Pai Felipe suficientes para arriscarmos qualquer hipótese, como faremos a seguir ao analisar o quilombo do Jabaquara.

Quilombo do Jabaquara

Com uma história bem mais documentada do que o reduto de Pai Felipe, o quilombo do Jabaquara também é cercado por informações controversas, a começar pela sua formação. Segundo Francisco Martins dos Santos, o reduto teria sido criado em 1882, por iniciativa da mocidade abolicionista da qual já falamos,

---

146 Aesp. *Telegramas*, Ordem C06037, 22/10/1884.
147 Aesp. *Ofícios Diversos de Santos* (1853-1856). Caixa 459, Ordem 1254, ofício de 01/02/1853. Na mesma caixa, há outros ofícios com relatos similares.
148 SANTOS, Francisco Martins dos. *História de Santos...*, vol. 2, p. 222.

em especial seu irmão, Américo Martins, e Xavier Pinheiro. Em uma reunião na casa de Francisco Martins, foi escolhido o local para se abrigar com segurança os escravos que chegavam cada vez em maior número a Santos:

> Atrás das terras de Matias Costa e Benjamim Fontana, ainda em estado primitivo, cobertas de matos e cortadas de riachos, havia uma extensão de várzea [...], para onde se ia ainda pelo caminho que existia ao lado da Santa Casa da Misericórdia, hoje demolida, subindo a lombada do morro, bifurcando no alto, seguindo um braço para a casa de Benjamim Fontana e para o sítio de Geraldo Leite da Fonseca, descendo o outro para o Jabaquara. Era o único caminho para lá. Naquele ponto seriam, em breve, recolhidos todos os negros até então ocultos em casas particulares, e os outros que apareciam de fora, até formarem um núcleo numeroso e respeitável.[149]

Rosemberg ressalta que esta data, embora questionada por Wilson Toledo Munhós, é sustentada por documentos da época. Em contrapartida, a "visão idílica" do Jabaquara não parece ser verdadeira, uma vez que o local já contava com plantações e benfeitorias.[150] Também gera polêmica a escolha do líder do Jabaquara, Quintino de Lacerda, sergipano natural de Itabaiana, de onde veio para Santos em 1874, sendo alforriado em 1880.[151]

As reminiscências indicam que o negro, ex-cozinheiro, da casa dos republicanos Antonio e Joaquim Lacerda Franco, teria como papel manter "em ordem e disciplina" os ex-escravos, dominando seus "ímpetos naturais".[152] Assim, foram levantadas casas de madeira, folha de zinco, palha e taipa para abrigar os fugitivos. Sob os olhos de Quintino, os quilombolas teriam moradia assegurada, trabalhando na cidade, em funções temporárias como carroceiros e ensacadores de café.[153] O local, assim teria abrigado entre dois e vinte mil negros, número que varia conforme a fonte e que não pôde ser confirmado por documentos da época.

---

149 *Ibidem*, vol. 2, p. 221.
150 ROSEMBERG, André. *Ordem e burla...*, p. 225.
151 LANNA, Ana Lúcia Duarte. *Uma cidade na transição...*, p. 193, nota 58.
152 SANTOS, Francisco Martins dos. *História de Santos...*, vol. 2, p. 221.
153 CASTAN. *Scenas da abolição e outras scenas*. São Paulo: s/n., 1921, p. 37.

FIGURA 23. Fotografia publicada na edição especial de A Tribuna, de 1939, com a seguinte legenda: "Os barracões de Quintino de Lacerda, últimos vestígios do Jabaquara, onde ele terminou seus dias, a 13 de agosto de 1898 – Aspecto tirado em 1900".[154]

FIGURA 24. Bico-de-pena do artista Lauro Ribeiro da Silva, reproduzido de História de Santos/Polianteia Santista, de Francisco Martins dos Santos e Fernando Martins Lichti, 1986.[155]

Estudos recentes, por outro lado, revelam bastidores bem menos românticos daquela imagem pintada pelos memorialistas. Como esclarece Maria Helena Machado, esses bastidores não vêm para "desqualificar o depoimento daqueles memorialistas e as entrevistas dos participantes do movimento abolicionista, que por sua importância social e política tiveram o privilégio de ter seus pontos de vista e versões dos fatos registrados por seus pares", mas sim, para apresentar "outras vivências e versões". Outras versões que ajudam a perceber como Quintino desenvolveu uma dupla face, sendo uma humilde e subordinada aos brancos, e outra autoritária

---

154 *A Tribuna de Santos*, 26/01/1939, terceiro caderno.
155 SANTOS, Francisco Martins dos. *História de Santos...*, vol. 2, p. 240.

no controle dos fugidos, utilizando "ferramentas e símbolos de poder retirados de um repositório cultural específico".[156]

Enquanto Quintino foi descrito por brancos como Silva Jardim como "o bom preto", "garantia de ordem para a cidade", modesto e humilde,[157] processos judiciais trazem uma imagem dele como um tipo de patrão que fiscalizava trabalhos em roças no Jabaquara, com influência suficiente sobre seus subordinados para os convencer a depor na justiça e mesmo provocar ofensas físicas em determinados indivíduos, em defesa de seus protetores. Assim foi em 1886, durante uma ação de interdito possessório que Fontana moveu contra Walter Wright por invadir áreas do Jabaquara, quando muitos residentes do reduto depuseram. Assim foi em 1889, quando Fellipe José dos Santos, de 25 anos e morador do Jabaquara, desferiu uma "vergalhada" em João Francisco Paula e Silva, "porque tinha ordens de Quintino do Jabaquara [...] para dar de chicote no mesmo Paula e Silva", atendendo um pedido de "Américo Martins e seo cunhado".[158]

No mesmo ano de 1889, Quintino teria que defender Benjamim Fontana pessoalmente, quando este foi ameaçado com uma faca por Nicolau José Ferreira, um negro de 30 anos, natural do Rio de Janeiro que há três anos residia em Santos. Inspetor de Quarteirão, o líder do Jabaquara, na época com 34 anos, lutou com Nicolau, saindo ambos feridos. Pelo processo por tentativa de homicídio, depreende-se que o motivo da ameaça foi vingança, por Fontana ter despejado o carioca por não pagar o aluguel de uma casa no Jabaquara. Nicolau, pobre e sem protetores, acabou condenado.[159]

Percebemos nesses dois casos uma postura de Quintino que muito se assemelha à capangagem protagonizada por muitos capoeiras em diversas cidades do Brasil desde o início do século XIX até o início do XX. Aliás, uma notícia de jornal permite até mesmo inferirmos sobre a existência de maltas na região, lutando pelo controle do reduto negro. A nota, publicada na "Parte Policial" do *Diário de Santos* de 13 de janeiro de 1886, informava que:

---

156 MACHADO, Maria Helena Pereira Toledo. "De rebeldes a fura-greves...", p. 253.
157 LANNA, Ana Lúcia Duarte. *Uma cidade na transição...*, p. 192.
158 ROSEMBERG, André. *Ordem e burla...*, p. 225-232.
159 *Ibidem*, p. 235-238.

A fim de prevenir desordens e a requerimento de Mathias Costa, seguiu ante-hontem ás 11 horas da noite uma força para a propriedade d'aquelle sr., situada proxima ao Jabaquara, porque Fontana ameaçara com os seus camaradas os camaradas de Costa.

A ordem foi mantida, retirando-se a força hontem ás 2 horas da tarde.[160]

Ao analisar as disputas judiciais pelas terras do Jabaquara, nas quais Quintino e seus quilombolas teriam participado enquanto testemunhas dos seus protetores, Maria Helena Machado levanta um questionamento sobre até que ponto este reduto poderia ser considerado um quilombo. Para a historiadora:

Colocados entre forças sociais poderosas, nas quais avultava o papel dos bem-pensantes e sua ideologia humanitário-paternalista e dos interesses pessoais dos abolicionistas, que não viam nada de mais em tirar algum proveito do trabalho dos escravos em troca do muito que ofereciam, como Fontana, interessado em ocupar as várzeas e morros do Jabaquara à custa dos fugidos, os "quilombolas" do Jabaquara tiveram que cavar seu próprio espaço.[161]

Como exemplo da autonomia quilombola, ela cita a formação no reduto de casebres cercados por roças, em um estilo de vida semirrural no qual o fogo estava sempre aceso. Um fogo que, segundo Slenes, seria a "flor" da senzala. Ou seja, o Jabaquara seria carregado de elementos ligados ao mundo dos cativos de origem africana imperceptíveis aos olhos dos brancos.[162]

Acrescentamos aqui outra vertente desta autonomia. Se Quintino tinha relações dúbias com Fontana, Américo Martins e outros brancos da elite santista, e muitas vezes usou sua influência sobre os quilombolas em benefício daqueles,

---

160 *Diário de Santos*, 13/01/1886 (grifo nosso).
161 MACHADO, Maria Helena Pereira Toledo. "De rebeldes a fura-greves...", p. 268. Esta questão também é analisada por Rosemberg em *Ordem e Burla...*, p. 238-240.
162 SLENES, Robert. *Na senzala, uma flor*: esperança e recordações na formação da família escrava. Brasil, Sudeste, século XIX. Rio de Janeiro: Nova Fronteira, 1999.

o ex-cozinheiro conquistou esse poder a partir de ações concretas em defesa de negros em Santos.

Em primeiro lugar, vale recordar que Quintino era oriundo do Sergipe, mesma terra-natal do negro Fortes, aquele "excelente capoeirista, como dezenas de outros que existiam entre os abolicionistas da linha de frente", que defendeu a fuga de escravos aplicando "rasteiras rápidas e certas" em soldados. Aliás, conforme destacado por Lanna, muito da mão de obra do porto de Santos proveio exatamente de Sergipe.[163]

E quem comandaria os capoeiras da "linha de frente" do movimento abolicionista? Quintino seria um líder em potencial. Primeiro pela sua habilidade em lutas corporais, como é descrita naquele processo de 1889, quando o sergipano enfrentou Nicolau, um carioca armado de faca que bem poderia ter tido contato com a capoeira antes de vir a Santos. Somado a isso, o líder quilombola aparece, em 1887, à frente de um "grande número de pretos" que entra em conflito com "alguns mascates" no Largo do Mercado. A investigação policial identificou que o autor da agressão era "um preto de nome Quintino, morador no bairro denominado Jabaquara", o que indica uma liderança do sergipano não só na área do quilombo, mas também em outros casos, como a resistência à invasão de forasteiros na cidade, que provavelmente passariam a competir por terra e trabalho,[164] uma questão que será abordada mais a diante.

Somado a isso, ressaltamos que os quilombolas do Jabaquara e outros valentões da cidade não dependiam das ordens de Quintino para agir, em momentos de perigo. É o que podemos depreender da crônica de Castan com o título "Capitão do mato", na qual narra a vinda de João do Carmo, "caboclo valentão, afamado pegador de negros, muito temido por ser homem mau, muito carniceiro para com os pretos que lhe caíam nas unhas". O objetivo era recuperar o negro robusto Terêncio que, segundo foi informado assim que chegou, iria "dar trabalho porque é forte e valente, e há de brigar". Assim, pediu ajuda a outro valentão

---

163 LANNA, Ana Lúcia Duarte. *Uma cidade na transição...*, p. 178. Temos aqui mais uma grande coincidência da capoeira, pois um dos principais responsáveis pelo desenvolvimento da capoeira em Santos, na segunda metade do século XX, foi um sergipano, Roberto Teles de Oliveira, o mestre Sombra. Sobre a história de mestre sombra e seus formados, dentro da Associação de Capoeira Senzala de Santos, ver TAYLOR, Gerard. *Capoeira*: The Jogo de Angola from Luanda to the cyberspace. Berkeley, Califórnia: Blue Snake Books, 2007, vol. 2, p. 337-464.

164 ROSEMBERG, André. *Polícia, policiamento e o policial...*, p. 356.

conhecido em Santos, o carroceiro Chico Feio. Este, fingindo aceitar, contou que trabalhava com Terêncio no mesmo trem de carros e que poderia pegá-lo, com ajuda de um companheiro "para estes trabalhos de pegar negros", o Zé Maria. Para isso, ambos iriam se encontrar com Terêncio "armados de bons cacetes", ficando João do Carmo escondido em um mato até a hora do bote.

> Á hora aprazada, lá estava o João do Carmo escondido no mattinho indicado.
> Logo vio vir chegando o Terencio, ladeado pelos dois companheiros, *armados de solidos cacetões*.
> Pararam e agarraram o preto.
> O João do Carmo saltou do matto já insultando com palavrões e ameaçando a sua facil presa.
> O Terencio, surpreso, tremulo, fazia fracos esforços para se livrar.
> Então o João do Carmo o enfrentou de perto para ajudar os dois capangas. Nesse momento recebeu forte pancada na cabeça, vibrada pelo Zé Maria, e logo a seguir outra ainda mais forte descarregada pelo Chico Feio, caindo sem sentidos.
> Quando tornou a si, vio-se amarrado de pés e mãos, pendurado de um barrote horizontal, cujas pontas descançavam sobre os hombros de Zé Maria e do Chico Feio.
> Este lhe fallou:
> — Estamos chegando ao Jabaquara. Se quizer, póde gritar á vontade. Aqui, os que *não são negros fugidos, são abolicionistas*, como nós que o estamos carregando.[165]

Castan, pseudônimo de Elisiário de Arruda Castanho, conclui essa crônica dizendo que o capitão do mato não foi assassinado. Sofreu por dias "a vida que no interior vivem os negros: nove dias de bacalhau e tronco; angu com feijão, eito, serões; bacalhau outra vez", sendo liberado depois, servindo de exemplo para outros que tinham a mesma profissão. A passagem ajuda a compreender como valentões da cidade interagiam com os quilombolas, trabalhando junto e se relacionando a ponto de criar um sistema de proteção autônomo. A capoeira não aparece, mas aí está o cacete, arma típica dos praticantes, assim como dos caifases.

---

165 CASTAN. *Scenas da abolição...*, p. 37-45 (grifo nosso).

O sistema de proteção dos negros, contudo, começava já no alto da serra, onde a valentia também era imprescindível. Pelas reminiscências da Abolição, tomamos conhecimento de que, ao saber dos planos de Antonio Bento, para retirar escravos das fazendas e levá-los até Santos:

> *Quintino exultou com a perspectiva de luta*, e, algumas semanas depois, já seguia ele, pelas primeiras vezes, *com um grupo regular de negros decididos*, para os pontos determinados da serra de Cubatão, deixando em Santos outra parte da gente necessária à guarda do reduto. Daí, pelo tempo adiante, surgia de vez em vez, pela estrada ou em canoas pelo lagamar de Caneú, *uma escolta do chefe negro*, trazendo dez, vinte e até mais escravos famintos e seminus, recebidos junto à raiz da serra ou junto às matas do Zanzalá. *Contava-se, então, a respeito de Quintino, várias e verdadeira façanhas...*[166]

Américo Martins dos Santos acrescenta que Quintino tinha um cavalo branco e "nele subia a serra, à noite, para encontrar partidas de negros fugidos". Nessas ocasiões, "muitas vezes, ele, com sua gente, enfrentou na estrada de São Paulo os capitães-do-mato que pretendiam prender os fugitivos, e Quintino, que era valente como as armas, os fazia fugir".[167]

O risco dessa empreitada, tanto para os fugitivos como para quem tentasse protegê-los, pode ser notado em um caso também eternizado pelas reminiscências do abolicionismo paulista: a história do preto Pio.

Após comandar um grande êxodo de cativos, por volta de 1887, desde a região de Capivari, passando por Porto Feliz e Sorocaba, Pio cruzou com uma tropa no alto da Serra do Mar. O comandante, alferes Gasparino Carneiro Leão, sensibilizado com a situação dos escravizados, não queria impedir a marcha até Santos. Então, enviou uma patrulha com o furriel Justo, reconhecidamente abolicionista, à frente, para desviar o grupo para outro caminho. Porém, a aproximação dos soldados preocupou Pio, que golpeou o furriel, matando-o com um único golpe. O resto da patrulha reagiu e muitos cativos foram baleados, debandando o resto pela descida de Santo Amaro. Muitos acabaram sendo capturados por soldados e capitães do

---

166 SANTOS, Francisco Martins dos. *História de Santos...*, vol. 2, p. 222 (grifo nosso).
167 *Ibidem*, vol. 2, p. 230.

mato. Alguns se acidentaram e faleceram pelo trajeto. Menos de vinte conseguiram chegar em Santos.[168]

As reminiscências do abolicionismo santista a respeito de Quintino e sua turma subirem a Serra para ajudar escravos a fugirem para Santos ganham base através de um documento, que inclusive pode ser uma referência concreta da história do preto Pio.

Trata-se de um ofício de 21 de outubro de 1887, enviado pelo coronel Francisco Castro Canto e Mello, de Cubatão, ao presidente da província, tratando da perseguição na serra de uma "turma de pretos" que cometeram "distúrbios e mortes desde Itu", debandando em turmas "para melhor poderem chegar incólumes" em Santos. Inicialmente, a tropa encontrou "somente vestigios e pegadas de pessoas que em pequenos grupos tratavam de furtar-se as vistas da força". À noite, conseguiu deter "o preto Elydio que fazendo parte dos criminozos viera verificar a posição da força", descobrindo que "existe na Serra um esconderijo onde elles fazem o seu ponto de reunião" e que, entre os fugidos, "existem algumas mulheres, e os homens reúnem-se a noite em numero de 40 e tantos".

Diante dessas informações, o comandante pretendia, na madrugada do dia seguinte, cercar os fugidos para depois fazer uma falsa retirada, "afim de ver-se pode se obter alguns resulttados durante a noite". Contudo, Canto e Mello via uma dificuldade na iniciativa:

> A força vê-se em serios embaraços para poder conseguir o seu fim, não só porque *o pessoal do lugar os protege*, como também por que *um grande numero de escravos fugidos de seus senhores estão ao serviço de homens que gozam de algumas influencias*, como sejam: o empreiteiro das obras Idraulicas da serra, *o Portuguez Santos*, negociante da Cidade de Santos, *um Inspector de quarteirão* da mesma localidade, cujo nome ignoro e outros, mas estamos rezolvidos a não pouparmos o menor esforço para bem

---

168 A história do preto Pio encerra o texto de Bueno Andrade, *A abolição em São Paulo*, que citamos largamente antes. Para versões romantizadas do caso ver SCHMIDT, Afonso. *A marcha* (romance da abolição). São Paulo: Brasiliense, 1981, e CAVALHEIRO, Carlos Carvalho. *A história do preto Pio e a fuga de escravos de Capivari, Porto Feliz e Sorocaba*. Sorocaba: ed. do autor, 2007. Cabe destacar também que o já citado moço abolicionista Vicente de Carvalho escreveu um longo poema inspirado nessa narrativa, com o título "Fugindo ao cativeiro".

dezempenhar os nossos deveres. Cumpre-nos mais declarar a V. Ex.a que o referido negociante Santos e o inspector de quarteirão cujo nome ignoro, *vieram hoje até a Estação do Cubatão, providenciarem sobre a fuga dos criminosos* segundo fomos informados; e mais que o preto Elydio, quando interrogado, declarou que *fora Santos quem, por um dos seus acolytos, mandara investigar a fuga p.a a Cidade de Santos* onde os aguarda.[169]

O nome de Quintino não aparece, mas é muito provável que o inspector de quarteirão citado fosse ele, uma vez que o mesmo estava acompanhado de um comerciante português de nome Santos, muito possivelmente outro personagem famoso do movimento abolicionista na cidade, José Teodoro dos Santos Pereira, um dos principais apoiadores do quilombo do Jabaquara, vulgarmente chamado de Santos Garrafão, "por ser grande, grosso e ventrudo, em contraste com o irmão, o Santos Alfaiate ou Santos Botija, conhecido depois como tipo de rua e alcoólatra inveterado".[170]

Memorialistas nos informam que Santos Garrafão "afeiçoou-se grandemente a Quintino de Lacerda, admirando a bravura do negro sergipano" a ponto de sacrificar seus negócios para ajudar os cativos fugidos. Seu principal papel no movimento abolicionista seria levar e trazer informações em forma de bilhetes para caifases e "financiadores", com o intuito de facilitar fugas e obter recursos urgentes. Em vez de escravos, avisaria sobre a chegada, por exemplo, de rolos de fumo. Com isso, Geraldo Leite teria tempo de articular o embarque dos fugitivos para enviá-los a outras províncias, como o Ceará, que havia abolido a escravidão em 1884. Mais do que isso, o português era quem comunicava sobre "canoas de prontidão, no Casqueiro ou em Cubatão, ou ainda quanto à movimentação da tropa de choque de Quintino de Lacerda".[171]

Estas informações de reminiscências, computadas por um pesquisador que participou do movimento, Francisco Martins dos Santos, reforçam a suspeita de que o português e o inspector de quarteirão dos quais o coronel se queixava, no alto da serra, em 1886, seriam Quintino e Santos Garrafão. Também ajudam a

---

169 Aesp. *Ofícios Diversos de Santos* (1881-1892). Caixa 458, Ordem 1253, Pasta 1887.
170 SANTOS, Francisco Martins dos. *História de Santos*..., vol. 2, p. 223.
171 *Ibidem*, vol. 2, p. 223.

entender o que eles estariam fazendo lá. O líder quilombola bem poderia estar com sua "tropa de choque", pronto para acobertar a fuga dos escravos, enquanto Santos Garrafão recolhia as informações necessárias para traçar com os abolicionistas de Santos um plano para fuga e recepção dos cativos.

Levantar esta hipótese não significa anular outras. Conforme Wilson Toledo Munhós, Santos Garrafão, assim como outros "ultra-abolicionistas", estaria mais interessado em lucrar com os cativos fugitivos, empregando-os em seus negócios.[172] Ainda assim, resta mais um traço interessante da biografia de Santos Garrafão, descrita pelos memorialistas:

> Santos Garrafão vivia maritalmente com uma preta, a Brandina, figura extremamente popular, afamada cozinheira, que possuía uma pensão na rua Setentrional, e que foi uma verdadeira mãe para os seus irmãos de cor, assistindo-os em todas as necessidades, secundando eficientemente o grande trabalho do português.[173]

Não existem muitas informações sobre Brandina e sua pensão na rua Setentrional (atual praça da República). Porém, arriscamos dizer que este local talvez funcionasse como um zungú, casa de angú e ponto de reunião de cativos.

Como apontamos antes, Santos estipulou, no artigo 38 do seu código de posturas de 1857, punições para quem mantivesse "casas de batuque, vulgarmente chamadas Zungús". É claro que, em 1857, pelo que vimos, as autoridades sofriam para controlar a população pobre, que causava desordens frequentes pelas ruas, em disputas entre valongueiros e quarteleiros. Mas o fato de este artigo ter se repetido mais de dez anos depois, no código de 1869, indica uma continuidade do problema. E, neste último, havia ainda penalidade para quem desse asilo a escravos.

Mesmo com o movimento abolicionista em plena atuação na cidade, na década de 1880, os pontos de encontro de escravos, libertos e homens livres pobres que não estivessem sob o controle da elite preocupavam a sociedade. Em 8 de janeiro de 1886, o *Diário de Santos*, ao mesmo tempo que louvava a Câmara de Belém por ter concedido 50 cartas de liberdade, noticiou na "Parte Policial" que

---

172 MUNHÓS, Wilson Toledo. *Da circulação ao mito...*, p. 68-69. Apud ROSEMBERG, André. *Ordem e burla...*, p. 207.
173 SANTOS, Francisco Martins dos. *História de Santos...*, vol. 2, p. 223.

"foi advertida a preta Fellipa, moradora á rua de Martim Affonso, por consentir disturbios em sua casa" e que "o sr. delegado vistoriou ante-hontem alguns cortiços desta cidade, e foi á barra verificar uma denuncia que teve em relação a uma sucia de vagabundos que por alli andavam". Somado a isso, "foi detida a preta Hortencia por promover desordens n'um cortiço da rua do Rosario".[174]

Percebemos nessas notícias que, embora os abolicionistas tenham se vangloriado por receber cativos e abrigá-los no Jabaquara, esta seria talvez uma saída mais interessante para a sociedade branca do que para os próprios negros, que tinham uma visão de liberdade distinta, desejando, dentre outras coisas, ter o privilégio de dispor do seu próprio tempo.[175]

Após as fugas das fazendas, os negros não teriam muitas opções. Alguns ficavam pelos matos próximos, reunidos em grupos e vivendo de saques nas vilas. Outros tentavam negociar com seus senhores a obtenção da carta de alforria e o pagamento de salários pelo trabalho que fariam a partir de então. A partir de 1882, com a radicalização do movimento abolicionista e a formação do quilombo do Jabaquara, cada vez com maior intensidade os fugitivos escolhiam se deslocar para São Paulo ou Santos, cidades onde teriam mais chance de arrumar trabalho e evitar a reescravização. Diante desse quadro, os caifases desenvolveram uma "paternal resolução", que, para eles, satisfaria negros, de um lado, e fazendeiros, de outro. A ideia era libertar os cativos e redirecioná-los às fazendas, como empregados livres e assalariados.[176]

Na visão de Alice Fontes, teria sido exatamente essa combinação da "desorganização do trabalho escravo" com a "organização do trabalho assalariado" pela inserção do negro fugido no mercado de trabalho que concedeu aos caifases um caráter revolucionário.[177]

No entanto, percebe-se em notícias da época que, para os ex-escravos, o retorno às fazendas não era um caminho adequado à almejada liberdade. Muitas vezes, quem retornava, ao invés de se tornar um trabalhador exemplar aos demais, virava foco de confusão. Ao menos, é o que inferimos a partir de um conjunto de ofícios de janeiro de 1888, de diversos municípios do interior paulista para o chefe

---

174 *Diário de Santos*, 08/02/1886.
175 MACHADO, Maria Helena Pereira Toledo. *O plano e o pânico...*, p. 43.
176 AZEVEDO, Célia Maria Marinho de. *Onda negra...*, p. 178-179 e 208-209.
177 FONTES, Alice Aguiar de Barros. *A prática abolicionista...*, p. 12.

de polícia, sobre "a desordem que existe [...] em consequencia do movimento da transformação do trabalho provocada pela emancipação dos escravos e da exploração criminosa dos anarchistas e desordeiros".[178]

Um dos primeiros ofícios do conjunto partiu do juiz municipal de Santa Rita do Passa Quatro, em 17 de janeiro daquele ano, comunicando que

> em vista de ter *um fazendeiro morador nos suburbios* desta villa de nome Francisco Alves de Araujo *trazido porção de libertos para sua fazenda* e terem-se dado fugas de escravos de algumas fazendas e ao mesmo tempo, *alguns disturbios entre os libertos e policia local* nesta villa, a população tem estado aterrada esperando-se de uma ora para a outra haverem serios conflitos e a policia local não pode reprimir visto ser diminuta.[179]

A solicitação por mais praças parece não ter sido atendida e as desordens cresceram, pois seis dias depois, o delegado da vila solicitava urgentemente reforço de quinze praças, alegando que o município se encontrava em "completa revolta":

> Os *pretos trasidos de Santos* [...] não se contentão em aconselhar os escravos do municipio para abandonar as fasendas, agora *vão a força bruta, capitaneados pelos individuos brancos que com elles vierão de Santos ou S. Paulo*, arrancar do terreiro das fasendas os escravos, de modo que os fasendeiros estão desesperados e dispostos a reagir a força armada. Hontem forão os escravos do D.or Marinho que *sahirão da fasenda* em numero de trinta e tantos *não valendo o facto do proprietario antes libertado para a conclusão d'actual colheita (fuctura)* e também sahirão os escravos de José Alves Villa Real Filho e outros...[180]

Vê-se aí que os "pretos trasidos de Santos" tinham um objetivo bem diferente da recolocação nas fazendas, pois mesmo os escravos "antes libertados para a

---

178 Aesp. *Polícia* (1888). Caixa 257, Ordem 2692, ofício de 27/01/1888.
179 *Ibidem*, ofício de 17/01/1888 (grifo nosso).
180 *Ibidem*, ofício de 23/01/1888 (grifo nosso).

conclusão" da colheita deixaram a fazenda. Pelo que vimos em Santos, não seria exagero imaginar que entre estes negros, e mesmo em meio aos "indivíduos brancos", houvesse alguns capoeiras. Certamente, teriam valentões prontos para enfrentar resistência armada ao irem "a força bruta". Outra ocorrência no mesmo mês, também de Santa Rita do Passa Quatro, traz mais elementos que apontam para um substrato cultural próximo ao meio da capoeira.

> Na noite de 26 de janeiro, *mais de cem pretos* vieram ao alto da vila, *armaram arcos de bambu* e folhagens, *hastearam bandeiras encarnadas*, acenderam fogueiras ao estourar dos foguetes e *rufos de caixa*, e gritando: "Viva a república! Viva a liberdade!" bem como outros vivas e morras.
> [...]
> *Haviam os pretos feito anunciar um grande samba na vila*, mas este não se realizou [...][181]

Enfatizamos no documento as "bandeiras encarnadas", que, como já colocamos no primeiro capítulo dessa dissertação, era uma forma de capoeiras se identificarem tanto nas ruas do Rio de Janeiro e Salvador, como no entorno de São Paulo, ao longo do século XIX. O citação de "arcos de bambu" – talvez uma referência a um berimbau – "rufos de caixa" e de um eventual samba também revelam que o grupo não se reunia apenas para desordens. Havia momentos de lazer, provavelmente quando a valentia se tornava um jogo. Como veremos mais a diante, a combinação da capoeira com o samba era algo normal no reduto negro do Jabaquara, de onde muitos dos "pretos trasidos de Santos" poderiam provir ou, ao menos, teriam tido algum tipo de contato.

Por enquanto, queremos nos ater às formas de protesto de cativos e libertos, no ocaso da escravidão. Com teor bem parecido ao dos documentos de Santa Rita do Passa Quatro, um ofício do delegado de Piracicaba, datado de 21 de janeiro de 1888, demonstrava preocupação com "individuos que se tem encarregado de

---

181 *Relatório Apresentado ao Illmo. E Exm. Snr. Dr. Francisco de P. Rodrigues Alves, Presidente da Província de São Paulo, pelo Chefe de Polícia Interino, o Juiz de Direito Salvador Antonio Moniz Barreto de Aragão*, 1888, p. 10. Apud AZEVEDO, Célia Maria Marinho de. *Onda negra, medo branco...*, p. 185 (grifo nosso).

desencaminhar escravos e insulflar desordeiros para anarchizar a população".[182] Embora alguns documentos apontem para a influência de brancos ou indivíduos alheios ao mundo dos escravos, os casos mais concretos sempre têm como protagonistas "pretos armados".

Em Araras, por exemplo, um ofício de 19 de janeiro de 1888 relatou que escravos alforriados vagavam "armados de facas e cacetes, deixando a população amedrontada".[183] Ou seja, assumiam uma postura bem diferente daquela de trabalhadores ordeiros esperada pelos caifases. Um ofício, também de Araras, traz dados que permitem entender melhor o porquê dessa resistência dos ex-cativos em ficar à mercê de seus ex-senhores. Trata-se do relato sobre a saída de negros da fazenda cafeeira Empório:

> No dia desessete do corrente, pela manhã, *apresentaram-se ás auctoridades locais d'este Municipio vinte e tres escravisados* d'aquella procedencia *pedindo liberdade, salario e alimentação confortáveis*, justamente aquillo de que *já estão em pleno gozo os pretos das fazendas em derredor*. Chamado por tellegrama, e n'esse mesmo dia, chegou a esta Cidade o S.r *Barão de Ibitinga, proprietario d'aquella fasenda*, e dirigiu-se immediatamente ao local onde se achavam alojados os retirantes, que, inqueridos do motivo da sahida, responderam que a semelhança do que tinham feito aos seus ex-escravos os fasendeiros visinhos solicitavam do Barão a liberdade, salario e alimentação melhor; que por forma alguma não desejavam sahir da fasenda desde que lhes concedesse o que todos consederam aos seus. *O Barão deixou para o dia immediato (18) a solução do cazo*, e encarregou a um particular de suprir a gente até o dia seguinte. [...] n'esse mesmo dia, as nove e meia horas da noute, *appareceu nesta Cidade um comboio conduzindo 15 praças* [...] *estando os pretos na Cidade, gerou suspeitas de vinda de força e estes embrenharam-se pelas matas*.[184]

---

182   Aesp. *Polícia* (1888). Caixa 257, Ordem 2692, ofício de 21/01/1888.
183   *Ibidem*, ofício de 19/01/1888.
184   *Ibidem*, ofício de 24/01/1888.

Transparece nesse ofício a intenção do fazendeiro de enganar os fugidos para reconduzi-los ao cativeiro com apoio da força policial. Situações como essa não deveriam ser raras, quando escravos escapavam e tentavam retornar às plantações negociando suas liberdades. Andar em grupos, armados com facas e cacetes, seria uma forma de assegurar, à força, a liberdade recém-alcançada.[185]

Vejamos um último caso que ilustra essa demanda. Em 9 de janeiro de 1888, o fazendeiro Luiz Gonzaga concedeu liberdade condicional a seus escravos. Assim que comunicou o fato à imprensa local, os novos libertos abandonaram a propriedade, seguindo de trem para a capital. Em Jundiaí, foram presos e levados para Piracicaba. Quando a notícia se espalhou, uma massa de povo se reuniu na estação e, ao parar o trem, arrancou os negros "das mãos dos seus condutores, que foram maltratados". No dia seguinte, "mais de mil pretos vieram à cidade", provocando desordens.[186]

Estes ofícios retratam bem o medo da "onda negra", reforçando que espaços como o quilombo do Jabaquara bem poderiam fazer parte de estratégias da sociedade branca para controlar os cativos. Mas isso não significa que os mesmos aceitavam submissa e inocentemente. O que parece é haver um jogo de interesses, no qual cada parte busca tirar o maior proveito possível.

Figura visivelmente controversa, Quintino de Lacerda sintetiza bem esse jogo. Após a Abolição, ele manteve sua influência viva entre a população negra, a ponto de, todo dia 13 de maio, "o povo prestar-lhe um tributo, numa cerimônia curiosa em que os centos e centos de homens de cor, ex-escravos quase todos, iam apertar a mão do valente". Quintino notabilizou-se ainda por participar das forças leais à República, durante a Revolta Armada de 1893, chegando a ser eleito vereador em Santos, no ano de 1895.[187]

O líder negro não teria atingido tamanha moral entre os ex-escravos, e mesmo entre a elite de Santos, sem dar algo em troca, para ambos os grupos. Em um artigo sobre a construção de identidade escrava no Sudeste do Brasil, ao longo do século XIX, a partir da análise de cultos Kongo de aflição, Robert

---

185 Sobre as pressões dos cativos no ocaso da abolição, para obter liberdade, com ou sem ajuda de forasteiros, ver MACHADO, Maria Helena Pereira Toledo. *O plano e o pânico...*, em especial os capítulos 4 e 5.

186 *Relatório...*, Barreto de Aragão, 1888, p. 6. *Apud* AZEVEDO, Célia Maria Marinho de. *Onda negra, medo branco...*, p. 183.

187 LANNA, Ana Lúcia Duarte. *Uma cidade na transição...*, p. 193.

Slenes propôs uma explicação inovadora sobre o porquê de muitos cativos que alçavam postos superiores nas fazendas ou mesmo libertos encabeçassem desde "instituições mediadoras entre pessoas com prestígio e predomínio na senzala e os cativos comuns", até revoltas escravas. Para ele, estas posturas seriam "parte de uma complexa negociação de cultura e identidade na senzala e no mundo mais amplo. E conclui:

> Os africanos e seus filhos no Brasil, como em outros lugares da diáspora, desenvolveram uma "consciência dupla" – a astuta habilidade de cultivar, simultaneamente, estratégias e identidades aparentemente contraditórias – para poder enfrentar "com ginga" tudo o que viesse pela frente.[188]

No caso de Quintino, não identificamos indícios de uma instituição religiosa mediando suas relações com os cativos que adentravam o quilombo. O que mais aparenta é o uso de habilidades marciais para tal. Se o líder quilombola não era capoeira, parece notório que se tratava de um valentão respeitado entre brancos e negros, sendo esta sua credencial para assumir a chefia do Jabaquara, e não apenas o fato de ele ser um "bom negro" aos olhos dos abolicionistas.

Afinal, um homem ineficaz em lutas físicas não teria condições de desarmar outro com uma faca, como já citamos. Nem poderia se impor sobre homens como o citado sergipano de nome Fortes, ou eventuais capoeiras que morassem no Jabaquara. Em uma rara entrevista com uma ex-moradora do reduto, encontramos a confirmação da existência destes elementos no local. Aos 110 anos, Maria Theresa de Jesus, internada no Asylo dos Invalidos, contou que, quando seus senhores morreram, foi "já mocinha" para o Jabaquara, onde casou-se e viveu a maior parte da vida. Ao falar do lendário quilombo, revelou o seguinte:

> Eu, como já disse a sinhozinho, me casei no Jabaquara com o *Manoel Leocádio*, crioulo desempenado, *capoeira destemido e com um batuque, que só vendo!*
> Trabalhei muito para meu "home". Mais a vida era boa. *Nos "sábado", todas as noites, tinha batucada. O samba ia "inté" o sol raiar. E como eu era doida por um batuque!*

---

188 SLENES, Robert. "A Árvore de Nsanda...", p. 314.

> Ah! Ia me esquecendo! *Veio a abolição. Ficamos livres.* Ninguém queria "acreditá" lá no Jabaquara. Mas depois que vimos que era verdade mesmo (Virgem Nossa Senhora!), tudo enlouqueceu. Foi uma festança que ninguém pode imaginar. Ninguém queria mais trabalhar. *Era batuque dia e noite...*[189]

Pelas palavras de Maria Theresa, descobrimos ao menos um "capoeira destemido" vivendo no Jabaquara. Mas Manoel Leocádio não deveria ser o único. Afinal, todas as noites de sábado tinham "batucada" e "o samba ia inté o sol raiar". Já o fato da entrevistada salientar que era "doida por um batuque", mas não se referir a uma eventual participação na capoeira, indica que esta última seria exclusiva para homens. Como veremos no próximo capítulo, a capoeira, o samba e o batuque, que sempre fizeram parte de um mesmo substrato cultural de origem africana, passaram por um processo de amalgamação neste período de transição do trabalho escravo para o livre.

Mas a entrevista da ex-moradora do Jabaquara não para por aí, trazendo mais dados relevantes:

> *Quando rebentou a revolta de Floriano*, o coronel *Quintino Lacerda*, o *"interventô" do Jabaquara* naquele tempo, *formou um batalhão*, que seguiu para a ponte do Casqueiro, aguardar o inimigo. *Manoel Leocádio, que foi um dos primeiros a se "alistá", partiu também, e eu com ele. Fui servir de cozinheira.* Passamos lá algum tempo. Tudo acabado, nós voltamos para Jabaquara.
> *Veio a guerra de Canudos. Leocádio se alistou e partiu*, porém não voltou mais. *Morreu, brigando contra o malvado do tal Antonio Conselheiro.*
> [...]
> – Era um homem valente e bom, o meu Manoel Leocádio. Com sua morte, minha vida se transformou.[190]

---

189 "110 annos de vida – um escrinio de recordações". *A Tribuna de Santos*. Edição commemorativa do 1º Centenário da Cidade de Santos (1839-1939), 26/01/1939 (grifo nosso).

190 *Ibidem* (grifo nosso).

Temos nesse trecho a confirmação de que Quintino de Lacerda teria, em meio ao seu batalhão, pelo menos um "capoeira destemido", Manoel Leocádio. Em contrapartida, o envolvimento desses valentões em lutas políticas não seria uma obrigação para com o "interventor" do Jabaquara ou com as autoridades locais, uma vez que o "crioulo desempenado" foi um dos "primeiros a se alistá" no batalhão de Quintino e ainda se lançou à distante guerra em Canudos. É provável que esta ansiedade de Manoel Leocádio em se alistar fosse mais do que uma demonstração de valentia. Talvez fizesse parte daquele jogo de trocas. Afinal, "ninguém queria trabalhar" e quem entrasse no exército correria menos risco de ser incomodado por ser capoeira ou por participar de batuques e sambas. Ou talvez houvesse um interesse mais profundo: encurtar o "longo caminho da cidadania",[191] assunto para o próximo capítulo.

Conclusões parciais

Em Santos, uma cidade visceralmente ligada ao processo de urbanização da capital paulista, a prática da capoeira aparece sob aspectos diversos. Primeiro, em meados do século XIX, nas disputas por espaços públicos entre moradores de dois bairros, Valongo e Quartéis. Armados de paus, facas e pedras, e fazendo uso da capoeira, estes dois grupos sobrepujavam até mesmo forças policiais, sendo usados politicamente por liberais e conservadores.
Este uso político de capoeiras na cidade talvez explique o fato de, mesmo sem existir posturas proibindo o jogo-luta, seis escravos e um liberto acabarem presos por esse motivo, na década de 1870.

As rivalidades teriam cessado na década de 1880, quando o ideal republicano e o movimento abolicionista tomaram conta da cidade. Unidos sob um mesmo objetivo, os valentões da cidade passaram a ser o braço armado da luta pelo fim da escravidão, utilizando rasteiras para permitir que cativos fugissem da polícia ou porretes para prender capitães do mato. Essa aproximação de negros com habilidades marciais e brancos abolicionistas resultou, inclusive, no envolvimento de jovens da elite intelectual de Santos em desordens noturnas.

---

191 Faço aqui uma referência proposital a um dos trabalhos com os quais dialogaremos no próximo capítulo: CARVALHO, José Murilo de. *Cidadania no Brasil*: o longo caminho. 3ª ed. Rio de Janeiro: Civilização Brasileira, 2002.

Se muitas vezes os valentões agiram por conta própria em confrontos com polícia para libertar escravos fugidos, chegando a reunir mais de 500 pretos, surgiu neste período uma liderança na luta radical pela Abolição: Antonio Bento. Com grande ascendência sobre a camada popular, ele formou um grupo chamado de caifases que, armado apenas de porretes, ajudava cativos a deixarem as fazendas e seguirem até a capital, de onde desciam a serra para atingir Santos, a "Canaã" dos escravos.

Na cidade portuária, o ex-escravo Quintino de Lacerda se tornou o grande líder. Escolhido pelos abolicionistas para chefiar o Quilombo do Jabaquara, ele teria conquistado o respeito dos negros ao demonstrar sua valentia em conflitos pelas ruas da cidade e em incursões pela serra do Mar, no auxílio de cativos que desciam perseguidos por soldados e capitães do mato. Para essas ações, ele teria ainda o apoio de quilombolas do reduto de Pai Felipe, que conheciam as matas de Cubatão, e até de elementos brancos, como o português Santos Garrafão.

A trajetória controversa de Quintino de Lacerda, por vezes defendendo seus protetores brancos, por outras ajudando seus companheiros negros, segue uma estratégia de sobrevivência adotada por muitos libertos. Sobrevivência que ia além das necessidades básicas, com moradia e alimentação, incluindo a preservação de um modo de vida próprio, do qual a fogueira sempre acesa nas casas e o samba com capoeira faziam parte. Se antes da Abolição, essa postura ambígua era necessária para alguns, com o fim do cativeiro se tornou uma questão premente para todos os agora chamados "homens de cor", como veremos a seguir.

Capítulo 4

CAPOEIRA NO PÓS-ABOLIÇÃO:
DE DESORDEIROS E VADIOS A BAMBAS DO SAMBA

> *Com a morte do último africano em São Paulo, desapareceram as tradições, em sua pureza, da raça negra e hoje o Samba, amálgama das múltiplas danças regionais, da Capoeira, do Lundu, do Jongo, batucado em quase todas as fazendas e sítios do Estado de São Paulo e fundamente desfigurado pelo perpassar do tempo e da civilização, é tudo quanto resta dos costumes característicos do povo oprimido.*[1]

Com o fim da escravidão, em 13 de maio de 1888, capoeiras e valentões vistos com desconfiança e temor por parte da sociedade paulista, como agentes do abolicionismo, enquanto caifases, quilombolas ou simplesmente escravizados lutando por se libertar, passaram a ser encarados com desconfiança redobrada, por questões políticas, econômicas e culturais. Iniciaremos este capítulo com uma análise do viés político, focada no receio de que se formasse em São Paulo uma força paramilitar pelos ex-cativos, nos moldes da Guarda Negra, criada no Rio de Janeiro com o intuito de defender os interesses da princesa Isabel, em especial, e da Monarquia como um todo. Em seguida, direcionaremos nossa atenção

---

1 FREITAS, Affonso A. de. *Tradições e reminiscências paulistanas*. 3ª ed. São Paulo: Governo do Estado de São Paulo, 1978, p. 150.

à questão socioeconômica do ex-escravo, verificando como o final do regime escravocrata agiu sobre os capoeiras. Com o objetivo de controlar uma mão de obra potencial, o governo republicano instituiu leis no Código Criminal contra a vadiagem e, especificamente, contra a capoeira. Em São Paulo, essa legislação não parece ter sido usada contra os praticantes, mas houve uma campanha indireta pelo extermínio do jogo-luta.

Por fim, trataremos da consequente transformação cultural pela qual passou a capoeira, assim como outras manifestações populares de origem negra e escrava. Por um lado, na República então em construção, a almejada modernidade não combinava com "comportamentos bárbaros", ou seja, atividades que remontassem ao período escravista. Por outro, para manterem vivos seus costumes, os ex-escravos adaptaram elementos dessas práticas às atividades populares que ganhavam mais espaço na sociedade moderna, como o futebol e o samba. Por todo o país, valentões afamados encontraram espaço para suas habilidades marciais em times de várzea, bandas militares, ranchos e cordões carnavalescos, bois-bumbás e escolas de samba, tornando-se espécies de protetores desses grupos.

Guarda Negra: medo e contestação

O envolvimento de capoeiras e valentões no movimento abolicionista de São Paulo não significou proteção absoluta aos praticantes do jogo-luta. Os documentos policiais da década de 1880 estão carregados de homens detidos por desordens, porte de faca ou navalha e outros motivos que, na corte imperial, bem poderiam ser associados à capoeira. Em Itapetininga, por exemplo, um certo Vicente Antonio da Costa, vulgo Vicente Maria, tornou-se o terror do bairro Encruzilhada, entre 1885 e 1886. Para conseguir prender o valentão, o juiz municipal requisitou, em ofício de 21 de julho de 1886, uma força composta por dez praças, no mínimo.[2]

No entanto, como notou Boris Fausto ao analisar a criminalização da capoeira em 1890, tal preocupação esteve ligada a uma conjuntura histórica particular ao Rio de Janeiro. Para ele, "no contexto da cidade de São Paulo, tendo-se em conta a menor importância da população negra e alguns dados de repartição das contravenções por nacionalidade", prisões por desordens seriam mais fruto do

---

2   Aesp. *Polícia* (1886), Caixa 233, Ordem 2668, Pasta "Capturas recomendadas".

"comportamento episódico de pessoas em público" do que um instrumento repressivo a faixas da população discriminadas pela cor.³

Mais uma vez, isso não significava que não houvesse capoeiras em São Paulo, como já mostramos. Boris Fausto mesmo, em *Crime e cotidiano*, cita um interessante caso narrado no *Diário Popular*, em julho de 1886, a respeito de "um bando de meninos insuportáveis" que causavam transtorno na Ladeira da Tabatingueira, provocando "ações vergonhosas e exercícios de capoeiragem", sendo acusado de "esbordoar crianças indefesas e assaltar pobres vendeiras, roubando-lhes frutas, doces etc".⁴ Difícil de perceber nos registros policiais, a preocupação da sociedade paulista com a capoeira surge em raras passagens como aquela citada por Boris Fausto. Em 27 de abril de 1888, por exemplo, a poucos dias da Abolição, um tal Emiliano Rocha foi preso especificamente por capoeira na cidade de São Paulo. O caso, contudo, foi divulgado sem grande alarde, apenas em uma pequena nota, e o capoeira viu-se solto já no dia seguinte, denotando a pouca preocupação que o jogo-luta então despertava.⁵

Esta aparente despreocupação de autoridades e da sociedade em geral com os capoeiras, porém, não duraria muito tempo. A abolição da escravatura e as discussões crescentes sobre uma mudança no regime político abriram caminho para uma participação mais direta de ex-escravos e forros. Isto, somado à formação no Rio de Janeiro de uma força paramilitar ligada aos monarquistas, a Guarda Negra, gerou grande apreensão na província paulista.

Conforme ressaltou Carlos Eugênio Soares, o surgimento da Guarda Negra teve raízes na Guerra do Paraguai, que politizou oficiais e soldados. Nos anos que se seguiram ao conflito, a participação de capoeiras nas disputas eleitorais da corte recrudesceram, sendo marcante o surgimento, em 1872, da "Flor da Gente", uma malta que dominava a Freguesia da Glória, controlada pelo líder do Partido Conservador Luiz Joaquim Duque-Estrada, a quem já nos referimos antes. Soares conclui que a Guarda Negra acabou se firmando como uma instituição herdeira desse grupo de oposição ao Partido Republicano, não obstante houvesse outros projetos.⁶

---

3   FAUSTO, Boris. *Crime e cotidiano*: a criminalidade em São Paulo (1880-1924). São Paulo: Brasiliense, 1984, p. 36-36.
4   *Ibidem*, p. 82.
5   Aesp. *A Província de São Paulo*, 27/04/1888.
6   Cf. SOARES, Carlos Eugênio Líbano. *A negregada instituição...*, capítulo V, em especial as p. 251-265.

Em um estudo específico sobre a Guarda Negra, Augusto Oliveira Mattos resume as quatro faces que tal instituição tomou:

> A mais politizada, a de [José do] Patrocínio, sonhava com a estruturação de um partido que pudesse institucionalmente defender os interesses dos ex-cativos; a outra, que despejava sua ira de violência decorrente da marginalização nas ruas da cidade; uma terceira, que era a formatada no pensamento dos grupos republicanos e que canalizava toda a culpabilidade pelo caos social que se transformara a Capital; ainda uma quarta, que passeava nos devaneios dos monarquistas, como sólida instituição capaz de deter o avanço dos ideais republicanos.[7]

Diante dessa configuração multifacetada, a Guarda Negra enseja diversas discussões historiográficas que não cabem retomarmos aqui. Na mesma linha de Flávio dos Santos Gomes, acreditamos ser mais importante notar como "o conflito racial e a participação dos libertos e da população negra e pobre em geral nos debates políticos assustavam sobremaneira os republicanos".[8] Até porque, conforme enfatizou José Murilo de Carvalho, a formação da Guarda Negra no Rio de Janeiro não foi fruto apenas da condução de uma massa ignorante por lideranças monarquistas. Para ele, criminosos, capoeiras e pobres em geral na corte, por motivos diversos, eram monarquistas.[9]

A atuação da Guarda Negra, e consequentemente este sentimento por parte dos republicanos, não estavam restritos à corte. Conforme resume Flávio Gomes, a instituição teve ramificações na Bahia, Espírito Santo, Minas Gerais, interior do Rio de Janeiro, Rio Grande do Sul e São Paulo.[10] No Pará, por exemplo, há registro

---

7   MATTOS, Augusto Oliveira. *A proteção multifacetada*: as ações da Guarda Negra da *Redemptora* no ocaso do Império (Rio de Janeiro, 1888-1889). Dissertação (mestrado em História Social) – Universidade de Brasília (UnB), Brasília, 2006, p. 109.

8   GOMES, Flávio dos Santos. "No meio das águas turvas. Racismo e cidadania no alvorecer da República: a Guarda Negra na Corte – 1888-1889". *Estudos Afro-Asiáticos*, n. 21, dez. 1991, p. 88.

9   CARVALHO, José Murilo de. *Os bestializados...*, p. 31.

10 GOMES, Flávio dos Santos. *Negros e política (1888-1937)*. Rio de Janeiro: Zahar, 2005, p. 16.

de uma Guarda Negra, também alcunhada de Guarda Pretoriana, que tinha como um dos chefes o capanga Antônio Marcelino.[11]

A Guarda Negra em São Paulo

Em Santos, como vimos, homens com habilidades marciais ganharam espaço de atuação política em meio ao movimento abolicionista, como o ex-combatente da Guerra do Paraguai Eugênio Wansuit e o líder do Quilombo do Jabaquara, Quintino de Lacerda. Diante da ascensão política de ex-cativos na província, não seria de se estranhar um crescimento proporcional da preocupação de brancos da elite política quanto à possível criação de uma associação nos moldes da Guarda Negra.

O quadro que se apresenta reforça esta ideia, havendo uma pressão por parte da sociedade paulista sobre lideranças abolicionistas e negras, para se posicionarem contra a formação de tais milícias. Como apontou Lilia Schwarcz, o assunto foi primeiramente abordado pela *Província de São Paulo*, órgão vinculado ao Partido Republicano, e a partir daí "polarizou a opinião de diversos jornais, revelando também suas posições quanto à questão negra". De acordo com a pesquisadora, a *Província*, através de artigos cada vez mais irados contra a Guarda Negra, deixou clara sua visão de que os "pretos" eram "meros instrumentos nas mãos dos brancos sem critério". Já o conservador *Correio Paulistano* ignorou completamente o tema, o que, para Lilia Schwarcz, talvez indicasse uma conivência com a criação daquela organização. Por fim, o impresso dos abolicionistas, *A Redempção*, demonstrou apoio irrestrito à princesa Isabel, evitando posicionar-se sobre a instituição paramilitar. Contudo, transparecia a interpretação desse periódico de que a Abolição e a atuação da Guarda eram "um negócio entre brancos" mais ou menos "esclarecidos".[12]

A análise de artigos de jornais sobre o assunto, à luz das informações que antes levantamos sobre a ascensão política de negros com habilidades marciais, no entanto, aponta para uma problemática mais profunda. Parece-nos antes que as elites sabiam do potencial dos ex-libertos, reunidos no Quilombo do Jabaquara ou espalhados pelo interior em pequenos bandos, e, diante disso, preocuparam-se

---

11   LEAL, Luiz Augusto Pinheiro. *A política da capoeiragem...*, p. 87.
12   Cf: SCHWARCZ, Lilia Moritz. *Retrato em branco e negro...*, p. 240, 242-244.

em mover uma campanha preventiva na província contra a manutenção de eventuais grupos paramilitares.

Assim, em 12 de janeiro de 1889, o jornal *Província de São Paulo* reproduz uma nota divulgada por políticos de Piracicaba, três dias antes, rejeitando a ideia de se formar uma Guarda Negra na cidade. No manifesto, é destacado que:

> Um jornal dessa capital noticiou em telegramma a organização da guarda negra nesta cidade.
> Não é verdade, nem impossivel. [sic.]
> Piracicaba ainda não está tão aviltada a ponto de produzir semelhante planta, a qual só póde medrar na Côrte, onde para ella existir bastou a homens sem patriotismo e sem respeitabilidade mudarem o nome aos capoeiras e dirigirem os instinctos ferozes destes contra os republicanos.
> [...]
> *Só na côrte existiam capoeiras, só na côrte póde haver guarda negra*, e só na côrte existem Patrocinios e Valadares para organizal-a e arremessal-a contra seus concidadãos.
> Fora da côrte, se quiserem impedir aos republicanos o sagrado direito de propaganda, será preciso que os monarchistas commettam o crime por si, e não por mandatarios assalariados e illudidos.[13]

No dia seguinte, o mesmo periódico torna pública uma conversa em um café na qual o líder abolicionista Antonio Bento de Souza e Castro teria sido questionado "por amigos" sobre a Guarda Negra, respondendo da seguinte forma: "Qual Guarda Negra! Isso é cousa do Patrocínio, que lá tem suas razões para defender o governo. Quanto a mim, nada tenho com tal instituição e nem creio que ella se ramifique nesta província".[14]

Nessa mesma edição da *Província*, é divulgada uma reunião dos "homens de côr" de Santos, no Quilombo do Jabaquara, "com o fim de ser lavrado um protesto contra a criação da guarda-negra" e ser declarado que os libertos "se mostram dispostos a reagir contra o recrutamento".[15] Sobre essa questão instigante do

---

13   Aesp. *Província de São Paulo*, 12/01/1889 (grifo nosso).
14   Aesp. *Província de São Paulo*, 13/01/1889, p. 2.
15   *Ibidem*, p. 3.

recrutamento no pós-abolição e sobre sua associação a tais milícias, vale citar aqui a interpretação de Carlos Eugênio Soares. Segundo ele, "ao mesmo tempo que a Guarda Negra faz sua primeira aparição pública, o governo inicia uma campanha de recrutamento militar na cidade, cujo principal objetivo é limpá-la de 'vagabundos'". Com base nesse e em outros dados, ele avalia que esta era "uma tentativa deliberada do governo de formar mais um 'exército de rua', nos moldes da 'Flor da Gente' de 1872, também produto de uma campanha de recrutamento".[16] Em termos amplos e tal como indica Maria Odila, tratava-se da manutenção de uma política de dominação e de uma estratégia de recrutamento que definia o lugar dos homens pobres no estado-nação.[17]

A existência de uma mesma campanha de recrutamento de libertos em Santos é comprovada por um ofício da Câmara Municipal, datado de 28 de fevereiro de 1889, no qual os vereadores pedem a "cessão do recrutamento em todo o Imperio, verdadeira perseguição imposta á classe mais desprotegida da sociedade" e a "soltura dos infelizes que por ventura tenham sido recrutados".[18] Na cidade, havia não só um grupo tentando formar uma Guarda Negra, como também existiria um movimento contrário, cujo intuito seria assegurar vantagens aos negros através do apoio ao republicanismo. Ao que indica o ofício da Câmara, prevaleceu a indisposição dos libertos ao alistamento forçado, revelando que a compreensão que estes tinham do contexto político ia muito além do que os artigos de homens da elite paulista faziam crer.

Prova disso é uma carta divulgada no mesmo jornal *Província de São Paulo*, de 13 de janeiro de 1889, do líder negro de Santos Eugênio Wansuit. Veiculada originalmente no órgão santista *Diário da Tarde* dias antes, a missiva do ex-combatente da Guerra do Paraguai é reveladora:

> Consta que *um cascudo de côr duvidosa e um argentario empenham-se em organizar aqui uma guarda-negra.*
> Previnam-se os homens de côr contra essa triste idéa e lembrem-se que *a abolição é obra do povo, e que Quintino*

---

16   SOARES, Carlos Eugênio Líbano. *A negregada instituição...*, p. 259.
17   DIAS, Maria Odila Leite da Silva. "Sociabilidades sem história...", p. 60.
18   Aesp. *Ofícios diversos de Santos (1881-1892)*. Caixa 458, Ordem 1253, Pasta 1889.

> *de Lacerda, Firmino, Felippe e outros pretos como eu fizeram muito mais pela grande causa do que a regente.*
>
> Os autores dessa desgraçada lembrança, não calcularam bem o que pretendem; elles, com certeza nunca cogitaram que o commercio de Santos é composto de homens laboriosos e honestos e que uma grande parte é republicana, portanto o que esses senhores *querem é fazer mal aos homens do trabalho que vivem do ensaque e transporte de café.*
>
> É logico que *os commerciantes* não poderão *admittir em seu trabalho homens que seguem conselhos de doidos varridos* que andam a despertar um sentimento infame – o odio de raça.
>
> Os homens de côr que têm patriotismo devem reunir-se para protestar contra essa infeliz tentativa.
>
> Cuidado, senhores! *Os heróes do Cubatão são homens sérios e sabem quanto custou ao povo a abolição.*
>
> *Quintino de Lacerda, o grande abolicionista-republicano, Pae Felippe, o sublime abnegado que ia quebrar os grilhões de seus irmãos no recinto das fazendas, não podem defender os interesses de um estrangeiro, o Conde d'Eu.*[19]

De uma parte, o teor dessa carta supera a simples rejeição à formação de guardas sob a tutela da elite, indicando uma profunda percepção do líder negro sobre os acontecimentos mais recentes, ou seja, sobre a natureza da própria Abolição. Para ele, os verdadeiros heróis do movimento abolicionista na província se fizeram no "Cubatão", ou seja, nas disputas entre capoeiras e valentões de Santos com capitães do mato e soldados, com o intuito de permitir a fuga de cativos pela serra do Mar. De outra parte, os ataques aos monarquistas na figura da regente ou de seu consorte estrangeiro revelam limites à ideia já tão propalada da simpatia dos ex-escravos pelo regime monárquico e suas figuras. Somado a isso, voltando à questão da formação de uma Guarda Negra, a carta indica que havia efetivamente pessoas tentando formá-la, mas essas não seriam as lideranças tradicionais, como o próprio Wansuit ou os líderes quilombolas de Santos. Outra questão interessante é a preocupação dele em defender os comerciantes da cidade para assegurar postos de trabalho aos ensacadores e transportadores de café, o que seria prejudicado com o "ódio de raça" promovido pelos recrutamentos.

---

19   Aesp. *Província de São Paulo*, 13/01/1889, p. 4 (grifo nosso).

Contestando a ideia de que se trataria da opinião isolada de um líder negro santista, a edição de 15 de janeiro de 1889 da *Província* publicou um telegrama assinado por cerca de 300 "Homens de côr" de Santos, colocando-se também contra a formação da Guarda Negra. Mais uma vez com Quintino de Lacerda à frente, os negros votaram uma moção reconhecendo "a abolição da escravatura no Brazil como feita pelos exforços populares, que se impuseram energicamente à corôa" e protestando:

> [...] contra aquelles que alliciam os seus irmãos de raça, formando uma verdadeira farça a que intitulam "Guarda Negra", em qualquer parte que ella seja formada, porque enxergam nessa infamia o inicio de uma guerra civil produzida pelo odio de duas raças.

Participando desse encontro, Wansuit aproveitou para criticar, novamente, "o recrutamento com que o governo quer conservar os ex-escravisados nas fazendas, e concitou os companheiros á revolta contra mais essa escravidão".[20]

Mesmo diante de declarações de líderes abolicionistas como Antonio Bento, Eugênio Wansuit e Quintino de Lacerda, contrárias à formação de milícias monarquistas, a província registrou assembleias republicanas que muitas vezes desembocavam em conflitos similares àqueles ocorridos no Rio de Janeiro envolvendo a Guarda Negra. Ao menos uma dessas reunião ganhou destaque nas páginas da *Província de São Paulo*, em 17 de janeiro de 1889:

> *Conferência impedida.* – Não se realizou a conferencia republicana que estava annunciada para domingo passado, em Pirapetininga.
> Um grupo de desordeiros, com os quaes era connivente a policia, *armados de cacetes* e aos gritos de "*morram os republicanos*" impediu que a conferencia se effectuasse.
> A conferencia realisar-se-á ao proximo domingo.[21]

Subsequentemente, grupos de negros pelo interior de São Paulo manifestaram-se de forma similar aos libertos de Santos. Em 30 de janeiro de 1889, a

---

20   Aesp. *Província de São Paulo*, 15/01/1889, seção Telegramas.
21   Aesp. *Província de São Paulo*, 17/01/1889, seção Notícias (grifo nosso).

Província publicou uma nota sobre uma reunião de libertos na Casa Branca, segundo a qual, constando naquela cidade "que alguns conservadores pretendiam organizar a Guarda Negra, para o fim de impedir a propaganda republicana, prohibindo as conferencias, mesmo em casas particulares", promoveram "alguns homens de côr, á cuja frente se acha o cidadão Virgolino Gama", uma reunião para protestar "contra tão infeliz idéa". Conforme divulgado no periódico, os manifestantes prometiam "não só jamais fazer parte da referida guarda, nem permittir que nossos companheiros a ella se filiem, como tambem não nos deixar prender nessa caçada humana que se chama recrutamento, resistindo a elle com todas as nossas forças". Para isso, o grupo decidiu formar uma instituição distinta, denominada "Guarda Cívica da Comarca de Casa Branca".[22]

Em Campinas, libertos também se reuniram, em 17 de fevereiro do mesmo ano, para protestar contra a formação de milícias monarquistas, ressaltando que "a emancipação foi feita pelo povo e pelo exército brasileiro e nós devemos gratidão a todos os abolicionistas"; nesse sentido, o grupo enfatizava não desejar o "ódio de raças" e que lutaria contra o recrutamento, declarando ao final que "somos brasileiros, saímos do captiveiro e queremos viver como homens livres".[23]

Esta última frase sintetiza os anseios dos libertos e demonstra a visão que os mesmos tinham da situação política do país. Assim como verificamos em Santos, acreditamos que pesquisas mais aprofundadas em outras cidades do interior de São Paulo poderiam expor a participação de negros valentões em conflitos políticos à moda das maltas nagoas e guaiamuns, do Rio de Janeiro. Temos alguns indícios disso, como um caso em Sorocaba, no qual Antonio de Sousa Alves foi espancado "por alguns indivíduos pertencentes a um grupo do partido conservador d'aquella Cidade".[24]

O que podemos deduzir de toda essa discussão é que, com a experiência das disputas políticas do Império, os libertos em São Paulo perceberam que a monarquia estava no seu fim e aproximaram seu discurso àquele empreendido pelos republicanos. Apropriando-se do discurso subjacente de temor ao "ódio entre as raças", ampliaram seu espaço político para defender sua cidadania e liberdade individual. No contexto político da província de São Paulo, no pós-abolição, em que o ideário

---

22   Aesp. *Província de São Paulo*, 30/01/1889, capa.
23   Aesp. *Província de São Paulo*, 20/02/1889.
24   Aesp. *Partes Diárias da Polícia* (1862-1870), E01494, Ano: 1863, registro de 17/08/1863.

republicano já se fazia evidente, os libertos procuravam garantir assim certa vantagem no regime que estava por vir, ao contrário do que ocorria no Rio de Janeiro e em outras regiões nas quais a Monarquia ainda mantinha seus baluartes.

Perseguição aos capoeiras

As ações da Guarda Negra no Rio de Janeiro levaram os republicanos a adotar uma medida imediata com relação aos capoeiras, assim que tomaram o poder em 15 de novembro de 1889. Conforme avaliou José Murilo de Carvalho, "talvez o único setor da população a ter sua atuação comprimida pela República tenha sido o dos capoeiras".[25]

Estudada por pesquisadores da capoeira no Rio de Janeiro, a perseguição mobilizada pelo chefe de Polícia do então Distrito Federal, João Batista Sampaio Ferraz, entrou para a história pelo teor violento de sua campanha. Nascido na fazenda cafeeira de Santa Maria, em Campinas, em 1857, Sampaio Ferraz fez seus estudos preparatórios em Itu e, em 1878, formou-se na Faculdade de Direito de São Paulo. Ocupando o cargo de promotor público da corte, entre 1881 e 1888, acabou sendo demitido em virtude de suas tendências republicanas. De volta a São Paulo, fundou e redigiu o *Correio do Povo*, primeiro jornal paulista a trazer a legenda "Órgão Republicano". Pela tribuna e pela imprensa, empenhou-se na campanha em favor do novo regime político. Assim, ao ser instituído no cargo de chefe de Polícia do Distrito Federal, com carta branca do presidente Deodoro da Fonseca, não poderia ter uma atuação diferente.[26]

Segundo Soares, o "Cavanhaque de aço", como Sampaio Ferraz passou a ser chamado, começou imediatamente a prender e deportar arbitrariamente para Fernando de Noronha os capoeiras, sem qualquer medida judicial. Já em 3 de janeiro de 1890, assim, partia rumo à ilha distante um vapor de guerra carregando 154 capoeiras, dentre os quais estavam importantes navalhistas e chefes de maltas da corte.[27] A situação dos capoeiras na cidade do Rio de Janeiro tornou-se

---

25 CARVALHO, José Murilo de. *Os bestializados*..., p. 23.
26 MELO, Luís Correia de. *Dicionário de autores paulistas*. São Paulo: Comissão do IV Centenário da Cidade de São Paulo, 1954, p. 213.
27 SOARES, Carlos Eugênio Líbano. *A negregada instituição*..., p. 264. Sobre a perseguição aos capoeiras no Rio de Janeiro por Sampaio Ferraz, ver BRETAS, Marcos Luiz. "A queda do império da

ainda pior com a aprovação, em 11 de outubro de 1890, do novo Código Penal da República, que criminalizou o jogo-luta por meio do artigo 402 do Livro III Das Contravenções em Espécie, capítulo XIII *Dos Vadios e Capoeira*.

A associação da manifestação com a vadiagem era uma forma de justificar as prisões, como se uma fosse sinônimo da outra. Porém, os documentos relativos às prisões e os processos desmentem isso, uma vez que a maior parte dos capoeiras detidos tinha profissão, conforme vem sendo indicado pela historiografia. Antonio Liberac Pires identificou a prisão de 297 pessoas por capoeira, só no ano de 1890; destes, 38,1% eram artesãos, 22,5% trabalhavam nas ruas, 11,4% faziam serviços domésticos e 4,5% ocupavam funções no comércio, sendo somente 23,5% sem profissão. Vale lembrar também que, tampouco, seria esta uma manifestação exclusiva de homens negros: dos quase 300 presos por capoeira no ano de 1890, 34,1% eram brancos, 27,9% pardos, 26,5% pretos, 6,6% morenos e 4% fulos.[28]

Essa perseguição direta aos capoeiras no Rio de Janeiro se deu em outras regiões, nas quais capangas eleitorais também incomodavam os políticos republicanos. No Pará, por exemplo, uma caçada aos capoeiras ligados a grupos conservadores começou antes mesmo da aprovação do Código Penal de 1890. Muitos valentões foram deportados para o Amapá e, assim como no Rio de Janeiro, a maioria não era vadia.[29]

Além dos pontos já abordados, vale comentar a possibilidade de as perseguições aos capoeiras e valentões que ocupavam funções enquanto capangas eleitorais, bem como a campanha de recrutamento de libertos, estarem atreladas ainda ao conceito de cidadania. Hilda Sabato, analisando a construção das repúblicas nas Américas no século XIX afirma que três instâncias foram decisivas nesse processo: as eleições, as milícias e as instituições de opinião pública. Em diversos países, "o triunfo de grupos que promoviam a centralização política e a consolidação da ordem estatal implicou no fim das milícias, na afirmação do exército profissional e no abandono da concepção republicana fundadora das revoluções".[30]

---

navalha e da rasteira (a República e os capoeiras)". *Cadernos de Estudos Afro-Asiáticos*, Cândido Mendes, n° 20, 1991.
28 PIRES, Antônio Liberac Cardoso Simões. *A capoeira no jogo das cores...*, p. 91-92.
29 LEAL, Luiz Augusto Pinheiro. *A política da capoeiragem...*, p. 105-123.
30 SABATO, Hilda. "Soberania popular, cidadania, e nação na América Hispânica: a experiência republicana do século XIX". *Almanack Braziliense*, n. 8, maio 2008, p. 5-22. A citação é da p. 14.

Em São Paulo, a perseguição aos capoeiras iniciada no Distrito Federal e institucionalizada pelo Código Penal teria reflexos distintos, até mesmo pelo contexto político das principais cidades. Como vimos antes, no Rio de Janeiro o movimento abolicionista teve um viés monarquista e o fim da escravidão acabou sendo associado com grande força à figura da princesa Isabel. Em território paulista, os negros demonstraram uma maior percepção do seu papel na luta pela abolição; nos manifestos dos "homens de cor" contra a Guarda negra, eles sabiam não dever favores aos monarquistas.

Somado a isso, muitos abolicionistas renomados eram republicanos ferrenhos. O próprio Eugênio Wansuit é descrito por contemporâneos como "acérrimo republicano". Vicente de Carvalho fazia parte da Mocidade Abolicionista e formava com Martim Francisco "a mais forte dupla de jornalismo republicano em Santos".[31] Ainda nessa cidade, fazia parte do Centro Republicano Elisiário de Arruda Castanho, abolicionista que se tornou célebre ao escrever as *Scenas da abolição e outras scenas* sob o pseudônimo de Castan.[32] Tão logo foi proclamada a República, houve manifestos de políticos santistas a favor do novo regime e os líderes negros Eugênio Wansuit e Quintino de Lacerda convocaram os "homens de cor" para uma reunião no Teatro Guarani, que ocorreu cheia de discursos acalorados e vivas "ao Exército, à Armada, ao General Deodoro, aos Governos Provisórios e à República". Esta situação ajuda a entender porque em 1893, quando estourou a Revolta da Armada e Santos se tornou um dos alvos dos revoltosos, pela posição estratégica, Quintino de Lacerda organizou o seu Batalhão Silva Jardim, composto por homens brancos e negros, para tomar conta da ponte sobre o Rio Casqueiro, em Cubatão.[33]

Nem todos os abolicionistas eram republicanos radicais. Numa visão muito crítica e perspicaz, o grande líder caifás Antonio Bento escreveu uma carta, publicada no jornal Província de São Paulo, denunciando que "os partidos no Brazil, há muitos annos, não se baseam em principios constitucionaes", pois haviam se tornado "associações mercantis cujo único fim era a exploração do thesouro nacional, honras e grandezas". Embora ele ataque a monarquia na carta – com argumentos do teor "nunca me fez a monarchia o menor serviço" –, enfatizando que

---

31 SANTOS, Francisco Martins dos. *História de Santos...*, p. 245.
32 *Ibidem*, p. 247.
33 *Ibidem*, p. 251-253. A citação é da p. 253.

os abolicionistas sofreram durante sua existência, assume que sempre foi ligado ao Partido Conservador. Conclui:

> Não espero nada da Republica, mas se ella tem de escolher em seu seio esses homens gastos que arruinaram a monarchia e que hoje querem exploral-a – maldita seja ella.
> Mas si a Republica vem iniciar uma nova aurora, si ella vem egualar pobre ao rico. Sinão faz questão a côres, e considera o homem pelos seus merecimentos, ella será abençoada pelo povo, e não seremos nós abolicionistas que havemos de [ilegível] a sua marcha regular e perturbar o progresso da patria.
> [...]
> Si a Republica quizer prosperar e fazer a felicidade do paiz, deve eliminar do seu seio os homens corruptos da monarchia.[34]

Apesar de não ser negro, Antonio Bento era reconhecidamente uma liderança entre os "homens de cor" da capital paulista, mesmo depois da Abolição. Exemplo disso é um ofício da Polícia, de janeiro de 1891, no qual o subdelegado do Sul da Sé informou ao chefe de Polícia que havia intimado "um grande número de pretos que faziam batuque na rua da Liberdade, e acoroçados pelo Dr. Antonio Bento quiseram resistir, sendo preciso o emprego da força, o que foi feito e eles dispersados".[35]

Se somarmos os conteúdos dos manifestos dos negros de diversas localidades de São Paulo contra a formação da Guarda Negra ao posicionamento claro de lideranças quilombolas de Santos à República, e à opinião do chefe caifás Antonio Bento relativamente a favor do novo sistema de governo, fica claro que na província havia uma situação política bem mais estável aos capoeiras e valentões do que no Rio de Janeiro e outras regiões, como o Pará, onde se justificaram perseguições e deportações de capangas eleitorais dos conservadores e/ou monarquistas.

Uma nota publicada na primeira página do *Correio Paulistano* de 25 de março de 1892 reforça a ideia de que, para a elite paulistana, acabar com os capoeiras do Rio de Janeiro era uma questão política, a cargo de um homem nascido e criado na província,

---

34 Aesp. *Província de São Paulo*, 19/11/1889, p. 3.
35 SANTOS, Marco Antonio Cabral dos. *Paladinos da ordem*: polícia e sociedade em São Paulo na virada do século XIX ao XX. Tese (doutorado em História Econômica) – FFLCH-USP, São Paulo, 2004, p. 279-280.

para orgulho de todos. A notícia registrava a chegada do "ilustre paulista e valente republicano Dr. Sampaio Ferraz", que vinha para recuperar-se de uma moléstia e logo voltaria ao Distrito Federal, onde vinha prestando "relevantes serviços" à "causa republicana".[36] No entanto, se em território paulista os capoeiras pouco sofreram, o estado se transformou rapidamente em esconderijo para dezenas de capoeiras cariocas, enriquecendo e desvelando uma prática há muito exercida em diversas regiões.

Capoeiras cariocas em São Paulo

Por coincidência ou não, o primeiro caso de capoeira carioca foragido em terras paulistas que localizamos surgiu na cidade de Itu, onde, em 1858, fora criada uma postura municipal impondo penalidades a toda pessoa que exercesse este jogo-luta. Também foi a cidade em que o grande perseguidor da capoeiragem, Sampaio Ferraz, fez seus estudos preparatórios.

Em 1º de fevereiro de 1890, o delegado de Itu escreveu ao chefe de Polícia de São Paulo, solicitando orientações sobre como proceder diante da presença de um homem que dizia ser italiano e que havia acertado o braço esquerdo de uma criança com uma navalha, sua "companheira inseparável". Para a autoridade, o tal valentão "fazia parte de alguma malta de capoeiras que ainda á pouco infestava a cidade do 'Rio de Janeiro', e que perseguido pela policia d'aquela cidade, viesse athe estas paragens occultar-se d'essa perseguição". Isso porque o mesmo "veio do Rio de Janeiro á poucos dias, e sendo exprimentado sobre a capoeiragem deu a conhecer que não desconhece o offício!" Diante disso, o capoeira foi remetido para o chefe de Polícia, para que este desse o destino que lhe conviesse. Qual não deve ter sido a surpresa da autoridade de Itu ao receber a resposta, escrita a lápis no alto do próprio ofício que enviara, segundo a qual estando o tal capoeira "sujeito ao recrutamento para o Exército e Armada, foi irregular a remessa do indivíduo" e que "se ele é vagabundo e desordeiro", o delegado simplesmente deveria usar a legislação vigente contra tais contravenções. Ou seja, o fato dele ser capoeira hábil com a navalha pouco importava.[37]

---

36   Aesp. *Correio Paulistano*, 25/03/1892, primeira página.
37   Aesp. *Polícia* (1890), Caixa 286, Ordem 2721.

O mesmo se deduz de outro ofício, datado de 10 de maio de 1890, de Sorocaba, onde também foi aprovado um código de posturas coibindo a capoeira, em meados do século XIX. No documento, o delegado diz enviar pelo expresso o preso Ricardo Florencio, espanhol, solteiro, com 30 anos mais ou menos, por ser "verdadeiro vagabundo", sem domicílio certo, e que foi preso três vezes seguidas por furto, "sendo uma em Santos e duas nesta cidade". Segundo a autoridade, o indivíduo era "verdadeiro gatuno, e dos capoeiras foragidos da Capital Federal", o que o levou a remetê-lo para o chefe de Polícia. Pouco depois, veio a resposta surpreendente, de que o tal capoeira fora posto em liberdade, "visto que o preso não está aqui sujeito a processo algum", e recomendando ao delegado que "não continue a remetter p.a esta capital individuos nas condicções do que veio por isso que esta chefatura não dispõe de elem.tos p.a consegui-lo alem dos estabelecidos nas leis penaes que estão da alçada desta delegacia".[38]

Estes dois exemplos deixam claro alguns pontos. Primeiro, a pouca preocupação do chefe de Polícia com os capoeiras ou ao menos a falta de recursos para empreender uma perseguição nos moldes da verificada no Rio de Janeiro. Segundo, a presença marcante de imigrantes no meio da capoeiragem carioca, algo já consagrado por estudiosos como Carlos Eugênio Soares e Antônio Liberac Pires. Terceiro, a opção dos capoeiras cariocas em se refugiar exatamente em locais nos quais havia capoeira desde meados do século – Itu, Sorocaba e Santos –, talvez por encontrar nestas regiões companheiros para o momento lúdico da capoeira.[39]

Sintomática no mesmo sentido é uma notícia de *O Estado de S. Paulo*, de 9 de janeiro de 1890, sobre uma desordem ocorrida no porto de Santos, motivada aparentemente pela presença de um navio com capoeiras presos, a caminho de Fernando de Noronha. De acordo com uma primeira nota, "houve grande desordem a bordo do Paquete Rio Grande entre capoeiras transportados para as colonias militares e soldados do 2º regimento". Aparentemente, um simples motim.

---

38 Aesp. *Polícia* (1890), Caixa 286, Ordem 2721.

39 É curioso notar que a prática de valentões do Rio de Janeiro se refugiarem em São Paulo perduraria por vários anos, como se depreende da história do capoeira João Francisco dos Santos, imortalizado por se travestir sob a alcunha de Madame Satã, que passou duas temporadas em São Paulo. A primeira, na década de 1930, resultou em confusão e ele só foi liberado da prisão sob a promessa de não pisar na cidade por dez anos. Na segunda vinda à capital paulista, em 1946, passou despercebido (DURST, Rogério. *Madame Satã*: com o diabo no corpo. São Paulo: Brasiliense, 2005, p. 27-28 e 45).

Porém, logo abaixo, outra nota, sobre uma facada também no cais santista, traz dados reveladores:

> "FACADA
> Ante-hontem, em Santos, pelas 2 horas da tarde, próximo à ponte onde se achava atracado o paquete nacional Rio Grande, Francisco Pereira Ramos, praça do 1º regimento de artilharia, travou-se de razões com a praça do 2º regimento Fellipe de Oliveira e vibrou-lhe uma poderosa facada que penetrou na região do fígado.
> O criminoso após o crime jogou no mar a faca e refugiou-se à bordo do vapor, sendo pouco depois preso à ordem do commandante.
> Os médicos que examinaram o ferido classificaram de mortal o ferimento.
> O seu estado é desesperador".

Uma interpretação que arriscamos das duas notas em conjunto é que o praça do 1º regimento era um capoeira, hábil no jogo de faca, entrando na disputa entre os capoeiras presos no paquete Rio Grande e os soldados do 2º regimento. Após apunhalar seu rival, refugiou-se no navio, onde os capoeiras, certamente, fariam pressão em sua defesa. Ou o inverso: após a navalhada, correu para a embarcação, sendo protegido pelos capoeiras a bordo, o que desembocou no conflito com os soldados.

Outra possibilidade sobre a vinda de capoeiras do Rio de Janeiro a São Paulo estaria ligada aos ramais da estrada de ferro que ligava as duas cidades. De acordo com o folclorista Alceu Maynard Araújo, "quando Botucatu (E. S. Paulo) ainda era ponto final de trilhos da Sorocabana, algumas levas de capueiras foram ali desembarcadas, provenientes do Rio de Janeiro". Sobre o caso, ele acrescenta que os capoeiras:

> Ajustaram-se ordeiramente ao laborioso povo botucatuense. Muitos anos mais tarde, lá por 1927, quando foi criado o Atlético Bloco Pedotríbico Orfeu", um famoso capueira carioca – Menê – inicou um grupo de estudantes nesse esporte, "desenferrujando-se" para ensinar as rasteiras, rabo-de-arraia etc., entre seus alunos figurava o Autor. Menê era

um dos "deportados", fazia parte de uma das levas sôltas nas pontas de trilhos..."[40]

Um último ponto a ser abordado sobre o assunto é que esta situação teria atingido homens das mais diversas classes sociais, e não apenas negros ou pobres. A vinda de praticantes provenientes da alta sociedade carioca contribuiu para romper um longo silêncio de literatos paulistas a respeito do jogo-luta.

No livro *Gente rica*, José Agudo – pseudônimo de José da Costa Sampaio – descreve um encontro entre homens ilustres de São Paulo, cujo intuito era formar uma sociedade mútua para instituir uma "pensão para os mutuários durante 20 anos". Entre os tais homens ilustres, destacava-se Jeronymo de Magalhães, que "apparecera em S. Paulo quando o Dr. Sampaio Ferraz exercia o cargo de chefe de Polícia na Capital Federal". De acordo com o autor, dizia-se que esse Jeronymo "era um dos capoeiras foragidos á perseguição daquelle energico funccionario". Com uma escrita sempre em tom de galhofa, José Agudo arremata: "talvez simples boatos, que naquelles agitados tempos fervilhavam por todos os cantos".[41] O livro é um registro interessante, pois faz parte de uma coletânia intitulada "scenas da vida paulistana", que aborda de maneira escrachada a situação política da época – no início da República, São Paulo seria dividida em "legalistas e ilegalistas", por exemplo – e descreve de maneira irônica tipos sociais comuns naquele tempo, como os "coronéis da Guarda Nacional", os "bacharéis sem ideias", que lotavam o Teatro Guarany, e o preto velho, "que grita desaforos nas ruas". Sobre o uso político de valentões, ainda que de maneira indireta, cita o caso de um certo Dr. Fiusa, que resolvia pendências acompanhado por "dois respeitáveis marmanjos de feias caduras e de grossas piuvas em punho".[42] Estas piúvas, ou seja, porretes de madeira de lei, são uma referência bem próxima a uma das armas típicas dos capoeiras do Rio de Janeiro e até mesmo dos caifases de Antonio Bento, que só tinham permissão para usar este tipo de instrumento nas ações abolicionistas.

A aparente proteção aos capoeiras em território paulista, no entanto, não significava liberdade absoluta de ação. São Paulo caminhava para a modernidade e

---

40 ARAÚJO, Alceu Maynard. *Folclore nacional*. Vol. II: *Danças, recreação, música*. São Paulo: Melhoramentos, 1964, p. 314.
41 AGUDO, José. *Gente rica: scenas da vida paulistana*. São Paulo: Ed. O Pensamento, 1912, p. 78.
42 *Ibidem*, p. 97.

não poderia aceitar "comportamentos bárbaros". Além disso, era preciso controlar a massa de ex-cativos, que deveriam se tornar uma mão de obra ordeira e pacata. Se não havia perseguição aberta aos capoeiras, iniciava-se uma campanha contra os espaços nos quais estes sempre foram privilegiados.

O combate às "práticas bárbaras"

Ao se manifestarem contra a Guarda Negra e a favor da República, os "homens de cor" em São Paulo tinham um objetivo. Esperavam encontrar espaço no novo regime para participarem da vida política, não mais como capangas eleitorais, mas como cidadãos. A formação de batalhões republicanos referenda essa suposição, pois, como já dissemos, um dos pilares das repúblicas era a composição de exércitos e um dos benefícios exclusivos aos cidadãos era poder andar em armas. Se a Abolição havia igualado a todos, não haveria porque este e outros direitos serem negados aos libertos. Percebendo essa mobilização popular, as elites brancas agiram.

As discussões sobre o "negro como um problema" começaram bem antes da proclamação da República. Desde meados do século XIX, havia uma corrente favorável à imigração europeia com o intuito de "embranquecer" o país. No pós-abolição, esta questão se tornou ainda mais urgente e, como demostrou Lilia Schwarcz, a solução foi adaptar diferentes teorias raciais. Afinal, "para além dos problemas mais prementes relativos à substituição da mão de obra ou mesmo à conservação de uma hierarquia social bastante rígida, parecia ser preciso estabelecer critérios diferenciados de cidadania". Como aponta a pesquisadora, o problema é que os modelos teóricos, provindos da Europa e dos Estados Unidos, resultavam em uma perspectiva negativa para uma nação como o Brasil, onde a mestiçagem se mostrava irreversível. Ou, ao menos, um problema de saúde que, se não fosse combatido por ações médicas, resultaria na degeneração do brasileiro, como recorda Dain Borges.[43]

Lilia Schwarcz complementa essa questão, informando que coube aos "homens da sciencia" encontrar uma "saída original" para tal "problema":

---

43 Cf. SCHWARCZ, Lilia Moritz. *O espetáculo das raças...*, p. 18 e BORGES, Dain. Puffy, "Ugly, slothful and inert: degeneration in brazilian social thought, 1880-1940". *Jornal of Latin American Studies*, vol. 25, n. 2, maio 1993, p. 235-256.

Do darwinismo social adotou-se o suposto da diferença entre as raças e sua natural hierarquia, sem que se problematizassem as implicações negativas da miscigenação. Das máximas do evolucionismo social sublinhou-se a noção de que as raças humanas não permaneciam estacionadas, mas em constante evolução e "aperfeiçoamento", obliterando-se a ideia de que a humanidade era uma. Buscavam-se, portanto, em teorias formalmente excludentes, usos e decorrências inusitados e paralelos, transformando modelos de difícil aceitação local em teorias de sucesso.[44]

Na prática, iniciava-se um processo de exclusão social dos ex-cativo. Enquanto no Rio de Janeiro a força política da navalha era combatida com violência e arbitrariedade, em São Paulo criaram-se barreiras nos momentos em que, segundo Flávio Gomes, o "escravo" deveria virar "negro".[45]

A adoção de medidas de controle e de dominação dos ex-escravos não foi uma particularidade de São Paulo. No livro *Nada além da liberdade: a emancipação e seu legado*, Eric Foner adota uma dimensão comparativa para demonstrar como proprietários e governantes de regiões distintas, em períodos díspares, seguiram uma receita próxima para controlar a mão de obra dos negros. O autor analisou a emancipação no Caribe Inglês, a formação de campesinatos na África do Sul e na África Oriental, e a situação dos negros no Sul dos EUA no período imediatamente posterior à Guerra Civil, apontando como leis de restrição à terra para plantio e criação de animais, bem como formas de dificultar o deslocamento e a mobilização política de libertos ou homens livres negros, tornaram a sobrevivência desses o mais dependente possível das elites brancas.[46]

Petrônio José Domingues aponta em seu estudo sobre o negro e o trabalho no pós-abolição em São Paulo como o "racismo à paulista foi engenhoso quanto à exclusão do negro do mercado de trabalho", por vezes apontando a "vagabundagem", por outras identificando o "despreparo profissional da população negra, como causas do

---

44 SCHWARCZ, Lilia Moritz. *O espetáculo das raças...*, p. 18.
45 GOMES, Flávio dos Santos. "No meio das águas turvas...", p. 87.
46 FONER, Eric. *Nada além da liberdade*: a emancipação e seu legado. Rio de Janeiro: Paz e Terra, 1988.

seu estado de penúria e marginalização".[47] Dentre outros exemplos, ele cita um artigo publicado na revista *Kosmos*, em 19 de outubro de 1924, sobre Bernardo Vianna, um negro do Rio de Janeiro que ficou chocado ao ver o que acontecia com os negros em São Paulo, afirmando que não se conseguia emprego "devido a uma 'guerra muda e odiosa' que os negros sofrem em São Paulo e cidades do interior do estado".[48]

Essa impressão de um negro carioca foi comprovada por números pelo pesquisador Carlos José Ferreira dos Santos. Ao analisar a distribuição das atividades dentro de setores considerados fundamentais a cidade, no ano de 1893, constatou que cabia aos trabalhadores nacionais apenas 20,46% dos postos, enquanto os estrangeiros ocupavam 79,54% das vagas, nos termos dos empregos fixos. E afirmou ainda ser "quase certo, entretanto, que esses índices não foram exclusivos do ano de 1893", tomando por base um levantamento feito em 1901 sobre a indústria paulista, no qual fica clara a "inferioridade do elemento nacional em quase todas as faces do processo produtivo".[49]

A questão da inserção dos ex-escravos no mercado de trabalho no pós-abolição é temática complexa, considerando-se os limites de uma região ainda em processo de urbanização, na qual o emprego formal se restringia a uma parcela dos trabalhadores. Em sua maioria, os ex-cativos, bem como amplos setores dos imigrantes chegados recentemente, encontravam guarita ainda no mercado informal. Relativiza-se, com isso, a ideia de marginalização, tão cara aos estudiosos que se mantêm aferrados à historiografia da transição. Isso não descarta, no entanto, a adoção por parte da elite e dos grupos políticos de uma estratégia que desqualificava a não fixação dos libertos, seu vaivém constante e formas de sobrevivência fora dos parâmetros modernizantes.[50]

Em Santos mesmo, a "Canaã dos escravos" durante a luta pela abolição da escravatura, a situação mostrou-se complexa com o advento da República, não obstante os esforços dos negros em colocarem-se ao lado do novo sistema de governo. Maria

---

47 DOMINGUES, Petrônio José. *Uma história não contada*: negro, racismo e trabalho no pós-abolição em São Paulo (1889-1930). Dissertação (mestrado em História Social) – FFLCH-USP, São Paulo, 2000, p. 78.

48 *Ibidem*, p. 81.

49 SANTOS, Carlos José Ferreira dos. *Nem tudo era italiano*: São Paulo e pobreza (1890-1915). São Paulo: Annablume, 2008, p. 48.

50 Sobre essas questões, é referencial o artigo de Maria Cristina Wissenbach, "Da escravidão à liberdade…"

Lúcia Gitahy recorda que desde a década de 1870, quando os trens da São Paulo Railway começaram a transportar centenas de sacas de café do interior para o porto de Santos, havia queixas sobre a falta de mão de obra. A fuga de escravos na década de 1880 e a chegada de levas cada vez maiores de imigrantes ajudaram a amenizar esta situação, mas as constantes epidemias de febre amarela ceifavam muitas vidas e este contexto, somado aos baixos salários, afastavam outras dezenas de trabalhadores. Diante deste quadro, greves por melhores condições foram inevitáveis e uma das primeiras, em 1889, trouxe alguns benefícios que seriam parcialmente perdidos em outra, a de maio de 1891, que revelou um ponto obscuro no cotidiano da cidade no pós-abolição: neste momento de crise, os ex-escravos, quilombolas do Jabaquara, encontraram espaço para voltar ao no cais santista.[51]

> Nesta primeira grande greve do período, a utilização ideológica do abolicionismo é fundamental para promover aquilo que os jornais portuários tão enfaticamente denunciam como a "divisão dos trabalhadores por raça". A escravidão, instituição coetânea e muito ocultada, fornece os "efetivos" para "furar" a greve assim como um rol de justificativas ao "ex-herói" abolicionista Quintino de Lacerda. Os exportadores alcançam êxito ao apresentar o conflito grevistas-fura-greves como "preconceito de raça" de trabalhadores imigrantes a uma população com experiência recente na na luta abolicionista. A manobra contribui para justificar o isolamento e a repressão dos grevistas.[52]

Maria Helena Machado vai mais além ao analisar esse caso, mostrando como o 13 de maio "acabou significando um descarte político decisivo", pois "não cabia mais falar de escravos". Segundo a historiadora, "aos libertos do 13 de maio restava, então, sumir da cena, cedendo lugar às novas classes de homens e de cores, mais adequados ao Brasil da modernização conservadora". Com a chegada maciça de imigrantes e o desenvolvimento do porto:

---

51 GITAHY, Maria Lucia Caira. *Ventos do mar*: trabalhadores do porto, movimento operário e cultura urbana em Santos (1889-1914). São Paulo: Editora Unesp, 1992, p. 76-80.
52 *Ibidem*, p. 81.

> Os moradores do Jabaquara, antigos "quilombolas" tão ciosamente defendidos pelos bem-pensantes, começaram, logo após a Abolição, a ser esquecidos. Para permanecer em suas rocinhas ou casebres ou arranjar ocupação remunerada tiveram, ainda mais do que nos anos anteriores, que depender da boa vontade de Quintino, que ainda mantinha certo trânsito junto às elites. É por isso que, nos anos seguintes à Abolição, vamos encontrar os "quilombolas" do Jabaquara representando, além de seus papéis de trabalhadores subalternos e precários, os de massa de manobra nas lutas políticas da cidade, de empasteladores de jornais, de capangas a soldo de um ou outro ou, suprema ironia, de fura-greves da primeira e decisiva greve da estiva de 1891, encetada e derrotada, sem dúvida com a ajuda prestimosa de Quintino e seus fiéis seguidores.[53]

Ainda de acordo com a historiadora, o fato de os quilombolas ocuparem terras do Jabaquara, então nas mãos dos empresários da Companhia das Docas, Gaffré e Guinle – que controlavam o cais santista –, não deixou muita escolha a Quintino e seus trabalhadores. Assim, "os quilombolas passaram de rebeldes em busca de liberdade a krumiros, tornando-se fura-greves nos primeiros movimentos paredistas da militante estiva santista".[54]

Considerando a questão em suas dimensões políticas, o caso, no entanto, apresenta-se mais complexo. Cabe aqui lembrar que a ligação de negros com lideranças políticas e comerciais de Santos remontavam, pelo menos, a meados do século XIX, quando valongueiros e quarteleiros participavam das disputas eleitorais entre liberais e conservadores. Somado a isso, Petrônio José Domingues ressalta que a opção dos

---

53 MACHADO, Maria Helena Pereira Toledo. "De rebeldes a fura-greves...", p. 276.
54 Ibidem, p. 279. A citação é da p. 242, onde a autora apresenta a seguinte justificativa para a adoção do termo "krumiro" como sinônimo de fura-greve, por militantes do movimento operário no Brasil, no final do século XIX: "De origem obscura, o termo se refere a um grupo berbere do oeste da Tunísia denominado kroumirs pelos franceses, cujas atividades ligadas ao contrabando serviam de pretexto para o estabelecimento do protetorado francês na Tunísia em 1881. Fazendo um paralelo com a maneira pela qual os empresários capitalistas usavam uma mão-de-obra de trabalhadores não-especializados ou não-sindicalizados para furar as greves, os líderes dos primeiros movimentos operários empregavam o termo para identificar fura-greves que cruzavam a barreira dos piquetes, traindo os interesses da classe trabalhadora, a que pertenciam..."

ex-escravos em atuar como fura-greves não seria isenta de reflexão. Seria mais uma estratégia para retomar um espaço perdido para os imigrantes. Conforme o historiador, uma semana depois do acordo entre Quintino e a classe patronal, "a greve naufragou e os libertos foram efetivados em seus novos postos de trabalho".[55]

Há mais fatos que reforçam a ideia de que Quintino e outros libertos em Santos tinham estratégias bem definidas ao se aproximarem das elites. Um deles é que o líder do Jabaquara, em 1895, conseguiu algo impensável para a época: embora negro e analfabeto, foi eleito vereador. Mais do que isso, teve força política suficiente para manter-se no cargo, mesmo diante da pressão da Câmara, que lhe negou a posse. Conforme Francisco Martins dos Santos:

> Quintino, por seus protetores, recorreu à Justiça, apresentando-se então, a 5 de abril, com o Acórdão do Tribunal de Relações de S. Paulo. O Presidente da Câmara, dr. Manoel Tourinho, já renunciara, prevendo o desfecho do caso, sendo acompanhado pelo vereador Alberto Veiga.
> José André do Sacramento Macuco, que assumira a Presidência, viu-se obrigado a dar posse a Quintino, o herói retinto do Jabaquara, e, em seguida, declarando-se enojado ante o que via, renunciou ao posto e ao mandato. Dos inimigos de Quintino, ficara em conta apenas Olímpio Lima, o violento jornalista da Tribuna do Povo, o panfletário secundador e sócio do dr. Tourinho.
> [...] No dia 9 eram preenchidos os cargos vagos, com o negro Quintino ainda na Presidência.[56]

De acordo com Ana Lúcia Duarte Lanna, esta pressão da Câmara estaria ligada a um "conflito entre a cidade e o governo estadual, e revela as tensões existentes entre grupos que disputavam maior influência na jovem República e a crescente participação de antigos monarquistas no Estado". Quintino seria o único vereador leal a Bernardino de Campos, devido à sua ligação com o movimento abolicionista. Porém, ela mesma faz uma ressalva, apontando que

---

55 DOMINGUES, Petrônio José. *Uma história não contada...*, p. 70.
56 SANTOS, Francisco Martins dos. *História de Santos...*, p. 261.

"apesar das tensões globais não faltaram os que afirmaram que não iriam participar da Câmara junto com um negro".[57]

Outra informação reforça a ideia de que negros de Santos, ligados ao movimento abolicionista, não perderam sua consciência política no pós-abolição, tendo atuado como fura-greves apenas como estratégia para retomar postos de trabalho: em 1912, o ex-combatente da Guerra do Paraguai e uma das lideranças negras no movimento abolicionista, Eugênio Wansuit, foi preso por participar da greve contra a Companhia das Docas.[58]

A estratégia dos negros em Santos, de atuarem como fura-greves para recuperar espaço na sociedade em meio à concorrência crescente com os imigrantes, teria perdurado ao longo dos anos e se espalhado por outras cidades, inclusive a capital. Anos mais tarde, em 1923, o jornal *Getulino* – primeiro órgão combativo do Movimento Negro que se organizava em São Paulo[59] – noticiava a prática patronal de controlar negros para substituir os funcionários grevistas da Light".[60]

> O articulista do jornal avaliava a postura dos negros fura greves como legítima, pois era a única alternativa vislumbrada de ingresso em determinadas profissões, como a carreira de condutor e motorista da São Paulo Tramway, Light and Power Company. Antes da greve de 1919, esta empresa restringira aos homens negros os serviços mais penosos de manutenção.[61]

Assim como os ex-quilombolas do Jabaquara em 1891, fura-greves na capital paulista também seriam denominados krumiros, independentemente do grupo étnico ao qual pertenciam, como se percebe no livro de reminiscências *Belenzinho, 1910*, de Jacob Penteado. Em uma passagem, ele fala da precaução de vidreiros de origem italiana com krumiros portugueses, que "já se iam infiltrando nas fábricas

---

57 LANNA, Ana Lúcia Duarte. *Uma cidade na transição...*, p. 194, nota 60.
58 MACHADO, Maria Helena P. T. "De rebeldes a fura-greves...", p. 252.
59 Sobre a formação da imprensa negra paulistana, ver FERRARA, Miriam. *A imprensa negra paulista (1915-1963)*. São Paulo, FFLCH-USP, 1986. A indicação do Getulino como "primeiro órgão combativo" de São Paulo aparece na p. 45.
60 DOMINGUES, Petrônio José. *Uma história não contada...*, p. 70.
61 *Ibidem*, p. 71.

de vidro", sujeitando-se a "trabalhar por qualquer preço" e sendo "muito puxa-sacos dos patrões".[62]

Entender o contexto de dificuldades pelas quais passava o trabalhador negro na inserção junto ao mercado formal de trabalho, nos inícios do século XX, é fundamental para se compreender a transformação pela qual a capoeira, assim como outras manifestações de origem escrava, passou no período do pós-abolição. Sem encontrar emprego formal, "homens de cor" utilizavam todas as ferramentas das quais dispunham, incluindo habilidades marciais, para sobreviver. Em resposta, passaram a ser aplicadas com rigor crescente leis contra a vadiagem do Código Penal de 1890 e de códigos de postura municipais. Como ressalta Sidnei Munhoz:

> Se, de um lado, a burguesia necessitava desse exército de reserva de força de trabalho, como forma de pressão sobre os trabalhadores empregados, forçando-os à aceitação de salários irrisórios e das péssimas condições de trabalho e sobrevivência, por outro lado, ela temia o rompimento das tênues fronteiras que separavam o mundo do trabalho, da vadiagem e da criminalidade.[63]

Ainda segundo Munhoz, a repressão à vadiagem cumpria um "importante papel no processo de subordinação do trabalhador aos patrões", pois, para os homens pobres, "não bastava ser honesto, era preciso parecer honesto ou, mais ainda, era preciso provar ser honesto". Assim:

> Aqueles que se recusassem a cumprir os papéis a eles definidos nos projetos dominantes eram vistos como subversores da ordem e inimigos da sociedade. E, logicamente, buscava-se enquadrar aqueles que suportavam doutrinas de caráter contrário à ideologia dominante como desordeiros, vadios ou associados à criminalidade.[64]

---

62 PENTEADO, Jacob. *Belenzinho, 1910*: retrato de uma época. São Paulo: Livraria Martins, 1962, p. 129. O uso do termo krumiro por italianos, para se referir a portugueses fura-greves também aparece na p. 148.

63 MUNHOZ, Sidnei. *Cidade ao avesso*: desordem e progresso em São Paulo, no limiar do século XX. Tese (doutorado em História Social) – FFLCH-USP, São Paulo, 1997, p. 52.

64 *Ibidem*, p. 60-61.

Munhoz cita Thompson para recordar que onde este historiador vê "rebeldia, protesto e contestação, muitos críticos veem apenas crime". E, na mesma linha do autor, entende muitas ações consideradas criminosas como "estratégias díspares, descontínuas e desconexas, que possibilitavam a resistência à nova ordem em processo de consolidação (livre mercado)".[65]

No Rio de Janeiro, José Murilo de Carvalho apontou a Revolta da Vacina como um exemplo de que, embora poucos tivessem direito ao voto e grande parte destes não fizesse questão de exercê-lo, os moradores sabiam se organizar quando sentiam que seus direitos enquanto cidadãos estavam sendo tratados com arbitrariedade pelo governo.

Na mesma direção, converge uma série de ações individuais ou em grupo em São Paulo. Um memorialista conta, por exemplo, que no bairro do Brás, na virada do século XIX para o XX, a população se mobilizou diante do boato de que uma comissão de sanitaristas faria, com ajuda da polícia, uma batida com o objetivo de destruir os inúmeros cortiços e expulsar seus moradores, impedindo assim que, no futuro, novos viessem a se formar.

> Após tomarem conhecimento dessa notícia, os habitantes do bairro ficaram em pânico. Disfarçadamente continuaram com o mesmo ritmo de trabalho, mas em segredo ficavam de prontidão, caso fosse confirmada a notícia da invasão aos cortiços. Depois de várias reuniões, passaram a andar armados com facas e revólveres; os que não possuíam, disfarçadamente se muniram de paus e cacetes e ficaram à espera, aguardando a visita dos 'indesejáveis sanitaristas'. Fosse porque estes tivessem sido avisados, ou porque haviam mudado de ideia, ou ainda porque fossem falsas as notícias, a realidade é que ninguém apareceu para a tão falada 'batida'. E assim, com o passar dos dias, o caso converteu-se em simples boato; mas se fosse verdadeiro, sabe Deus o que teria acontecido...[66]

---

65   *Ibidem*, p. 142.
66   SESSO JÚNIOR, Geraldo. *Retratos da velha São Paulo*. São Paulo: Gráfica Municipal de São Paulo, 1983, p. 129.

Para entendermos melhor a reação da população e as interpretações apresentadas por autoridades e representantes da elite da época, tomamos como base, ainda, o estudo de Cristina Wissenbach sobre práticas mágio-religiosas no pós-abolição:

> a pecha de vagabundos, ociosos, embriagados, desorganizados social e moralmente, que lhes foi atribuída, contém núcleos de vazio conceitual que impedem a princípio a reconstituição de suas trajetórias enquanto movimentos singulares, constituídos nos limites do que era possível, mas a partir de escolhas e de valores próprios. Embora a Abolição tenha sido fato histórico decisivo, rompendo vivências pregressas, os ex-cativos traziam de suas experiências anteriores um aprendizado social que, no limite, instruía o sendido da liberdade. E, muitas vezes, seu significado passava por noções de subsistência e padrões de organização social distintos dos que eram projetados pelas classes dominantes.[67]

Nesse sentido, nossa proposta é de verificar até que ponto capoeiras e valentões, descritos como desordeiros e vadios, fizeram parte das "oposições multifacetadas do trabalho vivo que fermentaram no interior dos modos de produção e entre eles", levando a "pausas" e "interrupções" no processo de acumulação do capital", como apresentado por Peter Linebaugh em seu artigo "Todas as montanhas atlânticas estremeceram".[68] Ou, como mais tarde o mesmo autor colocaria, talvez os capoeiras tenham sido uma das cabeças da hidra formada por marinheiros, quilombolas e outros grupos que pareciam emperrar a formação do capitalismo.

Capoeiras, vadios e desordeiros

Como já colocamos antes, não houve em São Paulo uma repressão à capoeira nos moldes do Rio de Janeiro ou de outras regiões. Contudo, o combate à vadiagem, às desordens e a práticas bárbaras correlatas esbarrou no jogo-luta,

---

67 WISSENBACH, Maria Cristina Cortez. *Ritos de magia e sobrevivência...*, p. 22-23.
68 LINEBAUGH, Peter. "Todas as montanhas atlânticas estremeceram". *Revista Brasileira de História*, n. 6, set. 1983. Esta ideia foi aprofundada pelo pesquisador em *A hidra de muitas cabeças: marinheiros, escravos, plebeus e a história oculta do Atlântico revolucionário*. São Paulo: Companhia das Letras, 2008.

permitindo algumas inferências. É exemplar uma nota de 14 de janeiro de 1890, publicada em *O Estado de São Paulo*, sobre a prisão de três indivíduos que representam exatamente a trindade capoeira-vadiagem-desordem. Segundo o periódico, por ordem do 2º delegado foram presos naquele dia Manoel Lourenço Procópio, "vulgo capoeiro", para averiguações, junto com Caetano José Ribeiro, por desordeiro, e Manoel Pires da Cunha, por vagabundo.[69]

No processo investigativo, percebe-se que, mesmo que houvesse uma vontade de se coibir práticas associadas à capoeira, seus praticantes ainda causavam dúvida, conforme mostramos ao tratar dos navalhistas cariocas foragidos em São Paulo. Da mesma forma, o "capoeiro" foi detido apenas para averiguações, enquanto seus companheiros foram enquadrados em contravenções específicas, sofrendo as consequências legais.

Também no início de 1890, casos similares ocorreram em diversas localidades de São Paulo. Em um ofício de 3 de janeiro, o delegado de Santos, Francisco Cruz, escreve ao chefe de Polícia, Bernardino de Campos, sobre um criminoso chamado João Mulato, "pardo, alto, magro", que pisava com as pernas "um tanto abertas" e "tem o andar gingador".[70] Se esse ofício não deixa claro ser o tal João Mulato capoeira ou não, denunciando apenas seu "andar gingador", outro documento da mesma localidade indica com mais clareza a presença de capoeiras pela região no período. Em 20 de fevereiro de 1890, o mesmo delegado Francisco Cruz telegrafou ao chefe de Polícia para informá-lo sobre a prisão de José da Silva "por capoeira". Na resposta, é solicitado que ele reúna provas de que o indivíduo citado é um capoeira. No mesmo dia, Francisco Cruz envia um ofício esclarecendo melhor o caso:

> No dia 18 do corr.e as 9 horas da noite foi preso em plena rua 15 Nobr.o o individuo de nome *Jose da Silva por estar fasendo o jogo de capoeira, quando passava um grupo carnavalesco*. Não só fasia capoeiragem como *chegou a resistir a patrulha* e *armado de canivete tambem quis fazer frente ao Alferes Comandante do Destacam.to*. Foi finalmente preso e apparecendo pedidos, passei o preso a disposição de vossa authoridade, mesmo porque já veio o Dr. Jose Rubia Cezar pedindo certidão da prisão.

---

69 Aesp. *O Estado de S. Paulo*, 14/01/1890, primeira página.
70 Aesp. *Polícia (1890)*. Caixa 286, Ordem 2721, ofício de 03/01/1890.

> Estou informado que o individuo de que trato, *não faz profissão de Capoeira porem o que é facto, é que foi preso na occasião que isso praticava, disendo-me que é ensacador de café em armasem*, eu o creio. Más *isso* não é motivo para deixar de ser capoeira.
> Assim eu *creio que bastará uns dias de cadeia* e por esse motivo passei o referido preso a vossa disposição e agora farei o que entender de justo serto que ficarei saptisfeito com qualquer que seja vossa resolução.[71]

Temos aí uma sequência de informações reveladoras. Primeiro, uma situação na qual a capoeira não é uma luta, mas sim, um "jogo", que acontece diante de um grupo carnavalesco. Uma atividade lúdica, porém, que não perde sua marcialidade, pois, no momento em que o praticante é ameaçado pela força policia, ele reage, manuseando com habilidade um canivete. Também percebemos por este ofício que o capoeira José da Silva não é vagabundo. É um dos muitos trabalhadores do cais de Santos, um ensacador de café. Ainda assim, o costume de jogar capoeira incomoda a autoridade, que pretende deixá-lo uns dias na cadeia para convencê-lo a deixar de ser praticante.

Não é apenas em Santos que casos deste tipo ocorrem. Em 2 de fevereiro de 1890, o delegado de Ribeirão Preto, Moyses Fernando do Nascimento, escreve ao chefe de Polícia sobre "o cidadão Benedicto Alves de Siqueira, que tem incommodado a Policia com exercicios de capoeiragem, afim de dar-lhe o destino que for conveniente ao bem da Patria". Conforme a autoridade policial, o tal Benedicto:

> Durante os trinta e poucos dias, que aqui residiu não se occupou de cousa alguma e por fim *resolveu a andar armado de navalha e declarar que não se temia das authoridades*.
> Hontem, as 9 horas da noite *feriu com uma navalha a um moço*, que em companhia de seu irmão fora fazer compras em uma casa de negocios, como vereis do corpo de delicto e inquerito que n'este incluo.

O delegado aproveita o ofício para solicitar um reforço no destacamento de dez praças. A resposta, escrita a lápis no alto do próprio documento como tornou-se prática na época, acompanha o que vimos antes no caso dos capoeiras cariocas:

---

71   Aesp. *Polícia (1890)*. Caixa 286, Ordem 2721, telegrama e ofício de 20/02/1890 (grifo nosso).

> Devolva-se o preso dizendo-se que constando do inquerito junto estar o preso sujeito a um processo por caso de armas prohibidas deve o delegado continuar nesse inquerito afim de ser processado nos termos da Lei, e q. q.to aos ferimentos tendo sido estes declarados leves e não tendo sido a prisão em flagrante nada há que providenciar.[72]

Fica clara nesta resposta a pouca preocupação por parte do chefe de polícia com os "exercícios de capoeiragem", sendo o problema a posse de armas proibidas. Nem mesmo o ferimento causou grandes receios, uma vez que foi leve.

Na mesma linha, temos um ofício do delegado de Santa Rita o Passa Quatro, Cesario Tavares, ao chefe de Polícia Bernardino de Campos, pedindo orientações sobre como proceder com o "liberto José Severino, conhecido e afamado desordeiro, individuo turbulento e temivel capoeira, cujas façanhas n'este como no Municipio de Belem do Descalvado são numerosas". Segundo a autoridade, a população vinha sobressaltada com a presença deste "homem perigoso" e "não existindo na villa meios correcionaes capases de modificar lhe a indole e os habitos", pedia providências. Mais uma vez, a resposta não deve ter agradado o delegado, nem a população. De acordo com o chefe de Polícia, "o único recurso da Lei é em taes casos fazer assignar Termo de bem viver e seria arbitraria qualq.r outra medida".[73]

Analisando essas e outras passagens envolvendo "populações perigosas" no interior de São Paulo, Karl Monsma recorda que "não se submeter ao trabalho assalariado era uma das principais características do 'vagabundo'". Contudo, estes casos com participação de capoeiras "também mostram que os delegados se irritavam com a falta de respeito de muitos libertos, além de furtos e desordens a eles atribuídos", e que "a autonomia, a itinerância e o anonimato também incomodavam".[74]

Casos como esses devem ter se repetido ao longo de todo o ano, ao ponto do chefe de polícia Bernardino de Campos repensar qual seria a melhor atitude a tomar diante dos capoeiras. Assim, em agosto de 1890, ele escreveu ao governador

---

72   Aesp. *Polícia (1890)*. Caixa 286, Ordem 2721, ofício de 02/02/1890 (grifo nosso).
73   *Ibidem*, ofício de 25/02/1890.
74   MONSMA, Karl. "A polícia e as populações 'perigosas' no interior paulista (1880-1900)". *IX Congresso Internacional da Brazilian Studies Association*, New Orleans/EUA, 2008. Disponível em: <http://sitemason.vanderbilt.edu/files/lwNnkQ/Monsma%20Karl.pdf>. Acesso em: 15 dez. 2009. Agradeço a Javier Rubiera por indicar este texto.

do Estado, Prudente José de Moraes Barros, sobre uma ocorrência em São João do Rio Claro nos seguintes termos:

> Tendo sido preso na Cidade de São João do Rio Claro, *por capoeira, jogador, turbulento e vagabundo* o individuo de nome *João Antonio dos Santos, conhecido por Bambú, ex-praça do 7º batalhão* de infantaria, onde tinha o numero 58, consulta o delegado de policia daquella Cidade qual o destino que deve dar, ao referido individuo.
> Rogo vos dignice resolver acêrca do assumpto como vos parecer mais acertado.

Percebemos aqui as associações típicas feitas com capoeiras: jogador, turbulento e vagabundo. Ainda assim, o chefe de Polícia reconhece não saber qual a melhor resolução para o "assunto" e, na resposta, fica subentendido que o governador também ignora o que é melhor fazer, pois apenas autoriza a remessa do indivíduo ao ministro da Justiça, "para dar destino", não especificando qualquer atitude a ser tomada sobre os capoeiras. O fato de ser o capoeira João Antonio dos Santos, o Bambú, ex-praça do 7º Batalhão, também é um ponto interessante, por reforçar a ideia de que homens com habilidades marciais, típicos valentões, seriam usados nas forças policiais, como já abordamos antes.[75]

Circulam em sites especializados em capoeira ou em cultura afro-brasileira artigos segundo os quais teria havido, em março de 1892, "um confronto entre "morcegos" (praças da polícia fardada) e soldados do exército que eram capoeiristas, ocasionando distúrbios na cidade de São Paulo.[76] Não encontramos documentos comprovanto a participação de capoeiras em tal confronto, mas existem referências interessantes sobre o referido conflito.

Em 27 de março de 1892, o jornal *Correio Paulistano* publicou uma longa notícia sob o título de "Conflictos", na qual foi narrado um confronto um dia antes entre "praças de urbanos, hoje do 5º corpo de policia, e outras do contingente do 7º batalhão de infantaria aqui destacado". Reparemos que esta era exatamente

---

75 Aesp. *Polícia (1890)*. Caixa 290, Ordem 2725, ofício de 25/08/1890.
76 Ver, por exemplo, CAVALHEIRO, Carlos Carvalho. "A história da capoeira…". Este pesquisador cita como fonte o site http://www.institutocariocadecapoeira.hpg.ig.com.br/historico.htm, que não especifica o documento no qual capoeiras são relacionados ao caso.

a corporação do capoeira Bambú, que menos de dois anos antes incomodava a população de Rio Claro. A nota reconhece que os motivos ainda não eram bem conhecidos, porém revela que "há dias havia rivalidades entre aquellas praças, rivalidades essas que não chegaram ao conhecimento dos respectivos commandantes, a tempo de serem acalmadas". O resultado foi trágico:

> ante-hontem, no Braz, 2 cadetes do 7° encontrando-se com duas praças do 5° corpo, travaram com ellas peleja, morrendo um dos cadetes, de nome Oscar de Lima.
> Sabida esta occurrencia, os commandantes tomaram providencias no sentido de finalisar-se o conflicto; mas por volta das duas horas da madrugada, *vinte e cinco praças do 7° forçaram a sentinella do quartel e sahiram para a rua dispostas a vingar o camarada morto.*
> Parte dessa força dirigiu-se á estação do Braz e ahi travous-e renhido tiroteio, no qual ninguem pareceu devido á posição tomada pelos assaltantes que afinal foram rechassados. Do Braz voltaram elles pela rua São Caetano a Florencio de Abreu, e ahi, *espalhando-se em grupos*, atacaram os soldados da polícia que se achavam de serviço em varios pontos da cidade, resultando dessas *luctas parciaes* a morte de tres urbanos e ferimentos de alguns outros.
> Um dos commandantes do contingente do 7°, alferes Rocha, empregou todos os esforços para conter a seus subordinados, e esteve pelas ruas até o amanhecer, empenhado em recolher a quartel os soldados desobedientes.
> Estes, porém, só se apresentaram ao toque de recolher e nessa occasião foram levados á prisão.[77]

É interessante enfatizar que a "peleja" se deu sem motivo aparente, mas a reação do 7° Batalhão insinua tratar-se tudo de demonstração de valentia. Somado a isso, cabe lembrar que a estratégia adotada pelos praças de atuarem em grupos, tal como as maltas de capoeira do Rio de Janeiro, Salvador e mesmo de Santos, como apontamos no terceiro capítulo deste trabalho.

---

77   Aesp. *Correio Paulistano*, 27/03/1892, primeira página (grifo nosso).

O caso resultou em um inquérito, cujo resultado não trouxe mais dados com relação à participação de capoeiras. Um ofício do general comandante do Distrito Militar da capital paulista informa apenas que alguns praças do 7º Batalhão de Infantaria sofreram medidas disciplinares por insubordinação, cumprindo a pena no quartel do 1º Regimento de Cavalaria. E que outras, que saíram às ruas "para promoverem desordens a aggredirem praças do 5º Corpo Militar de soldados, tendo sido encontrados em poder das mesmas 64 cartuchos carregados, ocultos nos bolsos, nos canos dos sapatos e em outros pontos das vestes" foram encaminhados ao chefe de Polícia para serem tomadas as providências cabíveis. Este, por sua vez, consultou o governador do Estado sobre serem decididos os "fins convenientes".[78]

Se a contenda tratava-se de uma demonstração de valentia de praças capoeiras, causa estranheza a utilização de armas de fogo. Conforme a historiografia sobre a capoeira mostra e nosso estudo reforça, praticantes deste jogo-luta tinham como armas típicas porrete/bengala e faca/navalha/canivete.

Em contrapartida, temos outro caso que reforça a ideia de que a capoeira era praticada por praças da capital paulista, no período pós-abolição. No dia 16 de julho de 1889, os praças Felicio de Souza Ferreira e José Luiz de Toledo "achavam-se em estado de embriaguez e fasendo *exercicios de capoeiras* em frente as portas de uma venda", enquanto proferiam "palavras offencivas a moral e a ordem". Morador da casa vizinha à venda, um professor público advertiu os dois, lembrando que "seus procedimentos eram pouco dignos e improprios a policiaes a quem competia dar exemplo de moralidade e disciplina". Em seguida, afirmou que, se eles continuassem, ele seria obrigado a dar parte dos mesmos. Revoltados com a ameaça do professor, os policiais capoeiras romperam em "impropérios" contra o funcionário público e o atacaram usando uma arma bastante usual entre praticantes do Rio de Janeiro, Salvador ou Santos: a pedrada. Felício só não acertou o docente com uma pedra porque o cabo comandante do destacamento interveio, prendendo os desordeiros e levando-os para a cadeia do quartel, onde os dois continuaram a fazer ameaças ao professor.[79]

Ao analisar tal ocorrência, André Rosemberg recordou que o exercício da capoeira faria parte de um rol de "tradições popularescas comungadas pelos

---

78   Aesp. *Polícia (1892)*. Caixa 306, Ordem 2741, ofício de 23/04/1892.
79   Aesp. *Polícia (1889)*. Caixa 265, Ordem 2700, ofício de 17/06/1889 (grifo nosso).

policiais", que "exasperavam o alto comando, que demonstrava sem traço de pudor os preconceitos contra tais práticas". Citando também o caso de um policial "cantador de modinhas e tocador de violão", o historiador avalia que:

> A incoerência inerente à figura do policial violeiro ou, ainda mais explícita, à do policial capoeirista – bêbado e boquirroto –, arrepiava a altivez institucional. E, mesmo assim, sobre o terreno elas conviveram, a despeito das medidas punitivas aviadas pela administração policial. [...] Essa falha no caráter do agente, ele próprio um infrator dos regulamentos e das normas formais de policiamento, normalmente considerada pelos analistas como uma excrescência de um sistema, a priori, plenamente estruturado para incutir nos policiais a responsabilidade de sua missão com eficiência, deve ser tratada, não como um desvio ou uma aberração do padrão normal, mas sim como parte indissociável da essência constitutiva da organização e da cultura policial. Até porque esse par, num primeiro momento contraditório, representado até aqui pela figura do policial-violeiro, pelo policial-licencioso, pelo policial-capoeira, ou pelo policial-embriagado, que, à primeira vista, denunciaria a falência categórica do projeto civilizatório atribuído à polícia, incapaz de auto-civilizar-se e de adestrar seus representantes em torno de um comportamento considerado adequado, serve como base analítica para a interpretação histórica da constituição do corpo policial, do seu trabalho e do relacionamento dos agentes com os administrados.[80]

Além do uso da pedrada por estes dois policiais capoeiras, existem diversos outros casos de praças usando a navalha em conflitos com soldados. Assim, no dia 20 de maio de 1895, na Rua da Esperança, em São Paulo, "um soldado do 2º Batalhão de Voluntários Paulistas, João Luiz Guimarães, ferio gravemente *com profunda navalhada* ao soldado do 5º Batalhão, Joaquim Martins Fogaça, que vêo a falleecer no dia 22 no hospital militar".[81] Na mesma travessa, meses antes, outro confronto mais grave havia ocorrido, o que indica ser este local ponto de

---

80 ROSEMBERG, André. *Polícia, policiamento e o policial...*, p. 266-267.
81 Aesp. *Relatório apresentado ao Secretário dos Negócios da Justiça de São Paulo pelo chefe de Polícia Theodoro Dias de Carvalho Junior, em 31 de janeiro de 1895.* Encadernado 1630, p. 82.

encontro de homens responsáveis pela segurança da cidade para demonstrações de valentia. Conforme noticiou o jornal *O Estado de São Paulo* em 4 de janeiro daquele ano de 1895:

> Hontem, ás 8 horas da noite, na travessa da rua da Esperança, antigo Becco dos Mosquitos, deu-se um grave conflicto entre praças do 14º regimento de cavallaria e do 1º Batalhão de Polícia.
> *Algumas praças desses dois corpos, que tinham estado, poucos momentos antes, a tomar café na venda daquella travessa*, n. 7, sahiram e na rua após uma ligeira altercação que houve entre uma praça do 14º e outra do 1º, travaram-se em lucta, que se prolongou por um quarto de hora.
> Foi difficilimo apaziguar os animos. Do conflicto sahiram feridos:
> Antonio Baptista da 3ª companhia do 1º de polícia com graves ferimentos no rosto e na região frontal, *produzidos por navalha*;
> José Pereira da Silva, do mesmo batalhão e companhia, *ferido na perna esquerda com faca*;
> José Paulo, do 14º regimento, *ferido gravemente com faca*;
> José Luiz, do mesmo, ferido levemente na perna direita.[82]

As documentações sobre casos como estes focam o lado da desordem, uma vez que foram produzidas por autoridades ou homens da imprensa ligados à elite paulistana. Mas fica implícito nessas fontes que tais casos estariam relacionados a práticas cotidianas da população pobre que escapavam dos anseios de modernização. A capoeira ou outras formas de demonstrar valentia serviriam para compor a hierarquia das ruas, elegendo heróis ou punindo aqueles que ultrapassassem certos limites. É desta forma que podemos compreender um fato ocorrido na noite de 6 de outubro de 1907, na Rua Bresser, na região do Brás, por ocasião dos festejos de Santa Cruz, noticiado pelo *Correio Paulistano*:

---

82 Aesp. *O Estado de S. Paulo*, 04/01/1895, primeira página.

> *dois guardas-civicos ao effectuarem a prisão de um indivíduo que fazia desordens*, por diversos populares *foram atacados* que tomaram o preso dos soldados.
> Acudindo outros rondantes das immediações, *o povo agglomerado, resistiu a cacetadas e pedradas*, pondo-os em fuga.
> [...]
> Receberam pequenos ferimentos no conflicto os guardas-civicos José Antonio de Sousa, João Baptista, José de Azevedo Cesar, sargento José Cortez de Oliveira, Indalecio Carreira, Ricardo Santa Maria e Luiz Maria Teixeira.
> Algumas dessas praças foram recolhidas ao Hospital Militar.
> *Foram presos os desordeiros* José Diniz, morador á Avenida da Intendencia e um outro individuo que se negou a dizer o nome, mas que, *foi reconhecido como sendo soldado do 1º Batalhão, vestido, na occasião, a paizana.*
> Na delegacia do Braz está aberto inquerito sobre o ocorrido.[83]

Desta nota, podemos supor que os guardas cívicos soubessem que o tal indivíduo causador da desordem fosse soldado do 1º Batalhão. Se não antes de efetuarem a prisão, logo em seguida, pois é de se imaginar que o desordeiro tivesse se identificado como tal. Assim, sua prisão talvez tivesse um gosto de revanche por outras contendas entre as duas corporações. O fato de "diversos populares" partirem em defesa deste, resistindo "a cacetadas e pedradas", indica a possível existência de uma malta de capoeiras. Ainda que não seja o caso, o grupo poderia ter algum tipo de vínculo com o soldado. Talvez ele fosse apenas o cabeça de um bando de desordeiros. O que podemos afirmar é que, em meio aos festejos, um soldado estava em demonstrações de valentia, "fazendo desordens" para as autoridades, e, diante da interferência dos guardas, o povo reagiu, mostrando que não aceitaria uma prisão arbitrária.

Esse caso desvela o choque entre dois mundos. De um lado, a força policial revestida sob a manta da ordem e legitimada pela imprensa, que denunciava as desordens e cobrava ações das autoridades. De outro lado, a diversão popular

---

83   Aesp. *Correio Paulistano*, 07/10/1907.

traduzida pelas autoridades como desordem, porém defendida por seus praticantes e mesmo por quem a assistia. Se nessa passagem a presença de capoeiras não é clara, outras deixam isso mais nítido.

No início do ano de 1908, o italiano Fernando Brasil Molinaro, de 34 anos de idade, empregado do comércio, e o navalhista Bugrinho tiveram uma contenda no terceiro dia de carnaval. Para azar do estrangeiro, o desordeiro cruzou com ele meses depois, na Rua Tiradentes. Conforme notícia publicada no *Correio Paulistano*, Bugrinho estava "num lamentavel estado de excitação alcoólica" e, ao reconhecer seu rival, decidiu resolver a pendência.

> 'Bugrinho' estava com um companheiro, ao que parece, dado como elle ao perigoso 'sport' da capoeiragem.
> Ao divisar Fernando Molinaro, 'Bugrinho' para elle se encaminhou, disposto a brigar, pois a despeito da valente dose de alcool que lhe toldava o espírito, reconheceu immediatamente o seu contendor da terça-feira gorda.
> Dirigindo-lhe duas provocações, 'Bugrinho' sacou resolutamente da navalha e, num movimento rapido, abriu-a, *crescendo para Molinaro.*
> Este, desviando-se com admiravel presteza, evitou o golpe, que seria tremendo, mas *foi cahir com a coxa esquerda sobre a ponta da faca do companheiro de 'Bugrinho', que já o esperava.*
> Aos gritos da victima, acudiu um dos rondantes da avenida, que chegou com tempo de prender apenas o offensor, pois 'Bugrinho', lesto como um veado, deitara a correr, desapparecendo.
> *O companheiro do capoeira, que se recusou a dizer o nome, foi autuado em flagrante* no posto policial da rua de S. Caetano, e mettido no xadrez, ao tempo que o offendido era transportado para o gabinete medico legal da Polícia Central, afim de ser ahi submetido a exame de corpo de delicto. [...][84]

A maneira como a notícia foi dada transmite uma ideia de que ações de capoeiras, como Bugrinho, não seriam inusitadas na capital paulista. O que mais

---

84   Aesp. *Correio Paulistano*, 05/10/1908, p. 2.

chamou a atenção foi a prática ser classificada como um "perigoso sport", antecipando um movimento de transformação da capoeira em "ginástica nacional". O fato de o italiano Fernando Molinaro desviar-se da navalha com "admirável destreza" leva a crer que ele também fosse um capoeira ou, ao menos, um valentão acostumado a esse tipo de "esporte". Afinal, já havia enfrentado o navalhista em plena terça-feira de Carnaval. Outro ponto relevante é o tempo entre a contenda inicial e o confronto final, o "ódio velho", como a notícia foi intitulada, que aproxima tais demonstrações de valentia a um jogo que nunca tem fim, como hoje ocorre nas rodas tradicionais.

Há ainda mais uma questão interessante sobre a notícia de Bugrinho e o italiano. Na mesma página, foi publicado um relato sobre outra desordem, mas não há qualquer associação do protagonista com a capoeira. Isso reforça a ideia de que Bugrinho e seu companheiro tinham realmente alguma habilidade distinta, que ia além da pura desordem. Eram efetivamente capoeiras, praticando-a tanto de maneira lúdica, quando entre amigos, como de forma violenta, ao se depararem com um rival.

Outro caso que também apresenta a prática lúdica da capoeira no estado de São Paulo, nos primeiros anos do século XX, ocorreu em Cabreúva, cidade do interior paulista onde, como vimos no primeiro capítulo deste trabalho, foi criada uma postura municipal proibindo a capoeira, já em 1862. Muitos anos depois, em 1919, uma diversão popular terminou em tragédia, conforme processo localizado por Fernando Salla, em seu estudo sobre as prisões em São Paulo:

> Mais um caso interessante era o de L. F., um soldado da Força Pública que morava *em Cabreúva*. Um dia, foi destacado para trabalhar durante uma apresentação teatral naquela cidade. Próximo do local onde se desenvolvia a representação, *havia um grupo de indivíduos em "exercícios de capoeiragem por mera brincadeira"*. Porém, *o delegado de polícia que ali se encontrava não considerou aquilo uma simples brincadeira, mas sim um princípio de briga*. Mandou, pois, que o soldado L. F. conduzisse um dos indivíduos que estava praticando a capoeira até a prisão. Embriagado, o indivíduo não quis acompanhar o soldado. Enquanto o delegado foi buscar reforço policial, L. F. tentava levar o tal indivíduo até a prisão. E, diante desta resistência, o soldado começou a desfechar

vários golpes com a ponta do rifre naquele indivíduo que, segundo o processo, era desconhecido de L. F., até provocar a sua morte. Este crime, ocorrido em 1919, provocou uma pena de dez anos e seis meses de prisão celular, que o condenado começou a cumprir na cadeia de Itu...[85]

Para evitarem incômodos por parte das autoridades ou críticas de elementos da sociedade, como aquele professor público, um caminho seguido por capoeiras e valentões foi exatamente a formação de agrupamentos em locais estratégicos. Apesar da aparente proteção, assim como ocorrera com as maltas de capoeiras no Rio de Janeiro do século XIX, eles permaneceram sob o olhar crítico da elite e, consequentemente, sujeitos às arbitrariedades da polícia.

Os "partidos" de capoeiras em São Paulo

Um dos locais da capital paulista onde foi formada uma espécie de malta, no pós-abolição, foi a várzea do Carmo. Uma notícia de jornal, de 15 de janeiro de 1900, denunciava que, nos domingos, a partir do meio-dia, quem passasse pelo local poderia ver um "originalissimo espectaculo, que offerecem os desocupados das ruas Vinte e Cinco de Março e Santa Rosa, de uns combates a pedrada, travados no aterrado do Gazometro". O articulista lembrava que "há muito tempo a policia do Braz tem procurado, em vão, acabar com aquellas scenas vandalicas", que resultavam em transeuntes atingidos "pelas pedradas dos vagabundos, vibradas com toda a força, por meio de fundas". Conforme a nota, as autoridades do Brás haviam procedido a indagações sobre o caso, chegando às seguintes conclusões:

> os desocupados da *rua de Santa Rosa têm tres partidos* formados, que *disputam com outros tres da rua Vinte e Cinco de Março*, havendo em *cada um delles uma bandeira differente e os respectivos chefes*, que são vagabundos *adestrados no jogo da funda, capoeira e navalhistas*, que se impõem aos companheiros e subordinados pela força e pela brutalidade de que dão provas nas investidas da varzea.

---

85   SALLA, Fernando. *As prisões em São Paulo...*, p. 266 (grifo nosso).

Encontramos mais uma vez o formato identificado ao longo do século XIX em cidades consideradas polos da capoeira, Rio de Janeiro e Salvador, e em outras menos reconhecidas, como Santos. São seis "partidos" representados por bandeiras distintas e com chefes que se impõem pela demonstração de valentia nos combates em espaços previamente determinados. As armas típicas, mais uma vez, são a navalha e a pedrada, aqui citada como o "jogo da funda",[86] além dos golpes de capoeira, que infelizmente não chegam a ser identificados.

Ainda segundo essa importante notícia para investigação sobre a capoeira em São Paulo, ao tomarem conhecimento desses partidos, autoridades da região surpreenderam os "vagabundos nos combates costumados", estabelecendo um cerco nos extremos da várzea. Avançando para os combatentes, fizeram cessar a "escaramuça", dando-lhes voz de prisão.

> Nesse momento, rapidos, como que já habituados a taes surprezas, muitos dos combatentes começaram a retirada correndo em todas as direcções, entrando por atalhos, escondendo-se em fossos, fugindo para os cortiços das ruas proximas, enquanto a força que acompanhava a auctoridade, tractava de os perseguir.
> A extensão da varzea do Carmo não permittiu que a caça fôsse grande: entretanto, acompanharam a auctoridade, até o posto policial, nove dos que não puderam fugir, na occasião em que se deu a intervenção no combate.

Aí percebemos a presença de um elemento a mais característico das descrições de maltas cariocas e mesmo de capoeiras do Pará: o fato de se enfrentarem em espaços abertos e em bandos, o que facilitava a retirada em caso de repressão policial.[87]

A notícia termina informando que "pouco antes da auctoridade chegar á varzea, uma senhora que passava num bond, pelo aterrado, tinha sido attingida

---

86 A funda consistia em um instrumento de corda que servia para atirar pedra com mais força do que seria possível apenas com as mãos, sendo uma arma usada por portugueses em batalhas no passado distante. Cf. BLUTEAU, Raphael. *Vocabulario portuguez e latino*. Coimbra: Collegio das Artes da Companhia de Jesus, 1712-1728, p. 230. Disponível em: <http://www.ieb.usp.br/online/index.asp>. Acesso em: jun. 2011.

87 O paralelo entre as estratégias de fuga em espaços abertos de capoeiras do Rio de Janeiro e do Pará está bem construído em LEAL, Luiz Augusto Pinheiro. *A política da capoeiragem...*, p. 64.

por uma pedrada" e que, ao meio-dia, na repartição central, "o dr. Xavier de Barros medico-legista, fez curativo no italiano Angelo Bertoli, pintor, morador á rua Benjamim de Oliveira, o qual apresentava na testa um profundo ferimento produzido por uma pedrada, recebida proximo á Varzea e partida da malta de desordeiros".[88] Reparemos que não se tratam mais de disputas entre partidos políticos, que poderiam ou não fazer uso desses capoeiras. São mais conflontos pelo domínio das ruas, carregado de um viés lúdico. Por isso, as estratégias de ação eram bem diferentes.

A formação de maltas de valentões na capital paulista, na virada do século XIX para o XX, tem ainda outro elemento: a utilização crescente de menores como "aprendizes", responsáveis por desafiar os rivais ou mesmo praticar pequenos delitos.

Boris Fausto nos conta que, entre agosto e setembro de 1898, *A Nação* publicou uma série de artigos denunciando a existência de diversas "farras" no centro da cidade, "onde locadores sem escrúpulos abrigavam menores ociosos".

> Duas casas da Rua Santa Teresa foram alvo de maior atenção. A primeira delas – a mais antiga de São Paulo – tinha sido fundada pelo fuão Gouveia, 'um português baixo e gordo, reunindo em si todos os predicados para ser chefe de farristas: estúpido, valhaco, explorador e cínico'. A casa continha cerca de 30 cubículos imundos onde existiam uns 40 colchões em destroços, alugados a dez tostões por noite. Embora fosse quase diariamente visitada pelas autoridades da Sé, segundo o jornal havia nela muitos esconderijos onde os menores podiam se ocultar. A outra 'farra', também de propriedade de um português, fora até pouco tempo atrás um antro de prostituição. Com as recentes perseguições convertera-se em um covil de menores gatunos e vagabundos, com capacidade para abrigar 150 indivíduos em cerca de 50 cubículos.

Tais "farras", isto é, locais onde se acomodavam populações moventes, em sua maior parte crianças, não seriam frequentadas apenas por elementos das camadas mais baixas da sociedade, pois no local tocavam-se "dois mundos de extração social diversa: 'é um ponto predileto para o que há de mais aperfeiçoado entre os

---

88 Aesp. *O Estado de S. Paulo*, 15/01/1900, seção Notícias Diversas.

viciados de São Paulo notadamente os meninos bonitos de gravata lavada, que pertencem a boas famílias desta Capital, mas que convivem com o que há de mais sujo e repelente: os frequentadores de farras."[89]

Ainda segundo Boris Fausto, a utilização de menores não seria uma inovação do período, mantendo uma tradição que remontava, pelo menos, à década de 1880. Dentre os exemplos apontados pelo historiador da criminalidade em São Paulo, interessa-nos, em especial, uma notícia que ele recolhe, de 26 de julho de 1886, sobre "um bando de meninos insuportáveis" que agiam na Ladeira da Tabatingueira, promovendo "ações vergonhosas e *exercícios de capoeiragem*". O grupo era acusado de "esbordoar crianças indefesas e assaltar pobres vendeiras, roubando-lhes frutas, doces etc".[90]

Não faltam outras notícias nos jornais da época sobre menores acusados de furtos, agressões ou desordens, como Carmo Conrado, que "teve uma troca de palavras com o de nome Pedro de tal, com quem se divertia" na Rua Vinte e Cinco de Março. Após discutirem, Pedro abriu a cabeça de Conrado com uma chapa de junção de trilhos.[91] Na mesma via, em abril de 1900, o italiano Francisco Zebbra foi vítima de dois menores, que subtraíram uma quantia de dinheiro do seu bolso dentro de uma venda e o desafiaram no meio da rua, onde o atacaram com pedradas, provocando pequeno ferimento na cabeça.[92]

Essas desordens causadas por menores incomodavam as autoridades a tal ponto de chegarem a ganhar certo destaque no relatório anual do chefe de Polícia, apresentado em 31 de janeiro de 1895. Para resolver o problema das crianças abandonadas pelos pais nas ruas, a autoridade propõe a criação de um "estabelecimento de trabalho e de instrução".[93]

Vale reforçar que não se tratava apenas de pequenos criminosos, pois havia sempre um indício de ludicidade nas ações dos menores. Pedro e Conrado se divertiam. Os menores que atacaram o italiano o desafiaram. Em suas memórias, Armandinho do Bixiga reforça essa ideia de que, para os moleques da época, fazer

---

89 FAUSTO, Boris. *Crime e cotidiano...*, p. 83.
90 *Ibidem*, p. 82 (grifo nosso).
91 Aesp. *O Estado de S. Paulo*, 13/01/1900.
92 Aesp. *O Estado de S. Paulo*, 04/04/1900, seção Notícias Diversas.
93 Aesp. *Relatório apresentado ao Secretário dos Negócios da Justiça de São Paulo pelo chefe de Polícia Theodoro Dias de Carvalho Junior, em 31 de janeiro de 1895*. Encadernado 1630, p. 11-17.

"diabruras" era apenas uma forma de se divertir, como o costume de apagar os lampiões a gás para provocar os acendedores.[94] Da mesma forma, outro memorialista da capital, Jorge Americano, narra uma curiosidade das procissões da virada do século XIX para o XX:

> À frente *moleques saltavam e dançavam*. Quando caía perto uma vara de rojão, corriam e brigavam para pegar.
> Seguiam-se o sacristão e homens soltando rojões.
> Ao lado dos moleques, em cada calçada, dois soldados, para afastar o povo, mandar tirar o chapéu e afastar moleques que brigassem.
> Em seguida começava a procissão propriamente dita...[95]

Tal descrição encaixa-se perfeitamente à tela de Debret sobre um cortejo fúnebre para o enterro do filho de um "rei negro" no Rio de Janeiro, no início do século XIX, no qual se destacam os "negros volteadores", que vão ao lado do negro fogueteiro, abrindo passagem com "saltos mortais" e "mil outras cabriolas para animar a cena".[96]

FIGURA 25. Na pintura de Debret, destaca-se um dos negros volteadores executando uma acrobacia.

Essa referência reforça a ideia de que este tipo de atividade de meninos seria algo comum a diversas regiões. E mesmo dentro de São Paulo, a diversão de moleques também não era específica de determinados locais, pois há notícias dos

---

94 MORENO, Júlio. *Memórias de Armandinho do Bixiga*. São Paulo: Editora Senac, 1996, p. 70.
95 AMERICANO, Jorge. *São Paulo naquele tempo*. 2ª ed. São Paulo: Carrenho Editorial, 2004, p. 232.
96 DEBRET, Jean Baptiste. *Viagem pitoresca...*, tomo II, p. 186, prancha 16.

mais variados pontos, como uma "algazarra" provocada por menores na Rua Riachuelo, em junho de 1889,[97] e "meninos endiabrados" que atiravam pedras nos transeuntes da Rua Aurora, em janeiro de 1890.[98] Este costume iria se estender até pelo menos a segunda década do século XX, pois já em 1916, *O Estado de S. Paulo* comentava receber diariamente cartas com "queixas e reclamações" sobre uma "malta de menores vagabundos" que à noite, nos arredores "das ruas Maria Borba, Dr. Almeida Lima, Ipanema, Oriente e outras", transformava os bairros em campos de futebol, riscava paredes e destruía vidraças de casas com pedradas certeiras.[99]

Mais uma vez, nota-se que essas "diversões" tinham um objetivo mais profundo, de construção das relações hierárquicas entre elementos das camadas mais baixas da sociedade paulistana. Esta visão, que não perpassa a maioria das notícias da época, nem transborda de documentos das autoridades, chega a nós por meio de reminiscências. Em *Retratos da velha São Paulo*, Geraldo Sesso Júnior desvela outro elemento interessante da cultura popular paulistana. Ao citar os vendedores ambulantes de comida à italiana, o autor cita "os 'engraxates', que eram velhos e meninotes, com seus pontos fixos nas praças de São Paulo, e os que percorriam as ruas oferecendo aos transeuntes, em altos brados, seus serviços para limpeza de calçados, com a clássica expressão: 'Vai graxa aí!...' De acordo com o memorialista, os "meninotes ofereciam diariamente um verdadeiro "espetáculo", porque:

> como enxame de abelhas, se espalhavam em todas as direções para a venda de seus jornais. Era sempre o mesmo cenário que se repetia ao amanhecer e ao anoitecer de cada dia, a aglomeração que se fazia, diante das estações do Norte e do Brás; ali se reuniam vários grupos, que eram formados, na maioria, de jovens e meninotes, que *aguardavam, por entre inocentes brincadeiras e fortes algazarras*, o último trem noturno procedente do Rio de Janeiro e de Santos, que trazia os jornais matutinos, para serem vendidos pelas ruas de São Paulo.[100]

---

97 Aesp. *O Estado de S. Paulo*, 06/06/1889.
98 Aesp. *O Estado de S. Paulo*, 15/01/1890.
99 Aesp. *O Estado de S. Paulo*, 13/07/1916, seção Notícias Diversas.
100 SESSO JÚNIOR, Geraldo. *Retratos da velha...*, p. 113 (grifo nosso).

Sobre essas "brincadeiras e fortes algazarras" dos menores vendedores de jornais, encontramos em Santos uma referência que ajuda a esclarecê-las. No Almanaque da Baixada Santista de 1973, Ignácio Rosas de Oliveira escreve sobre os moleques vendedores de rua de Santos, os jornaleiros do início do século XX:

> Aqui em Santos existiram muitos. Via de regra eram garotos escanifrados, alguns mal saídos da primeira infância. Os tipos eram os mais variados: brancos, pretos, louros, claros, mestiços. *Brigavam por qualquer coisa, às vezes por nada – com as mãos, pés e ... cabeça. Eram habilíssimos para dar uma rasteira ou cabeçada, estatelando o adversário no solo.* Não procediam como os moleques de hoje, que usam lâminas de barbear, canivetes e até facas em suas brigas.
> *Mas eram unidos* – como sabem ser os humildes. Mordiscavam juntos o pedaço de pão dormido que os mais afortunados traziam no bolso, misturado com fieira e pião, bolinhas de gude, tampas de garrafas e caroços de abricó, ingredientes utilizados em seus jogos infantis.
> *No bolso traseiro o estilingue*, com o qual abatiam avezitas descuidadas, nos caminhos dos morros ou na galharia dos jamboleiros à margem dos canais. Às vezes tal arma servia para defesa contra algum atrevidaço que com eles se metesse.[101]

A reminiscência desmascara, de um lado, um largo contingente de crianças abandonadas ou deixadas à cuidar de suas próprias sobrevivências, e de outro, a briga como uma forma de diversão e as hierarquias forjadas desta forma pelo grupo, assim unido. Embora não fale de capoeira, cita golpes clássicos desse jogo-luta – a rasteira e a cabeçada –, bem como uma arma típica dos capoeiras, a pedrada.

É interessante ainda notar que não se tratava de um costume restrito às populações negras, pois entre os pequenos jornaleiros havia "brancos, pretos, louros, claros, mestiços". Vemos assim que os bandos de moleques de São Paulo, assim com as maltas do Rio de Janeiro, são marcadas cada vez mais pela presença inevitável imigrantes. O mesmo fenômeno fatalmente ocorreria com outros espaços

---

101 OLIVEIRA, Ignácio Rosas de. "Pequeno jornaleiro". In: *Almanaque da Baixada Santista*, 1973. Disponível em: <http://www.novomilenio.inf.br/santos/h0299c.htm>. Acesso em: 28 jan. 2010 (grifo nosso). Agradeço a Javier Rubiera por essa indicação.

tradicionais da população negra paulista. O Bexiga, que no início dos oitocentos era esconderijo de escravos fugidos e depois local de moradia de negros livres e forros, tornou-se, em parte, gueto de imigrantes italianos na virada para o século xx. Ao abordar essa transformação, um menorialista afirma que:

> Quando chovia, toda a baixada do Piques transformava-se em lagoa e posterior lamaçal. E, quando não, a polícia ali dava algumas batidas. Mas tudo de dia, às claras. De noite, nenhum homem da lei ali se atrevia por o nariz. Podia ficar sem ele ou sem a cabeça toda.
> [...]
> *O bairro dividia-se entre duas forças marginais: os Saracuras, a Grande e a Pequena. Eram terríveis. As brigas entre essas duas facções encheram de sangue os registros policiais da época.*
> [...]
> O Bexiga não era um bairro recomendado para se viver. A menos que se gostasse de briga.[102]

A historiadora, no entanto, não deixa claro qual era a origem dessas duas facções e é de se imaginar que houvesse algum tipo de composição étnica, talvez com brasileiros de um lado e estrangeiros do outro. Afinal, como descreveu o *Correio Paulistano* em 9 de outubro de 1907, a Saracura era "um pedaço da África", onde "uma linha de casebres borda as margens do riacho". O periódico relata que, no reduto:

> Cabras soltas na estrada, pretinhos sami-nus fazendo faiolas, chíbarros de longa barba ao pé dos velhos de carapinha embranquecida e labio grosso de que pende o cachimbo, *dão áquelle recanto uns ares do Congo.*
> *Alli o pae Antonio, cujas mandingas celebram os supersticiosos de Pinheiros, do Santo Amaro, da varsea e até do Tabôa, pratica os seus mysterios e tange o urucungo, apoiando ao ventre rugoso e despido a cabaça resonanta.*

---

102 MARZOLA, Nádia. *Bela Vista*. São Paulo: Departamento de Cultura da Prefeitura de São Paulo, 1979, p. 66 (grifo nosso). Sobre a transformação do Bexiga, de um reduto negro em um bairro italiano, ver CASTRO, Márcio Sampaio de. *Bexiga:* um bairro afro-italiano. São Paulo: Annablume, 2008.

> [...]
> E alli vão morrendo aos poucos – sacrificados pela *propria liberdade que não souberam gozar, recosidos pelo alcool* e estertorando nas angustias do brightismo que os dizima, eliminados pela elaboração anthropologica da nova raça paulista – os que vieram nos navios negreiros, que plantaram o café, que cevaram este solo de suór e lágrimas, accumulados alli, como o rebutalho da cidade, ao fundo lobrego de um valle.[103]

O tom da notícia segue o padrão da época que, como apontamos antes, caracterizava-se por uma visão do negro como uma raça "degenerada", de "costumes bárbaros". Ainda assim, é um registro raro das práticas dos ex-escravos, apresentados na figura de "pae Antonio", especialista em mandingas que atraem "superticiosos" e tocador de urucungo, ou seja, o berimbau. Temos aí um indício de que este instrumento fazia parte das tradições paulistas de origem africana do início do século XX, não sendo, aparentemente, associado à capoeira como já vinha ocorrendo na Bahia daquele período. Mais à frente, contudo, veremos outras referências do uso do berimbau em São Paulo nesse período, inserido no contexto de manifestações negras das quais a capoeira fazia parte.

Por ora, cabe ressaltar que o inchaço da cidade e a vinda de levas de imigrantes constrangiam os espaços de moradia e de trabalho dos negros, ou obrigavam estes a compartilhar suas antigas áreas com aqueles recém-chegados. No entanto, como sublinhou Raquel Rolnik, tanto no Rio de Janeiro, como em São Paulo, a história das cidades foi marcada pela "estigmatização do território negro". A população negra na capital paulista, que em 1872 chegava a 12 mil, caiu para menos de 11 mil em 1893, representando 16,92% do total de habitantes, em torno de 65 mil. Nesse mesmo ano, os imigrantes constituíam 80% dos trabalhadores manufatureiros e artesanais dentro da crescente indústria. Paralelamente, desenvolvia-se um processo de aglutinação de cortiços, com moradores negros e imigrantes em bairros como Santa Efigênia, Bexiga, Barra Funda, Liberdade e alguns pontos ao sul da Sé. Na virada do século, isso levou a uma "redefinição territorial", de maneira que os "territórios negros" jamais foram exclusivamente negros.[104]

---

103 Aesp. *Correio Paulistano*, 09/10/1907.
104 Cf. ROLNIK, Raquel. "Territórios negros nas cidades brasileiras: etnicidade e cidade em São Paulo e Rio de Janeiro". *Revista de Estudos Afro-Asiáticos*, n. 17, set. 1989.

Ainda assim, a composição de redutos era, da mesma forma que a formação dos "partidos", um caminho para assegurar alguma privacidade. Para Cristina Wissenbach:

> A percepção da importância que os nexos associativos tiveram na reestruturação pós-abolicionista não implica necessariamente dizer que os grupos de homens negros e mulatos fossem coesos e que inexistissem entre eles distinções e graduações sociais. É comum nos registros das primeiras gerações do século a menção de que *existiam as famílias e em torno delas, ou fora delas, os valentões, os boêmios, os capoeiras*, grupos de trabalhadores menos favorecidos pelo emprego público ou por ofícios manuais, no geral empregados como carregadopres dos armazéns dos portos e das estradas de ferro.[105]

Entre os redutos negros de São Paulo nesse período, a historiadora cita o morro do Piolho, no Cambuci. Uma referência sobre a presença de capoeiras e valentões nesse local é uma foto reproduzida no livro *Retratos da velha São Paulo*, que traz a seguinte legenda: "aspecto da antiga Rua Espírita com esquina do Lavapés. Ao fundo, o famoso 'Morro do Piolho', *local em que se reuniam no passado os 'capoeiras', os malandros e valentões do bairro do Cambuci*. Foto de 1904". O que chama a atenção na foto, reproduzida abaixo, é a presença de um homem, aparentemente de cor negra e trajado como um capadócio, de terno preto e chapéu caído para o lado, enconstado em um poste e cercado por meninos.[106]

---

105 WISSENBACH, Maria Cristina Cortez. "Da escravidão à liberdade: dimensões de uma privacidade possível". In: SEVCENKO, Nicolau (org.). *História da vida privada no Brasil*. Vol. 3 – *República: da Belle Époque à Era do Rádio*. São Paulo: Companhia das Letras, 1998, p. 124-125 (grifo nosso).

106 SESSO JÚNIOR, Geraldo. *Retratos da velha São Paulo*..., p. 190. Sobre as vestimentas dos capoeiras da época, uma referência é o já citado artigo "Os capoeiras", publicado na revista *Kosmos*.

FIGURA 26. Rua Espírita e morro do Piolho, no Cambuci, no ano de 1904.

Vale comentar ainda que existe a possibilidade desses "capoeiras, malandros e valentões" terem servido de inspiração para um dos personagens mais famosos interpretados por Adoniran Barbosa no rádio e que integrava o programa *Histórias das Malocas* (1956): Charutinho, "o malandro malsuceddido e desocupado do Morro do Piolho". Através das histórias, escritas por Oswaldo Moles, Adoniran criava cenas sempre marcadas por forte crítica social, denunciando "preconceito racial, desigualdades, fome, desemprego, criminalidade, corrupção policial e a esperança reprimida de uma ascenção social". Ao exaltar a malandragem, o programa contrastava com o "propalado progresso de São Paulo, cidade que se reconhecia como terra do trabalho e de gente trabalhadora". O sucesso de Charutinho levou Adoniran a compor, em 1959, a canção *No morro do piolho*, baseada no programa e em seus personagens.[107]

Se temos poucas informações sobre a malandragem do Morro do Piolho do Cambuci, em contrapartida, outros redutos de capoeiras e valentões da época foram mais bem descritos. Um deles é o Belenzinho, na atual região do Tatuapé, que serve de cenário para as recordações do memorialista Sesso Júnior antes de 1920, quando valentões dominavam os bairros da Penha e Belenzinho, onde não havia "mais que 40 mil habitantes". Dentre eles, cita o "nego véio", apelidado de "Pra-já" e que, embora de baixa estatura, "manobrava de um lado para outro uma velha bengala, de que só usava para se apoiar, quando parava em alguma esquina para

---

[107] MATOS, Maria Izilda Santos de. *A cidade, a noite e o cronista*: São Paulo e Adoniran Barbosa. Bauru: Edusc, 2007, p. 121-124.

descansar...".[108] Outro valentão da época era "Carabina, um negrão alto que quando andava, gingava de um lado para o outro...". Segundo Sesso Júnior, "depois dos bairros do Brás, Bom Retiro e Bela Vista (Bixiga), o Tatuapé foi uma manadeira desse tipo de indivíduo".[109]

O cronista chega a fazer uma lista "de alguns antigos valentes e valentões do nosso bairro": Ciasca, Botão, Nego Generoso, "Matias, o Matador", Santa Cruz, Chico Vagabundo, Mandioca, Pinga, Gordo, Mata Grilo, Rasteira, Carijó, Castilho, Macuco, Bentinho, Mangacha, "e dezenas de outros". De acordo ainda com ele, uma das ocupações desses homens era vigiar e tomar conta das terras do Banco Evolucionista que, para evitar invasões de sua gleba, contratou "diversos capangas e, dentre estes, um conhecido valentão, ex-cavalariano da Força Pública, que fora expulso da milícia por seus atos de selvageria e pelo fato de haver navalhado o rosto de um popular, na cidade de Santos, durante a última revolta da Armada". O tal valentão era Manuel Antônio de Oliveira, mais conhecido pela alcunha de "Guasca", um "indivíduo alto e grandalhão" que seria preso em 1908 por assassinar um padre por pura divesão.[110]

Apesar do termo "capoeira" não aparecer, alguns elementos nos levam a crer que certos indivíduos eram hábeis nesse jogo-luta, como Carabina, que "gingava de um lado para o outro" ao andar, outro cujo apelido era Rasteira, provavelmente pela especialidade nesse golpe, típico dos capoeiras, e o navalhista "Guasca".

Outra reminiscência da época dá maior suporte para essa impressão. No livro sobre Belenzinho, Jacob Penteado cita alguns casos nos quais a capoeira é descrita de forma direta. Uma das passagens se refere ao valentão Benzinho, "um moço de pequena estatura, magro, enfezadinho, mas considerado um dos bambas da capoeira", que decide resolver uma questão com um padre que se esquivava de rezar uma missa na capela frequentada por brasileiros e italianos, dando preferência ao batismo de portugueses.

> A multidão, ao vê-lo avançar para o padre, retraiu-se, entre curiosa e assustada, pois sabiam que *o rapaz falava pouco e brigava muito. Abrira muita barriga com a navalha presa*

---

108   SESSO JÚNIOR, Geraldo. *Retratos da velha São Paulo...*, p. 199.
109   *Ibidem*, p. 203.
110   *Ibidem*, p. 207.

no dedão do pé. Ele se postou bem em frente ao sacerdote e perguntou-lhe, maciamente, quase ciciando, as palavras:
– *Padre, de que lado quer cair?*
Padre Sardinha exibiu um sorriso de pouco caso e ia dizer algo, mas já estava de costas no chão, com a batina toda empoeirada. *Levantou-se a muito custo, ainda surpreso e estarrecido com a rapidez da rasteira que levara,* quando o outro lhe perguntou:
– Como é, seo fia da puta, vai ou não dizer essa missa?
Desta feita, *o sorriso do padre transformou-se num esgar diabólico, repleto de ira, o que provocou a seguinte reação do capoeira*:
– Não faça careta, urubu! Cara feia pra mim é fome. Tome mais esta!
E lá se foi a segunda rasteira. Nova queda do padre, que se levantou, ainda, com sangue escorrendo-lhe do nariz e do ouvido.
Ficou alguns segundos, apenas, de pé. *Um terceiro golpe, rápido como um raio, estendeu-o de bruços.* Ao vê-lo estatelado na poeira, sem movimento, o povaréu assustou-se e aquela gente, habitualmente pacata, mudou logo de atitude, perdendo a belicosidade de minutos antes.

A questão pareceu resolvida quando a multidão mandou o padre desmaiado para o hospital, em um bonde. Porém os portugueses, que aguardavam o sacerdote para batizar seus filhos, souberam do ocorrido e, "valentes no jogo do pau", armaram-se de porretes e bengalões, manobrando sem dó na cabeça de brasileiros e italianos. O bairro inteiro reagiu e os "galegos" acabaram batendo em retirada.[111]

Mais do que uma questão religiosa, talvez os conflitos entre portugueses e valentões brasileiros tivessem uma motivação nos debates políticos da época.[112] Pelo relato de Jacob Penteado, não chegamos a este ponto, sendo mais tangíveis questões

---

111   PENTEADO, Jacob. *Belenzinho, 1910...*, p. 98-100. A citação é da p. 98 (grifo nosso).
112   Sobre os benefícios e rivalidades encontrados pelos imigrantes portugueses no Brasil, ver MENDES, José Sacchetta Ramos. *Laços de sangue*: privilégios e intolerância à imigração portuguesa no Brasil. São Paulo: Edusp, 2011. Na p. 180, o autor explica que, no início da República, houve um crescimento da lusofobia devido à desconfiança de que os portugueses favoreciam "os que pretendiam restaurar o Império".

do dia a dia, como os jogos de futebol na várzea, que também resultavam em brigas frequentes entre os dois grupos. Em uma delas, o "Mané Negro, um valentão da várzea", recebeu um golpe na cabeça de um "galego" com tanta violência que "caiu estatelado".[113] Sobre essas pelejas, o memorialista comenta que o time era escolhido "pela sua robustez. E "quando a contagem não os favorecia, apelavam para o porrete", que "alguns bambas do Tatuapé, carroceiros e barqueiros, já deixavam de prontidão, atrás de uma moita".[114] O próprio Mané Negro é descrito em outra contenda, na qual acertou a cabeça do "famoso Antônio Vilas Boas, que, mais tarde, foi juiz do futebol oficial, homem fortíssimo que topava qualquer parada". Português, também jogador do pau, este arrancou a trave e acertou diversos adversários.[115]

Esse confronto despertou o interesse de outro valentão. Conforme Jacob Penteado, em um jogo entre o *Cinco de Outubro* – nome que fazia homenagem à data da proclamação da República em Portugal – e o *Estrela de Ouro* – um dos melhores times do bairro e que chegou a ser campeão municipal em 1920 e 1929 –, surgiu um conflito e o "temido Vila Boas, como sempre, faz praça de valentão". Conta-nos:

> o negrinho Ladislau, franzinho, porém ágil como um saci, enfrentou o "monstro", com a maior calma. Vilas Boas já tinha "chacoalhado" Aníbal, preto alto e forte. Foi para cima do outro "colored", mas este *puxou uma navalha* e disse, com a maior fleuma:
> — Você bateu no negro grande, mas não bate no negro pequeno. Vamos! Pode começar a briga.
> Aí, entrou em cena a turma do "deixa disso", composta pelos "cervejeiros" da Mooca e pelo presidente do "Estrela", João Dias, patrício de Antoninho, e o caso terminou nisso. A turma do "Estrela", que era o próprio Belenzinho, pois seus moradores haviam comparecido ao campo em massa, saiu dali soltando foguetes e tiros ao ar, para escarmento dos portugueses.
> Foi a única vez em que Vilas Boas respeitou o adversário.[116]

---

113 PENTEADO, Jacob. *Belenzinho, 1910...*, p. 137.
114 *Ibidem*, p. 220-221.
115 *Ibidem*, p. 223.
116 *Ibidem*, p. 223-224.

O jogo de futebol por pouco não terminou com uma reprodução inconsciente do célebre confronto entre o galego forte e jogador de pau Jerônimo contra o franzinho negro carioca, capoeira ágil e bom no manejo da navalha, Firmo, eternizado pela literatura em *O Cortiço*, livro escrito alguns anos antes, em 1890, por Aluísio de Azevedo.[117]

Apesar da violência, percebe-se ainda nesses casos um jogo, uma ludicidade. Como o próprio Jacob Penteado escreve, ao se referir a confusões típicas também nas festas públicas, "os capadócios deixavam essas exibições de valentia para a fantasia final".[118] Porém os tempos mudavam rapidamente e mesmo entre pessoas de igual origem, as demonstrações de valentia começavam a ser mal vistas. Era preciso adaptá-las aos moldes mais bem aceitos pela sociedade. Aos poucos, os desordeiros perceberiam a oportunidade de ganhar fama e respeito em outros espaços, como já vinha ocorrendo nos campos de futebol da várzea. Assim, desordeiros e valentões passaram a ser também jogadores de futebol habilidosos e bambas do samba, como veremos.

Batuque e tiririca, samba e futebol

Em redutos paulistas de negros e imigrantes, como Belenzinho, não era apenas pela força física e habilidade marcial que os capoeiras se destacavam. Conforme demonstra a historiografia sobre polos tradicionais da capoeiragem e procuramos apresentar até aqui, em relação a São Paulo, sempre houve o aspecto lúdico desta manifestação, não obstante os registros do passado, em sua maioria elaborados por autoridades policiais e judiciárias, apontem de forma privilegiada para o aspecto violento do jogo-luta. Na virada do século XIX para o XX, as mudanças históricas que abordamos antes levaram capoeiras e valentões em São Paulo a se direcionarem cada vez mais para uma vertente lúdica, adaptando suas habilidades marciais a manifestações que encontravam algum espaço no mundo modernizado. Nunca deixariam de atuar como capangas de políticos e empresários, protetores de sua comunidade ou mesmo grupos autônomos com suas linguagens

---

117 AZEVEDO, Aluísio. *O cortiço*. São Paulo: Círculo do Livro, s/d, p. 121-123.
118 PENTEADO, Jacob. *Belenzinho, 1910...*, p. 254.

próprias. Contudo, aos poucos, elementos mais associados à violência começaram a ser mais disfarçados, enquanto a música e a dança ganharam maior peso.

Ao tratar das festividades do Belenzinho, Jacob Penteado expõe esse processo: ao lado de uma moradia de negros, ex-escravos, em 1904, um grupo de trabalhadores de origem italiana do bairro fundou uma sociedade dançante em uma rica mansão, na Rua dos Passos, entre a Avenida da Intendência e a Rua Conselheiro Cotegipe. Apesar da união entre esses dois grupos, durante conflitos com os portugueses, havia segregação nos eventos sociais.[119]

A razão do distanciamento entre os trabalhadores brancos com a cultura de origem negra fica mais nítida na descrição que Jacob faz da festa em comemoração pelo dia da libertação dos escravos, em 13 de maio. Segundo ele, "todos os anos, os moradores das Ruas Conselheiro Cotegipe, Dr. Clementino e Passos, aguardavam, com justificado aborrecimento, o dia em que se comemorava a 'Lei Áurea'." Isso porque o local era reduto de ex-escravos, não obstante fosse "difícil encontrar-se um negro velho que não se dissesse antigo escravo e veterano do Paraguai". Por isso, a noite da véspera, "começavam a chegar negros que nem formiga", todos "empunhando os mais variados instrumentos: bombos, chocalhos, *pandeiros*, *atabaques*, triângulos, maracas, tamborins, *reque-reques*, puítas, *urucungos*, marimbas, adufes e outros". Encontramos nessa descrição, mais uma vez, o urucungo ou berimbau, principal instrumento da capoeira moderna, desta vez associado a outros dois instrumentos tradicionais das rodas da atualidade, o pandeiro e o atabaque, sendo os três usuais nas rodas de samba paulistas daquela época.

O evento tinha como "chefe" o Barnabé, apresentado pelo memorialista como "um latagão de mais de dois metros de altura", de "pés descomunais", "negro, de gênio manso" que comandava um "samba".[120]

> *O samba de então era bem diferente do atual.* Não passava de um exótico *amálgama das numerosas danças regionais*, da ca-poeira, do lundu, do jongo, do batuque, do cateretê etc.
> Depois dos comes-e-bebes, de muita cachaça ou quentão, os negros animavam-se, e aí começava o samba de roda. Sob o som infernal dos instrumentos de percussão, onde *se*

---

119 *Ibidem*, p. 172.
120 *Ibidem*, p. 215.

> *destacava o toque surdo dos bombos e dos tambores*, iniciava-
> -se a noitada.[...]
> *O batuque ia esquentando*. Em pouco tempo, vários pares pu-
> lavam no centro da roda, enquanto os demais batiam palmas,
> compassadamente. *Eram movimentos alucinantes, desenfrea-
> dos, contorsões grotescas, sem ritmo nem graça, numa coreogra-
> fia primitiva*, onde as negras de bundas brandes (negras-içá) re-
> mexiam loucamente as cadeiras, *lascivas e lúbricas, entre tapas e
> beliscões nas partes mais salientes*. [...]
> E nessa toada varavam a noite. No fim nada mais se enten-
> dia. Era uma sarabandana de mil diabos, um caía por cima
> do outro, *numa promiscuidade danada*. [...] E o samba con-
> tinuava até o dia raiar.[121]

Jacob Penteado reforça as palavras de um memorialista mais antigo, Affonso de Freitas, segundo o qual, "desde 1860 e até mesmo em 1865, pelas festas religiosas ou dias santos de guarda, reunia-se no Pátio de São Bento" a comunidade negra para o samba. Ainda de acordo com ele, "o negrume formava então tantos grupos quantas as origens étnicas em que se subdividia, e as danças e os cantares rompiam ao ruído seco do *reque-reque*, ao som rouco e soturno dos *tambus*, das *puítas* e dos *urucungos* que, com a *marimba* solitária, formavam a coleção dos instrumentos africanos conhecidos em nossa terra". Temos nessa descrição, mais uma vez, instrumentos tradicionais da capoeira moderna: berimbau (urucungo), atabaque (tambu) e reco-reco (reque-reque).[122]

Outra referência ao berimbau no contexto do samba paulistano aparece em uma nota de rodapé em que o autor evoca os "tipos populares da velha pauliceia", destacando um ex-escravo africano, "cabinda de água salgada", que "costumava estacionar no Largo do Carmo entre os soldados do Corpo de Permanentes, sendo muito estimado pelas praças e igualmente pelos oficiais". Chamado de Peru, o "velho preto" é descrito da seguinte forma:

> O Peru andava de sobrecasaca preta e chapéu duro, também
> preto, com uma calça arregaçada e outra descida, e uma banda
> vermelha de soldado do Corpo de Permanentes, na cintura,

---

121 *Ibidem*, p. 216-218 (grifo nosso).
122 FREITAS, Affonso A. de. *Tradições e reminiscências...*, p. 149 (grifo do autor).

em cima da sobrecasaca; era o seu luxo pôr a banda bem à mostra. *Trazia um urucungo e um arco de cipó, batendo com uma vara que produzia som idêntico ao de marimbao*. Cantava nesse momento:

'Bate palma, marancia
Coco mole tá na terra
Qué matá, mata
Qué cangaiá, cangaia
Na lua não fica
Tem fio, tem neto'
Fazia uma pausa e continuava:
'Alomulú du péu,
O dirém'

Enquanto cantava e tocava ia o Peru dançando o seu samba. Depois de cantado o último verso parava e os circunstantes que formavam roda davam dois, três ou quatro vinténs e às vezes, até mesmo uma pataca. Se alguns dos presentes lhe perguntava a significação dos últimos versos, respondia ele – Esse mea branco, no língua de nozo, qué dizê Deus. Para ele, Alomulu du péu, era Deus do céu, e o dirém, era amém.[123]

Cabe abrir parênteses aqui para comentar que o uso em terras paulistas do pandeiro e do atabaque, no contexto das danças negras, não seria uma exclusividade do meio urbano. Outro memorialista do início do século, Otoniel Mota, registra interessantes lembranças de sua infância em Araritaguaba (atual Porto Feliz), onde ocorria:

Em junho, a festa de S. João, o baile na "Casa Grande" e *o samba no terreiro*, ao crepitar da enorme fogueira, estralejando e chispando a cada passo, a cada passo fomentada com lenha abundante para que atravessasse a noite. Valsas sentimentais na Casa Grande, *batuque selvagem dos africanos lá fóra, ao som do tambaque, do tambú e da puíta, ao ritmo dos pandeiros de soalhas tilintrantes*, por cujas bordas os dedos calosos dos tangedores tiravam sons metálicos, lembrando o voo da

---

123 FREITAS, Affonso A. de. *Tradições e reminiscências*..., p. 69, nota "Tipos populares da velha pauliceia" (grifo nosso).

pararú. E o pobre santo levado em procissão ao córrego, para ser lavado em noite branca de geada! Tudo isso eu vi, tudo isso eu vivi, tudo isso eu palpei na minha infância... Tudo isso era nosso, muito nosso, infantil e sinceramente nosso.[124]

De volta ao memorialista Affonso de Freitas, é relevante perceber que ele enfatiza a "amalgamação" da capoeira e de outras manifestações de origem africana em São Paulo, dentro do samba, talvez inspirando Jacob Penteado a perceber o mesmo movimento no Belenzinho anos depois. Segundo aquele cronista pioneiro:

> Com a morte do último africano em São Paulo, desapareceram as tradições, em sua pureza, da raça negra e hoje o *Samba*, amálgama das múltiplas danças regionais, da *Capoeira*, do *Lundu*, do *Jongo*, batucado em quase todas as fazendas e sítios do Estado de São Paulo e fundamente desfigurado pelo perpassar do tempo e da civilização, é tudo quanto resta dos costumes característicos do povo oprimido. A pomba vuô, arrebenta o samba qu'eu já vô
> Eh! Pomba! Eh![125]

O motivo provável dessa "amalgamação" fica nas entrelinhas da descrição posterior de Penteado, que podemos enxergar com ajuda de estudos anteriores que já apontamos no início deste capítulo. Mesmo com a liberdade de ação restringida, os negros encontravam espaços e oportunidade para se divertir. Nas festas do 13 de maio, havia sempre o olhar crítico dos brancos, que enxergavam suas manifestações como algo "promíscuo", "lascivo", "sem ritmo", "sem graça". Em resumo, uma "coreografia primitiva". Ao falar desse processo, Affonso de Freitas nos proporciona mais uma pista para entender o porquê de a existência da capoeira em São Paulo, no século XIX, nunca ter sido reconhecida:

> os nossos sociólogos da época, lastimavelmente deixaram de aproveitar, nada registrando sobre as modalidades

---

124 MOTA, Otoniel. *Do rancho ao Palácio*: evolução da civilização paulista. São Paulo: Companhia Editora Nacional, 1941, p. 154 (grifo nosso).
125 FREITAS, Affonso A. de. *Tradições e reminiscências...*, p. 150 (grifo do autor).

etnológicas com que os forçados colonos se apresentavam em nosso meio.

Se o fizessem, teriam quanto menos, verificado que os cantares dos pobres cativos longe da alegria sincera e despreocupada, não exprimiam senão os queixumes da raça infeliz, não eram senão referências amargas, senão o histórico doloroso dos seus infortúnios.

Turi caringa e cangombe (fomos tangidos do mar como gado) Eh!
Cuenga Caiara (com as nossas pernas)
Equinama cungira Eh! (tivemos que andar pelos caminhos)[126]

Conforme o historiador Carlos José Ferreira dos Santos, esta situação se manteve na virada para o século XX, então com uma intenção bem definida. Isso porque havia um "desejo latente: o de reconstruir a Pauliceia inferiorizando, silenciando e excluindo aqueles que estivessem fora dos padrões socioculturais ou fossem vinculados a aspectos de um passado que se desejava apagar – entre esses os nacionais pobres".[127]

Uma prova dessa visão de intelectuais paulistas, que criticavam ou ignoravam completamente as tradições de origem negra em São Paulo, é o trabalho de um dos folcloristas pioneiros no Estado, Amadeu Amaral. Nascido em uma fazenda na região de Capivari,[128] em 1875, ele deve ter presenciado muitos batuques, sambas e outras danças de escravos, ainda na infância. Contudo, em sua obra de 1948, ele afirma que "a contribuição do preto parece pequeníssima, ao menos em S. Paulo e, em geral, no sul do país".[129]

Mas o processo de "apagamento" da memória da capoeira em São Paulo não se deu apenas pelas críticas ou pelo silêncio de intelectuais. Houve um movimento conjunto, que também incluiu perseguições policiais, barreiras econômicas e pressão da própria comunidade negra contra manifestações consideradas "bárbaras". Durante uma pesquisa sobre discriminações raciais entre 1888 e 1926 em Campinas, Cleber

---

126 *Ibidem*, p. 150.
127 SANTOS, Carlos José Ferreira dos. *Nem tudo era italiano...*, p. 42.
128 A cidade de Capivari localiza-se no atual polígono dos "batuques de umbigada", formado por Tietê, Campinas e Sorocaba. Agradeço a Rafael Galante por essa observação.
129 AMARAL, Amadeu. *Tradições populares*. São Paulo: Instituto Progresso Editorial, 1948, p. 44.

Maciel da Silva notou a existência de uma "ação repressora contra a feitiçaria, em geral dirigida contra uma ou duas pessoas de cada vez", mas que às vezes se desdobrava em "violenta repressão contra a prática de religiões negras". Em março de 1890, o Diário de Campinas noticiaria a invasão policial de uma casa na qual acontecia um ritual semelhante, segundo o autor, a um candomblé. No total, 16 pessoas foram presas.[130] Em outra notícia, um tipo de feitiçaria misturada com samba também é descrita:

> era comum procurar relacionar charlatanismo, feitiçarias, medicina africana e prostituição como sendo componentes de uma mesma situação e circunstância de vida dos negros. Nessa perspectiva são percebidas as ações repressivas de fevereiro de 1926, em que, os moradores da rua Carlos Freire número 28 foram presos por causa de "batuques e benzimentos".[131]

Maciel aponta que, se por um lado havia repressão às manifestações religiosas, também se percebe a conivência, isto é, "certos brancos, de certo modo, aceitam e às vezes até participam". Em contrapartida, outras atividades tradicionais entre os negros eram cada vez menos aceitas, como o jogo de búzios, que causava "grave escândalo aos passageiros" e envolvia uma "malta de vagabundos".[132] Ainda segundo Maciel, os artigos cobrando da polícia providências contra a prática da mendicância são crescentes a partir de 1890, "possivelmente em decorrência da abolição da escravidão".

Pelas notícias, o historiador notou que a estação ferroviária era uma das regiões onde se concentravam os desocupados, fazendo ponto e causando desordens. Consequentemente, a estação ferroviária se tornou área de ação policial constante, "tendo sido até baixada uma portaria proibindo pretos e pretas de estacionarem na região e em frente às casas comerciais, sob alegação de que não esperavam trabalho, mas sim promoviam arruaças e impediam a circulação das famílias". Em 1910, o Dr. Bandeira de Mello, delegado de Polícia, fazia aí "caças"

---

130 MACIEL, Cleber da Silva. *Discriminações raciais*: negros em Campinas (1888-1926) – alguns aspectos. Dissertação (mestrado em História) – Unicamp, Campinas, 1985, p. 78.

131 *Ibidem*, p. 81.

132 *Ibidem*, p. 82.

aos vagabundos.¹³³ Em meio a eles, reunidos entre as ruas Francisco Glicério e Barão de Jaquara, há notícia da presença de capoeiras:

> Por aquele trecho não podem transitar senhoras que na sua passagem se veem obrigadas a presenciar cenas escandalosas além de um sem número de provocações e às vezes pequenas desordens.
> Ontem à noite, *dois pretos divertiam-se em frente a um dos botequins daquele trecho no jogo da capoeiragem* provocando um ajuntamento de desocupados e impedindo o trânsito.
> Dois policiais avisados do ocorrido *efetuaram a prisão dos capoeiras* levando-os para o xilindró onde pernoitaram.
> Convém que o trecho referido seja policiado rigorosamente para se evitar cenas dessa natureza.¹³⁴

De acordo com Cleber Maciel, as "caças" continuaram, assim como as prisões e as críticas na imprensa, segundo a qual "a vadiagem vira profissão". Contra essas caças, o periódico da comunidade negra *Getulino* fez muitos protestos.

Encontramos ao menos um indício de que a capoeira não seria uma prática alheia à cidade de Campinas antes da Abolição. Nos manuscritos da polícia de São Paulo, localizamos um pedido de captura datado de 30 de março de 1886, encaminhado pela Secretaria de Polícia de Ouro Preto (Minas Gerais), sobre um certo José Joaquim de Almeida, morador de Campinas. Na resposta, o delegado campineiro, capitão João Gonçalves Pimenta, apresenta informações interessantes sobre o rapaz procurado:

> A 10 de setembro de 1883, foi condenado pelo Jury desta Cidade á um anno de prizão com trabalho, (pena que cumprira na Capital) por crime de roubo que praticou, José Joaquim de Almeida, *vulgo Juca Capoeira*, filho de José Ignácio de Almeida, então com 26 annos de idade, solteiro, pintor, natural de Jacarehy, sabendo ler e escrever. Esse individuo era jogador da Vermelhinha...¹³⁵

---

133   *Ibidem*, p. 85.
134   *Cidade de Campinas*, 20/12/1910. Apud ibidem, p. 87 (grifo nosso).
135   Aesp. *Polícia* (Capturas). Caixa 233, Ordem 2668, Pasta Março (grifo nosso).

Podemos imaginar que, ao fugir de Minas Gerais e instalar-se em Campinas, José Joaquim de Almeida tenha adotado o apelido de Juca Capoeira para evitar a perseguição policial e, ao mesmo tempo, agregar ao seu nome a imagem de alguém perigoso, um capoeira, uma mensagem que só poderia ser reconhecida em um contexto no qual tal prática fosse comum à sociedade.

Com o intuito de enxergar melhor os traços da capoeira no contexto de Campinas, na virada do século XIX para o XX, empreendemos uma análise de todas as edições do jornal Comércio de Campinas, no ano de 1912. Nestas, repetem-se notícias contrárias a desordens causadas por valentões hábeis na navalha, faca ou porrete. Também surgem a todo instante denúncias contra menores ousados pelas ruas da cidade e sambas nas fazendas.

Segundo uma notícia de 4 de janeiro, as "maltas de garotos" costumavam se reunir na rua Bernardino de Campos, esquina da rua Senador Saraiva. Já em 25 de março, outra "malta de garotos" é vista na rua General Ozorio, esquina da Augusto Cezar. Também na rua General Ozório, no mesmo mês, o periódico identificou uma "malta de vagabundos" que costumava se reunir diariamente em frente a um botequim para "barulho de mil diabos, e as mais das vezes, as facadas saem fóra das bainhas".

Diante da pressão da imprensa, o delegado empreendeu uma "grande limpeza" nas ruas, a ponto de uma lista de "vagabundos" ser publicada no Comércio de Campinas em 7 de abril. Talvez para fugir da repressão, os pontos de encontro dos menores mudou. Em 12 de abril, uma "súcia de garotos" incomodava moradores da Vila Industrial. Os menores "atiram pedras nos quintaes dos moradores á beira da linha da Paulista". No dia 19 do mesmo mês, uma "malta de moleques" fazia ponto de reunião diária o Largo de São Benedicto, promovendo desordens. Mesmo diante da denúncia, o grupo ainda se mantinha no local, dias depois, conforme edição de 24 de abril.

Embora a maior parte das notícias seja genérica, alguns indivíduos ganhavam maior destaque, pela habilidade marcial que demonstravam. Esse foi o caso de José Mundão e Bahianinho, criminosos perseguidos pela polícia que escaparam mostrando agilidade. Segundo nota publicada em 20 de abril, "o Bahianinho que já ia sendo agarrado por um dos agentes deu um salto e conseguiu também escapar ás mãos dos policiaes". Três dias depois, o Comércio de Campinas trazia diversas notas sobre vagabundos, com destaque para dois casos de navalhada. Em um deles, uma pista sobre a existência de capoeiras nas ruas da cidade:

> De navalha em punho
> A prisão de um valente
> Benedicto Amaro Gonçalves ou Benedicto de Freitas, nome que deu na policia, ante-hontem, em um botequim, á rua da Conceição, deu de querer ser valente.
> *Metteu entre os dedos uma afiada navalha e gingando o corpo á moda capoeira, desafiou a todos que o cercavam a aproximarem-se delle.*
> Nisto apparece no local um soldado e acaba com a valentia do Benedicto, conduzindo-o á repartição policial.

É interessante notar na nota acima que se trata da clássica demonstração de valentia. Embora violenta, a atitude de Benedicto tem um caráter lúdico. Em muito, lembra o caso que analisamos no segundo capítulo deste trabalho, sobre o africano livre Adão dos Santos Jorge e os *pequenos* do chafariz do Miguel Carlos. Esses dois casos são bem diferentes da outra notícia do Comércio de Campinas sobre uma navalhada. Ao contrário do caso que citamos pouco antes, de Benedicto, uma nota de 23 de abril relatou o acerto de contas entre dois homens que "não se podiam ver". Um deles não se conteve e, tirando do bolso um canivete, avançou sobre o outro, golpeando-o no tórax. Neste caso, percebemos a agressão sem qualquer aspecto lúdico. É pura valentia.

Outras notícias do periódico, contudo, reforçam a ideia de uma demonstração de valentia similar à de Benedicto, mais lúdica. Uma delas ocorreu na rua da Conceição, onde, conforme edição de 8 de maio, existia um botequim de nome "Buraco" que servia de encontro para "garotos" e "vagabundos, na sua maioria pretos, que dão motivo a scenas escandalosas". Da mesma forma, o desafio entre dois desordeiros afamados que terminou com um ferido "a cacetadas", no bairro de Capivary, noticiado em 7 de maio, parece fazer parte do jogo de valentia.

Participar destas "brincadeiras", onde a violência era latente, seria uma maneira de se preparar para situações realmente perigosas do cotidiano. O valentão José Mundão, citado antes por escapar da prisão, ganhou uma manchete em 8 de maio, ao ser finalmente preso, depois de dar trabalho às autoridades: "ao sentir-se agarrado pelo agente Bombonati levanta aos ares um cacete que trazia consigo e fere a bordoadas o policial alludido". Exemplo mais trágico foi o de outro valentão hábil na navalha, o baiano pardo João Francisco Soares, que morreu aos 30 anos de idade após se desentender com um grupo de operários. Segundo a edição de 8 de junho:

> *Soares ao tempo que se defendia do ataque dos outros, avança furiosamente, cortando á navalha os que alcançava nos seus arremessos.*
> [...] A lucta se desenrolava sanguinaria, quando os operarios que eram em maior numero, reagiram desesperadamente: João Soares, alvo do odio que allucinava os companheiros, baqueou afinal, com o craneo fendido a pauladas e o corpo retalhado a golpes de faca. A vida deixara para sempre o corpo do infeliz [...]

Por fim, cabe lembrar que as denúncias do periódico sobre desordens causadas por negros não se resumem às ações na área urbana de campinas. As festas em comemoração pela abolição da escravatura, a cada 13 de maio, eram permeadas pelos sambas e demonstrações de valentia nas fazendas dos arredores, ganhando grande destaque nos jornais. Em 14 de maio de 1912, por exemplo, o jornal trouxe em sua capa uma reportagem completa sobre uma ocorrência na fazenda São João:

> Domingo ultimo, como era vespera da glorioza data de 13 de Maio, *por iniciativa de diversos pretos, colonos da referida fazenda, realizou-se um animado samba*, que teve inicio logo á tarde, tendo a elle comparecido os dois inimigos.
> *A noite inteira foi passada em entretido folguedo, correndo a tradicional dança dos pretos*, com grande concorrencia, animada por um saboroso quentão que era distribuído de tempo em tempo.
> *Por volta das 4 horas da manhã, parece que Manoel Romeu e Ozorio Samuel acharam que a occasião era propicia para resolverem a pendencia* que existia entre ambos, mormente que, na dança, houve, se bem que por accaso, alguns empurrões de parte á parte. Originou-se então
> O conflicto

> Apoz pesados insultos entre elles, *Manoel Romeu, saccando de um facão de dois palmos mais ou menos de comprimento, vibrou um terrível golpe em Samuel, attingindo-lhe a perna esquerda,* produzindo um profundo ferimento, cercando a arteria e provocando abundante hemorragia.
> Samuel, em consequencia da gravidade do ferimento que recebeu, veio a fallecer momentos depois.

O mesmo jornal registra outra ocorrência no dia 13 de maio daquele ano. Também na capa, há uma nota sobre uma comemoração pela data da Abolição promovida pela "Federação Paulista dos Homens de Côr", com missa na igreja São Benedicto e recepção solene na sede da entidade, seguida por sessão magna. A impressão que se tem é de que o periódico buscava, com isso, mostrar as diferenças nas formas de comemorar o fim da escravidão: de um lado, o samba, um "costume bárbaro" que terminava em tragédia, e, do outro, a comemoração "civilizada" da federação, seguindo o padrão de festividades brancas.

Exatamente um mês depois, em 14 de junho de 1912, o jornal publicou nova reportagem sobre o fim trágico de outro samba, desta vez na fazenda Sant'Anna, envolvendo Pedro Jeremias, "um reforçado pardo, membrudo e truculento", de apenas 28 anos, mas já conhecido pelas desordens que causava, tendo inclusive tirado a vida de "Laurindo de tal", na fazenda Jambeiro. Conforme a notícia:

> Ante-hontem, vespera de Santo Antonio, a noite por excelencia divertida para as populações agricolas, os empregados e colonos nacionaes da fazenda Sant'Anna, se tendo cotisado, organisaram os folguedos em honra do santo lisboeta, – folguedo que se consubstanciaram num grande samba, um samba animado, bastante attrahente para aquellas almas simples e boas.
> *O samba se manteve pela noite em fóra, ruidoso e convidativo.* Durante um ou outro intervallo, *o garrafão de aguardente corria* a fileira dos que dançavam molhando-lhes a garganta e *incandescendo os espiritos.*
> A madrugada surgiu, quando *Grassiano Andrade, um dos que folgavam, dirigiu, ao que parece, um insulto qualquer á amasia de Jeremias.*
> Este é, como dissemos, um terrivel desordeiro.

Sem estar com meias palavras interpellou grosseiramente o outro injuriando-o. *Graciano para repellir a offensa saca de comprida faca* que lhe pendia da cinta, armando-se.

O ROLO

Do qual eram figuras de destaque *Graciano e Jeremias ao centro, a luctar, e á roda, muda* e sem poder intervir a multidão que há pouco folgava descuidosamente.
Golpeado cinco vezes no braço e mão esquerda, Jeremias, afinal, numa aberta que lhe deixou o outro, saca de uma garrucha de grosso calibre, e a desfecha contra Graciano.
Attingido apenas no chapéo, Graciano ainda tenta revidar, mas já sem tempo. Jeremias mira de novo a arma e detona pela segunda vez, indo a bala attingir Graciano no hombro esquerdo. Ferido gravemente, Graciano rolou por terra, ao tempo que o criminoso evadia-se...

Embora o caso termine com disparo de arma de fogo, serve para ilustrar o costume de se mostrar valente, de não levar desaforos, que permeava os sambas nas fazendas. Mesmo com a garrucha na cintura, Jeremias só a usa após ser golpeado cinco vezes. E a visão depreciativa da imprensa, que faz questão de ressaltar detalhes como o consumo da cachaça, "incandescendo os espíritos".

No dia 30 do mesmo mês, mais uma vez foi publicada uma reportagem completa sobre o que chamou de "epílogo de um samba". Em letras grandes, anunciava: "MADRUGADA RUBRA". A notícia, sobre um assassinato no bairro Taquaral, começava lembrando que este era o "quarto samba que acaba mal". Relevante é o fato de o jornal, inicialmente, apontar que isso já havia se tornado "uma regra", não obstante dizer, pouco depois, que a tragédia não poderia ser evitada e que "não fosse um samba, seria numa outra qualquer reunião que esses dois homens luctariam". Assim, reforçava a ideia de que "os sambas são de máu agouro".[136]

Em 1920, Campinas contava com 20.557 negros ou mulatos, o que representava 17,8% da população, estimada em 115.602 habitantes.[137] Diante da bai-

---

136 Todas as notícias citadas acima são do *Comércio de Campinas*, no período entre janeiro e junho de 1912 (grifo nosso). As edições encontram-se no acervo do Aesp, Encadernado 20/124.
137 MACIEL, Cleber da Silva. *Discriminações raciais...*, p. 42.

xa representatividade, para fugir da estigmatização forçada por autoridades e imprensa, os chamados "homens de cor" passaram a se reunir em sociedades que visavam um lazer distinto dos sambas e desordens, objetivando também uma melhoria na condição social do grupo. Isso significava se enquadrar nos moldes da elite branca de civilidade. Um exemplo, apresentado por Cleber Maciel, foi a Sociedade Dançante Familiar União da Juventude, fundada em 1901 e que organizava palestras contra a "preguiça, embriaguez e vadiagem", ao mesmo tempo em que proibia a frequência de sócios "descalços" ou "sem colarinho". O historiador conta que a entidade:

> congregava diversos tipos de atividades culturais e de lazer como jogos, danças, esportes, reuniões sociais e políticas, palestras, cursos e excursões. Esta entidade foi responsável por muitos encontros culturais também. [...]
> Como tantas outras, suas reuniões organizativas acontecem durante a semana e aos sábados e domingos fazem os "ensaios", isto é, bailes e jogos.
> *Embora haja perseguição policial, nas dependências da sede da entidade estuda-se a capoeira* e pratica-se religião de origem africana durante muito tempo. *Em 1920 uma nova diretoria resolve empreender uma campanha para erradicar, de sua sede, a prática da capoeira, da umbanda e do candomblé,* assim como das chamadas "danças modernas e imorais" como o "one-strepp", ou "reich teim" ou "reg time".[138]

O caso desta entidade, extinta em 1922 por conta de problemas que incluíram a perseguição política e policial, ajuda a compreender o processo pelo qual a capoeira em São Paulo passou, na virada do século XIX. Se não houve um combate violento como no Rio de Janeiro, havia uma campanha constante e perversa contra práticas consideradas bárbaras, levando as próprias comunidades negras a reformular seu lazer. Contudo, isso não significava abrir mão de sua cultura por completo. Tratava-se de buscar outro caminho. Um caminho traçado por comunidades negras "nas diversas latitudes brasileiras" que, por serem compostas por grupos "originalmente

---

138 *Ibidem*, p. 53.

heterogêneos de africanos e crioulos buscarão uma fusão a partir de pontos em comum", como ressalta Márcio Sampaio de Castro. E acrescenta:

> ao não terem em princípio acesso a cultura livresca, farão do corpo, da musicalidade e de elementos religiosos os traços que definirão esta nova identidade étnica. Os folguedos sincréticos e multiculturais como o bumba-meu-boi (norte), maracatu e afoxé (nordeste), congada e samba (sudeste), entre outros, marcarão os pontos de encontro desta negritude que terá fundamentalmente a noção de que ocupa uma posição determinada dentro do extrato social. [...] são na verdade o local onde esses indivíduos se encontrarão, trabalharão sua auto-estima e reafirmarão sua consciência de espoliados dentro de um universo que os vê com um misto de sentimento de superioridade e desconfiança.[139]

A formação do samba paulista

As críticas da sociedade branca a batuques e sambas negros não foram uma exclusividade da virada do século. Conforme registramos no primeiro capítulo deste trabalho, diversas legislações municipais na província de São Paulo, criadas ao longo do século XIX, proibiam a realização de batuques e outras "danças de escravos". Em Campinas mesmo, o Código de Posturas aprovado em 1880 trazia o seguinte artigo:

> Artigo 35 – São prohibidos na Cidade os bailes de pretos, chamados batuques e outros identicos, salvo com licença da authoridade policial.
> Os infractores incorrerão na multa de 10# e tres dias de prisão.
> Paragrapho único – Na multa e prisão incorrerão não so os que prestarem casas para elles, ou de qualquer forma os dirigirem.[140]

---

139 CASTRO, Márcio Sampaio de. *Bexiga...*, p. 34-35.
140 AH-Alesp. *Câmaras municipais*, Caixa ESP-141, cadastro CJ80-012, p. 17.

Contudo, a campanha contra as danças dos negros prosseguiu com força crescente após a Abolição. No primeiro ano de comemoração desta data, por exemplo, o jornal *O Estado de S. Paulo* informou que os libertos na capital organizaram um "jongo na Sé", sem fazer qualquer crítica a respeito. Dois dias depois, porém, trouxe notícia de um samba para comemorar o 13 de maio que terminou em conflito em Itatiba. E, no mês seguinte, narra um samba que terminou em espancamento no Largo da Sé.[141]

Segundo Olga von Simson, o enriquecimento trazido pela cultura cafeeira gerou mudanças socioeconômicas nas cidades paulistas a partir de 1870. Isso resultou na adoção de um estilo de vida burguês europeu pelas camadas mais abastadas dos centros urbanos e a transformação das atividades festivas. A pesquisadora do carnaval paulista identifica, em meados do século XIX, "o aparecimento de formas de divertimento exclusivas das camadas superiores, enquanto as maneiras antigas de festejar passaram a ser vistas como impróprias ou bárbaras e acabaram sendo explusas do centro mais abastado das aglomerações urbanas". E completa:

> No âmbito das atividades carnavalescas, pode-se facilmente detectar esse papel decisivo exercido pelo meio de comunicação por excelência do século XIX e primeiras décadas do século XX: os jornais de então começaram a condenar veementemente o entrudo e a exigir dos chefes de polícia que cumprissem as posturas municipais proibitivas, existentes desde longa data mas negligenciadas até então. Assim, forçada pela campanha da imprensa e pela opinião pública, a política teve de organizar-se para expulsar o bárbaro brinquedo do centro rico das principais cidades, permitindo aos burgueses desfilar para o povo, que devia passivamente funcionar como público.[142]

Apesar dessa pressão, como Olga von Simson mesmo aponta, pode-se observar, paralelamente à "desvalorização, ou mesmo condenação, das manifestações

---

141 Aesp. *O Estado de S. Paulo*, 14/05/1889, 16/05/1889 e 04/06/1889.
142 SIMSON, Olga Rodrigues de Moraes von. *Carnaval em branco e negro*: carnaval popular paulistano (19914-1988). Campinas: Editora da Unicamp; São Paulo: Edusp; Imprensa Oficial do Estado de São Paulo, 2007, p. 24-25.

culturais rústicas", a "criatividade das camadas populares, elaborando maneiras originais de festejar o carnaval".[143]

Nesta última parte da dissertação, buscaremos mostrar como a "criatividade das camadas populares" também serviu para se elaborarem "maneiras originais" de jogar capoeira, mantendo vivas as tradições de demonstrar valentia e desenvolver habilidades marciais através de atividades lúdicas. Um caminho interessante para entendermos essas transformações é acompanhar o caso dos negros carregadores dos mercados localizados no final das linhas de trem, em São Paulo.

Bambas na pernada em São Paulo

Ao reconstruir o cotidiano e a sobrevivência de trabalhadores pobres na capital paulista, entre fins do século XIX e primeiras décadas do XX, Maria Inez Borges Pinto ressaltou que "o ritmo acelerado do seu crescimento demográfico e o febril desenvolvimento econômico contribuíram para o aumento extraordinário do trabalho casual na cidade".[144]

Dentre os trabalhos casuais possíveis, havia o de carregador de cargas, que trabalhava "com sacos pesados, diariamente, por longas horas, mal-alimentados e com vestuário completamente insuficiente". Esse grupo, consequentemente, era vítima "do excesso de esforço físico, da fadiga, da falta de conforto, do sono mal-dormido, da precária alimentação..." e, para compensar, bebia cachaça enquanto aguardava serviço. Conforme recuperou a historiadora Maria Inez, "dizia-se que a bebida tomada moderadamente ajudava esses trabalhadores a aguentar o 'tranco' e a ter músculo suficiente, força de arranque, equilíbrio para levantar e descer, com ligeireza e destreza, pesados fardos". Esses "descarregadores de sacos" atuavam principalmente no Mercado Pequeno (Rua São João) e no Mercado de Peixes (Ladeira Empório Toscano).[145]

Sobre esses homens, comenta ainda que havia grande concorrência dos negros com "mulatos, brancos e imigrantes paupérrimos". Desta feita:

---

143   *Ibidem*, p. 25.
144   PINTO, Maria Inez Machado Borges. *Cotidiano e sobrevivência*: a vida do trabalhador pobre na cidade de São Paulo (1890-1914). São Paulo: Edusp, 1994, p. 30.
145   *Ibidem*, p. 145.

elevado era o desemprego e grande a tensão para sobreviver com lucros tão ínfimos. Conseguia trabalho mais facilmente gente mais moça, com vida regular, bom preparo físico, uma certa prática e capacidade de desempilhar caixas sem estragar muitos alimentos altamente perecíveis. *Grupos de trabalhadores escolhidos e sempre preferidos por sua força, equilíbrio e resistência física, sentiam-se orgulhosos e vaidosos, exibindo os seus atributos pessoais, nos intervalos do serviço, com demonstrações de capoeiras e brincadeiras variadas, como medir força com outro companheiro etc.* A ascensão social através deste tipo de trabalho, no entanto, era virtualmente impossível.[146]

Esse costume dos carregadores dos mercados paulistanos também é alvo de análise de Raquel Rolnik, ao falar dos redutos negros da capital paulista e seus habitantes. Segundo ela, estes pontos de concentração dos homens negros e mulatos seguiram um padrão próximo de formação, de maneira que "as mulheres, trabalhando e morando nas edículas das casas burguesas, tinham ligação com os bairros populares diretamente adjacentes, onde residiam seus parentes em cortiços". Este foi o caso do Bexiga e da Barra Funda, esta última contígua aos Campos Elísios e que tinha outro fator agregativo: "a proximidade com a estação ferroviária, onde os negros podiam encontrar trabalho temporário como carregadores". Citando um depoimento de um dos sambistas mais famosos de São Paulo, Dionísio Barbosa, ela assinala que o Largo da Banana era o "território dos negros valentões".[147]

Fundador do pioneiro Bloco da Barra Funda em 1914, Dionísio relatou que:

> Os valentões, da pesada, da Glette, me esperavam na esquina com a Av. São João para ver se eu tinha 400 réis para pagar pinga para eles. *Quando nós dávamos baile aqui, eles ficavam no bar da esquina a noite inteira, prontos para entrar 'se houvesse qualquer coisa'. Eles não entravam, mas gente do bairro eles protegiam.* [...] Eles ensacavam. Quando não tinha serviço

---

146 *Ibidem*, p. 146.
147 ROLNIK, Raquel. *A cidade e a lei*: legislação, política urbana e territórios na cidade de São Paulo. São Paulo: Studio Nobel; Fapesp, 1997, p. 76. O nome de Dionísio Barbosa aparece em alguns livros como Dionísio Barboza.

> no Paulo Chaves, aquele armazém grande que tem atrás da Sorocabana, ali, na Conselheiro Nébias, *eles iam para Santos atravessar saco de café de um armazém a outro* a 200 réis cada um. Vinham no sábado com dinheiro para comprar a vez da dança no baile. [...] Félix Costa, João Caboclo, Arnaldo Tintureiro, Ildefonso, Amargoso, estes eram os valentões. *O samba deles era: é hora do zumzunzum, quem não pode com dois leva um.* Eles ficavam sambando, fazendo mesura, e *uma hora passava a perna ou dava uma umbigada. Era a capoeira*.[148]

O relato de Dionísio, reforçado por outros sambistas de sua época, deixa clara a diferenciação entre os "valentões", e os homens e mulheres negros e mulatos que frequentavam os bailes. Através do depoimento de sambistas da época, Iêda Britto conseguiu mais detalhes sobre os bambas do trecho inferior da Rua da Glette, próximo à linha férrea, conhecidos como os "negros da Glette":

> Muitos moradores da Barra Funda, alguns de grande influência no seu meio, *consideravam o grupo como 'outra gente... nego valente... nego de pinga'*. Porém, estes eram trabalhadores do grupo dos carregadores e ensacadores, peões que quando o trabalho nos armazéns paulistanos escasseava, deslocavam-se até Santos em busca de tarefas semelhantes. Chamados de *'os bambas da Barra Funda'* eram respeitados *pela sua força física e valentia*, havendo dentre estes *bons jogadores de futebol*, pertencentes ao clube São Geraldo da Barra Funda. Como os demais negros, *tiveram forte participação nas manifestações culturais que envolviam o samba* e que em breve toda cidade conheceria.[149]

Iêda aponta, neste trecho, que apesar da existência de uma separação mesmo entre as comunidades negras, prevalecia o respeito aos bambas, "pela sua força física e valentia". Através de relatos dos próprios sambistas da época, conseguimos enxergar um pouco da função desses valentões nas "manifestações culturais que envolviam o samba". São poucos fragmentos, até mesmo pelo desinteresse da sociedade letrada

---

148 ROLNIK, Raquel. *A cidade e a lei...*, p. 76-77 (grifo nosso).
149 BRITTO, Iêda Marques. *Samba na cidade...*, p. 39-40 (grifo nosso).

em registrá-las. Exemplo disso é o livro *Brás, Bexiga e Barrafunda*, de Alcântara Machado, que, como aponta Márcio Sampaio de Castro, "ignora solene e quase que totalmente a presença negra no eixo Bexiga-Barra Funda" e "nas rarísimas oportunidades em que não o faz utiliza-se de termos que, sem sombra de dúvida, podem ser classificados como racistas e que reforçam o tom de 'paisagem' que se procurou colar aos negros".[150]

Ainda assim, como disse Iêda Britto em relação ao samba, "a ausência de outros registros não indica por si só a inexistência das mesmas, já que poucos, muito poucos foram os pesquisadores destas manifestações culturais de negros no período e na cidade em questão, e ainda em número menor, os que escreveram a respeito".[151]

Sobre os negros batuqueiros, Iêda nos lembra outros dados deixados por Dionísio Barbosa. As rodas de samba do Largo da Banana teriam um momento no qual se cantava "quem não pode com dois... leva um". E na hora dessse refrão, "surgia ágil a pernada", indo ao chão o adversário menos habilidoso. Essas pernadas acompanhavam sambas tocados e cantados de improviso, criados pelos compositores do grupo.

Outro pesquisador do samba em São Paulo, Wilson Rodrigues de Moraes registra que, além do Largo da Banana, essa "modalidade de samba com nítida influência da capoeira" também era praticada na Praça da Sé e na "prainha", como era chamado um local no Vale do Anhangabaú, esquina com a Avenida São João. De um sambista da época, ouviu o seguinte esclarecimento:

> Prainha era o seguinte: no carnaval os sambistas que gostavam de samba, se era batuqueiro pegava seu instrumento e ia pra lá. E ali juntava aqueles blocos de pandeiro, surdo, caixa, que fazia... *e ali tinha tipo partido-alto, de perna, samba de roda que se trata, né. É jogada de perna*, como Zoinho, que é do "Peruche" e outros mais. "Guardinha", falecido. "Pato N'Água é quem gostava dessa brincadeira. Ia pra'ali e a gente amanhecia ali brincando... *A gente brincava. Caiu, caiu. Não caiu, não caiu*. Tudo bem! *Não tinha briga*, não tinha nada [...] E assim era no Correio, nos velhos tempos do Correio também havia esse respeito. Quem podia, brincava. Quem

---

150 CASTRO, Márcio Sampaio de. *Bexiga...*, p. 48.
151 BRITTO, Iêda Marques. *Samba na cidade...*, p. 66.

> não podia não se metia porque era atraso de vida. Ia querer briga ia ficar preso a noite toda. *Não deu pra ele entender brincando, se ele fosse pra briga ia cair mais.*[152]

No testemunho, percebemos uma ludicidade que, aos olhos de pessoas que não faziam parte daquele meio, poderia parecer violência. A rasteira e a pernada fariam parte da "brincadeira", como ocorre na capoeira de hoje. E essa era uma tradição em São Paulo que aparecia em diversos espaços, acompanhando a cultura do samba.

De volta aos valentões da Barra Funda, estes eram famosos também por terem fundado o clube de futebol São Geraldo e embora fossem proibidos de entrar nos salões de dança, assumiam a função de segurança, "ficando pelas redondezas, bebendo pinga no bar mais próximo". Somado a isso, emprestavam o salão do clube de futebol que integravam para os organizadores dos bailes negros. A historiadora conclui que:

> Esses oferecimentos não eram recusados pelos dirigentes dos núcleos, indicando a existência de uma acomodação social, que de alguma forma permitia àqueles negros vivenciarem o papel de "valentes da Barra Funda", e encontrando o seu lugar nas fímbrias do agrupamento negro.[153]

A proteção de bambas era necessária devido à rivalidade entre os cordões carnavalescos, crescente entre as décadas de 1920 e 1930. Embora os depoentes quase não toquem no assunto, como se fosse um tabu, encontramos frases soltas como esta de Pé Rachado: "no Bexiga, Glette, Barra Funda, só entrava quem era de lá. No Bexiga só entrava quem era do Bexiga".[154]

Outra personagem de relevo no carnaval paulistano, Madrinha Eunice (Deolinda Madre), fundadora do Grêmio Recreativo Beneficente e Esportivo Lavapés, em 1937, acrescenta a seguinte informação:

---

152 Depoimento de Sebastião Amaral. *Apud* MORAES, Wilson Rodrigues de. *Escolas de samba de São Paulo (capital)*. São Paulo: Conselho Estadual de Artes e Ciências Humanas, 1978, p. 44-45 (grifo nosso).

153 BRITTO, Iêda Marques. *Samba na cidade...*, p. 100-101.

154 *Ibidem*, p. 83.

> quando a gente ia para a rua, no tempo dos cordões, tinha as evoluções da porta-estandarte. Quando um cordão encontrava com outro, não podia deixar bater os estandartes. O cordão que deixava bater, pronto, aí quebrava o pau! Quando saíram as escolas, continuou a mesma coisa.[155]

Para garantir a segurança do Lavapés, o cunhado de Eunice, "que trabalhava como ensacador, trouxe os companheiros para a escola, 'negros altos e vigorosos' que serviam de proteção nos eventuais conflitos".[156]

Abrimos um parênteses agora para lembrar que a experiência dos bambas do samba de São Paulo, carregadores valentões, não se limitava às rodas nos mercados paulistanos. Como relatou Dionísio Barbosa, os "negros da Glette" tinham o costume de descer a serra em busca de trabalho no porto de Santos onde, certamente, encontravam espaço e parceiros para trocar pernadas.

Bambas da pernada em Santos

Como apresentamos anteriormente, desde pelo menos a década de 1880, havia em Santos o batuque comandado por Pai Felipe aos domingos, em seu reduto, no qual:

> sua gente dançava "samba", no terreiro, ao som do tambaque, pandeiro e chocalho, a cuja cadencia, mulatinhas novas e creoulos robustos, bamboleavam o corpo, meneavam as cadeiras, picavam com o pé, fazendo um círculo vagaroso até encontrarem-se os pares que se esbarravam numa proposital umbigada certeira, fazendo o corpo dar meia volta. Esta dança selvagem era acompanhada de cânticos nos quais a última sílaba prolongava-se muito, repercutindo nas matas.[157]

---

155 *Ibidem*, p. 84.
156 SILVA, Vagner Gonçalves da; BAPTISTA, Rachel Rua; AZEVEDO, Clara; BUENO, Arthur. "Madrinha Eunice e Geraldo Filme: memórias do carnaval e do samba paulista". In: SILVA, Vagner Gonçalves da (org.). *Memória afro-brasileira*. Vol. 2: *Artes do corpo*. São Paulo: Selo Negro, 2004, p. 127-128.
157 VICTORINO, Carlos. *Santos: reminiscências... 1871-1898*. São Paulo: [s.n.], 1904, p. 65.

Sobre este "rei batuqueiro", infelizmente, não há registros após a Abolição, sendo sua última aparição pública à frente de um grupo de percussão, no meio do carnaval formado por uma multidão, nas comemorações pelo 13 de maio.[158]

Em compensação, conforme também adiantamos pouco antes, o Quilombo do Jabaquara era outro ponto de samba, também chamado de fandango por uma ex-moradora, casada inclusive com o "capoeira destemido" Manoel Leocádio. Além disso, como citamos há pouco, em fevereiro de 1890 um ensacador de café de um armazém no cais santista, José da Silva, foi preso por jogar capoeira "quando passava um grupo carnavalesco".

Cabe acrescentar aqui, inclusive, que essa iniciativa de José da Silva talvez fosse apenas uma reprodução de uma tradição na cidade de se jogar capoeira na passagem de grupos carnavalescos. Infelizmente, não temos dados para afirmar isso, dispondo apenas de uma nota na imprensa, de fevereiro de 1871, segundo a qual:

> Realizaram-se no dia 21 do corrente os últimos folguedos do carnaval em Santos. Nunca esta cidade viu tão esplendidas festas. As três sociedades carnavalescas tocaram a meta do possível para agradar ao público [...]
> Sociedade Carnavalesca Club XV
> Ninguém esperava que essa sociedade, composta em quase sua totalidade por moços democratas, sobresahisse da maneira porque sobresahio... *Percorreram, além das ruas marcadas no programa, a do Quartel, que foi desprezada pelas outras sociedades*; não sabemos os motivos que levaram as outras a assim procederem. *Não seria mal que no futuro fossem todas alegrar, por um momento, aquele povo, que, também sabe apreciar o que é bom. Os quarteleiros*".[159]

Como já vimos, a década de 1870 foi marcada em Santos pelo recrudecimento das disputas políticas entre liberais e conservadores, renascendo também a rivalidade das duas maltas de capoeiras, dos valongueiros e dos quarteleiros. O bairro dos Quartéis era ligado aos conservadores e podemos imaginar que estes não quisessem em sua área elementos ligados à oposição, possivelmente inseridos

---

158 GITAHY, Maria Lucia Caira. *Ventos do mar...*, p. 128.
159 FAMS. *Coleção Costa e Silva Sobrinho*, vol. 112, tomo XI, p. 308, recorte do *Comércio de Santos*, ano III, n. 20, 24/02/1871.

em blocos carnavalescos. Por outro lado, a história do carnaval santista registra uma grande rivalidade na década de 1870 entre os "moços" do xv e os foliões do Grêmio Les Bavards e da Sociedade Parasitas de Lunetas, o que às vezes resultava em "conflitos, não obstante a posição social dos envolvidos".[160] A Sociedade Carnavalesca Clube xv pode ter cruzado, sem problemas, a rua dos Quartéis, por ter em seu quadro elementos dessa região, ao contrário das outras duas associações carnavalescas, para as quais a área dos quarteleiros seria inacessível.

Ao traçar a história dos negros em Santos, o sambista J. Muniz Júnior recolheu fragmentos que reforçam este vínculo entre os batuques e sambas com as pernadas e outras demonstrações de valentia na região. Sobre a musicalidade, encontrou registro do uso de urucungos, atabaques e timatús, acompanhados de "cantigas sensuais". Também localizou histórias sobre "umbigadas" ao som de banda de música "misturada com vários instrumentos africanos". Sobre a capoeira, afirma que "parece-nos evidente que, em épocas passadas, existiam capoeiras em Santos", porém ligados a atividades de "caráter agressivo e violento". Como exemplo desses tipos, citou o "pardo José Mathias", que "era capanga do cidadão José Honório Bueno, o José Menino, por ocasião de sua romântica fuga para casar fora de Santos com a sua noiva Gertrudes Maria Magdalena, em 1817". Em seguida, rememorou histórias de redutos negros em Santos, já no início do século xx:

> o Monte Serrat veio a servir de cenário para uma diversão tipicamente folclórica, envolvendo os negros batuqueiros da Cidade, através de rodas de batucada, do samba-pesado ou da pernada, herança dos antigos escravos e que acabou virando tradição popular no alto do morro nos dias festivos. As rodas de pernada aconteciam durante a festa consagrada a Padroeira da Cidade, principalmente no dia 8 de setembro, quando havia romaria no morro. E lá em cima no "terreiro Grande", os batuqueiros formavam suas "rodas" martelando seus rústicos instrumentos e logo ouviam os "refrões" das batucadas. Enquanto isso, *no meio da roda, os "maiorais" mostravam muita ginga, meneios de corpo e vigor nos movimentos das pernas.* Era um folguedo popular.

---

160 BANDEIRA JÚNIOR. *História do carnaval de Santos.* Santos: Corrêa Leite, 1964, p. 30.

> *O encontro era na base da banda ou pernada, da cabeçada, enfim, da vivacidade, agilidade e manha de cada um, quando os melhores pernas eram aclamados delirantemente.* Os que levavam a pior batiam em retirada de forma hilariante, debaixo da gozação geral e tinham de aguardar até o ano seguinte para ir à forra, de acordo com o "Código de Honra" da batucada.

O pesquisador revela ainda que, às vezes, quando dois amigos se defrontavam, o jogo era "meio devagar, como se fosse uma exibição", o que era chamado de "batuque de compadre". Mas, quando havia confronto entre dois estranhos, ou pior, com alguém de fora ou um rival, "a coisa era pra derrubar e machucar mesmo". Dentre os "maiorais" do batuque em Santos, Muniz Júnior cita o "endiabrado crioulo Daniel Feijoada, o temível Nego Tião, o sagaz Lourinho, o manhoso Nego Dráusio, o astuto Cativeiro, o tenaz Nego Ervésio, o impetuoso Jumba, o ardiloso Nego Joel e outros". Incluindo mulheres como "Nega Tiana, Risoleta, Ivone e Elvira". Ainda segundo ele, o batuque imperou nos morros santistas, principalmente, nas décadas de 1940 e 1950, praticamente desaparecendo após esse período, devido à pressão do clero e repressão policial.[161]

Somado a isso, há reminiscências de que, assim como no Belenzinho e em outros pontos da cidade de São Paulo, era costume em Santos partidas de futebol serem regadas a demonstrações de valentia. Quem resgata tal curiosidade é o cronista Francisco Martins dos Santos, segundo o qual, no início do século XX, "o Americano era o grande clube de futebol, o mais forte e o mais aristocrático de Santos, ao lado do Internacional, sendo comuns os charivaris no Bar Chic, *e as cenas de capoeira*, entre os associados dos dois grêmios, nas noites de festa".[162]

Diante dos fatos que apresentamos acima, torna-se bastante viável supor que os "negros da Glette", ao chegarem no porto de Santos, encontrassem homens tão habilidosos nas pernadas e rasteiras quanto eles. O que não significa dizer que se tratassem de santistas em sua origem, pois, como toda cidade portuária, Santos contava com elementos de diversas regiões do país e estrangeiros. Esses encontros

---

161 MUNIZ JÚNIOR, José. *O negro na história de Santos*. Santos: Icacesp, 2008, p. 70-73 (grifo nosso).
162 SANTOS, Francisco Martins dos. "A carrocinha dos cachorros: uma reminiscência santista". *A Tribuna de Santos*, 16/05/1952. Disponível em: <http://www.novomilenio.inf.br/santos/h0374.htm>. Acesso em: 3 maio 2011 (grifo nosso).

poderiam se dar tanto na beira do cais, como na frente de uma banda de música ou até em partidas de futebol. Afinal, foram estes os espaços nos quais capoeiras puderam manter viva a tradição de demonstrar sua valentia.

Do futebol ao samba

Olga von Simson explica que, em São Paulo, "a associação entre atividade carnavalesca e prática do futebol de várzea parece ter sido regra: ou a entidade carnavalesca surgia a partir de um agrupamento futebolístico, ou este complementava as atividades das agremiações de Momo".[163] Se na Barra Funda, havia inicialmente uma separação entre o bloco de Dionísio Barbosa e o time de futebol dos negros valentões, o cordão do Vai-Vai teve seu nascimento ligado diretamente a um time de futebol de várzea do Bexiga, o Cai-Cai.

Anteriormente, falamos um pouco sobre a composição étnica do Bexiga, de moradores negros e imigrantes predominantemente de origem italiana. O próprio nome do local sofreu alteração em 1910, quando passou a ser denominado Bela Vista. Sobre este aspecto, o ícone da boemia paulistana e assíduo frequentador das ruas e cantinas do bairro, Armandinho do Bixiga, recorda em suas memórias que, embora o bairro tivesse uma presença forte de italianos, havia uma parte, "entre a Rua Rocha, a Rua Uma e a Marques Leão, até a Nove de Julho", chamada de Saracura, "onde se localizavam muitos negros e portugueses". Segundo o sambista, o "Bixiga" era, na época, "70% de italianos, 15% de negros e 15% de portugueses ou até menos negros e portugueses". Mesmo assim, foi no Saracura que o Vai-Vai surgiu, em 1930.

> No Saracura não existia mulato, era tudo negro, aqueles negros bem pretos, todos eles descendentes de escravos. E não tinha um malandro, não tinha um marrudo. Eram todos descendentes de escravos, bonzinhos, amáveis. Só que tinha um racismo deles com a gente. Eu vou contar uma coisa do Vai-Vai: até 1960 nunca tinha saído um branco no Vai-Vai porque eles não deixavam [...] Eles é que tinham esse distanciamento, não nós com eles. Agora, tem uma coisa importante: se o filho de um italiano fosse casar com uma negra, eu acho que o pai matava ele.[164]

---

163 SIMSON, Olga Rodrigues de Moraes von. *Carnaval em branco e negro...*, p. 112.
164 MORENO, Júlio. *Memórias de Armandinho do Bixiga*. São Paulo: Editora Senac, 1996, p. 87-88.

Armandinho, que na década de 1960 entraria para a diretoria da Escola de Samba Vai-Vai, descortina nesse trecho o distanciamento mútuo existente no bairro, até meados do século. Apesar disso, ao que parece, o desenvolvimento do samba naquela região ocorreu a partir de uma mistura cultural. Nas quermesses da Aquiropita, ligadas às tradições italianas, a animação era feita "pelo choro de violões e bandolins, alternando ou se misturando com o batuque crioulo, que fazia fundo às evoluções dos capoeiras e jogadores da pernada".[165] Para o historiador José Geraldo Vinci de Moraes, esta situação, na verdade, configurava-se uma "invasão" dos negros às festas dos imigrantes.[166] Para isso, cita o depoimento de "um dos primeiros sambistas paulistanos", Augusto dos Santos, registrado por outro pesquisador do tema, Wilson Rodrigues de Moraes. Segundo o entrevistado, o "samba o dia intêro comia sôrto" na rua 13 de Maio, durante a festa de "Carupita", que tinha inclusive a "zabumba", símbolo do samba rural em um evento urbano.[167]

Segundo Iêda Britto, o Bexiga era visto, desde os primeiros anos do século XX até pelo menos a década de 1930, como "um local perigoso, abrigando elementos, na maioria negros, considerados marginais à sociedade". No entanto, estes eram "ótimos jogadores de futebol, que se praticava nas várzeas do Saracura e adjacências", assim como foram responsáveis pelo enraizamento do samba naquela região.[168]

Ao retratar o cotidiano do bairro Bela Vista, Nádia Marzola destacou a existência de campos de futebol que se sucediam, "numa fila, no vale onde hoje se situa a Av. 9 de Julho". Consequentemente, havia times de vázea famosos "que quase sempre viviam junto com o samba". Segundo ela, "cada clube tinha a sua escola de samba e, em cada jogo de futebol as brigas eram violentas". Além da habilidade marcial dos próprios jogadores, "cada preta torcedora levava uma gilete no pixaim".[169]

Sobre a origem da Vai-Vai, Olga von Simson resume da seguinte forma:

> Havia no Bexiga um time de futebol amador que também realizava bailes mensais, o Cai-Cai. Rapazes do bairro que

---

165 SACCHETTO, João. *Bixiga*: pingos nos is. São Paulo: Lemos Editorial, 2001, p. 113. Apud CASTRO, Márcio Sampaio de. *Bexiga*..., p. 69-79.

166 MORAES, José Geraldo Vinci. *Sonoridades paulistanas*: a música popular na cidade de São Paulo. Rio de Janeiro: Funarte, 1995, p. 76.

167 MORAES, Wilson Rodrigues de. *Escolas de samba*..., p. 16.

168 BRITTO, Iêda Marques. *Samba na cidade*..., p. 41.

169 MARZOLA, Nádia. *Bela Vista*..., p. 95.

não pertenciam ao time de futebol tentavam participar desses bailes, mas eram barrados na porta, encarados como penetras. Cansados de serem afastados dos bailes com a frase "Vai, vai embora!", os rapazes resolveram organizar o seu próprio grupo de dança, cuja primeira atividade foi um desfile carnavalesco que, saindo da Bela Vista, foi até o bairro de Pinheiros, para visitar o salão de bailes Rebouças. Para marcar jocosamente sua rivalidade com o outro grupo do mesmo bairro, autodenominaram-se, então, "Vai-Vai".[170]

A pesquisadora acrescenta que o Vai-Vai surgiu de uma turma da encosta do Saracura, tendo à frente dona Iracema, seu irmão, "que além de jogador de futebol 'era sambista danado'", e seu compadre Livinho, dentre outros, como Seu Sardinha, que emprestava a casa na Rua Rocha para a realização dos bailes.[171]

Outros cordões seguiram o caminho inverso, criando times de futebol como complemento às atividades carnavalescas, o que, após alguns anos, tornou-se a regra. A escola de samba Lavapés, por exemplo, criou seu time de futebol só em 1942, presidido pela própria fundadora da entidade, Madrinha Eunice.[172] A história dessa importante personagem do samba paulistano traz à tona outro forte elemento formador do carnaval de São Paulo: a festa de Bom Jesus de Pirapora e o samba rural paulista.

O samba rural paulista

Nascida em Piracicaba, em 18 de dezembro de 1909, Madrinha Eunice mudou-se para São Paulo aos 4 anos de idade. Na capital paulista, passou a viver na rua Tamandaré, na região da Liberdade e da Baixada do Glicério, onde dançava samba de roda e de umbigada nos bailes do Largo da Concórdia, na festa de Santa Cruz ao redor da Igreja dos Enforcados, no largo da Liberdade, nas festividades de 13 de maio e demais quermesses da Igreja dos Remédios. Mas nunca perdeu contato com

---

170 SIMSON, Olga Rodrigues de Moraes von. *Carnaval em branco e negro...*, p. 110.
171 *Ibidem*, p. 205.
172 SILVA, Vagner Gonçalves da; BAPTISTA, Rachel Rua; AZEVEDO, Clara; BUENO, Arthur. "Madrinha Eunice e Geraldo Filme...", p. 140.

os pais em Piracicaba e todo ano participava da romaria à Festa de Bom Jesus de Pirapora. Partiam no dia 1º de agosto e ficavam até o dia 7. Conforme ela relatou, havia o barracão dos paulistas e o dos campineiros, e seus familiares sempre ficavam com os paulistas, acompanhando as disputas entre estes dois grupos.[173]

A vida de Madrinha Eunice se assemelha à de centenas de negros em São Paulo, ex-escravos e seus descendentes. Maria Cristina Wissenbach esclarece que uma das características do pós-abolição foi o movimento destes em direção aos grandes centros urbanos, levando consigo tradições que se adequariam ao contexto das grandes cidades, para manter laços associativos e expressões culturais. O retorno anual à festa de Bom Jesus de Pirapora, por isso, adquiriu, nas primeiras décadas do século XX, uma "significância emblemática". Isso porque, "em seus desafios entre os diversos grupos e na receptividade às consultas coletivas, os sambistas trocavam tradições espalhadas e realimentavam suas próprias inspirações".[174] Exemplo dessas inspirações é o depoimento de Dionísio Barbosa, que relembrou ter participado da festa, pela primeira vez, em 1904. Segundo ele, seu pai "tocava berimbau, tocava nos dentes", acompanhando o "samba antigo, de bumbo".[175] Não temos mais informações sobre esse "berimbau" que se tocava em Pirapora, mas a indicação da forma de se tocar, com os dentes, aponta para duas possibilidades: um instrumento pequeno e metálico que produz um som similar ao berimbau da capoeira, feito de verga e cabaça, sendo o nome de ambos idêntico, aparentemente, por conta da onomatopeia. Ou o arco musical tocado com a boca em uma das pontas, servindo esta como caixa de ressonância da mesma forma.

Um dos registros mais ricos sobre a Festa de Bom Jesus de Pirapora é uma descrição publicada por Mário Wagner Vieira da Cunha que, ao visitar a festividade em 1936, percebeu detalhes relevantes sobre o tradicional evento, a começar pela divisão dos frequentadores em "devotos", "romeiros" e "piraporeanos". Os primeiros eram chamados de devotos do Bom Jesus, por estar na festividade "com o fito exclusivo de cumprir um dever religioso". Já os romeiros, assim chamados porque costumavam ir a pé até a cidade em grandes grupos, são descritos como "indivíduos brancos, muito compenetrados", que viriam de São Roque, Sorocaba e outras cidades mais afastadas, como Rio Preto e mesmo São Paulo. Embora evitassem "a

---

173 *Ibidem*, p. 124-126.
174 WISSENBACH, Maria Cristina Cortez. *Ritos de magia e sobrevivência...*, p. 56-57.
175 BRITTO, Iêda Marques. *Samba na cidade...*, p. 60.

promiscuidade" e não tocassem ou sambassem, dirigiam-se a Pirapora com "a ideia de uma festança", participando dos bailes públicos e assistindo aos sambas.[176]

Ressaltamos que toda a descrição que ele faz da festa está impregnada da visão da época, de que haveria uma separação entre rituais "religiosos" e práticas "profanas". Porém, conforme a historiografia sobre a religiosidade afro-brasileira há anos vem demonstrando, esta distinção não fazia parte das tradições de origem negra.[177] Ainda assim, são relevantes as observações de Mário Wagner sobre os piraporeanos:

> *São negros ou mulatos. [...] Na ocasião de saírem as procissões a policia vem ao barracão avisar que nenhum cordão pode ir à rua para evitar que haja encontro nas poucas e apertadas ruas da cidade.*
>
> *Uns chegam em grupos, outros vêm sós, mas prontamente filiam-se a algum dos existentes na cidade. Vêm de Sorocaba, Itú, Campinas, Rio Claro. [...] Os homens andam sem gravata e em mangas de camisa. São todos de uma resistência extraordinária. Dansam horas a fio. Dormem pouco. O que melhor os caracteriza é a extrema desenvoltura nos gestos e nas palavras. Apresentam sempre um bom humor invejável. A toda hora estão bebericando quentão. Se se sentem cansados ou embriagados caem ali por qualquer canto e dormem. É certo que há desordens. Todavia, estas são produzidas pelos 'valentões'. Este ano eram poucos os indivíduos dessa tempera reunidos em Pirapora. As pequenas brigas que surgiram deram-se, quase sem excepção, por causa de mulher.[178]*

Por esse trecho, verificamos a existência de um espaço exclusivamente negro, no qual há homens de "resistência extraordinária", "extrema desenvoltura nos gestos e nas palavras", e alguns reconhecidos como "valentões". A indicação do pesquisador,

---

176 CUNHA, Mário Wagner Vieira da. "Descrição da Festa de Bom Jesus de Pirapora". *Revista do Arquivo Municipal*, São Paulo, ano IV, vol. XLI, 1937, p. 14-15. Agradeço a Rafael Galante por apontar a relevância dessa diferença de visões de mundo.

177 Roger Bastide já contestava, no clássico *O candomblé da Bahia* (São Paulo: Companhia das Letras, 2001, p. 98-99), que não existiria "candomblé de brincadeira", pois mesmo rituais ocorridos em meio ao carnaval – o afoxé – ou em atividades cotidianas, como a pesca, seriam carregados de uma "função séria", servindo para homenagear ou pedir proteção a determinados santos.

178 CUNHA, Mário Wagner Vieira da. "Descrição da Festa...", p. 15 (grifo nosso).

de que esses últimos eram poucos em 1936 é explicada logo em seguida: "a polícia agia energicamente", com "soldados por toda parte" e a cadeia "sempre regorgitante, a ponto de se liberarem uns presos para receber outros". Como os piraporeanos constituíam a grande maioria da população nos dias de festa, as pessoas atribuíram o declínio do evento profano "à excessiva repressão policial".[179]

Outra questão apontada por Mário Wagner é o alojamento dos participantes. Alguns ficavam em acampamentos armados nos limites da cidade; devotos em sua maioria, eram compostos por famílias brancas ou "acabocladas" arredias. Já os piraporeanos ficavam nos barracões. No andar térreo dos barracões é que acontecia o samba.[180] O que, na visão dele, era a "festa profana", dividia-se entre bailes disputados pelos brancos – ao som do "tamborim, pandeiro, cavaquinho, quaiá" e, mais raro, cuíca, violão ou sanfona –, cordões formados pelos negros, que desfilavam pelas ruas durante o dia, e o samba nos barracões, que aconteciam a qualquer hora do dia ou da noite, sem hora para começar, muito menos terminar. A descrição dos cordões é especialmente interessante, por sua similaridade com os cordões carnavalescos da capital paulista, reforçando a ideia de influências mútuas:

> Esses cordões são formados por grupos de individuos que anualmente se congregam em Pirapora. *Três eram os blocos deste ano: o do Borboleta*, o Partido do Zeca Gomes e o do Jacaré. O primeiro tomou o nome de seu chefe. Era *um mulato magro, de culote e perneiras, tido e havido por 'cabra valente'. Bom capoeira, conhecido na cidade. Punha-se na frente do seu bando, movimentando-se numa dansa que se assemelhava ao jogo da rasteira, pois abaixava frequentemente o corpo e apoiado numa das pernas bem flexionada, fazia a outra girar rapidamente descrevendo um circulo na terra.* Os demais membros do cordão consistiam em negros e negras que dansavam cada qual a seu modo e, por fim, os músicos. O partido do Zeca Gomes tinha poucos membros e não parecia possuir um espirito de grupo forte como os dos outros dois blocos. Ia na frente um individuo carregando uma caveira de boi espetada numa vara. *O Grupo do Jacaré era o que possuia maior número de estandartes*. Na frente iam

---

179   *Ibidem*, p. 16.
180   *Ibidem*, p. 12-13.

dois blocos contendo o desenho de um Jacaré e a designação do bloco. Atrás vinham, espetados em varas, quatro animais empalhados: um mico, um coelho, um tatú e uma ave a que chamavam impropriamente avestruz. Essas designações e mesmo os animais trazidos pelos cordões não parecem ter qualquer explicação [...][181]

A atuação deste "mulato magro", o Borboleta, resume o papel dos valentões nos cordões. À frente, fazia demonstrações de valentia, aplicando rasteiras para abrir caminho aos demais participantes. Era o abre-alas. O movimento descrito pelo autor, de abaixar o corpo e flexionar bem uma das pernas, fazendo a outra girar descrevendo um círculo, assemelha-se bastante com o que passou a ser chamado de "corta-capim" na capoeira moderna. Sobre o nome desse capoeira, o pesquisador explica que "ganhou tal apelido do facto de trazer um enfeite no chapeo com a reprodução de uma borboleta".

A existência de chefes e estandartes também aproxima essa manifestação das maltas de capoeiras existentes em diferentes regiões do Brasil, no século XIX. Apesar desta aproximação ser pequena, o formato guarda grande similaridade com outras práticas culturais de origem negra que também estavam em formação na virada do século XIX para o XX, como o frevo de Pernambuco e o boi-bumbá do Pará, ambos igualmente liderados por capoeiras e valentões.[182]

Após tratar dos cordões, Mário Wagner apresenta uma detalhada descrição do samba que ocorre em um dos barracões. Ocupando um espaço relativamente pequeno do térreo, era mantido por grupos de aproximadamente 20 pessoas, em

---

181 *Ibidem*, p. 19 (grifo nosso).
182 Sobre os capoeiras na formação do frevo de Pernambuco, ou frevo recifense, ver MAIA, Clarissa Nunes. *Sambas, batuques, vozerias...*, em especial as p. 110-122, nas quais a pesquisadora mostra a relação entre capoeiras e valentões com casas de batuque, sambas e desfiles de bandas militares. A presença de capoeiras no boi-bumbá do Pará é bem apresentada em LEAL, Luiz Augusto Pinheiro. *A política da capoeiragem...*, com destaque para as p. 196-197, nas quais o historiador descreve o encontro do Boi Pingo-Prata, da Cidade Velha, com o Boi Pontas d'Ouro, cujos elementos eram "escolhidos na flor dos jogadores de 'carioca' do bairro". Vale citar que os cordões também surgem, nesta época, em outras regiões do país, vinculados ao carnaval, frequentemente sofrendo repressão policial e críticas da imprensa, como em Minas Gerais, conforme ARAÚJO, Patrícia Vargas Lopes de. *Folganças populares*: festejos de entrudo e carnaval em Minas Gerais no século XIX. São Paulo: Annablume; Belo Horizonte: PPGH/UFMG, 2008, p. 164-165.

um contínuo revezamento dos componentes, "o que explica que o samba possa durar muitas horas sem interrupção". Contudo, a participação não estava aberta a qualquer pessoa presente. Isso porque, conforme apurou em 1936 o pesquisador:

> *Os sambadores formam grupos distintos denominados batalhões. Quem é de um batalhão não dansa no samba de outro batalhão. E quem não pertença a nenhum batalhão está condenado a não sambar.*
> *Havia em Pirapora três batalhões, os quais se reunem ali há anos. O mais antigo é o batalhão de Campinas, chefiado por João Diogo, apelidado Pai João. É um negro de seus 90 anos, magro, pele ressequida de mumia. Tem uma perna de pau. Trazia um chapeu de palha ornado com fitas de côres, batido na frente, e com esta inscrição: Pai João, General dos Sambas. Se bem que seja muito acatado, não é na verdade nenhum comandante geral. O mais novo dos batalhões é o de São Paulo, sob a direção de Zé Soldado: negro grandalhão, senhor de um ar bonacheirão e sensual. Na fala e na roupa mostra-se mais civilizado que os outros chefes. O terceiro é o Batalhão de Itú. Comanda-o João Mundão: preto amulatado,* "maneta de uma das mãos".[183]

Mais uma vez, podemos perceber a presença de chefes, identificados por apelidos ou vestimentas específicas – chapéu com fitas de cores, caído para a frente, exatamente como faziam os capoeiras do Rio de Janeiro do século XIX. Outro fator significativo é serem esses batalhões associados a cidades nas quais identificamos a presença de capoeiras em períodos anteriores. Somado a isso, é no mínimo curioso o sobrenome de um dos chefes, Mundão, idêntico àquele valentão de Campinas, preso em 1912, chamado de José Mundão.

Os depoimentos de sambistas de São Paulo influenciados pela festa de Pirapora deixam mais clara a ideia de que os sambas nos barracões eram espaço privilegiado para valentões. Dona Sinhá, filha do famoso Felão de Pirapora e que participou do primeiro grupo que saiu no cordão Vai-Vai, em 1930, rememora que "tinha desafio, improvisavam, saía até briga... era enfezado... corria sôrto".[184]

---

183 CUNHA, Mário Wagner Vieira da. "Descrição da Festa...", p. 20-21 (grifo nosso).
184 BRITTO, Iêda Marques. *Samba na cidade...*, p. 63.

Também através de relatos dos antigos sambistas da capital paulista, temos mais informações sobre o chefe de um dos batalhões em Pirapora: Zé Soldado era responsável por um terreiro no bairro do Jabaquara, "onde na festa de 13 de maio se sambava e se jongava, varando a noite".[185]

Salientamos que, à exceção do capoeira Borboleta, não podemos afirmar que tais batalhões eram formados por praticantes do jogo-luta e nem mesmo que estes estavam necessariamente presentes. O que nos interessa é mostrar a riqueza das trocas entre manifestações originalmente distintas, como a capoeira, o jongo e o samba, por meio de contribuições mútuas e adaptações. Os apelidos de um dos chefes, pai João, por exemplo, denota uma ligação deste com religiões de origem africana. Afinal, como alertou Marcelo Manzatti ao falar da formação do samba:

> A tese de que o samba contemporâneo é resultado de um processo multissecular de transformações e amálgamas pelo qual passaram os gêneros musicais e coreográficos trazidos pelos africanos para o Brasil desde o início da escravidão, identificados genericamente como Batuques, não precisa mais ser comprovada. [...] a ideia geral acaba sendo simplificada, empobrecida e, consequentemente, mal compreendida, colocando em risco a profundidade e a complexidade dos fundamentos históricos sob os quais se deu tal processo de importação de elementos culturais. Problema semelhante ocorre não só com o samba, mas também com muito do que diz respeito às manifestações culturais dos afrodescendentes, como a Capoeira, para citar apenas um exemplo.[186]

Por fim, Mário Wagner nos informa sobre a musicalidade do samba, formado por instrumentos indispensáveis, o tamborim, o pandeiro, o quaiá e o bumbo, juntos com outros complementares, como a cuíca, o "reque-reque" e o "tambor médio". Apenas os homens tocam, e as mulheres, em porcentagem "muitíssimo maior", podem sambar e cantar. Como não é objetivo deste trabalho analisar o samba rural paulista, não vamos reproduzir os detalhes do funcionamento do mesmo, bastando

---

185 *Ibidem*, p. 70.
186 MANZATTI, Marcelo Simon. *Samba Paulista, do centro cafeeiro à periferia do centro*: estudo sobre o Samba de Bumbo ou Samba Rural Paulista. Dissertação (mestrado em Ciências Sociais) – PUC-SP, São Paulo, 2005, p. 26-27.

informar que o chefe é identificado por empunhar o bumbo, sendo responsável por lançar versos, improvisados ou não, contando sua fama e vitórias alcançadas. Em seguida, segue falando de sua origem ou "seu natural", sua viagem a Pirapora e outros casos, sempre intercalados por versos repetidos, que os demais participantes repetem em coro.[187]

No caso de dois batalhões se enfrentarem, há uma disputa de versos improvisados, o que muito se assemelha aos cantos de desafio existentes em diversas outras manifestações populares do Brasil, inclusive a capoeira moderna. A forma de dançar o samba, descrita por Mário Wagner, por outro lado, em nada se parece com a capoeira, sendo basicamente limitada a avanços e recuos do grupo em direção ao bumbo. Contudo, descrições de sambistas paulistanos que frequentaram a festa apontam alguns elementos mais próximos. Dionísio Barbosa mesmo comentou que, dentro de uma roda, as danças aos pares eram entremeadas "de meneios e gingado que variavam porque cada um fazia sua dança conforme sabia".[188]

Em outra descrição do samba rural paulista, também publicada em 1937, porém, localizamos mais elementos que ligam essa manifestação com a capoeira. Tal estudo, feito por Mário de Andrade, é mais focado na musicalidade da festa e traz mais dados sobre as trocas entre São Paulo e Pirapora. O autor revela que desde 1931 vinha observando o samba na cidade de São Paulo, ao acaso, nos carnavais:

> Pelo Carnaval de 1931, vagueando pela avenida Rangel Pestana, quase na esquina desta, na rua da estaçãozinha da São Paulo Railway roncava um samba grosso. *Nada tinha a ver com os sambas cariocas de Carnaval, nem na coreografia nem na música.* Bem junto, um botequim onde a negrada se inspirava. Tomei algumas notas e quatro textos, por mero desfastio de amador. E continuei meu carnaval.
>
> Em 1933, na terça-feira gorda, por indicação de um amigo, soube que na rua Manuel Paiva estavam dansando um samba rural, e fui lá. Era a mesma rua, mesmo lugar. Os negros, não sei si eram os mesmos, me afirmavam que eram, *gente do interior, não me lembro mais si de Sorocaba ou de Botucatú*, perdida a nota que tomei na ocasião. [...]

---

187 CUNHA, Mário Wagner Vieira da. "Descrição da Festa...", p. 21.
188 BRITTO, Iêda Marques. *Samba na cidade...*, p. 64.

> *Embora o samba estivesse bastante animado, soube que já decaía dos anos anteriores.* Não só o grupo era menor, como a liberdosa irreverência com que gente estranha, *brancos da Capital*, se intrometiam na dansa, atrapalhava e desolava os dansadores verdadeiros.
> Rompendo o escandalo e mesmo desconfiança que causava, improvisei papel, tomei algumas notas e com dificuldade colhi algumas melodias.
> Pelo Carnaval de 1934 voltei ao mesmo lugar, animado de melhores intenções folclôricas. Infelizmente o grupo se desagregara, ou deixara de vir lá da sua terra [...][189]

Através dessas observações de Mário de Andrade, podemos inferir sobre algumas influências e afastamentos. Tratava-se de "samba rural", promovido por negros "de Sorocaba ou de Botucatu", diferente dos sambas cariocas, mas que já sofria interferência de "brancos da Capital". Diante do declínio da reunião na cidade de São Paulo, o pesquisador foi a Pirapora, em 1934, para colher mais "peças", confirmando a impressão de Mário Wagner, de que o evento "profano" – mais uma vez, surgindo a divisão entre a festa dos piraporeanos e os rituais religiosos – também aí decaía ano após ano. Por conseguinte, quando esteve em Pirapora, ele só conseguiu acompanhar um grupo de samba que, por ironia, provinha da capital paulista:

> "O chefe dêste samba paulistano – o 'dono-do-samba' como é chamado – era um preto já velhusco, de seus 60 anos ou mais, se chamando Gustavo Leite, pedreiro. Disse morar na rua Santana do Paraiso, 26, distrito da Liberdade. O samba dele se compunha dumas vinte pessoas, todos pretos e de vária idade. Havia desde negrinhas presumivelmente com seus 20 anos sem virgindade de especie alguma, até uma admiravel matrona, virtuose em seus cantos, gorda, baixa, bem arranjada. E embora dansassem com muito barulho e entusiasmo, ás 23 horas o samba estava praticamente acabado. Pinga, sexo, falta de emulação, decadência talvez. Pude partir sem remorso.[190]

---

189 ANDRADE, Mário de. "O samba rural paulista". *Revista do Arquivo Municipal*, São Paulo, ano IV, vol. XLI, 1937, p. 37-38.
190 *Ibidem*, p. 39-40.

Mário de Andrade pouco acrescenta à descrição de Mário Wagner, no que diz respeito ao funcionamento do samba. Um dos pontos singulares é uma entrevista que ele cita, feita em Parnaíba, com um "negro velho, com perto de cem anos de idade, filho de Moçambique e nascido em Minas, Isidoro", que foi ainda criança para Campinas e lá aprendeu a sambar, "se tornando sambador célebre". Segundo o autor, o entrevistado se irritava com sambas que não tivessem "carreira historiando algum fato que sucedeu".[191]

Este velho sambista, Isidoro, apresentou uma interessante distinção entre o jongo e o samba: o primeiro seria caracterizado pela umbigada, enquanto o samba teria como marca a rasteira. Também relevante é a observação que Mário de Andrade registra disso: "uma deformação já muito vaga, muito simbólica da umbigada, percebi de fato no jongo de São Luis do Paraitinga, mas não sei o que seja esta rasteira no samba".[192]

Se por um lado, a fala de Isidoro reforça a existência da rasteira no samba rural paulista, por outro lado, assinala que talvez o grupo de samba de São Paulo que Mário de Andrade viu, em 1934, não contasse com capoeiras ou valentões. Ou talvez a presença dele fomentasse desconfiança em virtude das perseguições policiais e os valentões preferissem guardar as exibições de rasteiras para um momento no qual não houvesse pessoas estranhas por perto. Fato é que Mário de Andrade não viu em São Paulo rasteiras, nem mesmo algo que lhe sugerisse ser semelhante à capoeira ou ao berimbau. Isso fica claro em cartas que ele trocou com um colega acadêmico da Bahia, Aydano do Couto Ferraz, em meados de 1936. Na primeira delas, este diz que recebeu circular do colega paulista solicitando um berimbau, "instrumento negro descrito por Edison Carneiro".[193] Na missiva que Aydano escreve em seguida, ficam mais claras as dúvidas de Mário de Andrade sobre o berimbau e a capoeira:

> Junto com este bilhete, *seguem pelo correio uns recortes de jornal que elucidam as suas duvidas sobre a capoeira*, inclusive o negocio do camaradinha, que até hoje só me lembro de ter ouvido em candomblé, e o proprio Arthur Ramos cita.

---

191 *Ibidem*, p. 48.
192 *Ibidem*, p. 63, nota 4.
193 INSTITUTO DE ESTUDOS BRASILEIROS (Doravante, IEB). *Correspondência de Mário de Andrade*, subsérie Correspondência passiva, MA-C-CPL 2735.

Camarada, sim. *O berimbau com o esclarecimento vae daqui a uma semana*. Quando mandar eu faço o orçamento, coisa como v. sabe, indispensavel. Também vou relêr a sua carta, que agora não tenho em mãos, para responder tudo direitinho.[194]

Seguem ainda duas cartas, nas quais Aydano reclama de um berimbau que lhe queriam vender, pintado de verde e amarelo, o qual ele rejeitou, e criticou a "gente do berimbau", por prometer entregar um berimbau e não cumprir. Mas o que fica claro é o desconhecimento de Mário de Andrade sobre o cotidiano dos capoeiras e do berimbau em 1936, quando o jogo-luta já começa a ganhar conotação de ginástica nacional pelas atividades de Mestre Bimba na Bahia e de Sinhozinho no Rio de Janeiro, e pelos discursos de alguns "letrados" espalhados pelo país, como o pioneiro artigo de Coelho Netto, de 1928. Isso porque:

> no Brasil dos anos 30, dois grandes núcleos aglutinam conteúdos particulares da nacionalidade: o nacional-popular e sobretudo a mestiçagem, não tanto biológica como cada vez mais cultural. [...] são criadas ou reformadas diversas instituições culturais que visam "resgatar" (o que muitas vezes significou "inventar", ou melhor, "selecionar e recriar") costumes e festas, assim como um certo tipo de história. [...] é só com o Estado Novo que projetos oficiais são implementados no sentido de reconhecer na mestiçagem a verdadeira nacionalidade.[195]

Sobre este processo de valorização da cultura mestiça no Estado Novo – e que resultou, inclusive, na liberação do ensino da capoeira –, Roberto Da Matta reforça que o objetivo não era apenas reafirmar a nacionalidade, tendo ainda a pretensão de aproximar etnias e diluir tensões.[196]

---

194 IEB. *Correspondência de Mário de Andrade*, subsérie Correspondência passiva, MA-C-CPL 2736.
195 SCHWARCZ, Lilia Moritz. "Nem preto nem branco, muito pelo contrário: cor e raça na intimidade". In: SCHWARCZ, Lilia Moritz (org.). *História da vida privada no Brasil*. Vol. 4: *Contrastes da intimidade contemporânea*. 3ª reimpressão. São Paulo: Companhia das Letras, 1998, p. 192.
196 DAMATTA, Roberto. *Carnavais, malandros e heróis*: para uma sociologia do dilema brasileiro. 6ª ed. Rio de Janeiro: Rocco, 1997.

É curioso que, conforme Alceu Maynard Araújo, "um dos mais lúcidos e profícuos presidentes do Estado de São Paulo", Júlio Prestes de Albuquerque, ao ocupar o cargo entre 1927 e 1930, tenha incentivado o ensino da capoeira entre os alunos das Escolas Normais do Estado, "como salutar esporte nacional de ataque e defesa", o que não teria ido a diante devido à implantação do Estado Novo. A única pista que Maynard nos deixa é de que o governador inspirou-se no fato de que "as várias nações têm seu esporte nacional (a Inglaterra o box, o Japão o jiu-jitsu, Portugal o jôgo da porra etc)".[197] Podemos sugerir ainda que a geração de Júlio Prestes, formada na Academia de Direito de São Paulo, em 1906, ainda sofresse influência das palavras de Duque-Estrada e Couto de Magalhães, exatamente nesse sentido.

Para compreendermos como uma atividade, que por pouco não se tornou parte do currículo escolar em São Paulo, veio praticamente a desaparecer logo em seguida, é preciso mergulhar em outro universo cultural bem próximo do que vimos em São Paulo e que o influenciou diretamente: o do Rio de Janeiro.

Batuque, pernada, capoeira e tiririca

Ao estudar o samba em São Paulo, a historiadora Iêda Britto percebeu que a reunião em Bom Jesus de Pirapora, nas primeiras décadas do século XX, em muito se assemelhava à festa da Penha do Rio de Janeiro. Isso porque "nenhuma das duas resultou da iniciativa de grupos negros que delas participavam com maior ou menor envolvimento religioso". Para ela, "foi na transformação das atividades profanas que o grupo negro lá e aqui marcou decisivamente as festas como um todo". Porém, a pesquisadora enxerga diferenças entre a "umbigada de Pirapora" e as "derrubadas da Penha" em meio ao samba e à aguardente. Suspeitamos que a cultura negra que se forjava no Rio de Janeiro e em São Paulo, no meio das rodas de samba, tinham muito mais em comum, até mesmo pelas trocas mútuas que cariocas e paulistas exerceram uns sobre os outros, pela deportação daqueles – como no caso do capoeira carioca Menê, que, como já citamos antes, iniciou um grupo de estudantes de Botucatu no jogo-luta, em 1927, na ocasião da criação do

---

197 ARAÚJO, Alceu Maynard. *Folclore nacional...*, vol. II, p. 314-315.

"Atlético Bloco Pedotríbico Orfeu" – e pela estada de moradores de São Paulo no então distrito federal.

Responsável pela criação do pioneiro Grupo Carnavalesco da Barra Funda, em 1914, Dionísio Barbosa reconhece ter se inspirado nas rodas de bambas cariocas. Mestre carpinteiro de uma fábrica paulista, em 1910 ele foi transferido para uma filial no Rio de Janeiro, onde aprendeu o jogo da pernada com Juventino do Catete, participando do rancho carnavalesco Flor do Abacate nas festas da Penha. Assistiu ainda a desfiles de bandas militares com fardas elaboradas, boa música e balizas acrobáticos. Foi a partir dessa vivência no Rio de Janeiro que, em 1914, ao retornar a São Paulo, Dionísio Barbosa fundou o cordão na Barra Funda – que posteriormente daria origem ao Grêmio Recreativo Mocidade Camisa Verde e Branco –, que mesclava influências cariocas com antigas tradições paulistanas. O fundador se firmou como liderança na comunidade, recebendo o nome de Nhonhô da Chácara, e em pouco tempo surgiram cordões carnavalescos concorrentes: na própria Barra Funda, o cordão Campos Elísios, criado em 1918 e, em 1930, apareceram o Vai-Vai, no Bexiga (então já chamado de Bela Vista), e o Baianas Paulistas, também chamado de Baianas Teimosas, na Baixada do Glicério.[198]

Uma das influências mais marcantes do Rio de Janeiro na formatação que Dionísio Barbosa deu ao cordão da Barra Funda foi a introdução dos balizas, papel inicialmente exercido somente por homens, que deveriam ser altos, magros e bastante ágeis. Com um pequeno bastão na mão, também chamado de batuta, o baliza abria caminho em meio ao povo para a agremiação desfilar e defendia o estandarte, o que, nas décadas de 1920 e 1930, tornou-se uma função vital em razão das rivalidades recrudescentes entre os cordões. Nessa fase, foi criada, inclusive, a figura do contrabaliza, e a Flor da Mocidade chegou a ter um baliza e dois contrabalizas para se proteger dos ataques da Vai-Vai. Também surgia os batedores ou bastedores, um grupo de seis a oito homens, armado de bastões de madeira com ponta na forma de lança, que protegia o estandarte nas laterais. Ao recordar as lutas no Largo de Santa Cecília, Zezinho da Casa Verde – que entrou para o mundo do samba aos 8 anos, quando conheceu o cordão da Barra Funda em uma festa de Pirapora – comentou

---

198 SIMSON, Olga Rodrigues de Moraes von. *Carnaval em branco e negro...*, p. 104-105.

que "pra chegá naquele estandarte, você tinha que rebentá aqueles bastedores que tava na frente, aqueles bastedores era o respeito da escola".[199]

Os balizas dos cordões paulistanos também tinham outro papel, de arrecadar fundos para os desfiles de sua agremiação. Antes do carnaval chegar, vestiam-se com suas fantasias do ano anterior, sempre de calção de cetim bufante, saíam pelo bairro fazendo piruetas e acrobacias. Seus admiradores davam dinheiro, que era guardado nas pernas folgadas do calção, dificultando cada vez mais os movimentos, o que aumentava a expectativa da plateia.[200]

Apesar desse aspecto mais lúdico, chama a atenção o fato de o papel principal do baliza, abrindo caminho para o cortejo e servindo de segurança para a agremiação, em muito se assemelhar àquele exercido pelo capoeira Borboleta, chefe de um dos batalhões da festa de Pirapora, em 1936. Embora esse registro do interior paulista seja posterior ao da criação dos balizas nos cordões paulistanos, consideramos legítimo sugerir que Dionísio já tivesse visto capoeiras abrindo caminho para os batalhões em Pirapora e achou a figura do baliza um substituto mais adequado aos cordões de São Paulo. Afinal, este tipo de função dos capoeiras, fazendo acrobacias à frente de cortejos fúnebres e bandas militares, parece ter se mantido desde meados do século XIX até o início do XX, não só no Rio de Janeiro, como em outras regiões do país.

Na já citada pintura de Debret sobre o cortejo fúnebre do filho de um rei negro, além dos negros volteadores, é ilustrada a figura do "mestre de cerimônias", que "sai da casa do defunto fazendo recuar a grandes bengaladas a multidão negra que obstrui a passagem".[201] Da mesma forma, ao explicar a influência da capoeira na origem do boi--bumbá no Pará, Luiz Augusto Leal conta que, no início do século XX, houve uma "importação" de capoeiras pernambucanos, incluindo um certo Antônio Marcelino, que havia sido integrante da "Guarda Pretoriana ou Negra" e tinha experiência nos "cordões carnavalescos à pernambucana", nos quais os capoeiras eram fundamentais para ocuparem a função de balizas, abrindo caminho para o cortejo e garantindo a segurança dos integrantes. Suas demonstrações foram descritas como "empolgante

---

199 *Ibidem*, p. 149-151. A história de como Zezinho da Casa Verde entrou para o meio do samba, em uma festa de Bom Jesus de Pirapora, aparece na p. 184.

200 *Ibidem*, p. 166.

201 DEBRET, Jean Baptiste. *Viagem pitoresca...*, tomo II, p. 186, prancha 16.

contenda daqueles bailarinos da braveza". Uma reminiscência da época aponta que estes também atuariam no boi-bumbá, por ocasião da época junina.²⁰²

Mesmo em São Paulo, reminiscências apontam figuras parecidas com a dos balizas. Já comentamos sobre os "meninos endiabrados" que, em fins do século XIX, andavam na frente dos cortejos. Nas recordações sobre a São Paulo de outrora, Francisco de Assis Bueno relata que a procissão da Ordem Terceira do Carmo, "solene e aparatosa", contava com a seguinte estrutura complementar:

> Atrás da procissão marchava *uma banda militar*, tocando músicas fúnebres. Pois bem, logo atrás do esquife vinha *o centurião*, à frente de homens uniformizados como os legionários da antiga roma. *Era um sujeito agigantado*, que apreciva todos os anos para fazer esse papel de um modo irrisório, pela exageração com que marchava, dando longas pernadas *gingando com o corpo e batendo bravamente no chão com o cabo da lança*; e os seus comandados o imitavam da melhor forma que podiam. O centurião, com a sua centúria, era, pois, a nota burlesca desta procissão.²⁰³

A imagem de um "sujeito agigantado", "gingando com o corpo", tendo à mão uma lança, em muito se parece com a dos bastedores ou mesmo dos balizas. Isso não significa que o centurião ou mesmo balizas e bastedores fossem capoeiras. Mas, certamente, tratavam-se de valentões, com destreza corporal fora do comum. Uma foto de um baliza, de 1939, reforça a ideia de que este elemento tinha alguma relação com os capoeiras.

---

202 LEAL, Luiz Augusto Pinheiro. *A política da capoeiragem*..., p. 185.
203 BUENO, Francisco de Assis Vieira. *A cidade de São Paulo*..., p. 34 (grifo nosso).

FIGURA 27. Detalhe de uma foto de 1939, reproduzida em SIMSON, Olga Rodrigues de Moraes von. *Carnaval em branco e negro...*, p. 285. A imagem mostra um baliza do Grêmio Recreativo e Carnavalesco Moderado, da Água Branca, executando um movimento que se parece com a "negativa" na capoeira atual, ou mesmo a rasteira executada em Pirapora pelo chefe de batalhão Borboleta, conforme descrito em 1936 por Mário Wagner.

Zezinho da Casa Verde explica que, além do baliza e dos contrabalizas à frente, e dos bastedores ao lado, havia mais um defensor do estandarte, o mestre de cerimônias, que sambava em volta da porta-estandarte com um pauzinho na mão para "cutucar" quem tentasse arrancar o símbolo da agremiação. Olga von Simson ressalta que, na década de 1940, quando as disputas físicas diminuíram a partir do maior apoio do comércio e da imprensa, essas funções defensivas começaram a mudar. O mestre de cerimônias foi substituído pelo mestre-sala e trocou o pauzinho pelo lenço rendado. O grupo armado dos bastedores deu lugar à cordialidade e diplomacia da comissão de frente. E as mulheres começaram a ocupar o papel de balizas, até mesmo pela maior flexibilidade e graça, sendo famosas nessa função Risoleta, Ondina e Alzira, dentre outras. Mas valentes balizas ganharam fama entre seus companheiros, como Bagico e Cara-Torta, do Camisa Verde; Saturnino, do Campos Elísios; Patrocínio, Genésio, David, Guariba e Dito Cristo, do Vai-Vai; e até o ator Grande Otelo, que, ao lado de Zezinho, fez nome no Flor da Mocidade. O papel de baliza perdurou até a década de 1960, desaparecendo com a oficialização do carnaval paulistano, que seguiu o regulamento das escolas de samba do Rio de Janeiro.[204]

---

204 SIMSON, Olga Rodrigues de Moraes von. *Carnaval em branco e negro...*, p. 150-153.

A necessidade de habilidades marciais tradicionais dos negros, que combinavam agilidade e valentia, está bem representada por uma foto da década de 1940:

FIGURA 28. Foto da década de 1940, reproduzida em SIMSON, Olga Rodrigues de Moraes von. *Carnaval em branco e negro...*, p. 293.

Na imagem, que retrata os integrantes da agremiação Moderado, destaca-se o famoso baliza Ataliba ao centro. Único negro da agremiação, que era formada por imigrantes italianos, Ataliba sempre foi muito admirado e valorizado por sua habilidade acrobática.

Segundo Iêda, além da segurança "ostensiva" de balizas, bastedores e do mestre de cerimônias, havia outras formas de proteger a escola. Na década de 1940, era comum a ala das baianas ser formada por homens, que carregavam cacetes escondidos nas saias rodadas, para a hora do "confronto inevitável". Foi nessa função que Inocêncio Tobias ganhou o apelido de Inocêncio Mulata.[205]

Em uma foto da década de 1950, Inocêncio Mulata, dirigente do cordão Camisa Verde, aparece com seu "indefectível porrete", com o qual coordenava os desfiles.

---

205 BRITTO, Iêda Marques. *Samba na cidade...*, p. 25.

FIGURA 29. Foto da década de 1960, reproduzida em SIMSON, Olga Rodrigues de Moraes von. *Carnaval em branco e negro...*, p. 309, mostra o dirigente do Camisa Verde, Inocêncio Mulata, com um bastão na mão, resquício dos tempos dos mestres de cerimônia.

De volta ao diálogo entre o samba paulista e o carioca, é preciso ressaltar que este não se limitou a Dionísio Barbosa e seus balizas. Sambista renomada em São Paulo, Madinha Eunice também se inspirou nas festas cariocas para fundar, em 1937, o Grêmio Recreativo Beneficente e Esportivo Lavapés, uma das primeiras entidades carnavalescas de São Paulo a seguir a estrutura das escolas de samba do Rio de Janeiro. Como já dissemos, Eunice crescera vivenciando o samba de Pirapora e, aos 25 anos, casou-se com Francisco Papa, o Chico Pinga, filho de imigrantes italianos e também entusiasmado com o samba e o carnaval, o que os aproximou. Em 1935, o casal decidiu ir ao Rio de Janeiro para assistir às apresentações carnavalescas, que já haviam se tornado referência nacional. Dentre os locais onde estiveram, foi marcante a vivência na Praça Onze, reduto tradicional de bambas.[206]

Curiosamente, uma das principais diferenças entre os cordões e as escolas de samba na época da fundação do Lavapés era exatamente a presença dos balizas nos primeiros.[207] Talvez isso tenha sido reflexo de uma mudança nas escolas de samba do Rio de Janeiro, que, já nesse período, haviam adotado o mestre-sala para substituir o baliza na proteção da bandeira da agremiação.

---

206 SILVA, Vagner Gonçalves da; BAPTISTA, Rachel Rua; AZEVEDO, Clara; BUENO, Arthur. "Madrinha Eunice e Geraldo Filme...", p. 126-127.

207 *Ibidem*, p. 131.

Sobre o processo de transformação do samba paulista em algo cada vez mais próximo à manifestação em desenvolvimento na mesma época, no Rio de Janeiro, o historiador José Geraldo Vinci de Moraes acrescenta detalhes da influência do rádio:

> O samba urbano paulistano, em construção desde o início da década de 1910 e que se desenvolveu nas duas seguintes, já no final dos anos 1930 lutava para sobreviver na moderna cidade industrial que se erguia. O samba regional paulistano não resistiu, nem conseguiu transformar suas tradições no novo espaço urbano que definia o futuro da metrópole; tampouco ingressou nos meios de comunicação como um elemento preponderante. No mesmo período, o samba urbano carioca ocupava e consolidava com muita força seu espaço na radiofonia brasileira, impondo-se como padrão nacional. Tal fato colaborou para que o samba paulistano perdesse ainda mais espaço, acabando por restringir-se às comunidades de sambistas, enfraquecendo-se como realidade cultural.[208]

Conforme a historiografia sobre o tema demonstra, esse processo é muito mais complexo do que a simples substituição de um tipo de manifestação por outro. Por um lado, poderíamos supor que sambistas paulistas, ao chegarem no Rio de Janeiro, somavam seus conhecimentos aos de seus novos colegas de roda. Como não cabe a este trabalho desenvolver essa ideia, apenas citamos alguns dos músicos de São Paulo que, conforme Moraes, migraram para o Distrito Federal "em busca de reconhecimento e dinheiro": Garoto, Vadico, Zé Carioca, Alvarenga e Ranchinho, Gaó, Laurindo de Almeida e "até o radialista/ locutor mais famoso da cidade, César Ladeira".[209]

Por outro lado, muitos elementos da cultura paulista foram preservados, ao menos em alguns redutos que se mantiveram alheios à cultura massificada pelo rádio, como as rodas de engraxates do centro de São Paulo, que abordaremos mais à frente. Por enquanto, voltemos à questão das trocas entre Rio e São Paulo para ressaltar que, mesmo quando havia uma influência carioca direta, não era

---

208 MORAES, José Geraldo Vinci de. *Metrópole em Sinfonia*: história, cultura e música popular na São Paulo dos anos 30. São Paulo: Estação Liberdade, 2000, p. 283.
209 *Idem*. "Sons da velha metrópole". *História Viva*, n. 63, jan. 2009. Disponível em: <http://www2.uol.com.br/historiaviva/reportagens/sons_da_velha_metropole_imprimir.html>. Acesso em: jun. 2011.

linear. Madrinha Eunice mesmo teria vivenciado uma experiência distinta daquela encarada por Dionísio Barbosa. Na Praça Onze, a sambista assistiu às rodas de bambas, que mantiveram um viés "violento" ainda por um bom tempo. Um dos autores de grandes sucessos da primeira metade do século XX, Mário Lago, deixou-nos uma descrição surpreendente de uma roda realizada durante o desfile de carnaval naquele local, que presenciou na década de 1920, acompanhado de Villa-Lobos e sua esposa Dona Lucília:

> Uma vez, garoto ainda, me incorporei a esse bloco, e graças a isso assisti a uma batucada ainda das antigas. O tempo levou da memória letra e música do que cantavam. Ficou o espetáculo. Uma roda imensa, onde todos cantavam o estribilho. Para o centro ia um dos batuqueiros, improvisando versos, exibindo passos. Findo seu recado, chegava-se a um outro, figurava uma coreografia de capoeira terminada em reverência, convite para o outro mostrar do que era capaz. E os assistentes aplaudiam, vivavam, provocando babas em Villa-Lobos, sempre atento às manifestações de nossa cultura popular. De repente um dos que puxavam o batuque lançou, despreocupado de ritmo e melodia, uns versos que davam arrepio:
>
> É ordem do rei,
> É ordem do rei
> Pra matar
>
> Dona Lucília me arrastou pela mão, às carreiras, e quando olhei para trás só havia os da batucada. A roda como se fechara, e o clima não tinha mais nada de festa de há pouco. Quando o batuqueiro terminava sua parte, o passo de capoeira não era faz-de-conta, e o outro que se defendesse. Quem era do riscado se safava. Quem tinha ficado ali de otário acabava se arrebentando de bunda no chão. Muitas vezes havia antigas rixas a serem acertadas, e junto com o passo ia uma navalhada, com final no Necrotério ou Assistência.[210]

---

210 LAGO, Mário. *Na rolança do tempo*. Rio de Janeiro: Civilização Brasileira, 1979, p. 151. *Apud* FENERICK, José Adriano. *Nem do morro nem da cidade*: as transformações do samba e a indústria cultural (1920-1945). São Paulo: Annablume, 2005, p. 123.

O trecho exibe claramente a íntima relação entre o batuque e a capoeira existente no Rio de Janeiro. Assim como vimos em São Paulo, havia no Rio de Janeiro uma proximidade destes, também, com outras manifestações culturais e mesmo com o futebol. José Murilo de Carvalho avalia que:

> A população do Rio foi reconstruindo algumas ocasiões de auto-reconhecimento dentro da metrópole moderna que aos poucos se formava. A grande festa da Penha foi tomada do controle branco e português por negros, ex-escravos, boêmios; as religiões africanas passaram a ser frequentadas por políticos famosos como, pasmem, J. Murtinho; o samba foi aos poucos encampado pelos brancos; o futebol foi tomado aos brancos pelos negros. Movimentos de baixo e de cima iam minando velhas barreiras e derrotando as novas, que se tentavam impor com a reforma urbana.[211]

Essa adesão da sociedade branca ao samba, "aos poucos", está ligada, também da forma como vimos na capital paulista, à preocupação da sociedade branca e mesmo de parte das comunidades negras em manter-se distante dos valentões, o que aparece nos depoimentos de sambistas da época e está vinculada a um processo de "higiene poética" da manifestação, com o afastamento de elementos da "criminalidade e da marginalidade", no início da écada de 1930, conforme relata o historiador José Adriano Fenerick. Este cita como exemplo do próprio Mário Lago, que apesar de vir de uma família de músicos, sofreu pressão de parentes, que não viam com bons olhos aquela "música de capadócios". Isso porque, para a família do jovem Mário, "os primeiros que fizeram sambas vieram dos morros" e se "nem todos seriam malandros" seriam sempre pobres "e o morro acaba confundindo tudo".[212]

Conforme já citamos, o trabalho de Pires provou que a capoeiragem da virada do século XIX e das primeiras décadas do século XX não era majoritariamente formada por "vadios", como a tradição oral faz crer. Sua argumentação ganha peso nas análises dos processos criminais contra capoeiras presos no Rio de Janeiro, com base no Código Penal de 1890, entre este ano e 1937. Mais de 40% dos presos exerciam trabalhos nas ruas, entre vendedores ambulantes,

---

211 CARVALHO, José Murilo de. *Os bestializados...*, p. 156.
212 FENERICK, José Adriano. *Nem do morro nem da cidade...*, p. 70.

carregadores, carroceiros e outros, seguindo uma tradição já verificada no século XIX, naquela cidade. Em seguida, apareceram os artesãos (16%), trabalhadores domésticos (12%) e do comércio (11%), funcionários públicos (5%), trabalhadores rurais (3%) e proprietários (1%), sendo apenas 4% dos detidos classificados como sem profissão.[213]

Com isso, Pires demonstra, através da análise de processos criminais, que as maltas de capoeiras ainda estavam ativas até, pelo menos, as duas primeiras décadas do século XX, contando com diversos casos similares àqueles de desordeiros que formavam "partidos" em São Paulo, dos quais tratamos anteriormente. O autor conclui que "a produção da capoeira se deu em um processo de interação entre diversas atividades, onde aspectos da capoeiragem foram introduzidos em outras expressões culturais e vice-versa", citando o exemplo da capoeiragem inserida em uma folia de Reis, ainda no século XIX.[214]

Pires analisa casos de capoeiras envolvendo-se em brigas familiares, exibindo-se nas festas religiosas, desafiando maltas de freguesias rivais, marchando ao lado de batalhões militares, treinando menores, duelando com o pau em freguesias rurais, participando de disputas políticas e confrontos entre nacionais e estrangeiros, provocando conflitos em eventos carnavalescos e outros. Muitas vezes, o mesmo personagem aparece em mais de uma dessas situações, sendo simbólico o exemplo de um "velhinho" com aproximadamente 60 anos que, em 1901, ao arrumar confusão com o condutor de um bonde, foi abordado por policiais, derrubando-os com rasteiras e rabos de arraia. Conduzido à delegacia, explicou que fora primeiro baliza de bandas marciais e, aliado ao partido conservador, chegou a ser chefe dos nagoas, uma das maiores maltas de capoeira do Rio de Janeiro do século XIX.[215]

Ou seja, o sexagenário teria sido, em sua juventude, um tipo clássico do baliza que, anos depois, encantou Dionísio Barbosa. Dificilmente, os dois poderiam ter se encontrado. Mas outro caso demonstra a espécie de contato que o sambista paulistano teve no Rio de Janeiro. É o de Artur Ferreira Novaes, apelidado de Arthur Mulatinho. Considerado "o terror do catete" na primeira década do século XX, promovia desordens sob proteção de políticos que usavam suas habilidades

---

213   PIRES, Antônio Liberac Cardoso Simões. *A capoeira no jogo das cores...*, p. 160-161.
214   *Ibidem*, p. 78-79.
215   *Ibidem*, p. 96.

marciais na época das eleições. Em uma ocasião, envolveu-se num grande conflito na sede do Clube Carnavalesco "Flor do Abacate", o mesmo que Dionísio Barbosa frequentou por volta de 1910. Os dois não se conheceram, pois o valentão morreu em um tiroteio, em 3 de novembro de 1908.[216] Mas podemos supor que Dionísio Barbosa tenha visto outras figuras desse tipo, que percorriam diferentes espaços sociais e culturais no Distrito Federal.

A relação entre capoeira, samba e futebol, por sinal, fica mais clara quando Pires analisa aspectos das identidades culturais do Rio de Janeiro no período. Inicialmente, ele cita prisões nas quais capoeiras exibiam-se em atividades carnavalescas. Também lembra a tradição oral, segundo a qual a participação de capoeiras nas rodas de samba produziu o "samba duro" em Salvador e a "Pernada Carioca" no Rio de Janeiro, sendo inclusive o mestre-sala um capoeira cuja função era proteger a bandeira do seu bloco durante os desfiles, caso outros tentassem tomá-la. Sem chegar a esse ponto por meio dos processos, o historiador faz uso de depoimentos de sambistas antigos para aproximar as duas manifestações, assinalando que muitos sambistas reclamavam da presença dos capoeiras nas rodas de samba, por fomentar a repressão policial. Por fim, Pires argumenta que a relação entre capoeiras, blocos carnavalescos e times de futebol estaria baseada no padrão de organização comum, por área.[217]

O mesmo processo que vimos em São Paulo, onde, por exemplo, os torcedores do time Vai-Vai desfilavam no cordão Vai-Vai e buscavam proteção nos valentões do bairro do Bexiga. Ao que parece, isso também ocorreu em outras regiões. Já colocamos antes que em Recife, as bandas militares eram acompanhadas de perto por capoeiras, que deram origem ao frevo. Há indícios de que no Ceará, da mesma forma, misturava-se samba com ginga e rasteiras.[218] E mesmo em Salvador, samba e capoeira se misturavam desde o século XIX, aparecendo em registros do início do século XX.[219]

---

216 Ibidem, p. 133-134.
217 Ibidem, p. 185-188.
218 ARARIPE JÚNIOR, Tristão de Alencar. Luizinha. 1ª ed. 1878. Rio de Janeiro: José Olympio, 1979, p. 74. Apud TINHORÃO, José Ramos. Os sons dos negros no Brasil: cantos, danças, folguedos: origens. São Paulo: Art Editora, 1988, p. 76.
219 DIAS, Adriana Albert. A malandragem da mandinga: o cotidiano dos capoeiras em Salvador na República Velha (1910-1925). Dissertação (mestrado em História Social) – UFBA, Salvador, 2004. Sobre a mistura da capoeira com samba e outras manifestações, ver p. 19. Sobre essa relação

No caso do Rio de janeiro, que nos interessa mais pelas trocas frequentes com São Paulo, vale citar um trabalho mais focado nas ligações entre sambistas e capoeiras, de Maria Angela Borges Salvadori, segundo a qual a diferença entre essas duas práticas de origem negra estaria nos processos distintos de massificação, uma vez que o samba no Rio de Janeiro ganhou alto nível de investimento público e privado, e grande projeção na imprensa e no rádio, já nas primeiras décadas do século XX, quando a capoeira ainda era proibida e seus praticantes, perseguidos pela polícia e criticados pelos órgãos de comuniação.[220] Pelos depoimentos de sambistas cariocas antigos, podemos perceber melhor a relação entre o batuque, a capoeira e o samba. Assim como verificamos em São Paulo, a impressão que se tem é que, neste período, há uma mistura dos diversos elementos, até porque muitos homens pertenciam aos dois ambientes.

Ismael Silva, sambista que valorizava o ócio como parte da vida do malandro carioca, afirmou que "batucada era uma roda que se formava no carnaval, na rua" e que "essas rodas eram de malandragem, não é, de malandros, roda para derrubar". Em seguida, faz uma descrição muito semelhante à de Mário Lago. Para Maria Angela Salvadori, "aliança entre a música e os movimentos do corpo com a característica mais marcante desta prática".[221] E recorda que até mesmo o famoso valentão Manduca da Praia – um dos únicos capoeiras de fins do século XIX que sobreviveram na memória coletiva dos praticantes do final do século XX, como assinala Pires – andava com "o violão sempre à unha".[222] A conclusão de Maria Angela Salvadori é a de que o capoeira, ao ser perseguido, encontra refúgio na figura do malandro, sendo suas tradições preservadas no mundo do samba. Para ela, "a malandragem mantém uma tradição que está na elegância, na valentia, no questionamento às regras do trabalho, na ligação com a música e em um movimento específico do corpo". Como exemplo, cita o famoso malandro travesti

---

na virada do século XIX para o XX, há inúmeras passagens. Em uma delas, na p. 57, um senhor, ao ser questionado com insistência sobre a diferença entre samba de roda, batuque e capoeira chega a se irritar, afirmando que "era a mesma coisa, mesma coisa!".

220 SALVADORI, Maria Angela Borges. *Capoeiras e malandros: pedaços de uma sonora tradição popular (1890-1950)*. Dissertação (mestrado em História) – Unicamp, Campinas, 1990.

221 *Ibidem*, p. 111.

222 *Ibidem*, p. 121.

Madame Satã. Essa transição, de capoeiras a bambas, também aparece no livro *Quem tem medo da capoeira?*, de Luiz Sérgio Dias.[223]

Talvez um dos elos dessa geração que vivia entre a figura do malandro e do capoeira seja Joaquim Felix, o Quinzinho, que iniciou o renomado mestre Leopoldina na capoeira carioca, por volta de 1950. Quinzinho era "um jovem e perigoso marginal, chefe de quadrilha, que já tinha passado pela Colônia Penal e carregava algumas mortes nas costas". Ensinou a Leopoldina, na época com quase 20 anos de idade, a arte da "tiririca", como era chamada a capoeira dos malandros cariocas, sem berimbau. Era uma movimentação ensinada na prática e que, embora fosse exercutada por marginais, possuía código de ética, sendo transmitida sem violência.[224]

O mais interessante neste relato está no nome dado à capoeira dos malandros daquela época, "tiririca". Este foi o mesmo nome pelo qual sambistas e mesmo praticantes da capoeira em São Paulo passaram a denominar a capoeira antiga da "terra da garoa", que seriam pernadas e rasteiras, basicamente, ao som de um samba improvisado com caixa de engraxate, latas de lixo e outros "instrumentos".[225]

Origem da tiririca

Um dos principais nomes do samba paulistano e que talvez tenha sido o maior divulgador do batuque e da tiririca em São Paulo, ao lado de Osvaldinho da Cuíca, foi Geraldo Filme. Dentre suas contribuições nesse sentido, destacou-se a música que gravou em um LP e que seria cantada nas rodas de tiririca do seu tempo de menino:

---

223 DIAS, Luiz Sérgio. *Quem tem medo da capoeira?* (Rio de Janeiro, 1890-1904) – Coleção Memória Carioca, vol. 1. Rio de Janeiro: Secretaria Municipal de Culturas/Arquivo Geral da Cidade do Rio de Janeiro, 2001.

224 CAPOEIRA, Mestre Nestor. "Mestre Leopoldina, in memoriam". In: ABREU, Frede; CASTRO, Maurício Barros de (orgs.). *Capoeira* (coleção Encontros). Rio de Janeiro: Beco do Azougue, 2009, p. 215-216.

225 Dentre os diversos artigos e vídeos sobre o assunto, ver, por exemplo, o artigo "Capoeira, Pernada & Tiririca na Terra da Garoa", de Miltinho Astronauta, publicada no jornal *Tribuna Metropolitana*, em julho de 2005. Disponível em: <http://www.capoeira.jex.com.br/cronicas/capoeira+pernada+e+tiririca>. Acesso em: 26 abr. 2011. Ver também o vídeo "Tiririca", postado no sítio Ciências da Capoeira. Disponível em: <http://www.cienciasdacapoeira.com.br/index.php?option=com_content&view=article &id=6&Itemid=6>. Acesso em: 7 maio 2011.

> É tumba, moleque, tumba
> É tumba pra derrubá
> Tiririca faca de ponta
> Capoeira qué te pegá
> Dona Rita do tabuleiro
> Quem derrubô meu companheiro
> Abre a roda minha gente
> Que o batuque é diferente[226]

Para compreendermos melhor esta música e como a capoeira em São Paulo passou a ser chamada de tiririca, é imprescindível retomar a história de Geraldo Filme.

Nascido em 17 de outubro de 1927, foi criado na Barra Funda, vivendo nos arredores da alameda Glette e do largo Coração de Jesus. No início da década de 1930, sua mãe montou uma pensão perto da Avenida Rio Branco, que oferecia refeições e entregava em domicílio. Coube ao menino Geraldo levar as marmitas, junto com o colega Zeca, que também se tornou famoso sambista paulistano, Zeca da Casa Verde.

Conforme relados do próprio Geraldo Filme, sua paixão pelo samba começou ainda na infância, pois seu batizado foi acompanhado de um batuque no quintal. Além disso, seu pai era músico, tocava violino, participando de encontros com amigos cantores em casa, na vizinhança e até em cidades e fazendas no interior do estado. E sua avó materna cantava para ele músicas "dos escravos". Mas foi com a mãe que Geraldo Filme teve as primeiras experiências mais profundas no mundo do samba, em viagens com ela para a Festa de Bom Jesus de Pirapora. Também acompanhado da mãe, frequentava festividades na capital paulista, nas quais os negros se reuniam para fazer samba, como no dia da Abolição, na casa de Tia Olímpia, na Barra Funda, e no já citado terreiro de Zé Soldado, no Jabaquara.[227]

---

226 Esta música foi gravada no LP "Plínio Marcos em prosa e samba, nas quebradas do mundaréu", gravado em 1974, com composições dos sambistas tradicionais de São Paulo Geraldo Filme, Zeca da Casa Verde e Toniquinho Batuqueiro. Fez parte de um conjunto de ações de Plínio Marcos, no sentido de valorizar o samba paulista na década de 1970. Cf. <http://www.pliniomarcos.com/dados/samba.htm>. Acesso em: 8 maio 2011.

227 As informações sobre Geraldo Filme, assim como as de Madrinha Eunice que apresentamos antes, baseiam-se em depoimentos deles, registrados pelo projeto "Memórias do Carnaval Paulista", patrocinado pelo Centro de Estudos Rurais e Urbanos (Ceru) da USP, em convênio com o Museu da Imagem e do Som (MIS) de São Paulo. Como nosso objeto de estudo não é o samba em São Paulo, especificamente, usamos estudos sobre o mesmo nos quais tais depoimentos foram analisados. No caso desse resumo da história de Geraldo Filme, adotamos como

Além desses eventos, nos quais tinha contato com o tambu, samba de lenço, cururu, craviola, samba de roda e outros ritmos, tinha o costume de passar pelo Largo da Banana, em meio às entregas das marmitas, assistindo às rodas de samba. Ele mesmo relata que, junto com o Zeca da Casa Verde, acompanhava os "negros mais velhos jogando tiririca, aquele jogo de rasteira, *o samba duro e plantado lá nos morros cariocas*". Com esses "mais velhos" que os dois foram iniciados nessa manifestação.[228]

Através das palavras de um dos pioneiros do samba enquanto gênero musical no Rio de Janeiro, Donga, podemos entender um pouco mais desse "samba duro" dos morros cariocas:

> É bom esclarecer que *batucada não é samba, pois está mais próximo da capoeiragem. Batucada é quase "tiririca" que é capoeiragem, pois foi o primeiro canto que apareceu na capoeira*. Assim: "Tiririca é faca de cortá, não me mata, moleque de sinhá, e-ê galo já cantou". Isso é da época escravista (sic.). Batuque é capoeiragem porque você tem que dar o nome do que tira o outro: "tronco", "banda", "facão", "encruzilhada", "sentado", "em pé" etc. Isso é coreografia de capoeiragem e na batucada também tem. São os 'preceitos', pois para você ir lá tem que fazer umas "letras". Muitos fazem confusão, mas batucada não tem nada a ver com o samba. Samba-batuque é equívoco, pois o samba é sapateado, nos pés, pelos homens, e nos quadris, pelas mulheres.[229]

Um dos famosos batuqueiros do Rio de Janeiro, João Mina, deu uma entrevista em março de 1948 ao jornal *Estado da Bahia*, no qual demonstrou grande interesse em conhecer mestre Bimba, que havia criado a Luta Regional Baiana em 1928 e que, em meados do século XX, vivia uma fama crescente devido aos desafios nos ringues com praticantes de artes marciais orientais. Com aproximadamente 60 anos de idade, João Mina esclareceu ao repórter:

---

referência SILVA, Vagner Gonçalves da; BAPTISTA, Rachel Rua; AZEVEDO, Clara; BUENO, Arthur. "Madrinha Eunice e Geraldo Filme...", p. 153-155, que também faz uso de outras fontes para recuperar a história desses dois sambistas.

228 SILVA, Vagner Gonçalves da; BAPTISTA, Rachel Rua; AZEVEDO, Clara; BUENO, Arthur. "Madrinha Eunice e Geraldo Filme...", p. 156 (grifo nosso).

229 Donga, depoimento ao MIS. In: *As vozes desassombradas do Museu*. Rio de Janeiro: MIS, 1970, p. 28. *Apud* FENERICK, José Adriano. *Nem do morro nem da cidade...*, p. 98 (grifo nosso).

> Batuque quem fazia era negro de macumba, negro bom de santo, bom de garganta e, principalmente, bom de perna para tirar outro da roda. Tinha batuque todo dia na favela, com a negrada metendo a perna e jogando parceiro no chão, até a polícia chegar. Aí, então, como num passe de mágica, a batucada virava samba, entrando as mulheres dos batuqueiros na roda. Homem não dançava samba. Samba é nome de filha de santo, mas todo mundo de fora que subia o morro procurando mulher, dizia que ia ver samba e por samba ficou a dança que elas dançavam e que era batuque mais mole e bem remexido – era coco.
> *Assim que a polícia saía, o batuque continuava e os batuqueiros entravam duro na capoeiragem.*

O sexagenário batuqueiro resgata em seguida algumas músicas tradicionais, com nomes de golpes, como "banda", "baú", "dourado", "encruzilhada" e "rabo de arraia". Dentre esses golpes, que João Mina chama de "cortes", havia um "ruim de defender, pra batuqueiro novo", que era exatamente a tiririca, lançada "quando o mestre cantava":

> Tiririca é faca de cortar
> Quem não pode não intima
> Deixa quem pode intimá...[230]

João Mina, que teria abandonado o batuque e passado a se dedicar à cuíca após acertar um rabo de arraia mortal em outro batuqueiro na Praça Onze, comenta ainda que um dos papéis dos batuqueiros era abrir as alas nos carnavais, "como se faz hoje o diretor de corda de escola de samba".[231] Vale ressaltar que tal função em muito se assemelha àquela do capoeira Borboleta, chefe de batalhão em Pirapora, e dos balizas de bandas marciais que inspiraram Dionísio Barbosa introduzir esse elemento nos cordões paulistanos.

De volta à questão da tiririca, outro famoso sambista antigo do Rio de Janeiro, compositor renomado da Mangueira, Carlos Cachaça, não chega a citar tal nome.

---

230 *Estado da Bahia*, 15/03/1948, "João Mina quer ver muleque Bimba na boa capoeiragem". In: ABREU, Frede; CASTRO, Maurício Barros de (orgs.). *Capoeira* (coleção Encontros). Rio de Janeiro: Beco do Azougue, 2009, p. 14-17 (grifo nosso).

231 *Ibidem*, p. 17.

Mas seu depoimento ajuda a reforçar a visão de que, embora distintas, manifestações como samba, batuque/capoeira e até atividades religiosas de origem negra se misturavam, em razão da origem comum. Segundo ele, "a macumba era macumba, o samba era samba, o batuque era batuque, mas eram todos a mesma coisa". Isso porque as cantigas eram as mesmas e os praticantes saiam "da macumba para a folia ou vice-versa". E a batucada era "samba da pesada, dava uma rasteira para o outro cair, pra jogar no chão".[232]

Cabe lembrar que junto a essa mistura de manifestações, no samba do Rio de Janeiro das duas primeiras décadas do século XX, também havia uma mistura social e étnica, como vimos antes no caso da capoeira. De acordo com João da Baiana, nas rodas de samba "havia de tudo... tinha branco capoeira, cantor de samba, compositor, batuqueiro e tudo".[233]

Dos depoimentos de sambistas antigos, podemos perceber também a troca proporcionada pelos nordestinos que chegavam ao Rio de Janeiro, como os baianos congregados em torno das residências de Miguel Pequeno e Tia Ciata, e de Tia Bebiana. Ou elementos como Hilário Jovino Ferreira, pernambucano fundador dos primeiros ranchos carnavalescos cariocas, no início do século XX.

Nesse sentido, é válido recordar que, em 1916, Manoel Querino registrava em seu trabalho "A Bahia de Outrora", que a capoeira no seu tempo de jovem era ao som do berimbau, cujo tocador entoava a seguinte cantiga:

> Tiririca é faca de cotá
> Jacatimba moleque de sinhá,
> Subiava ni fundo di quintá;
> Coro
> Alianguê caba de matá
> Aloanguê.[...][234]

---

[232] Carlos Cachaça, depoimento dado em entrevista a Alejandro Ulloa. In: ULHOA, A. *Pagode*: a festa do samba no Rio de Janeiro e nas Américas. Rio de Janeiro: Multimais, 1998, p. 102-104. Apud FENERICK, José Adriano. *Nem do morro nem da cidade...*, p. 99.

[233] João da Baiana, depoimento ao MIS. In: *As vozes desassombradas do Museu*. Rio de Janeiro: MIS, 1970, p. 28. Apud FENERICK, José Adriano. *Nem do morro nem da cidade...*, p. 103.

[234] QUERINO, Manuel. *Costumes africanos...*, p. 273-274.

É especialmente chamativo o fato de Querino citar essa música como uma das muitas cantadas pelos capoeiras da virada do século XIX para o XX. Tendo em vista o depoimento de João Mina, sobre o "corte" da tiririca, e com base no comentário de Donga sobre ser tiririca a primeira música da capoeira, podemos supor que esta seria uma canção nas rodas da Bahia de outrora, que pedia um comportamento específico.

Em São Paulo, não encontramos qualquer documento do século XIX no qual o termo tiririca apareça. É no mínimo curioso o fato de o primeiro registro que localizamos seja exatamente de 1916. Em um jornal literário de Campinas, uma coluna que sempre trata com ironia de problemas do cotidiano reclama da "invasão da tiririca em certas ruas da cidade".[235] Como o termo tiririca, segundo dicionários atuais, é o nome de uma planta gramídea,[236] a nota do jornal poderia se referir ao crescimento do mato pelas ruas. Mas como se trata de um jornal voltado a práticas culturais, também pode significar um tipo de jogo-luta que na época se espalhava pelo Brasil.

Documentado ou não, o fato é que o termo tiririca passou a designar na capital paulista, ainda na primeira metade do século XX, o samba com rasteira, similar àquela batucada dos morros do Rio de Janeiro, também chamada de pernada carioca. Em 1974, Geraldo Filme compôs um samba que se tornou clássico do carnaval paulista: *Praça da Sé*: sua lenda, seu passado, seu presente. A letra destaca o seguinte:

> O tira-teima do sambista do passado
> Bexiga, Barra Funda, Lavapés
> O jogo da tiririca era formado
> O ruim caía e o bom ficava de pé
> No meu São Paulo, oi lelê, era moda
> Vamos na Sé que hoje tem samba de roda.[237]

---

235 "Lanterna de Diógenes". *A Semana*: Literatura, Humorístico, Arte, Sport e Propaganda, Campinas, n. 1, jul. 1916, p. 2.

236 *Dicionário Priberam de Língua Portuguesa*. Disponível em: <http://www.priberam.pt/DLPO/default.aspx?pal=pimp%C3%A30>. Acesso em: 11 maio 2011.

237 Geraldo Filme, Praça da Sé: sua lenda, seu passado, seu presente. Apud SILVA, Vagner Gonçalves da; BAPTISTA, Rachel Rua; AZEVEDO, Clara; BUENO, Arthur. "Madrinha Eunice e Geraldo Filme...", p. 159.

Outros sambistas de renome da capital paulista também tiveram sua imagem associada à prática desse tipo de capoeia, como Pato N'Água, famoso apitador da Vai-Vai e "exímio jogador de tiririca", cuja morte a balas chocou a comunidade do samba, resultando em uma das composições mais fortes de Geraldo Filme, *Silêncio no Bexiga*.[238] A destreza de Pato N'Água no jogo da pernada fica nítida no depoimento de Silval Rosa, que viveu a fase na qual engraxates de São Paulo faziam samba na Praça da Sé, improvisando com o que tinham à mão. Segundo ele, "quando o Pato N'Água tava na roda, ninguém entrava, né? Porque era pobrema (sic) [...] Isso aí de pernada, ele sabia tudo".[239]

Outro praticante da tiririca em São Paulo foi Alberto Alves da Silva, apelidado primeiro como Nenê do Pandeiro e depois eternizado como Nenê de Vila Matilde. Segundo ele, ainda em 1948 havia um grupo de operários, negros na maior parte, que aproveitava a disponibilidade de tempo surgida com a introdução da "semana inglesa" para jogar tiririca e cantar sambas nas tardes de sábado, em frente ao bar Madeira, no Largo do Peixe, em Vila Matilde. Segundo ele, tal atividade "é um jogo em que se dá pontapé pra tudo quanto é canto, pega por trás, ameaça, faz de conta que vai dar um calcanhar no pescoço do outro... é um jogo sujo e isso é muito fácil pra turma fazê". Também foi Nenê quem explicou que, devido ao perigo deste tipo de brincadeira, moças do bairro pressionaram o grupo a abandonar as "pernadas" e se dedicar mais à música e à dança, para que elas também pudessem participar. Foi assim que a tiririca deixou de ser praticada, dando lugar à escola de samba da Vila Matilde.[240]

Além dessa "pressão" interna, certamente ocorreram pressões externas no sentido de se "higienizar" o samba paulistano, assim como ocorreu no Rio de Janeiro. De um lado, a mídia, investidores privados e o poder público apostavam cada vez mais em um modelo próximo ao das escolas de samba cariocas, que

---

238 SILVA, Vagner Gonçalves da; BAPTISTA, Rachel Rua; AZEVEDO, Clara; BUENO, Arthur. "Madrinha Eunice e Geraldo Filme...", p. 161.

239 Depoimento de Silval Rosa. In: *Samba à paulista*. Apud MARCELINO, Marcelo Michalczuk. *Uma leitura do samba rural ao samba urbano*. Dissertação (mestrado em Geografia) – FFLCH-USP, São Paulo, 2007, p. 45.

240 SIMSON, Olga Rodrigues de Moraes von. *Carnaval em branco e negro...*, p. 210. Sobre o jogo da tiririca e os apelidos de Nenê, ver notas 3 e 4. Na p. 217, a autora informa ainda que Nenê também conheceu de perto as rodas de samba carioca, primeiro através de seu pai, carioca do Morro de Santa Teresa, e depois por viagens esporádicas ao Rio de Janeiro.

anos antes já estavam em processo de substituição das práticas tidas como inadequadas, incluindo aí a troca da figura do baliza pela do mestre-sala. Somado a isso, autoridades policiais parecem ter perseguido práticas de origem negra na capital paulista até meados do século XX. Na memória de moradores de cortiços do Bexiga, por volta de 1950 a polícia ainda invadia terreiros, quebrando atabaques e destruindo imagens, assim como destruía instrumentos de escolas de samba, pisando em surdos e amassando agogôs.[241]

Conforme resumiu Manoel Vitório Alves, o mestre de bateria do Bexiga Feijoada, dentro e fora da comunidade havia muita gente incomodada com "aquela coisa de negro" e a sobrevivência do carnaval e do samba implicava na própria sobrevivência.[242] E foi através de sobreviventes como Osvaldinho da Cuíca que as destrezas corporais da capoeira de São Paulo permaneceram vivas, sob a nomenclatura de tiririca.[243]

Em sua pesquisa sobre o samba na capital paulista, por volta de 1970, Wilson Rodrigues de Moraes percebeu que a tiririca, também chamada na época de "banda" (um dos golpes), "pernada", "jogo de perna" e até "capoeira", ainda existia, mas "de forma não muito exposta". Para ele, embora fossem "escassas as referências sobre a capoeira na Capital de São Paulo", a "sua presença no samba paulistano é bem visível".[244]

Como exemplo, ele fotografou dois passistas do "Camisa Verde" jogando a tiririca em movimentos muito semelhantes aos da capoeira moderna.

---

241 CASTRO, Márcio Sampaio de. *Bexiga...*, p. 68.
242 *Ibidem*, p. 81.
243 Dentre as demonstrações da tiririca de Osvaldinho da Cuíca, ver o vídeo "Tiririca". Disponível em: <http://www.osvaldinhodacuica.com.br/conteudo_exibir_videos.asp?cod_texto=59>. Acesso em: maio 2011.
244 MORAES, Wilson Rodrigues de. *Escolas de samba...*, p. 45.

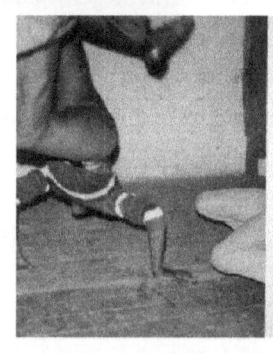

FIGURAS 30 E 31. Fotos de 1969, de Wilson Rodrigues de Moraes, publicadas no livro ao mesmo autor, *Escolas de Samba de São Paulo (Capital)*, p. 48-49.

Vale lembrar que, na época em que essas fotografias foram feitas, representantes da capoeira baiana – já então dividida entre os estilos Angola e Regional – começavam a ganhar espaço em São Paulo. Contudo, Moraes se baseia em referências mais antigas para fazer comparações interessantes. Segundo o historiador, o modo de se jogar a "pernada paulista" era distinto do que acontecia na "pernada carioca" porque "nesta um dos contendores fica 'plantado', isto é, parado, enquanto o outro, dançando à sua volta, tenta derrubá-lo". Já na modalidade paulista, "os dois contendores se defrontam exatamente como ocorre na capoeira: os dois atacam e se defendem simultaneamente".

Na sequência, Moraes conclui com uma observação bastante relevante sobre a influência da pernada paulista ou tiririca na forma dos paulistanos de sambar:

> Isso trouxe para o sambista uma postura peculiar. Ele dança ligeiramente inclinado, com os braços dobrados nos cotovelos, em posição de defesa; desenvolveu um passo meio saltitante que permite ao ritmo do samba, o seu rápido abaixar para escapar aos golpes altos, e ao mesmo tempo, facilita o "jogar da perna" sobre o adversário. Essa postura, de modo geral, se nota mesmo quando o sambista está simplesmente dançando, sem jogar "tiririca".[245]

Conforme mostramos anteriormente, elementos da capoeira paulista também se mantiveram presentes nas pernadas dos morros de Santos, desferidas pelos bambas do samba santista. Acreditamos que pesquisas em cidades pelo interior do estado poderiam desvendar outros indícios da longa tradição em São Paulo de jogos de valentia em meio a rodas de samba e batuque. Exemplo disso é a pesquisa que Carlos Carvalho Cavalheiro vem depreendendo em Sorocaba, por meio de documentos, jornais e entrevistas com moradores antigos. Em uma delas, Thereza Henriqueta Marciano, nascida em Tietê e residente em Sorocaba desde 1934, contou que seu pai, João André, um negro nascido em 1889, aprendeu capoeira com o avô dela, José André, na fazenda Parazinho em Tietê. Ao mudar-se para Sorocaba, em 1934, João André sempre brincou de capoeira e de uma espécie de dança de paus, também conhecendo o tambu ou samba caipira. Ele faleceu em Sorocaba no ano de 1965, aos 74 anos de idade.

Outra reminiscência coletada por Cavalheiro foi com Josias Alves, conhecido por Chiu. Nascido na Fazenda Lulia em Maristela, passou a residir em Sorocaba a partir de 1958 e relatou que brincou de capoeira tanto na fazenda como em Sorocaba, junto com um grupo de negros capoeiras, no clube 28 de Setembro, entre 1958 e meados de 1960. As brincadeiras de então já eram acompanhadas por um berimbau e um pandeiro, sofrendo repressão policial. É Cavalheiro ainda quem nos informa:

> Em Sorocaba, o pessoal da pernada também acompanhava os cordões. José de Campos Lima lembra do famoso Zé Jaú, negro esguio, alto (cerca de 1,90 metro de altura), magro, e muito bom de pernada. Era ágil e ninguém podia com ele. Foi o mais famoso e valente negro da pernada sorocabana. Isso lá pelos idos de 1950. Seu nome completo era José de Barros Prado e nasceu em

---

245 *Ibidem*, p. 46-47.

Tietê por volta de 1927. Segundo o cururueiro Daniel Araújo, que trabalhou com Zé Jaú nas Indústrias Barbéro, lá pelos idos de 1955, a pernada era um "tipo de capoeira, com bastante agilidade". Quem praticava a pernada conseguia lutar com relativa facilidade com três ou quatro oponentes.

Além de Zé Jaú, o mesmo autor cita que havia muitos outros homens bons na pernada em Sorocaba, em meados do século xx, como Mula, Vadeco, Lamparina, Tião Preto, Lazinho, Darci Branco, Maurinho Meia Lua, Vartinho e Sapatão.[246]

A riqueza das expressões culturais de origem negra do interior de São Paulo está bem exposta no trabalho do folclorista Alceu Maynard Araújo. Ao tratar do batuque, por exemplo, ele destaca a "zona batuqueira paulista" existente na região do vale médio do Rio Tietê, revelando ainda ter notícias do uso do berimbau no Batuque de Tatuí. Além desse caso, o pesquisador afirma ter visto o "urucungo" no jongo de Bananal, ressaltando que esta dança se espalhou "nas terras por onde andou o café". Dentre outras danças típicas do território paulista, fala do "entrevero de facão", no qual dois disputantes exibiam destreza no manejo de uma arma feita de cabo de osso, lâmina curva, feita em Sorocaba, às vezes combinada com um pedaço de madeira na outra mão.[247]

Um estudo comparado de gestuais, cantos e disputas das diversas manifestações populares em São Paulo e no Brasil como um todo certamente revelaria muitas aproximações ainda ignoradas. Na folia de Reis de Sorocaba, por exemplo, há um personagem tradicional que se chama "bastião", que representaria o protetor do Deus-menino. Usa máscara de couro e pano, imitando uma barba, para não ser reconhecido pelos "judeus", bem como um bastão, espada ou facão de madeira, usados na festa para defender a bandeira. Assim, "se houver um encontro de bandeiras o Bastião deve defendê-la, então os Bastiões dos dois grupos 'cruzam espada, sem dó...'".[248] É possível fazer uma comparação entre este personagem e os balizas dos cordões cariocas e paulistas.

---

246 CAVALHEIRO, Carlos Carvalho. "A história da capoeira em Sorocaba...".
247 ARAÚJO, Alceu Maynard. *Folclore nacional*..., vol. II. Sobre o jongo, ver p. 201-229. Sobre o batuque, ver p. 231-237. O samba é descrito nas p. 256-260. Já a capoeira e algumas lutas similares, como a pernada carioca e o bate-coxa de Alagoas, aparecem nas p. 313-319. O "entrevero de facão" é descrito nas p. 320-321. Quanto ao urucungo (berimbau), há comentários nas p. 432-433.
248 CAVALHEIRO, Carlos Carvalho. *Folia de Reis em Sorocaba*. Sorocaba: ed. do autor, 2007, p. 32.

Conclusões parciais

A participação ativa de homens com habilidades marciais na luta pela abolição, muitos deles negros livres ou ex-escravos, criou uma esperança entre os segmentos negros e mulatos de São Paulo de maior espaço na vida política, principalmente pela ascenção do governo republicano. Ao contrário do que se viu no Rio de Janeiro e em outras cidades do Brasil, onde os negros tinham uma tendência a apoiar a monarquia, a maior parte dos "libertos" das principais cidades paulistas apoiava a República, até mesmo pela evolução conjunta do republicanismo com o abolicionismo.

De uma parte, enquanto no Rio de Janeiro e em outras regiões, como Penambuco e Pará, foram montadas instituições paramilitares para defender os interesses da princesa Isabel e, por consequência, a monarquia, as chamadas Guardas Negras, os negros e mulatos paulistas vieram a público para se manifestar contrários a tal articulação. Certamente, os manifestos dos "libertos" respondiam a pressões políticas. Porém, também expunham a vontade deles em se fazer presentes politicamente, organizando-se em reuniões para, dentre outras ações, criticar o recrutamento forçado empreendido pelo governo. Esta postura, provavelmente, foi um dos motivos para que, em São Paulo, não ocorresse uma perseguição aos capoeiras como a que se deu em outros locais, e muitos valentões cariocas encontraram refúgio no interior paulista.

Apesar disso, o pós-abolição se mostrou um tempo perverso para os negros em São Paulo. Politicamente, houve um esforço em esvaziar a força de líderes como o chefe quilombola Quintino de Lacerda que, mesmo assim, conseguiu ser eleito e tomar posse como vereador em Santos. Surgiram leis que perseguiam desordeiros e vadios, restringindo a mobilidade dos pobres. Em paralelo, a corrente imigratória recrudescia, tornando os trabalhos e os locais de moradia tradicionais negros cada vez mais concorridos.

Em busca de sobrevivência, os negros buscaram meios criativos para manterem-se em seus redutos e criarem novos espaços, onde poderiam residir sem serem incomodados, acessar com maior facilidade postos de emprego e, ao mesmo tempo, evitar a perseguição de autoridades às suas atividades de lazer. Desta forma, valentões paulistas direcionaram suas habilidades marciais para manifestações que começavam a ganhar destaque na sociedade, seguindo o mesmo caminho de muitos "bambas" do Rio de Janeiro. Assim, tornaram-se jogadores de futebol respeitados pelo vigor físico, garantindo a vitória do seu time quando a disputa no campo terminava em briga. Da mesma forma, passaram a ser os protetores dos bailes negros e dos cordões carnavalescos, onde suas destrezas corporais podiam ser vistas nas figuras dos balizas, bastedores e mestres de cerimônia.

Os bambas de São Paulo nunca abandonaram suas raízes. Anualmente, encontravam-se em batalhões, na festa de Bom Jesus de Pirapora, o que servia de renovação física, espiritual e cultural aos batuqueiros e sambistas de todo o estado, inspirando muitos cordões carnavalescos da capital. E no resto do ano, reuniam-se em redutos da cidade de São Paulo, como o terreiro de Zé Soldado, no longínquo Jabaquara, ou mesmo o Largo da Banana, nas rodas de batuque, também chamadas de tiririca. O mesmo se deu em outras regiões de São Paulo, com as pernadas se perpetuando entre sambistas de Santos e em meio a valentões de Sorocaba.

Em resumo, se no século XX o termo "capoeira" parece ter desaparecido dos registros das autoridades e dos jornais de São Paulo, Santos, Sorocaba e outras cidades paulistas nas quais estava presente durante os oitocentos, seus códigos, gestos e musicalidades continuaram vivos na valentia dos jogadores de futebol, na destreza corporal de balizas, na habilidade marcial de bastedores e mestres de cerimônia, nos golpes de perna e nas rasteiras das rodas de batuque, samba ou tiririca na capital paulista, Santos, Sorocaba e, certamente, em muitas outras regiões do estado. Uma permanência que precisa ser enxergada muito além do que um divertimento qualquer que passou de geração a geração. Conforme alertou Márcio Sampaio de Castro:

> ao não vislumbrarmos uma prática ideológica, desde sempre consciente, no maracatu pernambucano, no jongo do Vale do Paraíba ou nas reuniões de sambistas do antigo Bexiga, encarando-as apenas como diversão, deixamos de apreendê-las como um movimento de resistência e sobrevivência diante de quatro séculos de opressão.[249]

---

249 CASTRO, Márcio Sampaio de. *Bexiga...*, p. 32.

Considerações finais

Fui pedi em casamento
A fia do Chico Maia
Ele respondeu gritano
Moleque não me atrapaia.
[...] O véio me mandô embora
Me xingano de canaia
Se olhá pra minha fia
Eu le corto de navaia
No meio da discussão
Lhe dei um rabo de arraia
O véio caiu sentado
E a veia quase desmaia
Calango cantado por Nilton Guido
em Bananal[1]

A música acima, registrada pelo folclorista Alceu Maynarde de Araújo em uma fazenda de Bananal, em uma das principais regiões cafeeiras de São Paulo, já na segunda metade do século XX, fazia parte de um calango, uma dança de origem africana que, na visão de Araújo, parecia-se então com o samba urbano. Porém, seu personagem principal, um típico valentão, bem poderia ser considerado capoeira, por demonstrar habilidade suficiente para enfrentar uma navalha com um "rabo de arraia", nome de um dos golpes mais usuais do jogo-luta.[2]

---

1   "O calango da lacraia", cantado por Nilton Guido, da fazenda Rialto de Bananal, estado de São Paulo, por volta de 1960. In: ARAÚJO, Alceu Maynard. *Folclore nacional...*, vol. II, p. 250-251.

2   Sobre o que é o calango, é referência importante o documentário *Jongos, calangos e folias: música negra, memória e poesia*. Direção: Hebe Mattos e Martha Abreu. Disponível em: <http://

A mistura de elementos poderia parecer surpreendente, mas não é.

A todo momento, percebemos neste trabalho uma fluidez nas identidades de pessoas ou grupos associados à capoeira e às demonstrações de valentia.

Na primeira metade do século XIX, vimos escravos africanos que se diziam paulistas desafiando cativos também provindos da África, por serem estes "oriundos" do Rio de Janeiro. Conflitos por espaços, conflitos por identidades, maneiras de se fazerem vistos e respeitados, ao menos entre iguais. Aquela luta constante que, como enfatizou Miller, ultrapassava questões meramente físicas.

Uma luta que, no entanto, não significava impermeabilidade social. Tanto é que encontramos um professor de francês, vindo da Bahia para lecionar na sóbria Academia de Direito, misturando-se aos negros para jogar capoeira em volta de um chafariz. Na roda, então, ignoravam-se quaisquer identidades, tornando-os todos iguais em meio àquele momento de diversão, para indignação da elite branca.

Da mesma forma, já na segunda metade dos oitocentos, outro chafariz se revelou ponto de encontro de um grupo bastante heterogêneo quanto às origens, no qual a capoeira também fazia parte do cotidiano. O jogo de navalha incrementava então as demonstrações de valentia, talvez assegurando aos seus praticantes uma posição elevada na hierarquia das ruas de São Paulo.

Essa fluidez das identidades no mundo da capoeira, às vezes permeada pela violência, outras vezes simples momento lúdico, confundia parte da elite paulista. Talvez por isso, criaram-se posturas na capital e em algumas cidades do interior proibindo essa mistura de jogo-luta, mas quase não se encontram registros de presos por este motivo. Uma navalhada no chafariz, por sinal, é relevada exatamente porque, embora perigosa, fez parte de um divertimento.

Essa composição mista da capoeira também conquistou outra parcela da sociedade branca em São Paulo e sua prática ganhou ares de escola de arte, na Academia de Direito. Estudantes que depois se tornariam políticos, juízes e letrados de renome a treinaram, equiparando tal manifestação ao boxe inglês e ao savate francês.

A habilidade marcial de capoeiras e valentões, que há anos vinha sendo aproveitada pelas elites em conflitos políticos e militares, com seu ápice na Guerra do Paraguai, também foi cooptada pelos abolicionistas, na década de 1880.

---

ufftube.uff.br/video/9RBAHO8O6474/Jongos-Calangos-e-Folias-M%C3%BAsica-Negra-Mem%C3%B3ria-e-Poesia>. Acesso em: maio 2011.

Praticantes do jogo-luta, navalhistas e negros destros na luta corporal passaram a ser identificados como caifases ou quilombolas. Naturalmente, surgiram lideranças negras, respeitadas entre seus iguais e até pela elite branca em virtude da valentia que demonstravam nos eventuais conflitos.

Se, no pós-abolição, alguns valentões conseguiram colher frutos dessa ascenção política momentânea, como o líder do Quilombo do Jabaquara, Quintino de Lacerda, que se tornou vereador em Santos, as mudanças políticas, econômicas e sociais foram desfavoráveis à grande maioria desses indivíduos.

No Rio de Janeiro, capoeiras eram perseguidos pela polícia e muitos encontraram refúgio no interior de São Paulo. Mas isso não significava liberdade plena de ações. De um lado, leis coibiam desordens e a vadiagem. A política imigrantista aumentava a concorrência pelo trabalho. Antigas moradias de negros e pobres em geral foram desmembradas. A sociedade se voltava à modernidade, reprovando "práticas barbaras". Em resumo, os espaços tradicionais de demonstração de valentia começaram a se dissolver.

Mas capoeiras e valentões não abandonaram a essência de suas identidades. Direcionaram suas destrezas corporais para manifestações populares que ganhavam espaço nas ruas e mesmo nos meios de comunicação. Passam a ser respeitados como jogadores de futebol e bambas do samba. Tornavam-se batuqueiros, hábeis na tiririca, pernada, no manejo do bastão, um porrete em potencial... Guardaram esses conhecimentos em seus corpos e em versos, vistos, por exemplo, nos sambas e calangos, e, provavelmente, em muitas outras práticas de cunho popular espalhadas pelo território paulista.

Assim, mantiveram-se vivas a arte da capoeira e suas demonstrações de valentia.

A tradição oral em São Paulo guardava algum resquício disso. Falava-se de uma capoeira rudimentar realizada em determinados pontos de São Paulo, com destaque para a tiririca, uma pernada ao som improvisado de caixas de engraxate, latas etc. Também havia rumores sobre pernadas no cais e nos morros de Santos. Estudos pioneiros sobre a cultura negra ampliaram um pouco esses rumores. Revelaram-se alguns detalhes da prática na Sorocaba de outrora... Mas permanecia a ideia de que a capoeira só medrou em território paulista a partir da segunda metade do século xx, graças à chegada de baianos como os mestres Ananias, Evaristo, Zé de Freitas, Suassuna, Brasília, Joel e outros.

A influência dos capoeiristas baianos na construção da capoeira paulista moderna é inegavel. Foram eles que plantaram a semente de estilos de capoeira muito mais ritualizados, a Angola e a Regional, ambos jogados ao som de um instrumento que já havia se perdido nas tradições de São Paulo, o berimbau. Trouxeram novos golpes, métodos de ensino próprios, mandingas, malícias e cantigas típicas da Bahia.

Entretanto, não foi um trabalho de via única.

Nossa pesquisa indica que tal semente brotou e cresceu com força em São Paulo porque aí encontrou um solo fértil, alimentado por mais de um século de valentia, destreza corporal, cantos de desafio e sons que traziam a mesma origem da capoeira baiana: a escravidão. Mais do que isso, havia em São Paulo uma tradição construída por personagens oriundos das mais diversas regiões do Brasil e até estrangeiros. Ao longo da pesquisa, cruzamos com capoeiras provindos da África, da Bahia, de Sergipe, do Maranhão, do Rio de Janeiro e de muitas outras regiões. Homens nascidos em diferentes cidades de São Paulo também iam e vinham, do interior para a capital e vice-versa, da capital a Santos e no sentido inverso. E nessas viagens, certamente ocorreram fluxos e refluxos de gestuais, músicas, histórias, em um processo de troca contínuo.

Acreditamos que esta pesquisa seja apenas mais um passo a caminho de uma melhor compreensão do processo pelo qual a capoeira se desenvolveu no Brasil. Entender o processo pelo qual a capoeira baiana se fundiu com as tradições paulistas, por exemplo, exigiria outro trabalho, mais focado na história oral, o que foge ao escopo desse trabalho.[3]

---

3   Este tipo de trabalho, embasado no cruzamento de depoimentos de mestres baianos e de sambistas paulistas que vivenciaram este processo, já vem sendo feito por associações, como a Casa do Mestre Ananias – Centro Paulistano de capoeira e tradições baianas, localizado no "Bixiga" e que vem disponibilizando precioso material no sítio http://mestreananias.blogspot.com. Também merece destaque o trabalho da Escola Cultural Zungu Capoeira, dentre muitas outras em São Paulo. Já citamos em outro momento desta pesquisa trabalhos relevantes em outras regiões, realizados por folcloristas como Carlos Carvalho Cavalheiro. E, pela proximidade que temos com a cidade de Santos, lembramos que, na Baixada Santista, Roberto Teles de Oliveira, o mestre Sombra, há anos organiza encontros com o intuito de valorizar a história da capoeira na região. Este trabalho teve continuidade com seus formados, como os mestres Parada, Cícero, Valtinho e Bahia, e outros mestres, como Maurício Ratto e Nilton Ribas.

Por fim, acreditamos que, além das possíveis contribuições com a história da capoeira em si, esta dissertação servirá para reforçar a importância desta manifestação enquanto lente para se enxergar outras questões historiográficas.

Ao estudarmos os capoeiras e valentões na história de São Paulo, pudemos alcançar detalhes de outra forma intangíveis da urbanização incipiente na cidade de São Paulo, na primeira metade do século XIX. Casos esquecidos da Academia de Direito vieram à tona. O perfil de lideranças políticas populares em Santos foi revisto. A situação dos negros em São Paulo no pós-abolição ganhou novos contornos. Desvelaram-se pontos do samba paulista até então pouco compreendidos.

Em resumo, podemos dizer que a história de capoeiras e valentões em São Paulo, até então ignorada pela historiografia, merece um lugar na História de São Paulo.

Referências

Esta pesquisa exigiu bibliografia sobre múltiplos assuntos e coleta de dados em diferentes arquivos, incluindo documentos de naturezas diversas, alcançando um longo período e um território geográfico amplo. Para facilitar a coleta, processamento e análise deste material, foram feitos fichamentos dos livros consultados e todos os documentos escrutinados foram arquivados em um fichário, sendo os de maior importância digitalizados e transcritos integralmente.

Inicialmente, pensamos em organizar esse material em um banco de dados eletrônico. Porém, a variedade de fontes e assuntos envolvidos, bem como o longo período estudado, inviabilizariam um cruzamento de dados neste tipo de programa. Assim, decidimos fazer uma distribuição das informações (incluindo textos, fotos, mapas etc) obtidas conforme o período ou o tema, em um bloco de notas virtual, que permitiu a criação de diversas fichas, cada uma contendo pastas e subpastas, conforme reprodução abaixo.

[screenshot of software interface]

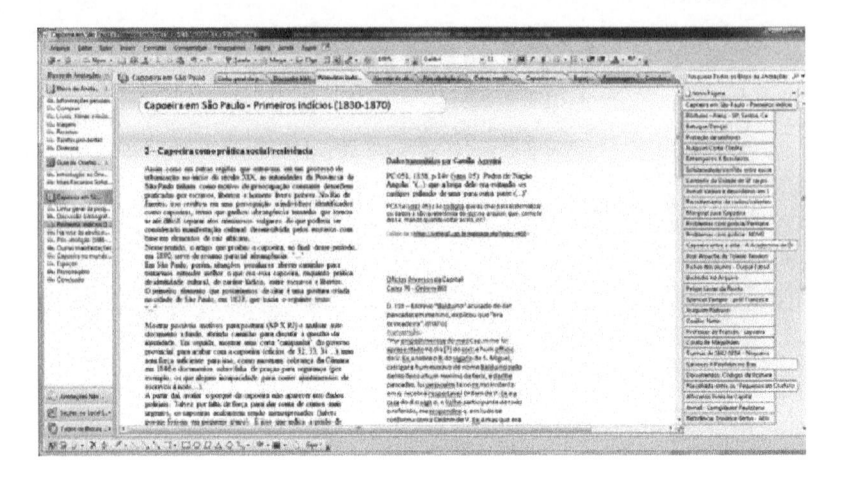

Desta forma, foram organizadas fichas virtuais divididas por períodos históricos, seguindo a estrutura proposta da dissertação (primeira metade do século XIX, segunda metade do século XIX, abolicionismo e pós-abolição). Em cada ficha, foram criadas pastas com os principais tópicos a serem abordados e quando necessário, criaram-se subpastas contendo temas mais específicos. Assim, cada referência relevante localizada nas fontes foi inserida no bloco de notas, em respectiva pasta ou subpasta, facilitando assim sua localização e análise durante o processo de elaboração da dissertação. Somado a isso, o cruzamento de dados foi possível pela ferramenta de busca por palavras disponível no programa.

Fontes

SÃO PAULO

Arquivo do Estado de São Paulo (Aesp)

2º CARTÓRIO DE NOTAS DA CAPITAL (1830-1831)
- Livro 37 (Encadernado 12092)

AUTOS CRIMES DA CAPITAL
- Processo n. 514, de 1865, por ofensa física, tendo como réu Adão dos Santos Jorge e vítima Eduardo, escravo do pai de Paulino Coelho de Sousa (Microfilme 05.03.036)

DISCURSOS DOS PRESIDENTES DA PROVÍNCIA
- Caixa 9879 (1835-1839)

FOTOGRAFIAS
- AZEVEDO, Militão Augusto. Acervo do Arquivo do Estado de São Paulo, coleção Militão Augusto de Azevedo (CD), FOTO_034.jpg./FOTO_044.jpg./FOTO_042.jpg.

JORNAIS
- *A Constituinte – Orgam Liberal* (São Paulo, 11/09/1879)
- *A Lei* (São Paulo, 14/07/1860)
- *A Pátria Brazileira* (São Paulo, 25/12/1896)
- *A Província de São Paulo/O Estado de S. Paulo* (1887, 1888, 1889, 1890, 1892, 01/01 a 30/06 de 1895, 01/01 a 30/06 de 1900, 01/07 a 31/12 de 1906, 01/07 a 31/12 de 1909, 01/07 a 31/12 de 1916 e 01/05 a 30/06 de 1918)
- *Commercio de Campinas* (01/01 a 30/06 de 1912)
- *Correio Paulistano* (19/06/1854; 01/06 a 31/12 de 1890; 1892; 01/07 a 31/12 de 1906; 01/07 a 31/12 de 1907; 01/07 a 31/12 de 1908)
- *O Arado* (São Paulo, 08/10/1882)
- *O Compilador Paulistano* (1852)
- *O Farol Paulistano* (1827-1831)
- *O Intransigente: Órgão do Commercio, da Lavoura e da Industria* (São Paulo, 18/09/1886)
- *O Marco* (Belenzinho/SP – 01/03/1908)
- *O Ypiranga* (São Paulo, 14/09/1882)

LIVRO DE ENTRADA E SAÍDA DE PRESOS DA CADEIA PÚBLICA DE SÃO PAULO
- Encadernado 1555 (1836-1857)
- Encadernado 1556 (1854-1855)
- Encadernado 1573 (1859-1860)
- Encadernado 1589 (1890-1892)

LIVRO DE MATRÍCULAS DE AFRICANOS LIVRES EMANCIPADOS NA PROVÍNCIA
- Encadernado 1487 (1864-1865) – livro inclui ainda relatório de visitas de autoridades à Casa de Correção e uma lista de recrutados ao exército

MAÇOS POPULACIONAIS
- Microfilme 45 – Ordens 0036 e 0037 – Capital (1825-1827, 1829-1832, 1836)

OFÍCIOS DIVERSOS DA CAPITAL
- Caixa 69 – Ordem 864 (1822-1825)
- Caixa 70 – Ordem 865 (1826-1827)
- Caixa 71 – Ordem 866 (1828-1829)
- Caixa 72 – Ordem 867 (1830-1831)
- Caixa 73 – Ordem 868 (1832-1833)
- Caixa 74 – Ordem 869 (1833-1834)
- Caixa 75 – Ordem 870 (1834)
- Caixa 84 – Ordem 879 (1840)
- Caixa 123 – Ordem 918 (1862)
- Caixa 126 – Ordem 921 (1863)
- Caixa 134 – Ordem 929 (1866)
- Caixa 140 – Ordem 935 (1868)

OFÍCIOS DIVERSOS DE SANTOS
- Caixa 445 – Ordem 1240 (1860)
- Caixa 454 – Ordem 1249 (1868-1872)
- Caixa 455 – Ordem 1250 (1873-1874)
- Caixa 457 – Ordem 1252 (1878-1880)
- Caixa 458 – Ordem 1253 (1881-1892)
- Caixa 459 – Ordem 1254 (1854-1856)
- Caixa 460 – Ordem 1255 (1860-1872)

OFÍCIOS DIVERSOS DE SOROCABA
- Caixa 504 – Ordem 1299 (1846-1851)

POLÍCIA (MANUSCRITOS AVULSOS)
- Caixa 1 – Ordem 2436 (1837-1841)
- Caixa 9 – Ordem 2444 (1846)
- Caixa 233 – Ordem 2668 (1886)

- Caixa 247 – Ordem 2682 (1887)
- Caixa 257 – Ordem 2692 (1888)
- Caixa 259 – Ordem 2694 (1888)
- Caixa 265 – Ordem 2700 (1889)
- Caixa 286 – Ordem 2721 (1890)
- Caixa 290 – Ordem 2725 (1890)
- Caixa 306 – Ordem 2741 (1892)
- Caixa 307 – Ordem 2742 (1892)
- Caixa 308 – Ordem 2743 (1892)

POLÍCIA (CORRESPONDÊNCIAS)

- Correspondências da polícia com a presidência da província no ano de 1846 – Encadernado 1476
- Correspondência do chefe de polícia com diversas autoridades entre 1858 e 1859 – Encadernado 1505

POLÍCIA (LIVRO DE RESERVADOS)

- Encadernado 1529 (1878-1884)

POLÍCIA (PARTES DIÁRIAS)

- Encadernado 1493 (1842-1862)
- Encadernado 1494 (1862-1870)

PROCESSOS POLICIAIS

- Caixa 1 – Ordem 3202 (1851-1852)
- Caixa 10 – Ordem 3211 (1862)
- Caixa 15 – Ordem 3216 (1870-1875)

RELATÓRIOS DOS CHEFES DE POLÍCIA

- Encadernado 1630 (1895)

TELEGRAMAS

- Ordem 6037 (1875-1888)

Arquivo da Faculdade de Direito de São Paulo (AFD-SP)

CORRESPONDÊNCIAS DO MINISTRO DO IMPÉRIO

- Livro n. 1 (1828-1829)
- Livro n. 2 (1828-1833)

FICHAS DOS ALUNOS

- Pasta n. 704 – Luiz Joaquim Duque Estrada Teixeira (1854)

Arquivo Municipal de São Paulo Washington Luiz

ATAS DA CÂMARA MUNICIPAL DE SÃO PAULO

- SÃO PAULO. *Actas da Camara Municipal de S. Paulo*, vol. XXVII (1832-1834). São Paulo: Typographia Piratininga/Publicação Oficial do 'Archivo Municipal de S. Paulo', 1923.
- SÃO PAULO. *Actas da Camara Municipal de S. Paulo*, vol. XXXVI (1846-1847). São Paulo: Typographia Piratininga/Publicação Oficial do 'Archivo Municipal de S. Paulo', 1923.

CORRESPONDÊNCIAS DA CÂMARA MUNICIPAL (FUNDO CMSP)

- Caixa 25 (documentos avulsos de períodos diversos)
- Vol. 380 (1885-1886)
- Vol. 381 (1887-1888)

PREFEITURA MUNICIPAL (MANUSCRITOS DIVERSOS)

- Encadernado – Guardas Municipais 250 (1846)
- Encadernado 255 – Guardas Municipais (1835-1840)
- Encadernado 291 – Livro de Correições (1815-1835)

Arquivo Histórico da Assembleia Legislativa de São Paulo (AH-Alesp)

POSTURAS APROVADAS PELAS CÂMARAS MUNICIPAIS

- Caixa 17 (Itanhaém, 1829; São Paulo, 1829-1830)
- Caixa 19 (São Paulo, 1831-1832)
- Caixa 20 (São Paulo, 1833)

- Caixa 21 (Sorocaba, sem data; Cabreúva, 1829)
- Caixa 23 (São Paulo, 1830)
- Caixa 30 (São Paulo, 1833)
- Caixa 31 (São Paulo, 1829)
- Caixa 260 (Sorocaba, 1836)
- Caixa 274 (Sorocaba, 1850-1851)
- Caixa 275 (Santos, 1852)
- Caixa 276 (Sorocaba, 1853)
- Caixa 281 (Santos, 1857)
- Caixa 282 (Itu, 1858)
- Caixa 284 (São Bento do Sapucahy, 1859)
- Caixa 286 (Itu, 1862; Cabreúva, 1863)
- Caixa ESP-097 (Santos, 1836 e 1840)
- Caixa ESP-100 (Santos, 1854; Taubaté, 1854)
- Caixa ESP-141 (Campinas, 1880)

Instituto de Estudos Brasileiros da Universidade de São Paulo (IEB/USP)

ARQUIVO MÁRIO DE ANDRADE/FUNDOS PESSOAIS

- Correspondências passivas: MA-C-CPL 1060 (13/11/1926); MA-C-CPL 2887 (09/1927); MA-C-CPMMA 2735 (anterior a 07/1936); MA-C-CPL 2736 (07/1936); MA-C-CPL 2737 (11/07/1936); MA-C-CPL 2738 (13/10/1936)
- Correspondências ativas: MA-C-CA 539 (08/1938)

PERIÓDICOS

- BLUTEAU, Raphael. *Vocabulario portuguez e latino*. Coimbra: Collegio das Artes da Companhia de Jesus, 1712-1728.
- FONTES, Antonio Martins; SILVA, Francisco Alves da. *Almanak da Cidade de Santos de 1871*. Santos: Typographia Commercial, 1871.
- SILVA, Antonio de Moraes e. *Diccionario da lingua portugueza*. Lisboa: Typographia Lacerdina, 1813, p. 230. Disponível em <http://www.ieb.usp.br/online/index.asp>. Acesso em: jun. 2011.

- *A Semana: Literatura, Humorístico, Arte, Sport e Propaganda*, Campinas, n. 1, jul. 1916
- *Revistas do Instituto Histórico e Geográfico de São Paulo*, vol. XXI (1916-1921)
- *Revista Kosmos*, ano III, ns. 1, 2 e 3, 1906

RIO DE JANEIRO

Biblioteca Nacional

JORNAIS

- *Diário Popular* (01/04 a 30/06 de 1886)

SANTOS

Arquivo do Jornal *A Tribuna de Santos*

- *A Tribuna de Santos*, edição commemorativa do 1º Centenário da Cidade de Santos (26/01/1939)
- *A Tribuna de Santos*, edição especial pelos 50 anos do jornal (26/03/1944)
- *A Tribuna de Santos* (10/06/1951)

Fundação Arquivo e Memória de Santos

ATAS DA CÂMARA

- SANTOS. *Actas da Câmara de Santos*. Santos, 1848-1851
- SANTOS. *Actas da Câmara de Santos*. Santos, 1888-1889

COLEÇÃO COSTA E SILVA SOBRINHO

- Vol. 102, Tomo I – Recortes do *Diário de Santos* (1886-1893)
- Vol. 112, Tomo XI – Recortes de jornais diversos (1854-1888)
- Vol. 114, Tomo XIII – Recortes de jornais diversos (1857-1891)

POSTURAS MUNICIPAIS

- SÃO PAULO. *Colleção de leis e posturas municipaes approvadas pela Assembléa Legislativa Provincial de S. Paulo no anno de 1869*. São Paulo: Typographia Americana, 1869

Hemeroteca Municipal de Santos Roldão Mendes Rosa

Coleção de jornais *Diário de Santos* (1880 e 1886)

PRAIA GRANDE

Academia de Polícia Civil de Praia Grande

REGISTRO DE ENTRADA E SAÍDA DE PRESOS DA CADEIA PÚBLICA DE SANTOS
- Livro de Registros de 1870-1872
- Livro de Registros de 1872-1874
- Livro de Registros de 1874-1877
- Livro de Registros de 1878-1879
- Livro de Registros de 1903-1905

Bibliografia

ABREU, Frederico José de. *O Barracão do mestre Waldemar*. Salvador: Organização Zarabatana, 2003.

_____. *Capoeiras – Bahia, século XIX: imaginário e documentação*, vol. I. Salvador: Instituto Jair Moura, 2005.

_____; CASTRO, Maurício Barros de (orgs.). *Capoeira* (coleção Encontros). Rio de Janeiro: Beco do Azougue, 2009.

AGUDO, José. *Gente rica: scenas da vida paulistana*. São Paulo: Ed. O Pensamento, 1912.

_____. *Gente audaz: scenas da vida paulistana*. São Paulo: Ed. O Pensamento, 1913.

ALENCASTRO, Luiz Felipe de. "História geral das guerras sul-atlânticas: o episódio de Palmares". In: GOMES, Flávio (org.). *Mocambos de Palmares: história, historiografia e fontes*. Rio de Janeiro: 7Letras/Faperj, 2009.

ALGRANTI, Leila Mezan. *O feitor ausente: estudos de escravidão urbana no Rio de Janeiro*. Petrópolis: Vozes, 1988.

AMARAL, Amadeu. *Tradições populares*. São Paulo: Instituto Progresso Editorial, 1948.

AMERICANO, Jorge. *São Paulo naquele tempo*. 2ª ed. São Paulo: Carrenho Editorial, 2004.

ANDRADE, Mário de. "O samba rural paulista". *Revista do Arquivo Municipal*, São Paulo, ano IV, vol. XLI, 1937.

APPIAH, Kwame Anthony. *Na casa de meu pai*: a África na filosofia da cultura. Rio de Janeiro: Contraponto, 1997.

ARAÚJO, Alceu Maynard. *Folclore nacional*. Vol. II: *Danças, recreação, música*. São Paulo: Melhoramentos, 1964.

ARAÚJO, Patrícia Vargas Lopes de. *Folganças populares*: festejos de entrudo e carnaval em Minas Gerais no século XIX. São Paulo: Annablume; Belo Horizonte: PPGH/ UFMG, 2008.

ARAÚJO, Paulo Coêlho de. *Abordagens sócio-antropológicas da luta/jogo da capoeira*. Portugal, Maia: Instituto Superior da Maia, 1997 (Série "Estudos e Monografias").

ASSUNÇÃO, Matthias Röhrig. "Capoeira e escravidão". *Revista Afro-Ásia*, n. 31, 2004.

_____. *Capoeira*: the history of an afro-brazilian martial art. Londres: Routledge, 2005.

_____. "History and memory in capoeira lyrics from Bahia, Brazil". In: NARO, Nancy Priscilla; SANSI-ROCA, Roger; TREECE, David H. (eds.) *Cultures of the Lusophone Black Atlantic*. Nova York: Palgrave Macmillan, 2007.

_____; PEÇANHA, Cinésio Feliciano (mestre Cobra Mansa). "A Dança da Zebra". *Revista de História da Biblioteca Nacional*, ano 3, n. 30, mar. 2008, p. 14-21.

_____; VIEIRA, Luiz Renato. "Mitos, controvérsias e fatos: construindo a história da capoeira". *Estudos Afro-Asiáticos*, n. 34, dez. 1998, p. 81-121.

AZEVEDO, Celia Maria Marinho de. *Onda negra, medo branco*: o negro no imaginário das elites – século XIX. Rio de Janeiro: Paz e Terra, 1987.

AZEVEDO, Elciene. "Antonio Bento, homem rude do sertão: um abolicionista nos meandros da justiça e da política". *Locus – Revista de História*, Juiz de Fora, vol. 13, n. 1, 2007, p. 123-143.

AZEVEDO, Elizabeth Ribeiro. *Um palco sob as arcadas: o teatro dos estudantes de Direito do Largo de São Francisco, em São Paulo, no século XIX*. São Paulo: Annablume, 2000.

BALABAN, Marcelo. "Voluntários involuntários: o recrutamento para a Guerra do Paraguai nas imagens da imprensa ilustrada brasileira do século XIX". *Revista Mundos do Trabalho*, vol. 1, n. 2, jul.-dez. 2009, p. 221-256. Disponível em: <http://

www.periodicos.ufsc.br/index.php/mundosdotrabalho/article/view/11391/11102>. Acesso em: maio 2011.

BANDEIRA JÚNIOR. *História do carnaval de Santos*. Santos: Livraria Corrêa Leite, 1964.

BASTIDE, Roger. *O candomblé da Bahia*. São Paulo: Companhia das Letras, 2001.

BENEDITO, Mouzar. *Luiz Gama*: o libertador de escravos e sua mãe libertária, Luíza Mahin. São Paulo: Expressão Popular, 2006.

BARBOSA, Wallace de Deus (coord.). *Inventário para registro e salvaguarda da capoeira como patrimônio cultural do Brasil*. Brasília, 2007.

BERTIN, Enidelce. *Alforrias na São Paulo do século XIX*: liberdade e dominação. São Paulo: Humanitas, 2004.

_____. *Os meia-cara*: africanos livres em São Paulo no século XIX. Tese (doutorado) – FFLCH-USP, São Paulo, 2006.

BLACKBURN, Robin. *A queda do escravismo colonial* (1776-1848). Tradução Maria Beatriz de Medina. Rio de Janeiro: Record, 2002.

BONFIM, Manoel. *América latina:* males de origem. Rio de Janeiro: Topbooks, 2005 [1ª ed. 1905]

BORGES, Dain. "Puffy, ugly, slothful and inert: degeneration in Brazilian social thought, 1880-1940". *Jornal of Latin American Studies*, vol. 25, n. 2, maio 1993, p. 235-256.

BRETAS, Marcos Luiz. "A queda do império da navalha e da rasteira (a República e os capoeiras)". *Cadernos de Estudos Afro-Asiáticos*, Cândido Mendes, nº 20, 1991.

BRITTO, Iêda Marques. *Samba na cidade de São Paulo* (1900-1930): um exercício de resistência cultural. São Paulo, FFLCH/USP, 1986.

BRUNO, Ernani Silva. *História e tradições da cidade de São Paulo*, vol. 2. 3ª ed. São Paulo: Hucitec/Prefeitura do Município de São Paulo, 1984 [1ª ed. 1953].

BUENO, Francisco de Assis Vieira. *A cidade de São Paulo: recordações evocadas de memória/Notícias históricas*. São Paulo: Academia Paulista de Letras, 1976.

CAMPOS, Lima. "A capoeira". *Kosmos*, ano III, n. 3, mar. 1906.

CANDIDO, Antonio. *O discurso e a cidade*. 3ª ed. São Paulo: Duas Cidades; Rio de Janeiro: Ouro Sobre Azul, 2004.

CAPOEIRA, Nestor. *Galo já cantou*. Rio de Janeiro: Record, 1999.

CARNEIRO, Edison. *Negros Bantus:* notas de ethnographia religiosa e de folklore. Rio de Janeiro: Civilização Brasileira, 1937.

CARVALHO, Henrique A. Dias de. *O Jagado de Cassange na Província de Angola*. Lisboa: Typographia de Christovão Augusto Rodrigues, 1892.

CARVALHO, José Murilo de. *Os bestializados*: o Rio de Janeiro e a República que não foi. São Paulo: Companhia das Letras, 1987.

CARVALHO, Marcus J. M. "Negros armados por brancos e suas independências". In: JANCSÓ, István. *Independência*: história e historiografia. São Paulo: Hucitec/Fapesp, 2005.

CARVALHO, Vicente de. *Poemas e canções*. 3ª ed. aumentada. São Paulo: Editora O Pensamento, 1917, p. 49-50. Disponível em: <http://www.brasiliana.usp.br/bbd/ bitstream/handle/1918/00393000/003930_COMPLETO.pdf>. Acesso em: maio 2011.

CASCUDO, Luís da Câmara. *Dicionário do Folclore Brasileiro*. Rio de Janeiro: Tecnoprint Gráfica, s/d. [1ª ed. 1954].

_____. *Folclore do Brasil*. Rio de Janeiro: Editora Fundo de Cultura S/A, 1967.

CASTAN. *Scenas da abolição e scenas varias: horrores da escravidão*. São Paulo: s/n., 1921.

CASTRO, Adler Homero Fonseca de. "Notas sobre o armamento da Guerra do Paraguai". In: *Projeto Rede da Memória Virtual Brasileira – Guerra do Paraguai*. Disponível em: <http://bndigital.bn.br/projetos/guerradoparaguai/artigos.html>. Acesso em: 9 jun. 2010.

CASTRO, Maurício Barros de. *Na roda do mundo*: mestre João Grande entre a Bahia e Nova York. Tese (doutorado) – FFLCH-USP, São Paulo, 2007.

CASTRO, Márcio Sampaio de. *Bexiga:* um bairro afro-italiano. São Paulo: Annablume, 2008.

CAVALCANTI, Gil (mestre Gil Velho). *Do lenço de seda à calça de ginástica*. Disponível em: <http://www.revistadehistoria.com.br>. Acesso em: jun. 2008.

CAVALCANTI, Nireu Oliveira. *Crônicas históricas do Rio Colonial*. Rio de Janeiro: Civilização Brasileira, 2004.

CAVALHEIRO, Carlos Carvalho. *Scenas da escravidão*: breve ensaio sobre a escravidão negra em Sorocaba. Sorocaba: Crearte, 2006

_____. *A história do preto Pio e a fuga de escravos de Capivari, Porto Feliz e Sorocaba*. Sorocaba: ed. do autor, 2007.

_____. "A história da capoeira em Sorocaba". *A nova democracia*, ano III, n. 18, maio 2004. Disponível em: <http://www.anovademocracia.com.br/no-18/837-a-historia-da-capoeira-em-sorocaba>. Acesso em: mar. 2011.

_____. *Folia de Reis em Sorocaba*. Sorocaba: ed. do autor, 2007.

CENCIC, Monica Aparecida Pinto. *Documentos manuscritos da Faculdade de Direito da USP*: 1827-1829. Dissertação (mestrado em Letras Clássicas e Vernáculas) – FFLCH-USP, São Paulo, 2009.

CHALHOUB, Sidney. *Trabalho, lar e botequim*: o cotidiano dos trabalhadores no Rio de Janeiro da Belle Époque. São Paulo: Brasiliense, 1986.

COSTA, Emília Viotti da. *Da senzala à colônia*. 4ª ed. São Paulo: Editora Unesp, 1998.

COSTA, Lamartine Pereira da. *Capoeiragem: a arte da defesa pessoal brasileira*. Rio de Janeiro: [s.n.], [192-].

CUNHA, Manuela Carneiro da. *Negros, estrangeiros*: os escravos libertos e sua volta à África. São Paulo: Brasiliense, 1985.

CUNHA, Mário Wagner Vieira da. "Descrição da Festa de Bom Jesus de Pirapora". *Revista do Arquivo Municipal*, São Paulo, ano IV, vol. XLI, 1937.

DAMATTA, Roberto. *Carnavais, malandros e heróis*: para uma sociologia do dilema brasileiro. 6ª ed. Rio de Janeiro: Rocco, 1997.

DEBRET, Jean Baptiste. *Viagem pitoresca e histórica ao Brasil*. 3ª ed. Tomos I e II. São Paulo: Livraria Martins Editora, [19-].

DEALTRY, Giovanna. "Ginga na 'belle époque'". *Revista de História da Biblioteca Nacional*, n. 53, fev. 2010.

DESCH OBI, T. J. "Combat and the Crossing of the Kalunga". In: HEYWOOD, Linda (org.). *Central Africans and cultural transformations in the Diaspora*. Cambridge: Cambridge University Press, 2002.

DIAS, Adriana Albert. *A malandragem da mandinga*: o cotidiano dos capoeiras em Salvador na República Velha (1910-1925). Dissertação (mestrado em História Social) – UFBA, Salvador, 2004.

DIAS, Jill. "Novas identidades africanas em Angola no contexto do comércio atlântico". In: BASTOS, Cristina; ALMEIDA, Miguel Vale de; FELDMAN-BIANCO, Bela (orgs.). *Trânsitos coloniais:* diálogos críticos luso-brasileiros. Campinas: Editora da Unicamp, 2007.

DIAS, Luiz Sérgio. *Quem tem medo da capoeira?* (Rio de Janeiro, 1890-1904) – Coleção Memória Carioca, vol. 1. Rio de Janeiro: Secretaria Municipal de Culturas/Arquivo Geral da Cidade do Rio de Janeiro, 2001.

DIAS, Maria Odila Leite da Silva. "Nas fímbrias da escravidão urbana: negras de tabuleiro e de ganho". *Estudos Econômicos*, 15 (n. especial), 1985, p. 89-109.

_____. "Sociabilidades sem história: votantes pobres no império (1824-1881)". In: FREITAS, Marcos Cezar de (org.). *Historiografia brasileira em perspectiva*. São Paulo: Contexto, 1998.

_____. "Hermenêutica do quotidiano na historiografia contemporânea". *Projeto História*, nov. 1998.

_____. *Quotidiano e poder em São Paulo no século XIX*. 2ª ed. rev. São Paulo: Brasiliense, 2001.

_____. "Blancos pobres y libertos em la sociedad colonial de Brasil, 1675-1835". In: UNESCO (org.). *Historia Generale de América Latina*. Paris: Editora Trotta, 2001.

DOMINGUES, Petrônio José. *Uma história não contada*: negro, racismo e trabalho no pós-abolição em São Paulo (1889-1930). Dissertação (mestrado em História Social) – FFLCH-USP, São Paulo, 2000.

DORATIOTO, Francisco. *Maldita Guerra*: nova história da Guerra do Paraguai. São Paulo: Companhia das Letras, 2002.

DURST, Rogério. *Madame Satã*: com o diabo no corpo. São Paulo: Brasiliense, 2005.

EDMUNDO, Luís. *O Rio de Janeiro no tempo dos vice-reis (1763-1808)*. Coleção Brasil 500 Anos. Brasília: Senado Federal, 2000 [1ª ed. 1938].

FAUSTO, Boris. *Crime e cotidiano*: a criminalidade em São Paulo (1880-1924). São Paulo: Brasiliense, 1984.

FENERICK, José Adriano. *Nem do morro nem da cidade*: as transformações do samba e a indústria cultural (1920-1945). São Paulo: Annablume, 2005.

FERRARA, Miriam. *A imprensa negra paulista (1915-1963)*. São Paulo, FFLCH-USP, 1986.

FERREIRA, Barros. *O nobre e antigo bairro da Sé*. São Paulo: Departamento de Cultura da Prefeitura de São Paulo, 1971.

FERREIRA, Isabel. *A capoeira no Rio de Janeiro (1890-1950)*. Rio de Janeiro: Novas Ideias, 2007.

FLORENCE, Afonso Bandeira. "Resistência escrava em São Paulo: a luta dos escravos da fábrica de ferro São João de Ipanema (1828-1842)". *Afro-Ásia*, n. 18, 1996, p. 7-32.

FONER, Eric. *Nada além da liberdade:* a emancipação e seu legado. Rio de Janeiro: Paz e Terra, 1988.

FONTES, Alice Aguiar de Barros. *A prática abolicionista em São Paulo:* os caifases (1882-1888). Dissertação (mestrado em História) – FFLCH-USP, São Paulo, 1976.

FREIRE, Gilberto. *Sobrados e Mocambos:* decadência do patriarcado rural e desenvolvimento urbano. Rio de Janeiro: José Olympio, 1951.

FREITAS, Affonso A. de. *Tradições e reminiscências paulistanas*. 3ª ed. São Paulo: Governo do Estado de São Paulo, 1978.

GARMES, Hélder. *O romantismo paulista*: os ensaios literários e o periodismo acadêmico de 1833 a 1860. São Paulo: Alameda, 2006.

GASPAR, Byron. *Fontes e chafarizes de São Paulo*. São Paulo: Conselho Estadual de Cultura, 1967.

GERHARD, Kubik. *Angolan traits in black music, games and dances of Brazil*: a study of african cultural extensions overseas. Lisboa: Junta de Investigações Científicas do Ultramar/Centro de Estudos de Antropologia Cultural, 1979 (Estudo de Antropologia Cultural, n. 10).

_____. "Traços históricos da província da Huíla no Brasil". In: BRITO, Joaquim Pais de; CARVALHO, Mário Vieira de; PAIS, José Machado (coord.). *Sonoridades luso--afro-brasileiras*. Lisboa: Imprensa de Ciências Sociais, 2004.

GITAHY, Maria Lucia Caira. *Ventos do mar*: trabalhadores do porto, movimento operário e cultura urbana em Santos (1889-1914). São Paulo: Editora Unesp, 1992.

GOMES, Flávio dos Santos. "No meio das águas turvas. Racismo e cidadania no alvorecer da República: a Guarda Negra na Corte – 1888-1889". *Estudos Afro-Asiáticos*, n. 21, dez. 1991, p. 75-96.

_____. *Negros e política (1888-1937)*. Rio de Janeiro: Zahar, 2005.

HEYWOOD, Linda (ed.). *Central Africans and cultural transformations in the American Diaspora*. Cambridge: Cambridge University Press, 2002.

HERSKOVITS, Meville Jr. *The myth of the negro past*. Nova York/Londres: Harper & Brothers, 1941.

_____. *Antropologia cultural*. São Paulo: Editora Mestre Jou, 1973.

HOLANDA, Sérgio Buarque de. *Caminhos e fronteiras*. 3ª ed. São Paulo: Companhia das Letras, 1994.

HOLLOWAY, Thomas. *Policing Rio de Janeiro:* repression and resistence in a 19th-century city. California: Stanford University Press, 1993.

JAMES, C. L. R. *Os jacobinos negros:* Toussaint L'Ouverture e a revolução de São Domingos. Tradução Afonso Teixeira Filho. São Paulo: Boitempo, 2000.

JANCSÓ, István; PIMENTA, João Paulo Garrido. "Peças de um mosaico (ou apontamentos para o estudo da emergência da identidade nacional brasileira)". In: MOTA, Carlos Guilherme (org.). *Viagem incompleta: a experiência brasileira* (1500-2000). Formação: histórias. 2ª ed. São Paulo: Editora Senac, 2000.

JOÃO PEQUENO, Mestre. *Uma vida pela capoeira*. São Paulo, 2000.

KARASCH, Mary C. *A vida dos escravos no Rio de Janeiro 1808-1850*. São Paulo: Companhia das Letras, 2000.

KIDDER, Daniel P. *Reminiscências de viagens e permanências nas províncias do Sul do Brasil*. Belo Horizonte: Itatiaia; São Paulo: Edusp, 1980.

KRAAY, Hendrik. "Patriotic mobilization in Brazil: The Zuavos and other black companies". In: KRAAY, Hendrik & WHIGHAM, Thomas (org.). *I die with my country*: perspective on the Paraguayan War, 1864-1870. Lincoln: University of Nebraska Press, 2004.

_____. "Arming slaves in Brazil from the seventeenth century to the nineteenth century". In: BROWN, Christopher Leslie; MORGAN, Philip D. *Arming slaves*: from classical times to the modern age. Londres: Yale University Press, 2006.

LAEMMERT, Eduardo von. *Almanak administrativo, mercantil e industrial da corte e provincia do Rio de Janeiro para o anno de 1865*. Rio de Janeiro: Typographia Universal, 1865.

LAGO, Bia Corrêa do (coord.). *Os fotógrafos do Império*. Rio de Janeiro: Capivara, 2005.

LANNA, Ana Lúcia Duarte. *Uma cidade na transição*. Santos, 1870-1913. Santos: Hucitec/Prefeitura, 1996.

LEAL, Luiz Augusto Pinheiro. *A política da capoeiragem*: a história social da capoeira e do boi-bumbá no Pará republicano (1888-1906). Salvador: Edufba, 2008.

LINEBAUGH, Peter. "Todas as montanhas atlânticas estremeceram". *Revista Brasileira de História*, n. 6, set. 1983.

_____. *A hidra de muitas cabeças*: marinheiros, escravos, plebeus e a história oculta do Atlântico revolucionário. São Paulo: Companhia das Letras, 2008.

LOPES, André Luiz Lacé. *Capoeiragem no Rio de Janeiro*: Sinhozinho e Rudolf Hermanny. Rio de Janeiro: Ed. Europa, 2002.

MACHADO JR., Armando Marcondes. *Cátedras e catedráticos* – Curso de Bacharelado da Faculdade de Direito da Universidade de São Paulo (1827-2009). São Paulo: Ass. dos Antigos Alunos da Faculdade de Direito de São Paulo, 2010.

MACHADO, Maria Helena Pereira Toledo. *Crime e escravidão*: lavradores pobres na crise do trabalho escravo (1830-1888). São Paulo: Brasiliense, 1987.

_____. *O plano e o pânico:* os movimentos sociais na década da Abolição. Rio de Janeiro: Editora UFRJ; São Paulo: Edusp, 1994.

_____. "From slaves rebels to strikebreakers: the Quilombo of Jabaquara and the problem of citizenship in late-nineteenth-century Brazil". *Hispanic American Historical Review*, n. 86, maio 2006.

_____. "De rebeldes a fura-greves: as duas faces da experiência da liberdade dos quilombolas do Jabaquara na Santos pós-emancipação". In: CUNHA, Olívia Maria Gomes da; GOMES, Flávio dos Santos (org.). *Quase-cidadãos*: histórias e antropologias da pós-emancipação no Brasil. Rio de Janeiro: Editora FGV, 2007.

MACIEL, Cleber da Silva. *Discriminações raciais*: negros em Campinas (1888-1926) – alguns aspectos. Dissertação (mestrado em História) – Unicamp, Campinas, 1985.

MAGALHÃES, José Vieira Couto de. *O selvagem*. 3ª ed. São Paulo: Companhia Editora Nacional, Biblioteca Pedagógica Brasileira, Série 5, Brasiliana, 1935.

_____. *Diário íntimo*. Organizado por Maria Helena P. T. Machado. São Paulo: Companhia das Letras, 1998.

MAGGIE, Yvonne. *Medo do feitiço*: relações entre magia e poder no Brasil. Rio de Janeiro: Arquivo Nacional, 1992.

MAIA, Clarissa Nunes. *Sambas, batuques, vozerias e farsas públicas*: o controle social sobre os escravos em Pernambuco no século XIX (1850-1888). São Paulo: Annablume, 2008.

MAMIGONIAN, Beatriz Gallotti. "Do que o 'preto mina' é capaz: etnia e resistência entre africanos livres". *Afro-Ásia*, n. 24, 2000, p. 71-95.

_____. "A Grã-Bretanha, o Brasil e as 'complicações no estado atual da nossa população': revisitando a abolição do tráfico atlântico de escravos (1848-1851)". *Anais do 4º Encontro Escravidão e Liberdade no Brasil Meridional*, Curitiba, 2009.

MANZATTI, Marcelo Simon. *Samba Paulista, do centro cafeeiro à periferia do centro*: estudo sobre o Samba de Bimbo ou Samba Rural Paulista. Dissertação (mestrado em Ciências Sociais) – PUC-SP, São Paulo, 2005.

MARCELINO, Marcelo Michalczuk. *Uma leitura do samba rural ao samba urbano*. Dissertação (mestrado em Geografia) – FFLCH-USP, São Paulo, 2007.

MARCUSSI, Alexandre Almeida. *Diagonais do afeto*: teorias do intercâmbio cultural nos estudos da diáspora africana. Dissertação (mestrado em História) – FFLCH-USP, São Paulo, 2010.

MARINS, Paulo César Garcez. *Através da rótula*: sociedade e arquitetura urbana no Brasil, séculos XVII-XX. Tese (doutorado em História) – FFLCH-USP, São Paulo, 1999.

MARQUESE, Rafael de Bivar. "Açúcar, representação visual e poder: a iconografia sobre a produção caribenha de açúcar nos séculos XVII e XVIII". *Revista USP*, n. 55, set.--nov. 2002, p. 152-84.

_____. "História, antropologia e a cultura afro-americana: o legado da escravidão". *Estudos Avançados* – Dossiê "O negro no Brasil", n. 50, jan./abr. 2004.

MARZOLA, Nádia. *Bela Vista*. São Paulo: Departamento de Cultura da Prefeitura de São Paulo, 1979.

MATOS, Maria Izilda Santos de. *A cidade, a noite e o cronista*: São Paulo e Adoniran Barbosa. Bauru: Edusc, 2007.

MATTOS, Augusto Oliveira. *A proteção multifacetada*: as ações da Guarda Negra da *Redemptora* no ocaso do Império (Rio de Janeiro, 1888-1889). Dissertação (mestrado em História Social) – Universidade de Brasília (UnB), Brasília, 2006.

MATTOS, Regiane Augusto de. *De cassange, mina, benguela a gentio da Guiné*: grupos étnicos e formação de identidades africanas na cidade de São Paulo (1800-1850). Dissertação (mestrado em História) – FFLCH-USP, São Paulo, 2006.

MELO, Luís Correia de. *Dicionário de autores paulistas*. São Paulo: Comissão do IV Centenário da Cidade de São Paulo, 1954.

MENDES, José Sacchetta Ramos. *Laços de sangue*: privilégios e intolerância à imigração portuguesa no Brasil. São Paulo: Edusp, 2011.

MILLER, Joseph C. "Restauração, reinvenção e recordação: recuperando identidades sob a escravidão na África e face à escravidão no Brasil". *Revista de História/ FFLCH-USP*, n. 164, jan.-jun. 2011.

_____. "Retention, reinvention and remembering: restoring identities through enslavement in Africa and under slavery in Brazil". In: CURDO, José C.; LOVEJOY, Paul E. *Enslaving connections*: changing cultures of Africa and Brazil during the era of slavery. Nova York: Humanity Books, 2004.

_____. *Way of death*: merchant capitalism and the Angolan Slave Trade (1730-1830). Madson: The Wisconsin University Press, 1988.

MINTZ, Sidney; PRICE, Richard. *O nascimento da cultura afro-americana*: uma perspectiva antropológica. Rio de Janeiro: Pallas, Ucam, 2003.

MITCHELL, Reid. "Significando: carnaval *afro-creole* em New Orleans do século XIX e início do XX". In: CUNHA, Maria Clementina Pereira (org.). *Carnavais e outras f(r)estas*: ensaios de história social da cultura. Campinas: Editora da Unicamp/ Cecult, 2002.

MONSMA, Karl. "A polícia e as populações 'perigosas' no interior paulista (1880-1900)". IX *Congresso Internacional da Brazilian Studies Association*, New Orleans/EUA, 2008. Disponível em: <http://sitemason.vanderbilt.edu/files/lwNnkQ/Monsma%20Karl.pdf>. Acesso em: 15 dez. 2009.

MORAES, José Geraldo Vinci. "Sons da velha metrópole". *História Viva*, n. 63, jan. 2009. Disponível em: <http://www2.uol.com.br/historiaviva/reportagens/sons_da_velha_metropole_imprimir.html>. Acesso em: jun. 2011.

_____. *Metrópole em Sinfonia*: história, cultura e música popular na São Paulo dos anos 30. São Paulo: Estação Liberdade, 2000.

_____. *Sonoridades paulistanas*: a música popular na cidade de São Paulo. Rio de Janeiro: Funarte, 1995.

MORAES, Wilson Rodrigues de. *Escolas de samba de São Paulo (capital)*. São Paulo: Conselho Estadual de Artes e Ciências Humanas, 1978.

MORENO, Júlio. *Memórias de Armandinho do Bixiga*. São Paulo: Editora Senac, 1996.

MOTA, Otoniel. *Do rancho ao Palácio:* evolução da civilização paulista. São Paulo: Companhia Editora Nacional, 1941.

MOURA, Denise Aparecida Soares. *Sociedade movediça*: economia, cultura e relações sociais em São Paulo (1808-1850). São Paulo: EditoraUnesp, 2005.

MOURA, Jair. *A crônica da capoeiragem*. Salvador: edição do autor, 1991.

MUKUNA, Kazadi Wa. *Contribuição bantu na música popular brasileira: perspectivas etnomusicológicas*. São Paulo: Terceira Margem, 2006.

MUNHOZ, Sidnei. *Cidade ao avesso*: desordem e progresso em São Paulo, no limiar do século XX. Tese (doutorado em História Social) – FFLCH-USP, São Paulo, 1997.

MUNIZ JÚNIOR, José. *O negro na história de Santos*. Santos: Icacesp, 2008.

NARDY FILHO, Francisco. *A cidade de Ytu*. São Paulo: Escolas Profissionais Salesianas, 1930.

NOGUEIRA, J. L. de Almeida. *A Academia de São Paulo*: tradições e reminiscências. Estudantes, estudantões, estudantadas. São Paulo: Primeira Série, 1907, vol. 1.

_____. *A Academia de São Paulo*: tradições e reminiscências. Estudantes, estudantões, estudantadas. São Paulo: Typographia Vanorden, 1908, vol. 5. Disponível em: <http://www.archive.org/details/aacademiadesopa00 nogugoog>. Acesso em: maio 2011.

_____. *A Academia de São Paulo*: tradições e reminiscências. Estudantes, estudantões, estudantadas. São Paulo: Saraiva, 1977, vols. 1 e 2.

PARÉS, Luis Nicolau. *A formação do candomblé*: história e ritual da nação Jeje na Bahia. Campinas: Editora da Unicamp, 2006.

PASTINHA, Vicente Ferreira. *Capoeira Angola*. Salvador: Escola Gráfica Nossa Senhora de Loreto, 1968.

PENTEADO, Jacob. *Belenzinho, 1910*: retrato de uma época. São Paulo: Martins, 1962.

PEREIRA, Leonardo Affonso de Miranda. "Barricadas na Academia: literatura e abolicionismo na produção do jovem Coelho Netto". *Tempo*, Rio de Janeiro, vol. 5, n. 10, dez. 2000. Disponível em: <http://www.historia.uff.br/tempo/artigos_dossie/artg10-2.pdf>. Acesso em: maio 2011.

PINTO, Maria Inez Machado Borges. *Cotidiano e sobrevivência*: a vida do trabalhador pobre na cidade de São Paulo (1890-1914). São Paulo: Edusp, 1994.

PIRES, Antônio Liberac Cardoso Simões. *A capoeira no jogo das cores*: criminalidade, cultura e racismo na cidade do Rio de Janeiro (1890-1937). Dissertação (mestrado em História) – Unicamp, Campinas, 1996.

_____. *Movimentos da cultura afro-brasileira*: a formação histórica da capoeira contemporânea (1890-1950). Tese (doutorado em História) – Unicamp, Campinas, 2001.

PIROLA, Ricardo Figueiredo. *A conspiração escrava de Campinas, 1832*: rebelião, etnicidade e família. Dissertação (mestrado em História) – Unicamp, Campinas, 2005.

PÓVOA, Pessanha. *Annos acadêmicos (S. Paulo – 1860-1864)*. Rio de Janeiro: Typographia Perseverança, 1870.

PRADO JÚNIOR, Caio. *Evolução política do Brasil e outros estudos*. São Paulo: Brasiliense, 1971.

PRICE, Richard. "O milagre da crioulização: retrospectiva". *Estudos Afro-Asiáticos*, ano 25, n. 3, 2003.

QUEIROZ, Suely Robles Reis de. *Escravidão negra no Brasil*. São Paulo: Ática, 1990.

QUERINO, Manuel. *Costumes africanos no Brasil*. Rio de Janeiro: Civilização Brasileira, 1938.

QUINTÃO, Antonia Aparecida. *Irmandades negras*: outro espaço de luta e resistência (1870-1890). Dissertação (mestrado em História) – FFLCH-USP, São Paulo, 1991.

READ, Ian William Olivo. *Unequally bound: the conditions of slave life and treatment in Santos County, Brazil, 1822-1888*. Tese (doutorado em História) – Universidade de Stanford, California, 2006.

REGO, Waldeloir. *Capoeira Angola:* ensaio sócio-etnográfico. Rio de janeiro: Editora Itapoá (Coleção Baiana), 1968.

REIS, João José. "Quilombos e revoltas escravas no Brasil". *Dossiê Povo Negro – 300 Anos*, n. 28, dez. 1995/fev. 1996.

_____. "De olho no canto: trabalho de rua na Bahia na véspera da Abolição". *Afro--Ásia*, Centro de Estudos Afro-Orientais da FFCH/UFBA, 2000, n. 24.

_____. "Tambores e temores: a festa negra na Bahia na primeira metade do século XIX". In: CUNHA, Maria Clementina Pereira (org.). *Carnavais e outras f(r)estas*: ensaios de história social da cultura. Campinas: Editora da Unicamp, 2002.

_____. *Rebelião escrava no Brasil:* a história do levante dos malês em 1835. Edição revisada e ampliada. São Paulo: Companhia das Letras, 2003.

_____. *Domingos Sodré, um sacerdote africano:* escravidão, liberdade e candomblé na Bahia do século xix. São Paulo: Companhia das Letras, 2008.

REIS, Letícia Vidor de Souza. *Negros e brancos no jogo da capoeira*: a reinivenção da tradição. Dissertação (mestrado em Antropologia) – FFLCH-USP, São Paulo, 1993.

_____. *O mundo de pernas para o ar:* a capoeira no Brasil. São Paulo: Publisher Brasil, 2000.

RIBEIRO, José. *Brasil no folclore*. Rio de Janeiro: Editora Aurora, 1970.

RIBEYROLLES, Charles. *Brazil Pittoresco*: história, descrições, viagens, instituições, colonisação. Rio de Janeiro: Typographia Nacional, 1859.

RIO, João do. "Chuva de candidatos". *Kosmos*, ano III, n. 1, jan. 1906.

RIOS FILHO, Adolfo Morales de los. *O Rio de Janeiro imperial*. Rio de Janeiro: Topbooks Editora, 2000 [1ª ed. 1946].

RODRIGUES, Jaime. *O infame comércio*: propostas e experiências no final do tráfico de africanos para o Brasil (1800-1850). Campinas: Editora da Unicamp/Cecult, 2000.

RODRIGUES, Marcelo Santos. *Guerra do Paraguai*: os caminhos da memória entre a comemoração e o esquecimento. Tese (doutorado em História) – FFLCH-USP, São Paulo, 2009.

ROLNIK, Raquel. "Territórios negros nas cidades brasileiras: etnicidade e cidade em São Paulo e Rio de Janeiro". *Revista de Estudos Afro-Asiáticos*, n. 17, set. 1989.

_____. *A cidade e a lei*: legislação, política urbana e territórios na cidade de São Paulo. São Paulo: Studio Nobel, 1997.

ROSEMBERG, André. *Ordem e burla*: processos sociais, escravidão e justiça em Santos, década de 1880. São Paulo: Alameda, 2006.

_____. *Polícia, policiamento e o policial na província de São Paulo, no final do Império*: a instituição, prática cotidiana e cultura. Tese (doutorado em História) – FFLCH-USP, São Paulo, 2008.

RUGENDAS, Johann Moritz. *Viagem pitoresca através do Brasil*. Tradução Sérgio Milliet. 8ª ed. Belo Horizonte: Itatiaia; São Paulo: Edusp, 1979 [1ª ed. em alemão e francês, 1835].

SABATO, Hilda. "Soberania popular, cidadania e nação na América Hispânica: a experiência republicana do século XIX". *Almanack Braziliense*, n. 8, maio 2008, p. 5-22.

SAINT-HILAIRE, Auguste de. *Viagem à província de São Paulo e resumos das viagens ao Brasil, província Cisplatina e Missões do Paraguay*. São Paulo: Edusp, 1972.

SALLA, Fernando. *As prisões em São Paulo (1822-1940)*. São Paulo: Annablume, 2006.

SALVADORI, Maria Angela Borges. *Capoeiras e malandros*: pedaços de uma sonora tradição (1890-1950). Dissertação (mestrado em História) – Unicamp, Campinas, 1990.

SANTOS, Carlos José Ferreira dos. *Nem tudo era italiano*: São Paulo e pobreza (1890-1915). São Paulo: Annablume, 2008.

SANTOS, Elaine Ribeiro da Silva. *Barganhando sobrevivências*: os trabalhadores centro-africanos da expedição de Henrique Dias de Carvalho à Lunda (1884-1888). Dissertação (mestrado em História) – FFLCH-USP, São Paulo, 2010.

SANTOS, Francisco Martins dos. *História de Santos*. Vol. 2. São Vicente: Caudex, 1986 [1ª ed. 1937].

SANTOS, Marco Antonio Cabral dos. *Paladinos da ordem*: polícia e sociedade em São Paulo na virada do século XIX ao XX. Tese (doutorado em História) – FFLCH-USP, São Paulo, 2004.

SCHMIDT, Afonso. *A marcha* (romance da abolição). São Paulo: Brasiliense, 1981.

SCHWARCZ, Lilia Moritz. *O espetáculo das raças*: cientistas, instituições e questão racial no Brasil (1870-1930). São Paulo: Companhia das Letras, 2007.

_____. "Nem preto nem branco, muito pelo contrário: cor e raça na intimidade". In: SCHWARCZ, Lilia Moritz (org.). *História da vida privada no Brasil*. Vol. 4: *Contrastes da intimidade contemporânea*. São Paulo: Companhia das Letras, 1998.

_____. *Retrato em branco e negro*: jornais, escravos e cidadãos em São Paulo no final do século XIX. São Paulo: Companhia das Letras, 2008.

SESSO JÚNIOR, Geraldo. *Retratos da velha São Paulo*. São Paulo: Gráfica Municipal de São Paulo, 1983.

SETÚBAL, Paulo. *A Marquesa de Santos* (romance histórico). 1925.

SHAFFER, Kay. "O berimbau-de-barriga e seus toques". In: *Monografias folclóricas*, n. 2. Rio de Janeiro: Instituto Nacional do Folclore, 1977.

SILVA, Eduardo. *Dom Obá II d'África, príncipe do povo*: vida, tempo e pensamento de um homem livre de cor. São Paulo: Companhia das Letras, 1997

SILVA, José Bonifácio de Andrada e. *Representação à Assembleia Geral Constituinte e Legislativa do Império do Brasil sobre a escravatura*. Paris: Typographia de Firmin Didot, 1825. Disponível em: <http://www.brasiliana.usp.br/bbd/handle/1918/01688900#page/>. Acesso em: maio 2011.

SILVA, Luiz Geraldo. "Da festa à sedição. Sociabilidades, etnia e controle social na América Portuguesa (1776-1814)". In: JANCSÓ, István. *Festa: cultura e sociabilidade na América portuguesa*. São Paulo: Edusp/Hucitec/Imp. Oficial, 2001.

SILVA, Salomão Jovino. *Memórias sonoras da noite*: musicalidades africanas no Brasil oitocentista. Tese (doutorado em História) – PUC-SP, São Paulo, 2005.

SILVA, Vagner Gonçalves da (org.). *Artes do corpo*: memória afro-brasileira. São Paulo: Selo Negro, 2004.

SIMSON, Olga Rodrigues de Moraes von. *Carnaval em branco e negro*: carnaval popular paulistano (19914-1988). Campinas: Editora da Unicamp; São Paulo: Edusp; Imprensa Oficial do Estado de São Paulo, 2007.

SLENES, Robert W. "A árvore de nsanda transplantada: cultos *kongo* de aflição e identidade escrava no Sudeste brasileiro (século XIX)". In: LIBBY, Douglas C.; FURTADO,

Júnia F. *Trabalho livre, trabalho escravo: Brasil e Europa, séculos XVIII e XIX*. São Paulo: Annablume, 2006.

_____. *Na senzala, uma flor*: esperança e recordações na formação da família escrava. Brasil, Sudeste, século XIX. Rio de Janeiro: Nova Fronteira, 1999.

_____. "'Malungo, Ngoma vem!': África coberta e descoberta no Brasil". *Revista USP*, n. 12, dez. 1991/fev. 1992, p. 48-67.

SOARES, Carlos Eugênio Líbano. *A capoeira escrava e outras tradições rebeldes no Rio de Janeiro (1808-1850)*. 2ª ed. Campinas: Editora da Unicamp, 2002.

_____. *A negregada instituição*: os capoeiras no Rio de Janeiro. Rio de Janeiro: Access Editora, 1999.

_____. "A capoeiragem baiana na Corte Imperial (1863-1890)". *Revista Afro-Ásia*, 21-22, 1998-1999.

SOARES, Mariza de Carvalho. "From Gbe to Yoruba: Ethinic Change and the Mina Nation in Rio de Janeiro". In: FALOLA, Toyin; CHILDS, Matt D. (eds.). *The Yoruba Diaspora in the Atlantic World*. Indiana: Indiana University Press, 2004.

SOUSA, Jorge Prata de. *Escravidão ou morte*: os escravos brasileiros na Guerra do Paraguai. 2ª ed. Rio de Janeiro: Mauad/Adesa, 1996.

SPIX, J. B. von; MARTIUS, C. F. P. von. *Viagem pelo Brasil (1817-1820)*. Tomo I. 2ª ed. São Paulo: Melhoramentos, [19-].

TAYLOR, Gerard. *Capoeira*: The Jogo de Angola from Luanda to the cyberspace. Berkeley, California: Blue Snake Books, 2007.

TINHORÃO, José Ramos. *Os sons dos negros no Brasil*: cantos, danças, folguedos: origens. São Paulo: Art Editora, 1988.

TORRES, Maria Celestina Teixeira Mendes. *O Bairro do Brás*. São Paulo: Departamento de Cultura da Prefeitura, 1985.

THORNTON, John K. *Warfare in Atlantic Africa (1500-1800)*. Londres: Routledge, 2003.

_____. "African soldiers in the Haitian Revolution". *Journal of Caribbean History*, vol. 25, ns. 1 e 2, 1991, p. 59-80.

TORAL, André Amaral de. "A participação dos negros escravos na guerra do Paraguai". *Estudos Avançados*, São Paulo, vol. 9, n. 24, ago. 1995. Disponível em: <http://

www.scielo.br/ scielo.php?script=sci_arttext&pid=S0103-40141995000200015&lng=en&nrm=iso>. Acesso em: jun. 2010.

TROUILLOT, Michel-Rolp. *Silencing the past:* power and the production of history. Boston: Beacon Press,1995.

VAMPRÉ, Spencer. *Memórias para a história da Academia de São Paulo.* 2ª ed. Vol. II. Brasília: Conselho Federal de Cultura, 1977.

VANHEE, Hein. "Central African popular christianity and the making of Haitian vodoo religion". In: HEYWOOD, Linda (ed.). *Central Africans and cultural transformations in the American Diaspora.* Cambridge: Cambridge University Press, 2002.

VICTORINO, Carlos. *Santos: reminiscências...* 1871-1898. São Paulo: [s.n.], 1904.

VIEIRA, Luís Renato. *Da vadiação à capoeira regional:* uma interpretação da modernização cultural no Brasil. Dissertação (mestrado em Sociologia) – UnB, Brasília, 1990.

_____. *O jogo da capoeira:* cultura popular no Brasil. Rio de Janeiro: Sprint, 1995.

WETHERELL, James. Brazil. *Stray Notes from Bahia.* Liverpool: Webb & Hunt, 1860

WISSENBACH, Maria Cristina Cortez. *Sonhos africanos, vivências ladinas*: escravos e forros no município de São Paulo, 1850-1880. Dissertação (mestrado em História) – FFLCH-USP, São Paulo, 1989.

_____. *Ritos de magia e sobrevivência*: sociabilidades e práticas mágico-religiosas no Brasil (1890-1940). Tese (doutorado em História) – FFLCH-USP, São Paulo, 1997.

_____. "Da escravidão à liberdade: dimensões de uma privacidade possível". In: SEVCENKO, Nicolau (org.). *História da vida privada no Brasil.* Vol. 3 – *República: da Belle Époque à Era do Rádio.* São Paulo: Companhia das Letras, 1998.

_____. "A mercantilização da magia na urbanização de São Paulo, 1910-1940". *Revista de História,* São Paulo, vol. 150, 2005.

_____ *Sonhos africanos, vivências ladinas*: escravos e forros em São Paulo (1850-1880). São Paulo: Hucitec, 2009.

YOUSSEF, Alain El. "Haitianismo em perspectiva comparativa: Brasil e Cuba (sécs. XVIII-XIX)". In: *Anais do 4º Encontro Escravidão e Liberdade no Brasil Meridional,* Curitiba, maio 2009. Disponível em: <http://www.labhstc.ufsc.br/ ivencontro/pdfs/comunicacoes/AlainElYoussef.pdf>. Acesso em: jun. 2011.

ZALUAR, Augusto-Emilio. *Peregrinação pela provincia de S. Paulo* (1860-1861). Rio de Janeiro: Livraria Garnier, 1862

Filmografia

Ag'ya Dance Performance. Produção: Katherine Dunham. EUA: Katherine Dunham Collection, 1936. Disponível em: <http://lcweb2.loc.gov/cocoon/ihas/search?query=+memberOf:dunham_fieldwork&view=thumbnail>. Acesso em: maio 2011.

Jongos, calangos e folias: música negra, memória e poesia. Direção: Hebe Mattos e Martha Abreu. Disponível em: <http://ufftube.uff.br/video/9RBAHO8O6474/Jongos-Calangos-e-Folias-M%C3%BAsica-Negra-Mem%C3%B3ria-e-Poesia>. Acesso em: maio 2011.

Pastinha! Uma Vida pela Capoeira. Direção: Antônio Carlos Muricy. Brasil: 1998. 1 videocassete.

Versos e cacetes: o jogo do pau na cultura afro-fluminense. Direção: Hebe Mattos e Matthias Röhrig Assunção. Rio de Janeiro: LABHOI (UFF)/ESSEX (Capoeira Viva/Petrobrás), 2009. 1 DVD (37 min.).

Agradecimentos

Em quase todas as dissertações e teses que li, encontrei na parte dos agradecimentos um sabor peculiar. Era ali que eu pressentia os percalços superados pelos autores e, em especial, o quanto o apoio de familiares, amigos e colegas de trabalho ou estudo fizeram a diferença na superação dos problemas que pesquisas nesses níveis depreendem. Espero poder, em poucas palavras, transmitir igual sensação, pois tenho muito a agradecer.

Primeiro a Deus, que sempre iluminou meus caminhos.

A meus pais, Nei e Beth, com os quais aprendi que o mais importante é buscar a felicidade. Aos meus irmãos, Ana e João, pelo amor incondicional que me transmitem diariamente, e aos respectivos companheiros, Tiago e Isa, por compreenderem a força do amor que une nossa família, desde meus avôs e tios, até primos e sobrinhos. Sem vocês, nada disso seria possível.

À minha mentora, profª. drª. Maria Cristina Wissenbach, cuja abnegação aos seus orientandos a transforma em uma segunda mãe para todos. E aos seus orientandos, Elisângela, Fábia, Ivana, Juliana Magalhães, Juliana Farias, Chico, Tico, Gilson, Rosana, Thiago e, em especial, Elaine Ribeiro e Rafael Galante. À profª. Drª Maria Odila Leite da Silva Dias, por primeiramente abrir-me espaço na USP e pelos inúmeros trabalhos inspiradores. E aos demais profs. drs. que também contribuíram muito com minha formação como historiador: Maria Helena P. T. Machado, Lilia Moritz Schwarcz, Rafael de Bivar de Bivar Marquese, ..., e, a dois em particular por dividirem comigo a paixão pela capoeira, Maurício Barros de Castro e Matthias Assunção.

A todos aqueles que, dentro ou fora do meio acadêmico, produziram trabalhos anteriores aos meus, sem os quais talvez meu estudo fosse impossível, enfatizando um pesquisador que me deu todo o suporte que pôde, Carlos Carvalho Cavalheiro. E aos funcionários dos arquivos nos quais pesquisei, sempre muito solícitos.

Aos mestres de capoeira que já se foram, mas que até hoje suas histórias inspiram praticantes da capoeira no mundo inteiro, Pastinha, Bimba, Waldemar, Canjiquinha, Caiçara, Paulo dos Anjos, Traíra, Besouro, Cobra Verde, Manduca da Praia, Leopoldina, Nascimento Grande,... E aos mestres mais antigos ainda vivos, repositórios da história da capoeira, João Pequeno, João Grande, Boca Rica, Decânio, Acordeon, Suassuna,... Com carinho especial, a Roberto Teles de Oliveira, o mestre Sombra, responsável pela minha linhagem na capoeira, Senzala de Santos, e a todos os seus formados, principalmente ao meu "avô", mestre Fábio Parada, e aos amigos Cícero Tatu e Valtinho. E, da linhagem Areia Branca, ao amigo que muito admiro mestre Bandeira, pelas inúmeras conversas que me ajudaram a refletir sobre este estudo.

Aproveito para registrar que essa pesquisa não existiria se não fosse pelo meu guia na prática e na teoria da capoeira, Nilton Ribas Martins Júnior, o mestre Ribas. Foi ele quem me transmitiu os primeiros indícios sobre a existência da capoeira em São Paulo, no período da escravidão, levando-me a querer buscar mais sobre o assunto. Por isso e pelas inúmeras discussões ao longo da pesquisa, terá sempre minha profunda gratidão. Junto com ele, muito me ajudaram em jogos com o corpo e com as palavras, com verdadeiro amor fraternal, seu irmão, Ribinhas, e meus companheiros de treino Hugo, Kaled, André, Ingrid, Ana Marley, Nenê, Gustavo, Aluana, Jorge, Anna Oya, Luana, Ludmila e Binho. Agradeço ainda, pela compreensão nas minhas ausências para empreender esta pesquisa, a todos os meus alunos, em especial, pela dedicação ao longo de anos, a Juliane, Jurema, Bira, Paulo, Marcela, Lucas, Felipe e Thainá.

Preciso agradecer ainda aos colegas do jornal *A Tribuna*, pelo apoio no período em que precisei conciliar o estudo na USP com o trabalho diário na redação, principalmente ao amigo de aventuras intrínsecas ao cotidiano da profissão, o repórter-fotográfico Adalberto Marques. Também faço questão de lembrar o apoio carinhoso de amigos da época da graduação em Comunicação Social, professor Gusmão, Cláudia, César Neto, Eugênio...

Agradeço ainda à bolsa fornecida pelo Conselho Nacional de Desenvolvimento Científico e Tecnológico (CNPq) em um momento difícil da pesquisa, com a qual pude abrir mão do dia a dia da redação para me dedicar integralmente ao mestrado.

Por fim, agradeço à pessoa mais importante hoje na minha vida, minha esposa Renata, bem como a toda sua família – Beto, Kátia, Duda, Lara... – pela compreensão e amor que foram essenciais para me trazer paz nos momentos de tensão desta pesquisa.

A Renata, dedico este trabalho.

Esta obra foi impressa em São Paulo pela Vida e Consciência Gráfica & Editora no verão de 2015. No texto foi utilizada a fonte Minion Pro em corpo 10,7 e entrelinha de 15,5 pontos.